기지국가의 탄생

기지국가의 탄생

일본이 치른 한국전쟁

초판 1쇄 발행 2016년 5월 30일
초판 4쇄 발행 2022년 6월 20일

지은이 남기정

펴낸곳 서울대학교출판문화원
주소 08826 서울 관악구 관악로 1
도서주문 02-889-4424, 02-880-7995
홈페이지 www.snupress.com
페이스북 @snupress1947
인스타그램 @snupress
이메일 snubook@snu.ac.kr
출판등록 제15-3호

ISBN 978-89-521-1766-3 93340

이 책은 2008년 정부(교육과학기술부)의 재원으로
한국연구재단의 지원을 받아 출판되었습니다. (NRF-2008-362-B00006)

기지국가의 탄생

일본이 치른 한국전쟁

남기정 지음

서울대학교출판문화원

The Birth of a Base-State: Japan's Korean War

Kijeong, Nam

Seoul National University Press

책머리에

이 책은 필자가 도쿄대학에 제출한 박사학위논문 「한국전쟁과 일본: 기지국가의 전쟁과 평화(朝鮮戦争と日本—「基地国家」における戦争と平和)」를 기본으로 하여, 이를 번역하면서 대폭 수정 보완하여 발전시킨 것이다. 학위논문을 제출한 것이 2000년 여름이었으니 그로부터 16년이 되어 가는 출판이다. 출판이 이렇게 늦어진 것은 순전히 게으름 탓이건만, 이 책이 다루고 있는 내용이 시의성을 잃지 않게 상황이 전개되고 있는 것은 여러 의미에서 역설적이다. 책의 내용이 여전히 현재 전개되는 현실을 파악하기 위한 분석력을 지니고 있다면, 이 책이 극복의 과제로 설정했던 현실이 16년 동안 변화하지 않았기 때문일 것이다.

오히려 2000년 이후 일본에서 일어난 변화는 학위논문에서 설정했던 문제의 본질을 더욱 분명하게 보여 주고 있다. 그것은 어쩌면 학위논문을 구상하면서 제기했던 문제가 '전후 일본'의 총체적 성격 규정과 관련된 것이고, 최근의 극적인 변화를 포함한 2000년 이후 변화들이 '전후 일본'에 대해 일본인 스스로가 총체적 문제 제기를 하면서 일어난 것이기 때문이다. 이러한 변화들을 마주하여 그동안 학위논문에서 전개한 기본 생각을 재구성했다. 이를 여러 차례 발표해 오면서 미처 정리되지 않았던 생각을 발전시켜 왔다. 이 책에는 학위논문 제출 이후에 전개된 생각들이 포함되어 있다.

'전후 일본'에 대한 관심의 출발은, 뜬금없이 들리겠지만, '해방3년사'에 대한 관심이었다. 해방 직후 한미관계를 공부하던 학부생에게 그것은 변화구의 이미지로 다가왔다. 이 책을 쓰게 된 기원을 거슬러 올라가다 보면 미국이 던진 변화구의 이미지에 도달한다.

연구자가 되겠다고 마음먹은 것은 복학해서 학부 4학년을 다니던 어느 날이었다. 학과 행사로 심포지엄을 준비하는 모임에 참가해서 세미나를 거듭하던 무렵이다. 심포지엄의 주제는 '미군정기 미국의 대한정책'이었다. 1980년대 중반 민주화 운동이 고조되던 무렵 '미군정'의 '해방3년사'가 크게 주목을 받고 있었다. 분단과 전쟁으로 이어지는 한국현대사의 질곡이 미군정기 미국의 대한정책에 기인한다는 생각이 그 배경에 자리 잡고 있었다. 심포지엄은 그러한 큰 흐름을 반영하고 있었다. 심포지엄이 끝난 후 수차례의 세미나에도 불구하고 무엇을 알게 되었는지 잘 모르겠다는 답답함이 엄습했다. 그렇지만 아무것도 모른다는 절망보다는 무언가 알 수 있을 것 같은 희망이 생겼다. 대학원이라는 선택지가 구체적으로 다가왔다.

대학원에 들어가자 '해방3년사' 연구는 시공간을 확대하여 새로운 연구 영역을 낳고 있었다. 한편으로는 한국전쟁을 시야에 넣은 '해방8년사' 연구로 시간적인 연장을, 다른 한편으로는 한반도를 넘어선 '동북아시아' 연구로 공간적인 확장을 시도하고 있었다. 그때 비로소 변화구가 보이기 시작했다. 미국의 대한정책에는 직구만 있었던 것이 아니었다. 이 시기 한미관계에는 두 개의 꼭짓점만 잇는 직선이 아니라 일본을 가운데 두고 이뤄지는 삼각형에서 이해될 수 있는 부분이 꽤 크게 자리 잡고 있었다. 다시 야구에 빗대어 말하자면 미국의 대한정책은 일본을 중심으로 만들어지는 동아시아정책을 거치며 다양한 각도로 꺾여 들어오고 있었다. 그러한 변화구의 궤적을 따라가다가 미국의 한국점령과 일본점령을 비교하는 내용을 주제로 석사논문을 완성했다. 일본으로 유학하여 한국전쟁 시기에 전개된 일본의 총체적인 변화를 박사논문의 주제로 삼게 된 것은, 인제 와서 생각해 보면, 자연스러운 전개였다. 그것은 '평화국가'라는 '전후 일본'의 국가적 정체성을 건드리는 작업이 되었다.

일본에 유학한 1991년 4월, 일본은 걸프전쟁의 뒤처리를 위해 소해부대를 페르시아만에 파견하는 문제로 뜨거워져 있었다. 일본에 도착하자마자, 얼마 되지 않아 도쿄에 벚꽃이 흐드러지게 필 무렵, 걸프전쟁은 종식되었고, 4월 말 5척의 소해정과 1척의 보급함으로 구성된 '페르시아만 소해파견부대'가 요코스카(横須賀), 구레(呉), 사세보(佐世保) 등의 항구에서 출항했다. 이들 자위대 소해부대는 6월 5일부터 9월 11일까지 99일간 페르시아만에서 미국 및 기타 다국적군 소해부대와 함께 소해작업을 수행했다. 이는 자위대의 첫 해외파견 임무였다. 일본 소해부대가 페르시아만에서 임무를 개시할 무렵 「해외파견: 일본특별소해부대(海外派遣一日本特別掃海部隊)」라는 제목의 특집기사가 『아사히신문(朝日新聞)』 석간에 연재되었다. 소해부대의 파견이 실은 한국전쟁 시기에도 이뤄진 적이 있다는 내용이었다. 그 사실이 줄곧 숨겨진 채 공식적으로 거론되지 않은 것은 그것이 헌법위반의 가능성이 있기 때문이며, 따라서 당시 이뤄지던 소해부대의 페르시아만 파견도 헌법위반이라는 비판이 내포된 기사였다. 이를 계기로 한국전쟁에 일본이 어떻게 관여하고 있었는지를 찾아보기 시작했다. 그리고 그것은 '후방기지' 일본의 모습을 확인하는 작업의 출발이었다. '후방기지' 일본은 '평화국가' 일본의 감추어진 현실이었다.

'평화국가'라는 자부심과 자괴심. 유학 시절 이 두 가지 모순된 감정 속에서 흔들리는 한 일본인과의 대화는 자신의 국가를 '평화국가'로 인식하는 일본인 일반의 심층 심리를 엿보게 해 주었다. 때는 미국에서 일어난 로스앤젤레스 폭동으로 시끄러웠던 무렵이었으니 1992년 늦봄에서 여름 언저리였다. 일본의 신문과 텔레비전에서도 이 사건은 크게 다뤄졌으며, 그 가운데 로스앤젤레스 한인타운에서의 폭동과 이에 맞서는 한인들의 모습이 클로즈업되어 보도되고 있었다. 그즈음 한 일본인이 말을 걸어왔다. 당신도 총을 쏴 본 경험이 있냐고, 한국인들은 대단하다고, 일본은 이제 전쟁을 하지 않기로 해서 군대가 없어졌는데 한국은 아직도 군대라는 게 있냐고. 그러고는 혼잣말로 이렇게 내뱉고는 돌아서는 것이었다. "일본은 평화국가라서!" 그 순간 그의 얼굴에는 경멸과 선망이 적당히 섞인 묘한 미소가 비쳤다. 그런 대화는 그 이후로도 여러 일본인과의 만남에서 경험하게 되었다. 문명국가의 선두에 서서 군대를 갖지 않기로 다짐한 자부심. 그러나 정작 위기가 닥치면 남의 군대에 기대어야 한다는 자괴심. 그 배합의 비율은 사람마다 다르겠지만, 대부분의 일본인은 이 두 가지 모순된 심정을 동시에 갖고 있었다.

'한국전쟁과 일본'을 주제로 삼고 자료를 수집하면서 문제의식을 가다듬는 동안 일본에서는 최근의 집단적 자위권 행사 용인으로 이어지는 안보 논쟁의 불씨가 지펴지고 있었다. 그 논의가 또한 한반도와의 연계 속에서 이뤄지고 있었다. 1994년 3월 남북 실무접촉에서 박영수 북측 대표가 '불바다' 발언으로 전쟁의 위기를 고조시켰고, 1차 핵위기가 고조되는 가운데 미국은 영변의 핵시설에 대한 공격을 고려하고 있었다. 한반도는 아슬아슬하게 전쟁의 위기를 넘기고 있었지만, 현실화하는 한반도 긴급사태를 배경으로 일본에서는 안보정책의 전환이 검토되고 있었다. 1993년에 출판된 오자와 이치로(小沢一郎)의 저서 『일본개조계획(日本改造計画)』을 계기로 일본이 '보통국가'가 되어야 한다는 주장이 제기, 전개되고 있는 것은 한반도 긴급사태에 대비한 체제정비의 의미를 지니고 있었다.

일본이 전후 50년을 맞이한 1995년은 한신·아와지대지진(阪神·淡路大震災)의 충격으로 시작되었다. 이어서 3월에는 옴진리교 신자들이 일으킨 사린 지하철 사건으로 방재와 치안을 둘러싼 일본의 유약한 리더십과 국가 시스템이 도마에 올랐다. 이에 비판적인 사람들은 문제를 '평화국가'의 한계에서 찾고 있었다. 1995년 상반기에 일어난 일이다. 1995년 9월에는 오키나와에서 미 해병에 의한 소녀 폭행사건이 발생했고, 오키나와 섬 전체가 들썩거리고 있었다. 오키나와에 집중된 미군기지가 일본의 평화를 지탱하고 있는 현실을 들추어내며 오키나와 주민은 '평화국가'의 위선을 고발하고 있었다. 1995년 일본에서는 '평화국가'의 한계와 위선이 동시에 드러나고 있었다. 이러한 현실에 직면하여 한쪽에서는 '평화국가'의 실패를 지적하고, 다른 한쪽에서는 '평화국가'의 완성을 요구하고 있었다.

그러나 '후방기지'의 문제를 고민하고 있던 필자에게 문제의 본질은 더 깊은 곳에 있어 보였다. '기지에 의해 지탱되는 평화'의 국가를 '평화국가'로 부를 수 있는지 의문이었다. 한국전쟁 시기 일본의 실체를 드러내 주는 방대한 양의 자료 속에서 출구를 찾지 못하고 헤매고 있을 때 '평화국가'를 '기지국가'로 바꿔 부르면 더 많은 사실을 설명할 수 있다는 생각에 이르렀다. 늦게나마 다행스러운 일이었다. 한국전쟁 시기 미군의 일본점령 당국이 남긴 GHQ 문서와 일본 외무성 자료 등을 읽어 내려가며 쌓아 놓았던 무기질의 정보들이 '기지국가'라는 개념 속에 담기면서 유기적인 실체로 변화하는 느낌이 들었다.

이상 오랜 시간을 거치면서 다진 문제의식을 담아 이 책은 전후 일본이 한국전쟁을 치르면서 '기지국가'로 재탄생하는 과정을 추적하고 있다. 전체 구성은 문제 제기에 해당하는 서장과 요약 및 결론을 제시하는 종장, 그리고 본론으로 되어 있다.

제1장에서는 한국전쟁 직전 냉전의 전선으로 떠오른 일본의 국제정치적 위상을 점검하고 있다. 이를 통해 한국전쟁이 동북아시아 차원에서 전개되던 미소 간의 힘겨루기가 일본으로 확대되어 가는 과정에서 발발했다는 사실과 그리고 한국전쟁이 미중전쟁으로 전화되기 전 동북아시아에서는 중일전쟁의 대립구도가 부활하고 있었다는 사실을 확인할 수 있을 것이다.

제2장과 제3장에서는 한국전쟁에서 '전투기지'이자 '생산기지'의 역할을 부여받아 이를 수행했던 일본이 강화를 통해 '기지국가'로 독립하는 양상을 분석하고 있다. '기지국가'는 '국방의 병력으로서 군대를 보유하지 않고 동맹국의 안보 요충에서 기지의 역할을 다함으로써 집단안전보장의 의무를 이행하고, 이로써 안전보장의 문제를 해결하는 국가'를 지칭하는 개념으로 사용될 것이다.

제4장에서는 한국전쟁 기간에 일본이 유엔에 대해 수행한 협력이 단기적으로는 조기 강화의 실현에 목표를 둔 것이었지만, 최종적으로는 강화 이후 국제무대에서의 발언력 획득을 노린 것이었음을 확인하고 있다.

제5장과 제6장에서는 '기지국가'로 변모해 가는 일본의 현실에 반발한 좌우의 움직임을 분석하고 있다. 한국전쟁이 발발하자 구 우익/군인들의 재군비 움직임이 조직화되었다. 이들은 한국전쟁의 발발이 대일본제국의 부활 기회가 될 것으로 생각하고 '기지국가'를 해체, 정식 군대를 보유하는 '국방국가' 창출을 목표로 움직이고 있었다. 한편 일본공산당은 한국전쟁의 후방기지 일본에서 '기지국가'화에 저항하며 절망적인 대미무장투쟁을 전개하고 있었다. 재일조선인연맹 해산 후 비합법 활동 이외의 활동 공간을 가져 보지 못했던 재일조선인들은 이러한 일본공산당의 방향전환을 기꺼이 받아들이고 투쟁의 선두에 섰다.

제7장과 제8장에서는 한국전쟁의 현실에 대한 일본의 지식인과 국민의 반응을 분석하고 있다. '전후 지식인'들은 한국전쟁의 현실을 눈앞에 두고 발표한 '평화문제담화회'의 「제3성명」을 통해 '전후 평화주의'의

이념적·이론적 기초를 제공했다. 한편 민감하게 한국전쟁의 현실을 받아들이고 있던 일본 국민은 '경무장, 기지제공의 미일안보'로 요약되는 요시다 정부의 현실주의적 안보정책을 지지하고 있었다. 대다수 국민은 '국방국가' 및 '무장투쟁'을 거부했으며, '기지국가'를 현실로서 용인하고 있었다.

종장에는 본론의 요약에 더해 현재의 일본을 이해하는 데 이 책이 지니는 함의를 제시해 두었다. 앞서 지적했듯이 일본에서 '보통국가'화 논의가 대두한 1990년대는 지구적 수준에서 냉전체제가 붕괴되는 이면에서 '한반도 유사(韓半島有事)'로 상징되는 휴전체제가 전면에 부상하기 시작한 시점이었다. 이와 동시에 '한반도 유사'와 연계된 일본의 '기지국가'적 속성이 드러나기 시작했다. 일본의 개헌 논의와 그 중간 단계로서 집단적 자위권 논란은 이러한 '불편한 진실'과의 직면이라는 의미를 지니는 것이다.

대학원 진학 이래 이 책이 나오기까지 가르침과 도움을 주신 많은 분께 감사의 마음을 전하고 싶다. 서울대학교 외교학과 대학원에서 한국외교사에 관한 하영선 선생님의 수업을 받으며 석사학위논문을 구상하게 되었고, 그로부터 평생의 과제로 삼은 주제의 기본 방향이 설정되었다. 일본 도쿄대학에 유학할 수 있었던 것은 와타나베 아키오(渡辺昭夫) 선생님께서 받아 주셨기 때문이다. 연구생 1년 만에 박사과정에 진학할 수 있었던 것은 필자의 연구 주제에 대해 와다 하루키(和田春樹) 선생님께서 흥미를 가져 주셨기 때문이다. 박사과정에 합격한 날 와다 선생님으로부터 받았던 전화를 아직도 기억한다. 와다 선생님은 연구자의 전범(典範)이며 인생의 사표(師表)로서 지금도 많은 가르침을 주고 계신다. 와다 선생님께서 정년퇴임을 한 이후에는 이시이 아키라(石井明) 선생님의 도움으로 학위를 마칠 수 있었다. 이시이 선생님은 무슨 이야기든 인내심을 가지고 끝까지 들어 주는 분이셨다. 서울대학교 정치학과 명예교수인 장달중 선생님은 필자가 도호쿠대학에 자리를 잡는 데 결정적인 도움을 주셨다.

서울대학교 외교학과 선배인 이원덕 선생님은 미숙한 유학생 시절 아래윗집 사이로 지내며 생활과 학업 양면에서 큰 도움을 주셨다. 논문을 만들어 가는 과정에서도 막힐 때마다 이원덕 선생님 댁으로 상담하러 다녔고, 그때마다 적절한 지도로 방향을 잡아 주셨다. 이원덕 선생님은 필자가 국민대학교에 재직할 때에도 선배 교수로서 한국에서 교수 생활을 시작하고 안착하는 데 많은 도움을 주셨다. 역시 외교학과 선배인 전진호 선생님은 일본 유학 시절 옆 동네 이웃 주민으로 필자를 자주 식사 모임에 초대해 주셔서 외국 생활에서 오는 고단함을 덜어 주었다. 또한 한국의 정치 현실 속에서 논문의 의의를 확인해 볼 것을 조언해 주셨다. 외교학과 동기인 양기웅 한림대학교 교수는 본인의 학위논문 작성으로 바쁜 와중에도 필자가 학위논문의 방향을 잡아 가는 과정에서 구체적 현실과의 긴장감을 잃지 않도록 조언해 주었다. 지금은 고인이 된 서동만 선생님은 와다 하루키 세미나의 선배로서 현실의 전개를 사회과학적으로 분석하는 힘이 주는 감동을 알게 해 주셨다. 와다 하루키 세미나의 또 다른 동문인 이웅현 선생님은 연구의 무게가 '진짜 연구'에 대한 무한한 고집에서 나오는 것임을 가르쳐 주셨다. 도호쿠대학 재직 시에 만난 소라이 마모루(空井護) 현 홋카이도대학 교수, 마키하라 이즈루(牧原出) 현 도쿄대학 교수와의 대화는 일본 정치에 대한 이해를 깊게 해 주었다. 국민대학교 명예교수인 김영작 선생님과 한상일 선생님은 필자가 국민대학교에 부임하여 귀국한 이래 늘 따뜻한 관심과 격려의 말씀으로 한참 모자라고 어린 후배 교수에게 용기를 북돋아 주셨다.

'전후 일본'을 비판적으로 검토하는 이 책은 일본 문부과학성 장학금이 제공한 유학의 기회를 이용하여 그 기초가 만들어졌다. 문부과학성 장학금 지급이 완료된 학위논문 막바지에는 아쓰미국제교류재단(渥美国際交流財団)의 장학금으로 연명할 수 있었다. 아쓰미 재단에는 학위논문을 책으로 만드는 마지막 과정에서 다시 신세를 지게 되었다. 2015년 여름, 일본의 유수 피서지 가루이자와(軽井沢)에 있는 아쓰미 별장에서 두 주일 칩거 생활을 하며 원고를 마무리 지었다. 재단의 이마니시 준코(今西淳子) 상무이사께 깊이 감사하는 마음을 전한다.

이 책의 원고가 완성된 2015년은 한국과 일본에서 해방과 종전 70년, 한일수교 50년의 해다. 앞으로 2015년은 일본에서 안보법제 원년으로 기록될 것이다. 2015년 7월 15일, 일본 중의원 평화안전법제 특별위원회에서 '안보법제'가 강행 채택되던 날 밤 이 책의 최종 원고를 탈고했다. 우연한 일치치고는 기막힌 시점이다. 이렇듯 여러 가지 의미에서 길이 기억될 2015년에 이 책의 최종 원고를 마무리 지을 수 있었음을 다행으로 생각하며, 동북아시아의 평화에 기여하는 한일관계의 새로운 진보를 위한 하나의 지침이 될 수 있었으면 좋겠다.

이 책이 나오기까지 가족들의 응원이 큰 힘이 되었다. 아내 조정원은 책의 구상이 어렴풋하게 잡히던 날부터 지금까지 늘 곁에서 조용히 응원해 주었다. 유학 초년도인 1991년 가을 결혼하고, 그즈음 논문 주제가 확정되었으니 이 책은 25년 결혼생활의 성과이기도 하다. 최초의 구상이 책으로 만들어지는 동안 두 아이가 태어나서 큰딸 화연은 대학생이 되었고, 작은딸 주연은 중학생이 되었다. 아내와 두 딸은 내 삶의 원동력이고, 그런 의미에서 이 책을 만들어 낸 숨은 일꾼들이다. 그동안의 응원에 깊이 감사하는 마음을 전하고 싶다. 그리고 그 누구보다 책의 출판을 손꼽아 기다리셨을 아버지, 어머니께 이 책을 바친다.

끝으로 이 책의 출판을 결정해 주신 서울대학교출판문화원의 출판위원회와 권석만 원장님께 감사를 드린다. 늘 바쁜 일정에 몰려 협조도 못하면서 발행일을 당겨 달라는 무리한 요구를 감내하며 꼼꼼히 교정작업에 임해 주신 정성숙 선생님께도 깊이 감사드린다.

2016년 4월 23일

관악산 기슭 연구실에서

남기정

차례

제2장 한국전쟁의 발발과 일본: '기지국가'의 탄생

제3장 특별수요의 발생: '생산기지' 일본

제4장 일본의 전쟁협력: '기지국가'의 전쟁과 외교

서장

'일본=기지국가'론의 제기

1. 평화국가의 이상과 현실

1) '평화국가'의 이상

일본의 '전후체제(戦後レジーム)'를 어떻게 정의할 것인가? 이 질문은 이른바 '보통국가'가 되어야 한다는 논의가 오래전부터 진행되어 오고 있으며, 이를 위해서는 헌법개정을 통한 '전후체제로부터의 탈각'이 필요하다는 주장이 분출하고 있는 일본의 현재를 이해하는 데 핵심적이라고 할 수 있다. 따라서 한국전쟁 시기의 일본을 연구하는 이 책은 이 물음에 대한 탐구다.

1990년대 이래 일본의 경제적 침체가 장기화되기 전까지 많은 일본 전문가는 일본을 통상국가(Trading State)로 이해해 왔다. 그러나 일본은 2000년대 초반 고이즈미(小泉) 내각에서 추진된 신자유주의 개혁 이래 오랜 구조조정 중에 있으며, 표준화와 경쟁이 도입되고 그에 따른 사회적 격차가 확대되는 문제에 직면하고 있다. 이는 경제운영에서의 일본적 방식, 즉 일본형 시스템의 포기로 간주되고 있으며, 경제적 의미에서 일본의 보통국가화로 이해할 수 있다.

한편 일반적으로 일본의 보통국가화란 다분히 군사 안보적 의미에서 논의되어 왔으며, 이는 보통의 군사국가 노선을 추구하는 것으로 개념화되어 왔다. 그러나 한국과 중국 등 주변 아시아 국가 민중의 입장에서 보면 일본은 이미 충분히 '군사국가(Military-State)'였으며, 군사대국으로의 야심을 저버리지 않은, 그런 의미에서 늘 군국주의 부활의 가능성을 내포한 국가로 비치고 있었다.[1]

반면 일본인 일반은 좌파적 시각과 우파적 시각의 차이를 초월해서 자국을 '평화국가(Peace-State)'로 정의(identify)해 왔다. 그 근거는 전쟁 및 무력 사용의 포기와 군사력 및 교전권을 부인한 일본국 헌법 제9조의 존재였다. 이에 비춰 보면 전후 일본은 분명 군사국가가 아니었다. 그렇기에 헌법 제9조를 들어 이를 근대민족국가의 결격 사유로 간주하는 일본의 우익 국가주의자들은 헌법을 개정하고 '평화(치매)국가' 일본을 군사적으로 정상화하여 군대를 보유해야 한다고 주장하고 있다. 반대로 헌법 제9조를 근대 이래 일본이 창출한 최고의 인류적 가치로 간주하는 평화주의자들은 현행 헌법을 고수하고 '평화국가'를 재창출해야 한다고 주장한다. 좌파에나 우파에나 일본은 '평화국가'인 것이다. 한쪽은 이를 바꾸자는 것이고 다른 한쪽은 이를 지키자는 것이다.

과연 일본은 진정 '평화국가'인가? '평화'라는 추상명사는 정치적 이상주의자라면 누구나 최고의 가치로 간주하는 말일 텐데, 과연 이 명사는 진정 전후 일본 국가의 본질을 규정하는 수식어로 어울리는 것인가? '정치적 이상주의란 때때로 불쾌한 현실을 받아들이지 않기 위한 변명에 불과하다'는 한나 아렌트(Hannah Arendt)의 통찰만큼이나 이상주의자들의 마음을 아프게 하는 말도 드물 테지만,[2] 전후 일본 외교의 이념과 현실을

1 한국인이 일본을 군국주의 국가로 인식하는 태도는 2013년부터 매년 실시되고 있는 한 여론조사에서도 확연히 드러난다. 한국인 일반이 일본의 이미지로 선택한 주제어 가운데 '평화주의'는 8.8%에서 5.3%로, 그리고 다시 4.2%로 줄어든 반면, '군국주의'는 50.3%에서 53.1%, 그리고 다시 56.9%로 늘었다. 「제1~3회 한일국민상호인식조사, 한일비교분석결과 보고서」(동아시아연구원), http://www.eai.or.kr/data/bbs/kor_report/201306251911157.pdf; http://www.eai.or.kr/data/bbs/kor_report/2014071614504448.pdf; http://www.eai.or.kr/data/bbs/kor_report/201506151483473.pdf(최종 검색일: 2015. 7. 10)

2 원문은 다음과 같다. "in politics, idealism is frequently no more than an excuse for not recognizing unpleasant realities." Hannah Arendt, *Crises of the Republic:*

아렌트에 의거하여 표현하자면, 전후 일본의 '평화국가' 이미지, 즉 전후 일본의 평화주의의 이상이란 국민의 시선을 불쾌한 현실로부터 돌리려는 의도에서 만들어진 장치였다고 할 수 있다. 여기서 '불쾌한 현실'이란 '미국의 기지가 되어 버린 국가'라는 현실이었다. 일본 국민이 '기지국가'의 현실을 받아들이지 않고, '평화국가'의 이상에 일본 국가의 기본 이념이 배태되어 있다고 인식하는 한 스스로의 정부가 전개하는 대외정책은 혼란스럽고 당혹스러운 것으로 보였을 것이다.[3] 그럼에도 전쟁도 평화도 아닌 냉전의 어정쩡한 현실은 전후 일본 외교의 애매함을 오히려 미덕으로 보이게 했을 수 있다.

그러나 냉전의 종결은 일본 외교의 이상과 현실의 관계에 대해 일본인 모두가 심각하게 고민해야 하는 환경을 제공했다. 걸프전쟁의 발단이 되었던 이라크의 쿠웨이트 침공은 냉전의 종결이 곧바로 평화로운 세계를 보증하는 것이 아니라는 사실을 보여 주었다. 반면 미소 대립의 냉전 시대에는 불가능했던 '침략자 비난의 국제적 합의'가 유엔안보리에서 이뤄짐으로써 집단안전보장에 대한 소박하고도 낙관적인 믿음이 국제사회를 사로잡게 되었다.

여기서 냉전 종결 후 일본의 움직임이 주목되었다. 일본은 국제사회가 일본에 적극적인 국제공헌을 요구하고 있다고 느끼기 시작했으며, 국

Lying in Politics, Civil Disobedience, on Violence, Thought on Politics and Revolution, New York: Harcourt Brace Jovanovich, 1972, p. 228 (ハナ·アーレント, 『暴力について』, みすず書房, 1973年, 212頁). 요네하라 겐(米原謙)의 연구를 통해 아렌트의 문장과 만나게 되었다는 것을 밝혀 둔다. 米原謙, 『日本的「近代」への問い—思想史としての戦後政治』, 新評論, 1995年, 31頁.

3 일본 외교 이념의 혼란에 대해서는 栗野鳳, 「戦後日本外交の思想」, 日本国際政治学会(編), 『日本外交の思想』(国際政治, 71巻), 1982年 8月, 160-172頁 참조.

제공헌의 방식과 내용에 관한 논쟁이 전개되었다. 크게 두 가지 방향에서 논의가 제기되었다. 하나는 종래의 '평화국가' 이념을 더욱 철저히 추구한다는 것이었다. 탈냉전의 새로운 세계관을 제시해 온 '평화국가'의 이념이야말로 냉전 이후 세계질서 구상에서 더욱 가치를 발휘할 것이라는 생각이다. 다른 하나는 '평화국가' 노선이 냉전하에서 일본이 '일국 평화주의'를 추구할 수 있었던 특수조건을 전제로 한 것이었으며, 따라서 그러한 노선의 변경을 요구받고 있다는 것이었다. 전자의 업그레이드 버전이 이가라시 다케시(五十嵐武士)의 '제2의 평화국가(平和国家·パート·ツー)'론이며,[4] 후자의 원형이라 할 수 있는 것이 오자와 이치로(小沢一郎)의 '보통국가'론이었다.

여기서 '보통국가'란 '국제사회에서 당연시되는 행위를 당연한 것으로서 자신의 책임하에서 행하는 국가'로 개념화되었다. '당연한 것'이란 군사력이 여전히 중요한 의미를 지니는 안전보장의 세계에서 군사력을 포함한 국제협력을 행한다는 것이었다. 걸프전쟁에서 일본은 총액 130억 달러의 재정지원과 약간의 문민 활동을 약속하여 이를 실시한 바 있었다. 전쟁이 끝난 뒤 쿠웨이트 정부가 미국의 한 유력 신문지상에 전면 광고를 게재하여 세계 각국에 대한 감사의 뜻을 표명했다. 그런데 광고에는 일본이 포함되어 있지 않았다. 그에 따른 충격이 '보통국가'론 대두의 배경이 되었다.

한편 전후 평화주의의 연장선에서 나왔다고 볼 수 있는 '제2의 평화국가'론은 유엔과 지역안전보장에는 적극적으로 참가 협력하지만, 그 수

---

4 五十嵐武士, 『平和国家』という視点」, 『日米関係と東アジア―歴史的文脈と未来の構想』, 東京大学出版会, 1999年, 251–268頁.

단은 군사적인 하드 파워가 아닌 비군사적인 소프트 파워에 한정해야 한다는 외교안보구상이다. 일본 정부는 걸프전쟁 후 페르시아만에 남아 있던 기뢰 소해를 위해 해상자위대의 소해정을 파견했다. 일본의 소해정이 일본 영해를 벗어나서 활동한 것은 한국전쟁 이래 처음 있는 일이었다. 이와 관련하여 한국전쟁 당시 활동했던 일본 특별소해부대의 존재가 일반의 관심을 불러일으켜 『아사히신문』에서는 '역사의 공백'이었던 그 존재에 관해 조명하기도 했다. 자위대의 해외파견이라는 현실이 전후 평화주의자에게 안겨 준 위기감이 '제2의 평화국가'론을 제기하게 만들었다고 할 수 있다.

그런데 일본형 외교의 핵심에서 '평화국가'가 국시로서 자리 잡고 있다고 믿는 일본의 많은 논자의 주장에도 불구하고 이러한 생각이 주변국들의 충분한 이해를 받고 있다고는 할 수 없다. 전후 일본의 대외정책에서 나타나는 혼란은 미국과 군사동맹 관계를 맺고 있음에도 군사적인 수단이 '평화국가'라는 방침에 저촉함으로써 생기는 안전보장상 특유의 딜레마에 기인한 것으로 볼 수 있다. 따라서 국가 의지로서의 '평화국가'의 형성, 구조, 전개에 대한 검토가 필요하다.[5]

이가라시 다케시는 '평화국가'의 형성과 전개에 대해 "1. 일본국 헌법 제9조에 전쟁포기를 규정함으로써 '평화국가'의 이념이 성립할 근거가 마련되었으며, 2. 요시다 시게루(吉田茂) 수상이 '요시다 독트린'하에서 일본 본토의 군사기지를 미국에 제공하고, '군사력에 미치지 않는 정도의 힘'으로서 경찰예비대(National Police Reserve)를 합헌으로 해석한 이래 일본의 안전보장정책은 '평화국가'의 이념에서 괴리된 모습을 보였으나, 3. 그

5 同上, 151-152頁.

럼에도 일본을 '평화국가'로 보는 자아인식이 일본인 사이에서 정착해 왔다"고 설명했다. 그 요인으로는 '평화국가'가 안전보장정책과의 사이에서 모순을 일으키면서도 서로 긴장관계를 유지하면서 이데올로기와 운동, 정책이라는 세 부분으로 분극화하여 다음과 같은 내부구조를 완성했다는 점이 거론되었다. 첫째, 여론 속에서 확인되는 체제 이데올로기, 둘째, '평화국가'의 이념을 환기하는 여러 수준의 운동, 셋째, '평화국가'의 이념에 기초하는 안전보장정책상의 대항적 제안 등이다.[6] 이는 각각 '평화주의', '평화운동', '평화3원칙'으로 바꿔 이해해도 될 것 같다. 문제는 여기서 말하는 '평화국가'가 '현실을 제어하는 이념'으로 신봉되었다기보다 한편으로는 내셔널 아이덴티티를 표현하는 체제 이데올로기로 바뀌어 '현실을 덮어씌워 감추는 이념'이 되었고, 다른 한편으로는 '현실을 부정하기 위한 이념'이 되고 말았다는 데 있다.

2) '기지국가'의 현실

그 현실이란 무엇이었던가. 그것은 다름 아닌 '기지국가'였던 것이다. '평화국가'는 물론 '무장국가', '국방국가', '병영국가'는 아니며, 이들의 대항 개념으로서 사용되면서 개념화한 것이었으나 '기지국가'라는 현실과는 동시에 진행되는 것이었다. 이가라시는 일본 정부가 '평화국가'로서 그 나름의 의지를 지니면서 그에 걸맞은 외교정책을 전개하려 했다는 점을 평가하여 이를 '일본형 외교'라고 부르고 있지만, 이에는 다음과 같은 조건이 붙어 있었다. 즉, '평화국가'의 개념이 '미국형 외교에 안전보장을 위

6 同上, 152-162頁.

임함으로써 혼란을 야기할 가능성이 언제나 존재하고 있다'는 것이었다. 미국형 외교에 자신의 안전보장을 위임했다는 것, 이 현실이 바로 '기지국가'의 현실이었던 것이다. 따라서 '평화국가' 외교구상의 핵심인 '종합안전보장'이나 그 수단인 '정부개발원조(ODA)' 등은 '기지국가'라는 현실에서 가능했던 것이라 이해할 수 있는 것이다. 그러한 일본형 외교가 냉전 종결 후 1991년 걸프전쟁을 계기로 그 한계를 드러냈던 것이다. 군사적인 위협을 외교의 수단으로 사용하지 않는다는 점에서 자기억제적인 '평화국가'의 방침에서 탈각하여 적극적으로 평화를 송출하는 능동적인 형태의 '평화국가'가 될 것을 요구받았던 것이었다. 자위대의 유엔 평화유지 활동에 대한 참가는 그러한 요구에 응하려는 '일본형 외교 개정판'의 하나였다.[7]

2001년 9.11 동시다발 테러 이후 미국의 아프간 침공과 그에 이은 이라크전쟁에서 일본은 다시 안보정책의 전환을 요구받게 되었다. '기지국가'의 현실 속에서 일본은 곡예와 같은 안보정책을 전개하고 있었다. 2002년 고이즈미 준이치로(小泉純一郎) 수상의 평양 방문 직후 핵개발 문제를 둘러싼 부시 미국 대통령의 대북 압박은 거세졌고, 군사동맹의 어감을 풍기는 '미일동맹'은 더 이상 금기어가 아닌 분위기가 형성되었다. '납치' 문제로 촉발된 북한에 대한 일본 국민의 경계심을 배경으로 일본은 군사적 '보통국가'의 길을 재촉했다. 2010년 일본은 중국에 경제대국 2위의 자리를 내주어야 했다. 같은 해 '센카쿠 제도(중국명 댜오위다오)' 연안에서 벌어진 중국 선박과 일본 해상보안청의 충돌 사건이 일본 국민의 안방에 중계되었고, 이는 일본 국민에게 중국의 위협을 각인시켰다. 이

7 同上, 176頁.

러한 변화들이 헌법을 개정하고 국방군을 보유하여 '전후 레짐으로부터 탈각'할 것을 주장하는 아베 신조(安倍晋三)가 본격 등장하는 배경이 되었다. 바야흐로 '기지국가'는 사명을 다하고 역사의 뒤안으로 사라질 운명인 것처럼 보인다. 그러나 아베 내각이 헌법개정으로 가는 전 단계로 현행 헌법하에서 '집단적 자위권'의 행사가 가능하다는 각의결정을 내리고, 법제화를 서두르자 이에 대한 저항이 조직화되었다. 이러한 일본의 정치지형 속에서 '기지국가'는 오히려 그 끈질긴 생명력을 과시하고 있는 듯하다.

한편 '기지국가'의 해체를 통해 '보통국가'의 완성을 꿈꾸는 아베는 '적극적 평화주의'를 주장하기 시작하면서 전후 일본이 걸어온 '평화국가'로서의 족적을 그 어느 때보다 '적극적'으로 선전하고 있다. 2015년 4월 22일 반둥에서 시진핑(习近平) 중국 국가주석과 아베 수상의 회담에서 시진핑 주석이 일본의 역사인식에 대해 문제를 제기하자 아베 수상은 "지난 세계대전에 대한 깊은 반성 위에 '평화국가'로 걸어온 자세는 앞으로도 불변할 것"이라 대응했다.[8] 그리고 일본 외무성은 아베 수상의 이 발언을 뒷받침하듯이 2015년 6월 16일 '일본의 평화국가로서 걸어온 족적'이라는 제목의 홍보 영상물을 외무성 홈페이지에 게재했다.[9] 영상물은 일본어, 영어, 아랍어, 중국어, 프랑스어, 스페인어, 독일어, 이태리어, 러시아어, 한국어의 10개 언어로 시청이 가능한 것이었다.

이처럼 보통국가화 노선에 앞장 서 있는 쪽에서 '평화국가'를 치켜세

8 일본 외무성 홈페이지, http://www.mofa.go.jp/mofaj/a_o/c_m1/cn/page4_001136.html(최종 검색일: 2015. 7. 10)

9 일본 외무성 홈페이지, http://www.mofa.go.jp/mofaj/p_pd/pds/page22_002004.html(최종 검색일: 2015. 7. 10)

우는 반면, 그동안 헌법 제9조의 가치를 소중히 해 온 평화주의자 그룹에서 '평화국가'에 대한 회의론이 튀어나왔다. 전후 '민주주의적·세계적 입장'에 서서 '과학적 역사학'의 발전을 목적으로 활동해 온 '역사학연구회'가 전후 70주년 성명 '전후 70년을 맞이하여 전쟁으로의 길에 반대하고 평화로의 결의를 새로이 하는 결의(戦後70年を迎え、戦争への道に反対し平和への決意を新たにする決議, 2015. 5. 23)'를 발표하고, 전후 일본이 결코 '평화국가'라 불릴 수 없는 체제였다고 주장한 것이다. 즉, 일본은 오키나와를 중심으로 많은 미군기지를 두고 있으며, 한국전쟁, 베트남전쟁, 이라크전쟁 등에서 미군의 출격거점이 되어 왔던 국가를 '평화국가'라고는 부를 수 없다는 것이었다.[10] 이런 뒤틀림을 어떻게 설명할 것인가? 여기에 '기지국가'론을 주장하는 의의가 있다.

2. 기지국가론의 제기

1) '기지국가'의 정의

'기지국가'라는 말은 본래 미군의 기지를 안고 사는 국가라는 의미에서 일본의 좌파 저널리즘 용어로 오래전부터 사용되어 왔으며, 일본공산당 계열의 연구자 마쓰타케 노부유키(松竹伸幸)와 야마네 다카시(山根隆志) 등이 이 용어를 사용하여 일본의 현실을 설명하고 있다.[11]

10 일본 역사학연구회(歴史学研究会) 홈페이지, http://rekiken.jp/appeals/appeal20150523.html(최종 검색일: 2015. 7. 10)

11 高橋甫, 「基地国家日本の検討—闘争の現状とその展望(座談会)」, 『社会主義』 69巻,

마쓰타케 노부유키의 용법에 대해서는 후술하는 선행연구 소개에서 다시 언급하겠지만, 이들이 사용하는 '기지국가'라는 용어는 명확한 규정을 결여하고 있으며, 학술적 분석도구로 사용되고 있다기보다는 일본에 미군기지가 비정상적 형태로 배치되어 있고, 이로 인해 일본이 미국의 식민지와 같은 상황에 처해 있다는 점을 극적으로 설명하기 위한 용어로 사용되고 있다. 특히 이들의 용법에서 강조되고 있는 것은 주일미군 기지가 일본 국민 일반의 의사에 반하여 강요된 것으로, 일본과 동아시아에서 미국의 이익을 관철하는 거점이 되고 있다는 생각이다. 그러나 이 책에서는 미군기지의 설치와 미군 주둔이 미국에 의해 강요된 것이면서 일본 국민이 주체적으로 선택한 결과라는 점을 아울러 고려하여 '기지국가'라는 용어를 사용하고자 한다. 이는 평화헌법이 점령 당국, 즉 미국에 의해 강요되었으면서도 일본 국민이 주체적으로 받아들인 결과로 정착되었다는, 평화헌법의 양면성과 쌍을 이루고 있다. 따라서 이 책에서는 '기지국가'라는 용어를 이러한 양면성을 드러내기 위한 분석도구로 사용하고자 하며, 이를 위해 개념 규정을 시도하여 정의를 내리고, 그와 비슷한 다른 개념들과 비교하여 그 의미를 명확히 하고자 한다.

이 책에서 사용하는 '기지국가'란 '국방의 병력으로서 군대를 보유하지 않고 동맹국의 안보 요충에서 기지의 역할을 다함으로써 집단안전보장의 의무를 이행하고, 이로써 안전보장의 문제를 해결하는 국가'를 말한다. 여기서 '국방의 병력', 즉 국방군을 보유하지 않는 것은 일본의 전후 국가가 평화헌법이 규정한 제약하에 놓여 있다는 것을 의미하며, '동맹국의 안전

1957年 5月; 松竹伸幸, 『「基地国家·日本」の形成と展開』, 新日本出版社, 2000年; 山根隆志, 『「基地国家·日本」と安保の構造』, 『前衛』 873号, 2011年 8月.

요충에서 기지의 역할을 다한다'는 것은 미일안보조약의 의무에 충실하다는 것을 의미한다. 즉, '기지국가'에는 평화헌법과 미일동맹이라는 모순이 동거하고 있었던 것이다. 나아가 '기지국가'는 '세계전쟁의 시대'였던 20세기를 살아가는 과정에서 다른 국가가 선택한 삶의 방식과는 구별되는, 일본만의 독특한 생존방식을 표현하는 특수개념이다. 그것은 근대국민국가의 필수요건 중의 하나인 군사주권을 포기하고 있다는 점에서 카첸스타인(Peter J. Katzenstein)이 개념화한 '반주권국가(Semisovereign State)'의 범주에 드는 것이라 할 수 있다.[12]

그러나 '기지국가'란 단순히 '일본이 외국의 군대에 기지를 제공하고 주둔군의 존재로 안전을 보장받는다'는 것 이상으로 다음과 같은 점이 고려된 용어다. 그것은 일본이 이행해야 할 기지제공의 방식이 이른바 '전토기지방식(全土基地方式)'에서 출발했다는 점이다. 이는 역사적으로 보아 미국이 그 당시 일본 이외의 나라들과 체결해 왔던 군사행정협정과는 크게 다른 점이었다. 예컨대 '미영기지대여협정(1941)'이나 '미-필리핀 군사기지협정(1947)'에는 영국이나 필리핀이 미국에 대해 대여 또는 사용을 허가하는 기지들은 양국 영토의 '제한된 지점들'로 규정되어 있다. 이에 반해 1952년 2월 28일에 체결되고 4월 28일 발효된 미일안보조약에 근거하여 성립한 미일행정협정에는 일본이 미국에 대해 제공해야 할 시설 또는 구역이 한정되어 있지 않고, 일본이라는 주권국가의 전 국토를 군사작전을 위한 잠재 구역으로 설정한다는 방식을 취하고 있었다. 이것이 이른바 '전토기지방식'이라고 불리는 것이었다. 그리고 이는 미국이 일본의

12 Peter J. Katzenstein, *Policy and Politics in West Germany: The Growth of a Semisovereign State*, Philadelphia: Temple Univ. Press, 1987, pp. 5-10.

영토 안에서 '필요하다고 생각되는 장소에, 필요하다고 생각되는 기간에, 필요하다고 생각되는 규모의 군대를 보유 유지'하기 위한 것이었다.[13]

이상이 한국전쟁 기간 중에 강화조약을 체결하고 국제사회에 복귀한 일본에 성립한 국가의 현실을 '기지국가'로 보는 이유다. 1947년 5월 제9조에 '전쟁포기'를 명기한 일본국 헌법이 발효되어 '평화국가'로서 재기할 것을 다짐한 지 5년 만인 1952년 4월 샌프란시스코 평화조약이 발효되고, 같은 날 미일안보조약이 발효됨으로써 일본은 '기지국가'가 되어 독립했던 것이다. 나아가 미일행정협정에서 채택된 '전토기지방식'은 북대서양조약기구(NATO) 지역에서의 미군 주둔과도 다음과 같은 점에서 기본적인 발상의 차이를 확인할 수 있다. 즉, 나토 지역 내에서의 미군 주둔이 공동방위체제 안에서의 주둔이었던 데 비해 일본에서의 미군 주둔은 기지제공 또는 주둔군 협정이라는 제도 속에서의 미군 주둔이었던 것이다. 더구나 나토 지역 내의 실제 미군 주둔을 보더라도 서독이라는 예외를 제외하면 거의 모든 조약 체결국에서의 미군 주둔은 소규모였으며, 국토의 극히 일부분에 지나지 않았다.[14]

그렇다면 미군 주둔이 자국의 안전보장에서 극히 중요한 역할을 차지하고 있는 독일과 한국의 경우는 어떠한가. 독일의 경우 국방의 병력으로서 군대를 보유하고 있으며, 이를 집단적 방위체제 안에서 국제공헌 일환의 위치에 놓고 있다는 점에서 일본과 다르다.[15] 즉, 안전보장의 일

---

13 明田川融,『日米行政協定の政治史 — 日米地位協定研究序説』, 法政大学出版局, 1999年, 7頁.

14 Simon W. Duke and Wolfgang Krieger (eds.), *U. S. Military Forces in Europe: The Early Years, 1945-1970*, Boulder, Colorado: Westview Press, 1993, p. 6; 明田川融, 前掲書, 서론의 注13, 19-20頁 참조.

차적 책임을 지는 자국 군대의 유무와 그 사용의 한계 문제다. 일본과 독일의 대비에서 보이는 일본의 특이성은 일본과 한국의 비교에서도 동일하게 말할 수 있는 부분이다. 한미상호방위조약은 제3조에서, 양국은 그 한쪽이 받게 될 군사적 공격을 양국에 대한 공동의 평화와 안전에 대한 위협으로 간주하고, 공동으로 대처한다고 규정하고 있다. 한국도 일본과 같이 '전토기지화'의 상황에 있었으며, 그 기지는 실질적으로 반영구적 사용이 가능한 것으로 간주되었다. 그러나 한국은 한국전쟁을 계기로 1953년 1월 현재 약 49만 명 규모로 증강된 군대를 보유하고 있었으며, 한반도 이외의 광역적 역할을 상정하고 있다는 점에서 일본과 크게 차이를 보이고 있다.[16]

2) '기지국가'의 모순

이러한 '전후 국가'의 반주권적 성격은 일본에서 끊임없이 정치적 대립과 갈등의 양상을 규정하고, 기지국가의 경제, 즉 기지경제는 전후 일본 경제부흥의 밑바탕이 되었다. 그리고 이것이 일본 사회의 이율배반적 대미인식을 낳은 핵심 요인이 되어 왔던 것이다. 즉, '기지국가'적 성격은 전후 국가 일본의 정치와 경제, 사회를 규정하는 핵심 요인이었다.

그런데 '기지국가'와 '평화국가'는 어떠한 관계에 있는 것인가. 이 점에 대해서는 우선 다음과 같이 간략하게 설명할 수 있다. 일본은 '기지국

---

15 大嶽秀夫, 『二つの戦後—ドイツと日本』, 日本放送出版協会, 1993年, 151-153頁.

16 이삼성, 「한국전쟁이 냉전과 한미관계에 미친 영향: 전통적 시각과 비판적 시각의 비교」, 경남대학교 극동문제연구소 편, 『한국전쟁과 남북한 사회의 구조적 변화』, 경남대학교출판부, 1991, 65-67쪽.

가'였기 때문에 '평화국가'일 수 있었으며, '평화국가'이고 싶다는 지향이 '기지국가'의 현실을 묵인하고 있었던 것이다. 즉, 두 개의 규정은 상호보완적인 관계에 있으며, 서로를 필요로 하고 있었다. '평화국가'의 대치 개념은 물론 '국방국가'일 것이다. 그러한 관계에서 보면 '기지국가'는 아직 '평화국가'가 되지 못했으며, 이미 '국방국가'로는 되돌아갈 수 없는 20세기 후반의 냉전시대에 일본에서 탄생한 특이한 국가형태였다. 따라서 '기지국가'의 내부에는 '평화국가'로 이행하려는 계기와 '국방국가'로 회귀하려는 계기가 공존하며 서로 갈등하고 있다고 할 수 있다. 나아가 '기지국가'를 해체하려는 이 두 움직임에 대한 반발에 따라 '호헌 평화주의'와 '전수방위론' 간의 끌어안기가 성립하여 여론의 지지를 얻어 왔다. 이러한 불안정한 끌어안기가 '기지국가'를 유지시킨 동력이라고도 할 수 있다.

다시 말하면 '기지국가'와 '평화국가'는 상호 배척적인 개념이 아니라 전후의 어떤 일을 계기로 해서 상호 보완적인 개념이 되었던 것이다. 하나는 현실을 표현하고 다른 하나는 이상을 표상하며, 현실과 이상의 동거를 가능하게 했던 것이다. 즉, '기지국가'의 현실 위에 '평화국가'의 이상이 덧씌워져 있었던 것이다. 그런 의미에서 이 책은 전후 일본의 현실이 '평화국가'의 이념에 의해 창조되었다고 하는 구성주의적 일본 이해와 다른 방식으로 일본에 접근한다.[17] '평화국가'의 이념에도 불구하고 기저에

17 전후 일본의 안보정책에 대한 구성주의적 이해는 다음을 참조. Peter J. Katzenstein, *Cultural Norms and National Security: Police and Military in Postwar Japan*, New York: Cornell Univ. Press, 1996. (ピーター・J. カッツェンスタイン, 『文化と国防—戦後日本の警察と軍隊』, 日本経済評論社, 2007年) 또한 일본의 안보정책에 대한 구성주의자들의 이해에 동의하면서도, 미일동맹이 평화의 기회를 확대했다는 점을 현실로 인정할 필요가 있다고 하여 일정한 비판을 가하고 있는 미야시타 아키토시의 연구도 참조할 것. Akitoshi Miyashita, "Where do Norms Come From?:

있는 현실로서의 '기지국가'는 기본적으로 그 성격이 변하지 않고 정착 강화되었다고 보기 때문이다. 그런 의미에서 '기지국가'론의 제기는 국제정치에서의 현실주의 인식론 위에 서 있다고 할 수 있다.

그렇다면 이 '기지국가'는 언제 탄생하여 어떻게 운영되어 왔는가. 이 책은 이 문제에 대한 설명을 시도하려는 것이다. 그것은 일본이 한국전쟁과 독특한 형태로 관계를 맺으면서 안보문제를 해결하고, 국가로서의 존립과 유지를 모색할 수 있었다는 점에 대한 고찰로부터 출발하게 될 것이다.

3. 선행연구, 자료, 책의 구성

1) 선행연구

한국전쟁과 일본의 관계를 연구 대상으로 할 때 가장 먼저 검토해야 할 것은 와다 하루키(和田春樹)의 연구들이다. 와다는 한국전쟁 개전 40년이 되는 1995년 『한국전쟁(朝鮮戦争)』을 출판하고,[18] 이를 발전시켜 2002년 『한국전쟁전사(朝鮮戦争全史)』를 출판했다.[19] 이들 연구에서 와다는 한국전

Foundations of Japan's Postwar Pacifism," *International Relations of the Asia-Pacific*, Vol. 7, 2008, p. 116.

18 和田春樹, 『朝鮮戦争』, 岩波書店, 1995年. (와다 하루끼, 서동만 옮김, 『한국전쟁』, 창작과비평사, 1999)

19 和田春樹, 『朝鮮戦争全史』, 岩波書店, 2002年. 이 책은 이후 영어로 번역되었다(*The Korean War: An International History*, Lanham: Rowman & Littlefield, 2014).

쟁의 원인, 전개, 영향 등을 분석하고 있는데, 일본인 연구자로서의 시점을 개재시켜 한국전쟁과 일본의 관계에 대한 심도 있는 분석을 시도하고 있다.

『한국전쟁』에서 와다는 한국전쟁과 일본의 관계에 대해, 전쟁 발발에 이르는 과정에서 '일본 요인'의 발견과 그 의미, 그리고 전쟁이 일본에 미친 영향 등의 문제를 고찰하고 있다. 그런 가운데 세 가지의 선행연구에 대해 언급하고 있다. 첫 번째는 커밍스(Bruce Cumings)의 연구다.[20] 커밍스는 전쟁 발발 직전 북한 지도부가 일본의 동향에 주목하여 이를 분석하고 있었으며, 한국과 일본의 접근에 민감하게 반응하고 있었다고 하여 전쟁 발발 과정에서의 일본 요인을 지적했다. 그러나 와다는 커밍스가 일본공산당과 재일조선인의 존재를 고려하지 못함으로써 북한의 대일인식 해석에 문제가 생겼다고 비판했다. 두 번째는 이가라시의 연구를 검토하고 있다.[21] 이 연구에서 이가라시는 GHQ 자료에 입각해서 한국전쟁 발발 직전의 일본공산당과 국제공산주의 운동의 관계를 분석하고 있다. 와다는 이 연구가 자료에 기초한 연구라는 점을 평가하면서도 자료 구사에 문제점이 있다고 비판했다. 와다는 이가라시가 논의 전개의 논거로 채택한 극동 코민포름과 일본공산당의 관계는 극동 코민포름의 존재를 부정하여 채택하지 않았다. 그 대신 스탈린과 일본공산당의 관계라고 하는 보다 직접적인 관계를 통해 이 시기 국제공산주의 운동과 일본공산당의 관계를 분석했다. 나아가 이가라시가 높이 평가한 일본의 '전후 평화

---

20 Bruce Cumings, *The Origins of the Korean War, Vol. II: The Roaring of the Cataract 1947-1950*, Princeton Univ. Press, 1990. 와다에 의한 소개와 비판은 和田春樹, 前掲書, 2002年, 97-98頁 참조.

21 五十嵐武士, 『対日講和と冷戦—戦後日米関係の形成』, 東京大学出版会, 1986年. 와다에 의한 소개와 비판은 和田春樹, 前掲書, 2002年, 98-102頁, 235-239頁 참조.

주의 세력'에 대해서는 '유토피아적 평화주의'였다고 규정하고 비판해야 할 점이 있다고 지적했다.[22] 세 번째는 하기와라 료(萩原遼)의 연구가 있다.[23] 하기와라는 '김일성의 소음모-맥아더의 대음모'론을 제기하고, '북한과 미국의 음모에 희생당한 일본'이라는 시각을 주장하고 있다. 이에 대해 와다는 '맥아더의 대음모'론은 자료의 뒷받침이 없는 주장이라는 점에서 문제가 있으며, 그의 주장이 일본(특히 일본공산당)을 면책해 주려는 의도가 지나치게 앞선 나머지 자료 해석의 오류를 범하고 있는 것이라고 비판했다.

이들 연구에 대한 검토 위에서 와다는 다음과 같은 주장을 덧붙이고 있다. 우선 한국전쟁의 수습 국면에서 전개된 국제공산주의 운동의 움직임에 대해 와다는 일본공산당에 대한 새로운 분석을 더해 다음과 같이 주장하고 있다. 즉, 와다는 평양과 베이징에서 거의 같은 시기에 박헌영과 이토 리쓰(伊藤律)가 체포되어 감금당했던 데에 주목하고, 이러한 사태의 전개를 스탈린이 한국전쟁을 수습하려는 의지를 보인 것으로 해석했다. 와다 자신도 이는 역사적 추론에 불과하다고 전제하고 있으나, 휴전회담을 둘러싼 소련의 의도를 분석하는 과정에서 주목할 만한 대목이다.

『한국전쟁전사』에서 와다는 개전 시기의 일본 정부와 각 정당과 노조 및 평화운동 진영의 움직임 등을 새로 분석하고 있으며, 일본인의 전쟁 참가, 강화조약 문제와 일본공산당, 전쟁으로 발생한 특별수요 등에 대

---

22 이러한 해석을 둘러싼 논쟁이 요시카와 유이치(吉川勇一)와의 사이에서 전개된 바 있다. 『市民の意見30の会·東京ニュース』 28号(1995. 3. 25), 30号(1995. 8. 10), 33号(1995. 11. 30)를 참조.

23 萩原遼, 『朝鮮戦争ー金日成とマッカーサーの陰謀』, 文芸春秋, 1993年. 이에 대한 와다의 비판은 和田春樹, 前掲書, 2002年, 350-354頁 참조.

해 추가적으로 검토하고 있으나, 전체적으로 볼 때 일본 관련 서술은 삽화의 수준에서 처리되어 있어 한국전쟁 시기의 일본에 대한 총체적인 이미지를 그리는 데에는 미흡하다.

이 책은 이상에서 소개한 와다의 두 연구 및 와다가 검토한 기존 연구의 성과를 바탕으로 하고, 그럼에도 불구하고 아직 다루어지지 않았던 남겨진 문제를 연구의 주제로 삼고 있다. 그것은 첫째, 일본이 한국전쟁이라는 현실에 관여함으로써 스스로 전개 발전시켜 온 일본 국가의 현실, 즉 '기지화'에 대한 현상분석이다. 둘째, 한국전쟁을 전후하여 일본공산당이 전개했던 운동에 대해 기존 연구들이 간과해 온 재일조선인 운동에 대한 분석이다. 셋째, 일본의 전후 평화주의와 관련하여, 이 시기에 형성된 일본 국가의 이데올로기 분석이다. 와다의 연구가 한국전쟁 연구의 외연에서 일본 문제에 접한 것이었다는 점을 염두에 두면, 이러한 내용이 다루어지지 않은 채 남아 있다는 것은 어떤 의미에서 당연하다고 할 수 있다. 따라서 이 문제들은 와다가 가진 관심의 흐름과는 거꾸로, 전후 일본 연구의 외연에서 한국전쟁이라는 주제와 접촉하면서 생기게 된 부분을 관심영역으로 하는 이 연구에서 비로소 포착될 수 있는 문제들이라 생각된다.

이러한 문제의식에 따라 몇 가지 선행연구를 더 소개해 두고자 한다. 첫째, '기지화'의 현상분석과 관련하여 야마사키 시즈오(山崎静雄)의 연구가 중요한 디딤돌의 역할을 해 주고 있다.[24] 이 연구는 당시까지 아직 이용된 적이 없는 새로운 자료를 다수 발굴하여 구사했다는 점에서 높이 평가할 만하다. 그러나 자료를 인용하는 방법에 문제가 있어 반드시

24 山崎静雄, 『史実で語る朝鮮戦争協力の全容』, 本の泉社, 1998年.

원자료의 확인이 필요하다. 야마사키의 연구와 더불어 아케타가와 도루(明田川融)의 연구도 참고할 필요가 있다.[25] 야마사키가 '전토기지화(全土基地化)'되어 가는 일본의 현실을 자료로서 구체적으로 확인하고 있다고 한다면, 아케타가와는 미일안보조약과 미일행정협정을 둘러싼 양국 당사자 간의 교섭에서 '전토기지방식(全土基地方式)'이 확정되어 가는 과정을 분석하고 있다. 이 책에서는 아케타가와의 연구성과를 기초로 하고, 미일교섭의 이면에서 또는 그 이후의 과정에서 일본이 미국을 상대로 무엇을 얻고자 했었던가에 대해 분석하고자 한다. 당시 일본 정부는 강화의 실현이라고 하는 최대의 과제 이외에 한국전쟁 휴전교섭의 개시와 타결이 일본에 미치는 영향을 최소화하고, 나아가서는 휴전 이후에 개최될 것이 예상되는 국제회의에서 일본의 참가를 보증할 것 등을 중요한 외교 과제로 인식하고 있었다. 한편 치다 다케시(千田武志)의 저서『영 연방군의 일본 진주와 전개(英連邦軍の日本進駐と展開)』는 일본점령에 참가한 영연방군에 의한 기지화의 실상과 그들의 한국전쟁 참전 사실에 대해 전해주는 연구로 유용하다.[26]

둘째, 일본공산당과 재일조선인의 운동과 관련해서 참고할 만한 것으로는 와키타 겐이치(脇田憲一)와 니시무라 히데키(西村秀樹)의 저서가 있다.[27] 와키타는 당시 일본공산당의 당원으로 한국전쟁 시기에 조직된 중핵자위대 대원으로 히라카타(枚方) 사건에 참가했고, 이후 산촌공작대에

25 明田川融, 前掲書.

26 千田武志,『英連邦軍の日本進駐と展開』, お茶の水書房, 1997年.

27 脇田憲一,『朝鮮戦争と吹田·枚方事件—戦後史の空白を埋める』, 明石書店, 2004年; 西村秀樹,『大阪で闘った朝鮮戦争—吹田平方事件の青春群像』, 岩波書店, 2004年.

도 참가한 경험이 있다. 그의 저서는 이러한 개인적인 경험에 기초하고 있으며, 주변 자료를 동원하여 당시의 상황을 재구성하고 있다. 니시무라의 저서는 스이타(吹田) 사건의 당사자인 재일조선인 공산주의자 부덕수(夫德秀)에 대한 인터뷰를 토대로 구성된 르포르타주다. 두 저서는 연구자에 의한 연구서는 아니지만 한국전쟁 시기에 전개된 일본공산당과 재일조선인 운동에 대한 자료의 제한을 극복하는 데 도움을 주는 정보가 포함되어 있다. 한편 민단이 조직한 재일교포 의용군에 대한 연구도 진척되었다. 재일교포 사학자 김찬정의 『재일의용군 귀환하지 않다: 한국전쟁비사(在日義勇兵帰還せず—朝鮮戦争秘史)』는 한미일 3국에 흩어져 있는 자료와 재일 의용군 참전병사들에 대한 인터뷰를 기초로 하여 민단 측 재일교포 사회의 대응과 의용군 조직 및 파견의 실상을 전해 주고 있다.

한국인의 연구로는 다음의 연구성과를 참조할 만하다. 먼저 미국의 일본점령 정책 변화에 한국전쟁이 미친 영향에 대한 것으로 김남균의 연구가 있다.[28] 다음으로 주로 미국의 군사전략과 일본의 역할에 초점을 맞춘 양영조와 이종판의 연구가 있다.[29] 영어로 출판된 관련 연구로는 아카

28 Kim Nam G. *From Enimies to Allies: The Impact of the Korean War on U. S.-Japan Relations*, Bethesda: ISP, 1997; 김남균, 「미국의 일본 안보정책에 끼친 한국전쟁의 영향」, 『미국사연구』 4, 1996. 12; 김남균, 「미국의 일본 경제정책에 끼친 한국전쟁의 영향」, 『미국사연구』 8, 1998. 11; 김남균, 「미국의 일본 재무장 정책」, 『한국전쟁사의 새로운 연구 1』, 국방부 군사편찬연구소, 2001.

29 양영조, 「한국전쟁과 일본의 역할」, 『군사』 27, 1993. 12; 양영조, 『한국전쟁과 동북아 국가정책』, 선인, 2007(이 가운데 「제10장 일본의 전쟁지원 활동과 성격」); 이종판, 「한국전쟁시 일본의 소해대 활동」, 『합동군사연구』 11, 2001; 이종판, 「한국전쟁시 일본의 후방지원」, 『군사』 46, 2002. 8; 이종판, 「한국전쟁과 일본: 한국전쟁 당시 일본의 대응과 협력내용을 중심으로」, 『한일군사문화연구』 1, 2003. 4; 이종판, 「한국전쟁기 유엔에 대한 일본의 협력활동」, 『군사』 48, 2003. 4; 이종판, 「한국전쟁 당

기 간지(赤木完爾)와 드리프트(Reinhard Drifte)의 논문이 있다.[30]

최근의 연구로는 테사 모리스-스즈키(Tessa Morris-Suzuki)의 일련의 연구가 있다.[31] 모리스-스즈키는 2013년 11월 9일 오사카시립대학에서 개최된 아시아정경학회 서일본대회에서 학회 설립 60주년 기념으로 「일본과 한국전쟁: 초국경 시점에서(Japan and the Korean War: A Cross-Border Perspective)」라는 주제의 강연을 했다. 이에 대해 재일한국인 연구자 박일과 한반도 문제의 권위자 기미야 다다시(木宮正史)가 비평을 제기하고 강연자와 함께 토론을 전개하고 있는데, 그 과정이 위 학회의 기관지 『아시아연구(アジア研究)』 2015년 6월호(61권 2호)에 「한국전쟁과 일본(朝鮮戦争と日本)」이라는 제목의 특집으로 소개되었다.

이 연구에서 모리스-스즈키는 '큰 이야기'로 국가 간 관계에 주목하기보다 '작은 이야기'로 개인에 주목할 때 전쟁의 그림이 보다 선명히 그려진다고 하여, 이 전쟁에 관여한 일본인들의 생생한 모습을 중심으로 한국전쟁과 일본의 관계에 접근하고 있다.[32] 그러한 분석수법의 결과 일

시 일본의 역할에 관한 연구: 일본의 대미협력활동을 중심으로」, 한양대학교 국제학대학원 박사학위논문, 2007.

30 Kanji Akagi, "The Korean War and Japan," *Seoul Journal of Korean Studies*, Vol. 24, No. 1, June 2011; Reinhard Drifte, "Japan's Involvement in the Korean War," James Cotton and Ian Neary (eds.), *The Korean War in History*, Manchester Univ. Press, 1989.

31 Tessa Morris-Suzuki, "Japan and the Korean War: A Cross-Border Perspective," 『アジア研究』 Vol. 61, No. 2, June 2015; Tessa Morris-Suzuki, "Prisoner Number 600,001: Rethinking Japan, China, and the Korean War 1950-1953," *The Journal of Asian Studies*, Vol. 74, Issue 2, May 2015.

32 모리스-스즈키가 미 아시아연구학회(The Association of Asian Studies)의 기관지 *The Journal of Asian Studies*에 2015년 5월호에 발표한 글, "Prisoner Number 600,001: Rethinking Japan, China, and the Korean War 1950-1953(전쟁포로

본은 일반적으로 이해되고 있었던 것보다 훨씬 적극적으로 이 전쟁에 관여했다는 결론을 도출하고 있는데, 이에 대해 토론자인 기미야는 관여하는 방식에 대해 보다 엄밀하게 규정해 줄 것을 요구하고 있다. 기미야는 필자의 박사학위논문, 즉 이 책의 원본에 입각해서 필자가 주장하는 '기지국가'론을 소개하고, 모리스-스즈키의 연구가 드러내는 일본의 관여가 '기지국가'로서의 관여를 넘어서는 것이 아니냐며 이에 대한 입장을 확인하고 있다.[33] 이에 대해 모리스-스즈키는 "'기지국가'의 개념으로는 일본의 전쟁에 대한 관여 방식을 충분히 설명할 수 없다"고 하여, 일본은 미국의 '기지' 이상의 역할을 수행했다고 자신의 결론을 다시 강조하고 있다.[34]

그러나 모리스-스즈키는 이에 대한 구체적인 논증은 하지 못했다. 더욱 본질적인 문제는 모리스-스즈키가 역동적 개인의 '작은 이야기'에 착목하면서 국가의 '큰 이야기'를 이미 주어진 것으로 처리하고 있는 데 있다. 즉, 모리스-스즈키에게 한국전쟁에 관여한 모든 국가는 이미 '소여'된 존재다. 그것도 전전의 체제를 이어받고 있는 존재다. 그러나 왕왕 국가는 전쟁을 통해 탄생하고 확정되는 일이 있듯이 아직 국가로서는 유동적인 이 지역의 모든 국가는 한국전쟁을 통해 그 국가의 성격을 획득

600,001호: 일본과 중국, 그리고 한국전쟁 1950-1953)"도 이러한 작업의 연장선에 있는 것으로 이해된다. 이 연구는 중일전쟁 시에 만주에 파견되었던 한 일본인 병사가 일본이 패전 후 국민당군, 공산당군을 전전하다가 중국인민지원군으로 한국 전선에 파견된 뒤 포로가 되고 한국군이 되기까지의 과정을 추적하여, 이 전쟁이 '국가 간의 전쟁'일 뿐만 아니라 '월경하는 개인'들의 전쟁이기도 했다는 점을 밝히고 있다.

33 木宮正史, 「日本にとって朝鮮戦争とは—歴史の再解釈と, その現在的含意」, 『アジア研究』 Vol. 61, No. 2, June 2015, p. 21.

34 「ディスカッション(テッサ·モーリス—スズキ, 朴一, 木宮正史)」, 『アジア研究』 Vol. 61, No. 2, June 2015, p. 31.

해 나가고 있었다. 즉, 이 지역에서 국가는 국경을 초월하는 개인을 통제하거나 배제하면서 흐릿하게 흔들리던 국가의 외곽을 확정해 나갔던 것이다. 국가는 개인의 초-국경적 활동을 지원했다기보다는 이와 단절된 곳에서 국가의 정치, 경제, 사회적 영역을 확정해 나가고 있었던 것이다. 그것이 일본의 경우에는 '기지국가'였다. '기지국가'의 탄생이야말로 한국전쟁이 일본에 안겨 준 가장 직접적인 결과물이었다.

이상 한국전쟁과 일본의 관계를 다룬 관련 연구들을 소개했다. 이들 연구는 한국전쟁 시기 일본을 개별적인 사안들 중심으로 분석 검토하고 있지만, 한국전쟁에 관여한 일본의 모습을 총체적으로 그려 내는 데에는 한계를 보이고 있다. 이 책은 이러한 연구 여건에서 한국전쟁에 일정한 방식으로 관계하면서 형성되는 전후 국가 일본의 총체상을 '기지국가'라는 개념 속에 담아 분석적으로 드러내 보고자 한다.

이 책에서 자주 쓰게 될 '기지국가'라는 용어와 관련하여 두 가지 관련 연구를 소개해 두고자 한다. 우선 앞에서 '기지국가'의 개념 규정을 시도하면서 언급한 마쓰타케 노부유키의 저서 『「기지국가 일본」의 형성과 전개(「基地国家·日本」の形成と展開)』를 들 수 있다. 마쓰타케는 그의 저술에서 '미군 기지국가' 또는 '식민지형의 기지국가'라는 용어를 일본공산당이 일본의 현상의 본질적 측면을 나타내기 위해 사용하고 있다고 하여 그 형성과 전개를 고찰하고 있다. 중점은 '식민지형'이라는 데 놓여 있으며, 미국의 이익이 일본 국민의 그것에 우선하는 현실을 드러내는 용어로 사용하고 있다. 그러나 그의 주장은 기지화의 현실이 일본 정부와 국민이 선택한 결과라는 점을 간과하고 있으며, 그 때문인지 명확한 규정 없이 추상화된 개념으로 사용하고 있다. 전술한 니시무라 히데키도 그의 저서 『오사카에서 싸운 한국전쟁: 스이타 히라카타 사건의 청춘군상(大阪で闘っ

た朝鮮戦争—吹田枚方事件の青春群像)』 제4장의 6절에 「기지국가 일본(基地国家 · 日本)」이라는 제목으로 두 쪽 분량을 할애하여 기술하고 있다. 그 가운데 니시무라는 기지화의 실상을 간략히 정리하여 소개한 뒤 일본이 기지국가가 되었다고 서술하고 있는데, '기지화'가 곧바로 '기지국가'인 것처럼 쓰고 있다. 따라서 무엇이 기지국가인가에 대해서는 특별히 정의를 내리지 않고 있다. 이 책에서는 이러한 점을 고려하여 더욱 명확히 '기지국가'라는 용어를 개념화하고 그 내용을 규명하는 데 충실하고자 한다.

나아가 이 책은 세계적인 대사건이 사건의 진원지와는 물리적으로 거리가 있는 한 국가에 미치는 영향을 '광의의 사상계'에 초점을 두고 분석하고 있다는 점에서, 이와 비슷한 문제 제기에서 출발한 고지마 도루(小島亮)의 연구에서 시사받은 바 크다.[35] 고지마의 연구는 1956년에 일어난 헝가리사건이 멀리 떨어진 일본의 사회세력 또는 정치세력의 '사고구조'에 미친 영향을 주된 연구 주제로 하고 있다. 그 내용은 고지마 자신도 인정하고 있듯이 전통적인 분류법에 따르면, 사상사라고도 국제관계사 또는 외교사로도 볼 수 없는 '양자의 경계선상을 멋대로 넘나드는 독수리'와도 같다. 그러나 그는 다시 '현대의 모든 사상적 동향은 국제적인 시야를 조망하는 과정에서 비로소 이해할 수 있으며', 따라서 이와 같은 내용과 스타일은 오히려 당연하다고 주장하고 있다.

필자 역시 이 책을 써 나가는 데 있어 비슷한 문제에 봉착했다. 이 책은 전통적인 의미의 외교사나 국제관계사 또는 정치사의 형식을 채택

---

35 小島亮,『ハンガリー事件と日本—1956年 · 思想史的考察』, 中央公論社, 1987年. 고지마 자신은 명확한 규정을 내리고 있지 않지만, '광의의 사상계'란 사상연구를 직업으로 하는 강단 지식인 사회만이 아니라 일반인의 사상 표출의 장—예컨대 사회운동의 장—을 포함하는 용어로 쓰인 것으로 이해할 수 있다.

하지 않았으며, 사상사라고도 할 수 없는 다소 애매한 체제로 구성되어 있다. 그러나 한국전쟁과 일본의 관계는 총체적인 것이었으며, 그 모든 관계 방식에 대한 분석의 종합이 이뤄질 때 비로소 그 내용은 구체적인 의미를 띠게 될 것으로 생각된다. 하나의 국제적 계기가 그와 관련을 맺고 있는 일국의 정치사회 현실에 총체적인 변화를 초래하고, 한편에서는 그러한 변화에 대한 반발과 운동이 전개되는가 하면, 다른 한편에서는 형성 과정에 있는 새로운 현실을 인식하기 위해 새로운 사고의 틀을 만들기 위한 움직임이 일어난다. 이는 국제관계의 장에서 오히려 일반적인 모습일 것이다. 그럼에도 이러한 문제들이 서로 관련을 맺고 있지 않는 것인 양 이를 암묵적으로 전제하여 따로 떼어 놓고 분석하는 데에서 현실의 왜곡이 생기는 것이다.

이 책에서 필자가 채택한 체제는 비록 간결한 인상을 주지는 못할 것이지만, 위와 같은 생각에 충실하고자 노력하는 과정에서 나온 것이다. 그것이 오히려 현실을 그 자체로 보여 주는 것이라 판단된다는 점에서 최선의 것으로 생각한다.

2) 자료

이 책에서 이용된 자료들에 대해 소개하고자 한다. 한국전쟁 시기 일본에서 전개되는 '기지국가'화의 현실을 구체적으로 그려 내고자 하는 제2장의 목적과 관련해서는 일본의 각 지방자치체 및 단체의 공간 역사기록이 중요한 자료가 된다. 앞에서 소개한 야마사키의 연구가 이러한 자료에 접근하는 데 길잡이가 되어 주었다. 그리고 일본 조달청이 정리한 일련의 『점령군조달사(占領軍調達史)』는 특별수요의 실체를 파악하는 데 중요한 자료다.

일본 외무성 제10회 공개 자료는 유엔협력 방침을 천명한 일본 정부의 구체적 노력과 그 의미 및 목표 설정에 대해 분석하는 과정에서 반드시 검토되어야 할 자료다. 그러나 이 자료를 충분히 구사한 연구는 전무한 실정이다. 제10회 공개분 전체 내용은 '일본–각국 간 외교관계', '본국의(일본의) 외교', '국제분쟁' 등 11항목에 달하는데, 한국전쟁 관계 자료는 '국제분쟁'으로 분류된 항목 속에 '조선동란관계 1건(총 6항목)'이라는 제목의 소항목으로 분류되어 공개되었다. 이 가운데서도 특히 '휴전교섭관계 제1권', '휴전교섭관계 제3권', '휴전교섭관계, 정치회의 관계'(이상, 분류번호=A'7.1.0.5–2, 릴번호=A'–0131), '휴전교섭관계, 한국부흥관계', '휴전교섭관계, 일본의 협력관계'(이상, 분류번호=A'7.1.0.5–2, 릴번호=A'–0132), '한국부흥관계, 유엔의 태도', '한국부흥관계, 일본의 협력관계'(이상, 분류번호=A'7.1.0.5–3, 릴번호=A'–0132), '유엔의 심의 및 태도, 세균전조사관계'(이상, 분류번호=A'7.1.0.5–4, 릴번호=A'–0132) 등이 중요하다.[36]

제3장의 전반, 우익 및 구 군인의 언행 및 동향과 관련한 부분에서는 GHQ 문서와 법무부(法務府) 특별심사국(特別審査局. 이하 특심국)이 작성한 『특심월보(特審月報)』와 『특심자료(特審資料)』에 많은 것을 의존했다. 특심국에서는 비밀취급의 내부 자료로서 1950년 11월부터 『특심월보』를, 12월부터는 『특심자료』를 각각 활판 인쇄 자료로 발간했다. 『특심월보』는 감사부와 조사부의 소관업무를 반영하여 추방자 감시와 제 단체 조사가 주된 내용이며, 『특심자료』는 이들 조사내용에 분석을 가하여 특집의 형태로 편집한 것이다. 특심국이 수집한 정보는 각 지국(지방주재소)을 통

36 日本外務省, 『外交記録マイクロフィルム検索簿—第10回公開』를 참조.

하거나 또는 공산당과 그 주변에 배치한 정보원을 통해 수집된 것이며, 분석이 가해져 법무총재에게 보고되었으며, 중요한 정보일 경우 '공안검찰' 및 '공안경찰'과 상호 긴밀한 연락하에 공유되고 있었다. 또 특심국은 총사령부 민정국과도 긴밀한 관계에 있었으며, 이러한 사실을 반영하여 특심국 자료와 같은 내용의 보고서가 총사령부 문서에서 발견되기도 한다.[37]

한국전쟁과 일본공산당 및 재일조선인의 관계에 대해서는 운동을 단속하는 입장에서 작성된 자료로서 앞서 언급한 특심국 자료와 GHQ 문서, 그리고 운동을 전개한 일본공산당 및 재일조선인 측의 자료로서 당시에 발간된 각종 각급 단체의 기관지와 팸플릿 등이 중요하다. 재일조선인 사학자 박경식이 편집한 『조선문제자료총서(朝鮮問題資料叢書)』의 제10권 및 제15권이 이러한 자료를 망라하고 있다. 이 가운데서도 GHQ 문서가 특히 중요한데, 한국에서는 잘 알려지지 않은 자료로 생각되어 미리 약간의 소개를 해 두고자 한다.

GHQ 문서란 연합국 최고사령관 총사령부(GHQ, General Headquarter) 자료를 총칭하여 부르는 말이다. 패전 후의 일본을 점령 관리하는 최고책임자는 연합군 최고사령관(SCAP, Supreme Commander for the Allied Powers)이었는데, 이를 보좌하고 그 수족이 되어 움직이는 기관으로 설치된 것이 GHQ/SCAP이었으며 이를 줄여 일반적으로 GHQ라고 부른다. GHQ는 4개의 참모부와 10개 전후의 막료부를 축으로 구성되어 있었다. 또 지방군정기구로서 지방군 정부가 각지에 배치되어 있었다. GHQ 문서, 즉 총사령부 문서는 이러한 총사령부의 각 부서, 부국에서 작성되고 보

37 荻野富士夫, 『戦後治安体制の確立』, 岩波書店, 1999年, 141頁.

존되던 점령행정 관계 자료이며, 점령 종결과 함께 역할을 마친 각종 문서의 집합이다. 그 내용은 각종 간행물, 보고서, 회의록, 업무기록, 메모, 통신문, 서한, 사진, 신문 발췌 등 다종다양하다. 대부분은 영문으로 기록된 것들인데 일본어로 된 문서도 있으며, 영문에 일본어 번역문이 또는 거꾸로 일본어에 영어 번역문이 첨부된 것들도 있다. 또 재일조선인 관계 문서 가운데는 한국어로 된 도서, 잡지, 신문, 팸플릿, 삐라, 서한 등이 포함되어 있다.

이들 총사령부 문서는 점령이 종결된 후에 모두 미국으로 이송되어 최종적으로는 미국 국립공문서관(NA, National Archives and Records Administration)의 하부기관인 메릴랜드주 수틀랜드 소재 워싱턴국립기록센터(WNRC, Washington National Records Center)의 지하창고에 보관되었다. 국립공문서관은 소장문서를 레코드 그룹(RG, Record Group) 단위로 보관하고 있는데, 총사령부 문서는 RG331에 속해 있다. 그 양은 귤 상자 크기의 카튼 박스로 1만 284개에 달하며, 한 상자에는 약 2,500~2,600장이 들어 있다. 총사령부 문서는 비밀문서로 취급되어 공개되지 않았었으나, 미국의 정보공개제도에 따라 1972년부터 기밀해제(declassification) 조치가 취해져 현재는 대부분이 공개되었다. 미국의 국가적 안전보장에 저촉되거나 개인의 프라이버시를 보호한다는 이유로 공개 대상에서 제외되고 있는 자료는 총사령부 문서 전체의 약 1%에 못 미치는 것으로 생각된다. 1974년부터는 외국인에게도 공개되었다.

미국의 자료 공개에 따라 일본의 국립국회도서관은 직원을 파견하여 자료수집 작업을 개시했다. 1976년의 예비조사를 거쳐 1978년부터 거의 10년에 걸친 계획으로 수집 작업을 전개했다. 미국 현지에서 롤 형식의 마이크로필름으로 복사되어 일본에 보내진 것이 일본 국내에서 다

시 시트 형식의 마이크로피시로 전환되어 일반에 공개되고 있다.[38]

또한 이 책에서는 한국전쟁 시기 국제공산주의 흐름과 일본공산당의 관계를 추적하는 과정에서 전쟁 발발을 전후한 시기의 소련, 중국, 북한의 대일인식 및 그 정책에 대해 언급하게 되는데, 여기서는 1990년대 초부터 공개되기 시작한 러시아(구소련) 정부 자료가 중요하다. 러시아 대통령 문서관이 공개한 자료 가운데 일부는 1994년 6월, 옐친 대통령 방한 시 한국 정부에 전달되었다. 한국 외무부는 그 내용을 요약하여 「한국전 문서요약」의 형태로 발표했다. 한편 워싱턴의 우드로 윌슨 센터는 '국제냉전사 프로젝트(Cold War International History Project)'로서 러시아 대통령 문서관 및 외무성 문서관의 자료를 수집하여 '뷸레틴'에 발표하고 있다. 이 책에서도 부분적으로 이들 자료가 사용되었다.[39]

마지막으로 제4장에서 '평화문제담화회'의 구성 및 활동에 대해서는 『세카이(世界)』를 포함한 일본의 이른바 대중교양잡지의 논문들, 그리고 『세카이』 창간 40주년 기념 임시증간호 『전후평화론의 원류(戦後平和論の源流)』(1985)가 특히 중요하며, 신문 논조와 여론을 추적하는 과정에서는 1949년부터 1953년까지의 『아사히신문(朝日新聞)』, 『요미우리신문(読売新聞)』, 『마이니치신문(毎日新聞)』의 사설 및 여론조사를 분석했다.

---

38 이상 총사령부 문서의 개요와 이용 방법에 대해서는 金英達, 『GHQ文書研究ガイド—在日朝鮮人教育問題』(むくげの会, 1989年, 1-40頁)를 참조할 것. 총사령부 문서의 해독법에 대해서는 荒敬, 『日本占領史研究序説』(柏書房, 1994年, 315-354頁)이 도움이 되며, 재일조선인 관련 자료에 대해서는 小林知子, 「GHQ文書の在日朝鮮人関連資料『民政局·ボックス2275HH』について(1)」(在日朝鮮人運動史研究会, 『在日朝鮮人史研究』 第25号, 1995年 9月, 125-132頁)이 유용하다.

39 러시아의 자료 공개 상황에 대해서는 와다 하루끼(서동만 옮김), 「보설: 러시아의 신자료에 따른 검토」, 『한국전쟁』, 창작과비평사, 1999, 353-356쪽을 참조.

3) 책의 구성

이 책은 서장과 종장, 그리고 본론에 해당하는 여덟 개의 장으로 구성되었다. 본론은 내용상 다시 네 부분으로 나눌 수 있다.

첫째 부분(제1장)에서는 한국전쟁 직전 동아시아 냉전이 고조되는 가운데 일본의 위치를 확인하고자 한다. 중국 대륙에서 공산당이 승리한 다음 냉전의 초점은 일본으로 이동했다. 전쟁은 한반도에서 발발했으나, 소련과 미국의 관심의 초점은 일본이었다. 일본은 냉전의 전위에서 스스로 전장이 될 위험을 배제하면서 '기지'의 위치로 물러나 앉을 수 있었다. 거기에는 요시다 시게루라는 실용적 현실주의자의 계산과 의지가 작용하고 있었다. 둘째 부분(제2~4장)에서는 '전후 국가' 일본의 현실인 '기지국가' 탄생의 경위와 그 내용을 다룬다. 한국전쟁 발발과 함께 '전투기지' 및 '생산기지'로 급속히 그 모습을 바꿔 가는 일본의 실상을 실증적으로 그려 내면서, 그 가운데 전개되는 일본의 유엔협력 및 전쟁협력의 구체적인 내용을 밝히고 그 의미를 생각해 본다. 셋째 부분(제5장과 제6장)에서는 '기지국가' 해체를 시도한 좌우 양 방향으로부터의 움직임을 다룬다. '기지국가'화에 반발하여 이를 해체하고자 움직이고 있던 두 개의 사회세력에 초점을 두고 분석한다. 제5장에서는 한국전쟁 발발과 함께 활동이 활발해진 구 우익/군인들의 움직임을 '국방국가' 재건으로 나아가려는 운동으로서 주목하고 그 내용을 파악하고자 하며, 제6장에서는 무장혁명을 통한 '기지국가' 해체를 시도했던 일본공산당과 공산주의 계열, 특히 재일조선인의 운동을 다룰 것이다. 이러한 움직임에 주목하고 그 전개를 파악하는 일은 역설적으로 당시 진행되고 있던 '기지국가'화의 현실을 분명히 드러내 주는 계기가 된다. 이 장에서는 특히 총사령부 문서의 분석이 중심이 된다. 넷째 부분(제7장과 제8장)에서는 '기지국가'의 현실에 대응하는 '평화국가' 이념의 창출과 일본 국민의 의식을 다룬다. 제7장에서는 현실로서의 '기지국가'를 이념의 면에서 보완해 온 '평화국가'의 이미지를 초기 '전후 평화주의'의 전개 속에서 추출해 보고자 한다. 특히 '전후 평화주의'의 입장에서 '기지국가'의 현실은 어떻게 처리되고 있었는지에 대해 관심을 두고 분석을 진행하고자 한다. 제8장에서는 이러한 지식인의 이데올로기 창출 노력에 대한 일반 국민의 태도가 결국은 '기지국가'의 용인이라는 결과를 낳게 되는 경위에 대해 분석하고자 한다. 마지막으로 종장에서는 전체 내용을 간략히 요약하고, 이 책이 제기하는 '일본=기지국가'론이 동북아시아의 현재와 미래를 생각하는 데 가지는 함의를 도출해 보고자 한다.

이 책에서는 일본 자료의 직접인용에서는 '북조선(또는 북선)', '남조선(또는 남선)'이라는 용어를 사용했으며, 직접인용이 아닌 경우에는 각각 북한과 한국으로 고쳐 썼다. 한편 '조선'이 지리적인 개념으로 사용될 경우에는 '한반도'로 바꿔 썼으나 이 역시 일본 자료의 직접인용인 경우에는 '조선'이라는 명칭을 그대로 살려 썼다. 재일동포의 명칭은 당시의 정치상황을 반영하여 북한 정부를 지지하는 그룹은 '재일조선인'으로, 한국 정부를 지지하는 그룹은 '재일한국인'으로 구분하여 사용했다.

제1장

한국전쟁 직전 동아시아 냉전 속의 일본

냉전의 전선

1. 소련과 일본공산당

1) 코민포름의 일본공산당 비판 재고

한국전쟁과 일본의 관계를 논할 때 일반적으로 먼저 거론되는 것은 미군의 후방기지로서 일본의 역할에 관한 내용이다. 구체적으로는 일본 해상보안청 소해대의 한국수역으로의 파견이나 일본인 노무자의 동원 등이 지적되며, 일본 경제부흥의 계기가 된 이른바 '조선특수(한국전쟁 특별수요)' 등이 그 주된 내용을 이룬다. 이에 대해서는 이 책의 제2, 3, 4장에서 자세히 다룰 것이다. 그러나 이러한 구조적인 제반 관계를 구성하는 원인 부분에서 한국전쟁과 일본은 밀접히 관계하고 있었다. 한국전쟁은 애초에 일본을 둘러싼 미소의 힘겨루기라는 성격을 동시에 갖고 있었기 때문이다. 그리고 또한 일본 문제는 갓 수립된 중화인민공화국으로서도 초미의 관심사였다. 북한의 입장에서 보아도 이승만 정권과 재기한 일본의 연계는 무력통일의 최대 장애일 뿐만 아니라 북한의 생존 자체를 위협하는 포위망의 완성으로 간주되고 있었다. 따라서 일본의 동향은 북한 지도부의 관심거리가 아닐 수 없었다.

한편 제2차 세계대전 종결 이후 동유럽과 중국에서 사회주의 정권이 탄생함으로써 공산주의 운동은 비로소 진정한 의미의 국제적 연대로 성장할 조짐을 보이고 있었다. 이와 함께 국제공산주의 운동의 중심으로서 소련의 권위를 확보 유지하는 것은 스탈린에게 또 하나의 새로운 고민거리가 되고 있었다. 특히 마오쩌둥(毛泽东)의 등장은 스탈린에게 큰 부담이었다. 김일성은 이러한 역학관계를 이용하여 자신의 입지 강화를 노리고 있었다. 동아시아에서 국제공산주의 운동은 탄생과 동시에 균열의 씨앗을 안고 있었다고 할 수 있다.

한국전쟁 직전 동아시아의 국제공산주의 움직임과 관련하여 가장 많이 논의되는 사건은 1950년 1월 6일에 발표된 코민포름의 일본공산당 비판이다. 일반적으로 「코민포름 비판」이라 지칭되는 1월 6일의 일본공산당 비판은 코민포름 기관지 『영구평화와 인민민주주의를 위하여』에 옵서버 서명으로 「일본의 정세에 대하여」라는 제목의 논문이 게재되었는데, 일본공산당의 의회주의 노선, 즉 평화노선에 비판을 가하고 적극적인 대미 투쟁에 나설 것을 요구하고 있었다. 이에 대해 오래전부터 한국전쟁이 긴밀한 국제공산주의 연대의 결과 발발한 것으로 해석하는 연구가 있어 왔다.

대표적인 것이 소진철의 연구다. 소진철은 중소 양국이 한국전쟁 발발과 연계한 동아시아 일대의 무력혁명을 위해 일본공산당의 움직임을 일체화할 필요를 느끼고 있었으며, 이른바 「코민포름 비판」은 이를 위한 지령이었다고 해석하고 있다. 그는 1949년 11월 유럽의 부다페스트에서 제3회 코민포름 협의회가, 그리고 베이징에서는 아시아 대양주 노동조합 대표자 회의가 같은 시기에 개최되었다는 점을 지적하면서 "대세의 흐름이 사회주의 진영에 유리하다는 평가와 중국혁명의 무장투쟁 방식을 배우자는 결의가 나오면서, 다음 해인 1월에는 일본공산당의 평화혁명노선 비판이 갑자기 실시되었다. 이는 우연이 아니다"라고 결론짓고 있다. 소진철의 이러한 견해는 1987년 6월 서울에서 개최된 '한국전쟁연구 국제학술회의'에서의 보고와 『한국전쟁: 강대국 정치와 남북한 갈등』, 『한국전쟁과 휴전체제』에 수록된 논문 등에서 전개되었다.[1] 그 내용은 국제공산주의의 음모로 한국전쟁이 발발했다고 하는 종래 '전통주의자'의 주장을 뒷받침하는 것인데, 특이한 점이 있다면 그 음모에 일본공산당이 연동하고 있었다고 주장하는 것이었다. 그는 러시아에서 공개된 새로운 자료를 검토하여 1996년에 『한국전쟁의 기원: 국제공산주의의 음모』라는 제목으로 단행본을 발간했다. 그러나 일본공산당과의 연계 문제와 관련해서는 특별히 새로운 자료가 소개되고 있지 않아 신빙성에 대한 의문이 제기되기도 한다. 하지만 이 책의 주제와 관련해서 그 주장은 검토할 만한 논점을 제기하고 있다고 생각된다.

그런데 이 시기 국제공산주의 운동과 일본공산당과의 관계에 대해 보다 1차적인 자료라 생각되는 총사령부(GHQ) 문서를 구사하여 해명하려는 연구가 일본에서 전개되었다. 먼저 이가라시 다케시(五十嵐武士)의 연구성과를 들 수 있다. 그는 총사령부 문서 중 GS(민정국, Government Section) 조서 「일본공산당과 주일 소련대표부의 관계(The Japan Communist Party and Its Reported Relation with the Soviet Mission in Japan)」를 발견하고, 이에 기초하여 한국전쟁 전야의 국제공산주의 움직임과 일본공산당과의 관계 해명을 시도했다.[2] 그러나 와다 하루키(和田春樹)는 그의 저서 『한국전쟁(朝鮮戦争)』에서 이 자료의 신빙성에 의문을 제기하고 있다.[3] 이가라시

1 한국전쟁연구회 편, 『한국전쟁 전후 민족격동기의 재조명』(한국전쟁연구 국제학술회의 의사록, 1987년 6월 15, 16일, 서울, 한국), 한국전쟁연구회, 1987; 김철범 편, 『한국전쟁: 강대국 정치와 남북한 갈등』, 평민사, 1989; 국토통일원 연구조사실 편, 『한국전쟁과 휴전체제』, 국토통일원, 1989; 한국홍보협회 편, 『한국동란』, 한국홍보협회, 1973; 饗庭孝典·NHK取材班, 『朝鮮戦争—分断38度線の真実を追う』, 日本放送出版協会, 1991, 220頁.

2 五十嵐武士, 『対日講和と冷戦—戦後日米関係の形成』, 東京大学出版会, 1986年, 171−181頁.

3 和田春樹, 『朝鮮戦争』, 岩波書店, 1995年, 98−103頁. (와다 하루끼, 서동만 옮김, 『한국전쟁』, 창작과비평사, 1999)

의 기술과 와다의 비평을 참고로 그 내용을 정리하면 다음과 같다.

1949년 12월 일본공산당의 간부인 도쿠다 큐이치(徳田球一)와 노사카 산조(野坂参三), 김천해(金天海), 이토 리쓰(伊藤律), 마쓰모토 소이치로(松本惣一郎), 미야모토 겐지(宮本顕治) 등이 주일 소련대표부에 소환되어 'G뷰로'가 내린 1949년 12월 16일 지령을 접수했다. 이는 9월 24일 '극동 코민포름 설립 준비위원회 전술부'가 내린 일본혁명 노선에 대한 지령에 기초한 것이었다. 'G뷰로'는 일본 각지에 혁명기관을 설치하고, 비밀 지하활동을 전개할 혁명운동가를 배치하는 등 비합법적 활동의 개시를 지시했다. 그러나 일본공산당은 미국에 의한 점령이라는 조건을 이유로 혁명운동의 개시를 지연시키고 있었다. 이에 대해 소련 당국은 코민포름을 통해 일본공산당을 비판했고, 중국공산당도 이에 가담했다. 중국의 저우언라이(周恩来) 수상은 일본공산당에 대해 극동 코민포름의 설치를 정식으로 통고했으며, 일본 국내에는 소련대표부의 'G기관', 재무부, 중일합동활동사령부, 그리고 일본공산당 내부의 담당기관이 새로 설치되었다. 1950년 1월 22일 'G뷰로 지령 82호'라는 문건에는 'G기관' 내부에 NKVD라는 명칭의 새로운 조직이 설치되었다는 내용이 포함되어 있다. 이 지령은 1월 21일의 일본공산당 지방위원회의 질문에 대해 'G뷰로는 일본공산당에 대해 NKVD의 조직과 활동 내용을 통지할 의무를 지지 않는다'고 회답하고 있다.

1월 30일 'G뷰로'는 다시 '지령 89호'를 내렸는데, 그 가운데 일본공산당 정치국에 대해 스탈린-마오 회의가 끝나고 마오쩌둥이 귀국한 다음에 일본공산당이 '대단히 곤란하나 가장 중대한 명령'을 받게 될 것이라고 예고했다. 또한 일본공산당이 요청한다면 북조선로동당원 또는 중국공산당원이 일본에서 경영하는 기업 일부를 제공할 의사가 있다고 통지했다. 마오쩌둥이 모스크바에 체류하는 동안 또는 그 직후에 '아시아 태평양 공산당 통일대회'가 개최되었다. 여기서 극동 코민포름의 설치가 결정되어 각국 공산당은 저우언라이를 통해 소련공산당 정치국의 지도를 받게 되었고, 일본공산당은 소련대표부 안에 만들어진 'G기관'의 지도하에 놓이게 되었다. 'G기관'을 통해 일본공산당에 지시를 내리는 상부기관이 'G뷰로'였다.

나아가 2월 16일에는 'G뷰로'와 '극동 코민포름 아시아서기국 혁명전선통일위원회'의 연명으로 지령을 내리고, 중소동맹조약의 체결로 일본공산당의 지위와 임무, 혁명의 방법 등이 결정되었다. 그리하여 일본공산당이 국제공산주의자들과 함께 전 세계 근로대중의 기대에 부응하도록 촉구하고 일본 주재 외국인 공산주의자와 통일전선을 결성하도록 요구했다. 이에 따라 2월 24일과 25일 이틀 동안 하코네 센고쿠하라(箱根千石原)의 혁신구락부(革新俱楽部)에서 중일연합전선준비위원회 제1회 회합이 열렸다. 이 회합에는 재일화교민주촉진회, 재일화교친목회, 구 조선인연맹(조련), 일본공산당 정치국 대표 등이 참가했다. 여기서 일본공산당은 과거의 투쟁이 실패했음을 인정하고, 재일중국인과 재일조선인 그룹은 일본의 공업과 경제를 파탄시키는 착란 활동을 전개하여 제2전선을 결성하는 등 국제공산주의 투쟁 요구에 조응한 활동을 전개하기로 합의를 보았다. 2월 28일에는 노사카, 도쿠다, 미야모토 등 일본공산당 간부 7명이 소련대표부로 소환되어 재정 문제에 대해 협의했다. 의제는 중일 공산주의자 연합전선의 비합법 투쟁에 자금을 제공하는 문제였다.

이상이 총사령부의 민정국(GS, Government Section)이 조사한 GS조서 「일본공산당과 주일 소련대표부의 관계」의 내용이다. 그런데 이 자료의 신빙성에 의문을 제기하는 와다 하루키는 다음과 같은 자료 비판에 기초해 이 조서의 의미를 다른 각도에서 조망하고 있다.

첫째, 이 조서와 비슷한 내용의 다른 조서, 예컨대 1948년에 작성된 총사령부 참모부(G2) 조서 「일본공산당과 코민포름」[4]이나 위 GS조서의 작성자인 우치야마(M. Uchiyama)가 작성한 또 다른 조서들[5]과 비교해서 문제의 조서가 상상에 의한 것일 가능성이 매우 높으며, 정보의 소스 또한 매우 의심스러운 부분이 있다고 지적하고 있다.[6]

둘째, 조서의 내용에 대한 내재적 비판이다. 1949년 12월과 1950년 2월 28일 사이에 일본공산당 간부가 일제히 소련대표부를 방문한다는 것은 당시의 당내 사정으로 보아 있을 수 없다는 것이다. 만일 1949년 12월에 당내 주류파와 비주류파가 함께 소련대표부를 방문하여 소련 당국의 태도 변화를 감지하고 있었다면 「코민포름 비판」 직후에 일본공산당이 갑자기 혼란에 빠지는 과정은 이해할 수 없는 일이다. 또한 이 조서에는 'G뷰로'와 NKVD 등의 기관명이 등장하는데, 그 성격이나 위상이 명확하지 않을뿐더러 그 존재 자체가 의문이며, 특히 일본공산당의 지방위원회에 대해서도 'G뷰로'가 직접 지령을 내리고, 질문서에 대한 회답을 보내는 것도 상식에 어긋난다는 것을 지적하고 있다.

셋째, 위의 지적과 관련하여 와다는 GS조서 가운데 「G뷰로」라는 제목의 파일[7]을 발견하여 분석한 결과 GS조서 「일본공산당과 주일 소련

---

4 "日本共産党とコミンフォルム"(1948. 7. 15), *The Japan Communist Party and the Cominform*, CIS Periodical Summary, GHQ/SCAP Records, Box no. 306, GII−03009.

5 "志賀意見書をめぐる害党陰謀"(1950. 4. 17), *Communism in Japan*, GS, GHQ/SCAP Records, Box no. 2146, GS(B)−01264−01302; "青年祖国戦線の創立"(1950. 4. 25), Ibid.

6 和田春樹, 前掲書, 1995年, 103頁 注3.

대표부의 관계」의 정보원이 법무부 특별심사국(特別審査局. 이하 특심국)의 '셈푸(Sempu)'라는 인물임을 밝혀 내었다. 그런데 이러한 이름은 일본인의 이름으로서는 이상할 뿐만 아니라 당시 일본에서 폭로 저널리즘을 주도하던 삼류 잡지 『선풍(旋風)』의 영어식 발음을 이름으로 표기하고 있다는 점은 의혹의 도를 더욱 크게 하고 있다. 나아가 'G기관'의 지령이라고 하여 파일에 열거되어 있는 내용을 보면, 이 분야 초보자가 보아도 조서 작성자가 그저 알고 있는 이름을 적당히 나열하여 만든 작문임을 쉽게 알 수 있는 허술한 것이다. 이상의 분석결과 와다는 문제의 조서가 '일본 측이 제공한 허위 정보를 기초로 한 것으로 정치적인 의도하에 만들어진 것'으로 결론짓고 있다.[8]

2) '극동 코민포름' 문제를 둘러싸고

와다의 꼼꼼한 반론에서 확인되듯이 'G기관'이라고 하는 것은 가공의 기구임이 판명되었다. 그러나 극동 코민포름의 문제가 남아 있다. 극동 코민포름에 관한 기술은 문제가 된 조서 이외에도 총사령부 문서나 신문기사에서 적지 않게 발견된다. 위에 소개한 문제의 조서가 극동 코민포름과는 별도의 지휘 계통으로서 'G뷰로'라고 하는 조직을 등장시키고 있다는 점에서 보면, 'G뷰로'의 존재가 부정되었다고 해서 그것이 곧바로 극동 코민포름과 같은 동아시아에서의 국제공산주의 지도기관과 일본공산당과의 연락과 지휘 계통이 존재하지 않았다는 결론을 이끌어 내는 근거

---

7 *'G' Bureau, A-100.23*, GS, GHQ/SCAP Records, Box no. 2275 BB, GS(B)−03980.

8 和田春樹, 前掲書, 1995年, 101頁.

가 되지는 못한다.

일본 NHK 취재반이 밝혀 낸 바에 따르면 극동 코민포름 문제에 대한 코민포름의 일본공산당 비판이 있었던 이후에 노사카 산조 등 일본공산당 간부들이 지하로 잠복했을 때 베이징의 세계노련 아시아 사무국에 '아시아 코민포름'이 설치되었다는 관측이 도쿄에 널리 퍼진 적이 있다.[9] 이는 당시 일본의 매스컴이 세계노련 아시아 연락국을 극동 코민포름과 같은 것으로 파악하고 보도하고 있었음을 시사하고 있다.

또 한 가지 염두에 두어야 할 것은 많은 사람이 당연히 이 시기에 극동 코민포름과 같은 국제공산주의 운동의 총괄 지도 기관이 있었으리라 믿었다는 점인데, 그 배경에는 다음과 같은 사정이 있었다. 당시 국공내전에서 국민당(国民党) 이 패배한 원인으로 당의 부패와 무능을 지적하는 목소리가 높았는데, 국민당 측에서는 이 비판에 대해 국제공산주의 운동의 음모를 강조함으로써 책임을 회피하려 했었다. 특히 이 시기에는 이러한 특정한 정치적 의도와 목적을 가진 문건들이 시중에 유포 확산되고 있었음에 주의를 기울일 필요가 있다. 그런 의미에서 '극동 코민포름'은 중국 국민당의 책임 회피를 위한 프로퍼갠더로 나왔고, 나아가 좌익 억압을 위한 구실로 이용되면서 점점 구체성을 획득해 간 것으로 볼 수 있다.[10]

결국 '극동 코민포름' 그 자체는 설치되는 데까지 이르지 못했다. 그런데 실제로 설치할 것을 고려하고 논의되었음을 암시하는 일련의 자료가 있다. 문제의 GS조서와 비교하기 위해 와다가 발굴 이용한 G2문서 「일본공산당과 코민포름(日本共産党とコミンフォルム)」에는 1947년 10월부

9 饗庭孝典·NHK取材班, 『朝鮮戦争—分断38度線の真実を追う』, 日本放送出版協会, 1991年, 144頁.

10 이시이 아키라(石井明, 전 도쿄대학 교수)의 교시(1999. 8. 3).

터 11월에 걸쳐 하얼빈 또는 블라디보스토크에서 극동 코민포름 준비위원회가 개최되었으며, 도쿠다는 참가하기를 주장했으나 노사카는 미군에 의한 점령하에서 코민포름과 적극 연락을 취한다는 것은 점령군의 탄압을 초래하는 일이라고 하며 반대했기 때문에 취소되었다. 이들 사이의 연락은 조련과 조선공산당을 통해 이뤄지고 있었으며, 노사카를 중심으로 코민포름 준비위원회가 일본공산당 내부에 만들어졌다는 등의 내용이 기술되어 있다.[11]

와다는 이를 모두 추측에 의한 것으로 보고 있지만, 다음 해인 1948년 1월 5일 일본공산당 기관지 『아카하타(赤旗)』에는 다음과 같은 기사가 게재되었다. 즉, "12월 25일 개최된 중공중앙위원회에서 「현 정세와 우리의 임무」라는 제목으로 1만 어(語)에 이르는 일반 보고가 있었는데, 1일 중공방송에 따르면 마오쩌둥은 그 보고 가운데 하얼빈에서 결성대회가 개최되었다고 전해지는 극동공산당 정보국의 수립 문제를 언급하며, '극동 각국 인민을 해방운동에 결집시키기 위해 극동공산당 정보국의 설립이 바람직하다'고 강조하고 그 설립의 필요성을 설명했다"는 것이다.[12] 이후 '극동 코민포름'이라는 말이 총사령부 조서나 일본의 매스컴에 등장하는 것은 이에 발단하고 있다고 생각된다. 그러나 적어도 일본공산당이 '극동공산당 정보국' 설치의 움직임을 인지하고 있었음은 사실이다. 특기할 것은 『아카하타』가 이를 중공발 보도로 전하고 있다는 점이다. 따라서 마오쩌둥의 구상으로 정보국의 설치가 고려되었다는 가능성은 있다. 이 시

11 "日本共産党とコミンフォルム"(1948. 7. 15), *The Japan Communist Party and the Cominform*, CIS Periodical Summary, GHQ/SCAP Records, Box no. 306, GII-03009(和田春樹, 102頁 注4에서 재인용).

12 『アカハタ』(1948. 1. 5).

기에 중국이 소련과 소원한 관계에 있었음을 고려하면 이러한 구상은 마오쩌둥의 독단이었다고 생각된다. 그렇다면 이는 국제공산주의 운동에서 스탈린의 권위에 대한 도전의 의미를 지니고 있었다. 이후 정보국 설립 구상은 중국과 소련이 서서히 접근하면서 중도에 폐기되었으나, 마오쩌둥에게는 여전히 소련과의 교섭에서 스탈린을 움직일 수 있는 하나의 카드로서 의미를 지니고 있었다.

마오쩌둥은 1949년 5월, 김일성이 북조선로동당 중앙위원이자 조선인민군 정치국장인 김일(金一)을 중국으로 파견하여 중국내전에 참가했던 중국의 동북지방 주둔 조선인부대의 북한 파견 문제를 교섭할 때 이 문제를 다시 거론했다. 마오쩌둥은 버마, 말레이, 인도차이나 등의 공산당으로부터 '동방 제국(諸國) 코민포름(동방정보국) 창설'을 제안하는 서한을 접수했다고 전했다. 그의 결론은 이 같은 조직의 창설이 지금으로서는 '시기상조'이나 장래에는 필요하다는 것이었다. '시기상조'의 이유로서 그는 중공이 일본 및 인도네시아 공산당과 아직 충분한 연락을 취하지 못하고 있다는 점을 들었다.[13]

1950년 1월 이번에는 김일성이 이 문제를 거론했다. 1월 17일 김일성은 무력통일 의사를 소련 대사와 공사에게 표명하고, 그 구체적인 계획을 전하고 허락을 얻기 위해 스탈린과의 회견을 요청했는데, 이때 그는 '코민포름 동양 뷰로 창설의 가능성'에 대해 언급했던 것이다.[14] 김일성은 코민포름의 일본공산당 비판에 주목하여, 스탈린의 아시아 정책이

13 예브게니 바자노프·나탈리아 바자노바(김광린 역), 『소련의 자료로 본 한국전쟁의 전말』, 도서출판 열림, 1998, 56-58쪽; 션즈화(최만원 역), 『마오쩌둥 스탈린과 조선전쟁』, 선인, 2010, 227-227쪽.

14 和田春樹, 『朝鮮戦争全史』, 岩波書店, 2002年, 100頁.

변화하고 있다고 감지하고 있었던 것이다. 그런데 이 발언에서 알 수 있는 것은, 아직 이 시점에 이르기까지는 이른바 '극동 코민포름'이라는 것은 설립되지 않았다고 하는 사실이다. 결국 스탈린은 김일성의 열망을 받아들였다. 김일성은 4월의 모스크바 방문을 앞두고 슈티코프를 통해 3개 항의 의제를 전했는데, 세 번째 의제 가운데 하나가 '아시아의 공산당 및 노동자당 정보 뷰로', 즉 극동 코민포름의 조직에 관한 문제였다.[15] 따라서 1950년 4월까지는 '극동 코민포름'이 존재하지 않았던 것이다. 이어서 6월에는 한국전쟁이 발발했고, 스탈린은 그 전 과정을 직접 지도했다. 같은 해 말에는 일본공산당의 주류파 간부들이 베이징으로 밀항하여 일본공산당 '베이징 기관'이 만들어졌다. 이 조직은 중국공산당의 원조와 지도를 받고 있었다. 이로써 '극동 코민포름'의 설립은 자연히 소멸되었다. 결국 '극동 코민포름'은 존재하지 않는 기관이었다.

그러나 '극동 코민포름'이 존재하지 않았다고 해서 그것이 곧 스탈린의 동북아시아 정책이 적극적인 방향으로 변화하고 있었음을 부정하는 근거는 되지 못한다. 스탈린은 1950년 1월 6일 코민포름을 통해 일본공산당을 비판하고 적극적인 대미투쟁을 촉구했다. 와다 하루키는 1950년 스탈린의 대미 적극 정책은 다음과 같은 대미인식에서 나온 것이라고 분석했다. 와다는 주일 소련대표부의 정치고문대리 글린킨(V. A. Glinkin)이 작성한 1950년 5월 20일 자 조서「일본에서의 미국의 점령정책: 점령의 최근 1년 반에서 2년에 걸친 개관」을 소개 분석하고 있다. '조서'는, '일본포기론'과 '일본사수론' 사이에서 동요하던 미국의 대일정책이 '일본사수론'으로 낙착되면서 미국이 '일본을 자신의 기본적 군사, 산업기지와 극

15 同上, 108–109頁.

동에서의 군사적 모험을 위한 거점으로 만들고, 일본인민을 미 제국주의자의 육탄으로 삼으려 하고 있다'는 결론을 이끌어 내었다. 와다는 이러한 소련 측의 파악이 일본에서의 미국의 자세를 절박함에서 나오는 것으로 해석하게 했으며, 나아가 일본에서의 혁명투쟁 여하에 따라서 미국이 실제로 일본을 포기할 가능성이 있다는 희망적 관측을 낳았다고 분석했다.[16]

이러한 전망은 일본공산당으로 하여금 주변 각국에서 적극적으로 전개되는 정세 전개와 조응하지 못하는 '평화혁명노선'을 포기하게 하고, 공산주의운동의 국제연대 원칙에 따라 진정한 혁명투쟁을 전개하도록 촉구했다. 이는 미국이 일본을 자국의 동아시아 정책에서 전초기지로 삼으려는 정책을 포기하도록 유도하는 방향으로 나아가게 했다. 그 결론이 「코민포름 비판」이었던 것이다. 일본에서 미국의 점령정책에 협조하면서 일본에 대한 관여를 확보하려던 종래 소련의 대일 정책은 후퇴하고, 대신 일본에서 미국을 구축하려는 정책으로 대전환하고 있었다. 일본 문제에 거리를 두고 있던 중국공산당도 코민포름의 일본공산당 비판에 동조하기 시작했다.[17] 냉전의 전선은 일본으로 이동하고 있었다.

16 和田春樹, 前揭書, 1995年, 104-106頁.

17 션즈화(김동길 역), 『조선전쟁의 재탐구: 중국·소련·조선의 협력과 갈등』, 선인, 2014, 221쪽.

2. 중국공산당과 일본

1) 일본의 재기와 한국전쟁 개입 가능성

한편 중국공산당의 입장에서 볼 때 일본은 여전히 상대하기 껄끄러운 적이었다. 중국공산당 지도부는 비록 일본이 미국에 의한 점령하에 놓여 있지만, 강화조약 체결과 동시에 다시 이 지역의 군사강국으로 재등장할 것으로 보고 있었다. 중국지도부 가운데 그 누구보다 마오쩌둥은 이에 대해 가장 주의 깊게 살피고 있었다.

1949년 5월 14일 김일성은, 김일과 중국지도부와의 협의 결과에 대해 슈티코프 소련 대사에게 보고하는 자리에서, 마오쩌둥이 일본의 움직임을 경계하여 한 말을 전했다. 즉, 마오쩌둥은 '전쟁이 장기화할 경우 일본이 행동을 개시하여 남한 정부에 원조를 제공할 것이 예상되며, 이는 북한에 불리하다'고 경고했다는 것이다.[18] 김일성의 보고가 사실이라면 중국과 북한 지도부 사이에서 일본의 개입 가능성에 대해 논의된 것은 이것이 처음이다. 다시 한 번 김일성의 전언을 정리하면 일본의 개입 가능성을 제기하고 우려했던 것은 마오쩌둥이었다. 그러나 마오쩌둥의 설명은 약간 다르다. 5월 17일 마오쩌둥은 김일의 중국 방문과 회담 내용에 대해 주중 소련대표에게 설명했다. 소련대표의 보고에 따르면 마오쩌둥은 다음과 같이 말했다.

> 조선의 동지들은 미군이 남한으로부터 가까운 장래 철수할 것으로 믿

18 「슈티코프가 스탈린에게 보낸 1949년 5월 15일 자 전문」, 바자노프·바자노바, 앞의 책, 1998, 58쪽.

고 있으나, 미군이 일본군으로 대체될 것을 우려하고 있다. 일본의 지원하에 남한이 북한에 대해 선제공격을 개시할 가능성이 있다는 것이다. 우리는 그럴 경우 반격에 나서는 것도 중요하지만 남한 군대 내부에 일본군이 섞여 있는지 여부에 대해 항시 주의하도록 조언했다. 일본군 부대가 참가할 경우에는 신중히 관찰하여 적이 우세할 경우, 즉 아측 병력을 보전하는 것이 유리한 상황에서는 영토의 일부를 희생하는 쪽을 택하는 것이 나을 수도 있다. 보다 유리한 상황에서 침략자를 포위하여 격파하는 것이 좋다. 만일 미군이 철수한 뒤 일본군이 들어오지 않는다고 하여도 남쪽에 대한 공격을 즉각 개시하기보다는 적당한 정세가 형성되기까지 기다리도록 조언했다. 왜냐하면 맥아더는 북한이 공격하고 있는 중에도 일본군 부대와 무기를 남한에 투입할 수 있기 때문이다. 북한의 남으로의 진격은 국제정세가 허락한다면 1950년대 초에나 가능해질 것으로 예측된다. 그때가 되면, 일본군이 조선을 침략한다고 하더라도, 우리도 중국의 정예군을 파견하여 일본군을 격파할 능력이 갖춰지기 때문이다.[19]

이 보고에 따르면 일본의 개입 가능성을 제기하고 우려했던 것은 오히려 북한 지도부 쪽이고, 마오쩌둥은 그 가능성을 염두에 두고 개전 시기를 늦추도록 조언했던 것이다.

한편 스탈린도 북한 지도부가 일본군의 개입을 우려하고 있음을 알고 있었다. 1949년 8월 27일 슈티코프는 8월 12일과 14일 두 번에 걸친 북한 지도부와의 회담에 대해 스탈린에게 보고하면서, 한국에 대한 공격은 현재로서는 불가능하다는 자신의 결론을 덧붙였다. 그 이유 가운데 하

19 「중국 주재 소련대표 코발레프가 스탈린에게 보낸 1949년 5월 18일 자 전문」, 위의 책, 59쪽.

나로 "한국은 미국 및 기타 국가들에 의해 승인받았으며, 따라서 한국이 공격을 받을 경우 미국은 한국 측에 무기와 탄약을 제공할 것이고 일본군을 파견하여 개입할 것"이 예상된다고 했다.[20]

1949년 9월 12일과 13일 양일간 북한 주재 소련공사 툰킨(G. I. Tunkin)은 김일성 및 박헌영과 나눈 회담 내용에 대해 스탈린에게 보고했다. 이 가운데 툰킨은 "만일 조선에서 내전이 발발하면 김일성과 박헌영이 예상하듯 미국은 남한을 지원하기 위해 일본군 또는 국민당 군대를 파견할 가능성이 있다. 미국 자신은 해상과 공중으로부터 지원할 것이며, 전투 활동의 조직에는 미국인 고문들이 직접 참가할 것이 예상된다"고 결론지었다.[21]

1950년 5월 15일 마오쩌둥은 베이징을 방문 중인 김일성, 박헌영 일행과 공격계획에 관해 의견을 교환했다. 이 자리에서 마오쩌둥은 김일성에게 '일본군의 전쟁개입 가능성'에 대해 의견을 요구했다. 김일성은 그럴 가능성은 거의 없다고 생각되나, 미국이 2~3만 명 정도의 일본인 부대를 한국에 파견하는 일은 있을 수 있다고 대답했다.

저우언라이의 설명에 의하면 이 부분은 다음과 같다. "마오쩌둥은 일본군이 참전할 경우 전쟁이 장기화할 가능성이 있다"고 김일성에게 경고했다. 또한 마오쩌둥은 "일본군이 아니라 미군의 직접 개입도 있을 수 있다"고 경고했다. 한편 박헌영은 이 문제에 대해 약간 다른 설명을 하고 있다. 박헌영에 따르면 "마오쩌둥은 일본이 현재 전쟁에 개입할 가능성은 거의 없다고 말했다. 만일 미국이 전쟁에 개입해 들어오면 중국은 병

20 「슈티코프가 스탈린에게 보낸 1949년 8월 27일 자 비망록」, 위의 책, 26쪽.

21 「툰킨이 크레믈린 당국에 보낸 1949년 9월 14일 자 전문」, 위의 책, 31쪽.

력을 동원하여 북한을 지원할 것이라고 약속했다"는 것이다.[22]

이상의 여러 진술을 다시 정리하면 다음과 같다. 1949년 5월 시점에서 북한이 보기에는 중국 측이 일본의 참전 가능성을 경계하고 있는 것으로, 중국 측이 보기에는 반대로 북한이 이를 경계하고 있는 것으로 소련 당국자에게 보고하고 있다. 누가 더 우려하고 있었는가의 문제를 차치하면, 중국이나 북한이 모두 일본의 참전 가능성을 염두에 두고, 전쟁의 개시가 불가피하게 일본과의 충돌로 발전할 수 있다는 계산을 하고 있었다는 것을 알 수 있다. 이러한 우려는 소련의 북한 주재 외교관들에게도 공유되었다. 1949년 8월과 9월 주 북한 외교관들의 북한 동향 보고는 일본의 참전 가능성을 전제로 '전쟁 개시 불가'에 무게를 둔 것이었다. 그러나 전쟁 개시를 구체적으로 검토하는 1950년 5월의 조중 협의에서는 김일성보다 마오쩌둥이 일본의 참전 가능성을 보다 크게 염두에 두고 있음을 알 수 있다.

이처럼 소련과 중국, 북한의 당국자들 사이에서, 비록 경중의 차이는 있을지언정, 일본군의 한반도 파견 문제가 현실적인 가능성의 문제로 거론되고 있었다. 이러한 분위기는 한국전쟁 직전 동아시아 냉전에서 일본의 위치를 확인하는 데 중요한 열쇠를 제공해 주고 있다. 즉, 국제공산주의 입장에서 보기에 1949년 이후 미국과 동북아시아의 공산주의 사이의 힘겨루기 전선은 일본에서 형성되고 있으며, 일본이 어떻게 움직이는가, 일본을 어떻게 다루는가의 문제가 이 지역에서의 사회주의 혁명의 승리에 가장 중요한 관건이 된다는 의식이 자리 잡고 있었던 것이다. 또한 북한과 중국의 지도부 인식 속에서 대륙에서의 내전과 한반도 통일 전

22 「로쉰이 스탈린에게 보낸 1950년 5월 15일 자 전문」, 위의 책, 67쪽.

쟁이 대일전쟁의 연장에서 하나로 연결된 것으로 자리 잡고 있었다는 사실을 엿볼 수 있다.

나아가 1950년 5월 개전 직전 시점에서는 북한이나 소련보다는 중국 측이 일본군 참전 가능성을 높이 보고, 그 대응을 고려 검토하고 있었음을 알 수 있다. 소련이나 중국이 보기에 일본의 정세와 동향이 곧 개시하게 될 전쟁의 향방에 핵심적인 요인이 될 수 있었던 것이다. 만일 일본군이 조직되어 참전한다면 전선은 조선에 그치지 않았을 것이다. 그 결과는 미중전쟁이 아니라 중일전쟁의 재발이었을 것이다. 한편 소련보다 중국이 일본군의 개입 가능성에 민감했던 것은 타이완에서의 구 일본군 간부들의 동향을 중국 측이 파악하고, 그들의 움직임에 촉각을 곤두세우고 있었기 때문일 수 있다. 따라서 잠시 시야를 두 개의 중국과 일본과의 관계로 돌려 보고자 한다.

2) 타이완의 구 일본군: '백단'

1949년 9월 9일 중화민국의 주일 대사관 주재원 왕량(王亮)이 타이베이(台北)로부터 반입한 웨이다오밍(魏道明. 전후 타이완성의 제2대 주석, 1964년 6월부터 1968년 8월까지 주일 대사를 역임)의 서한에는 다음과 같이 적혀 있었다.

> 9월 1일 베이핑(北平)의 신화사 통신은 홍콩의 『광명일간신문(光明日刊新聞)』이 8월 27일 자 지상에 보도한바, 국민당의 'ㅁ幇(ㅁ는 독해 불가)'이 맥아더와 결탁하여 일본에서 군인을 모집하여 비밀리에 타이완에 파견하려 하고 있다는 기사가 게재되었다고 발표했다. 또 최근에는 도쿄의 주일(중화민국—필자 주) 대표단 제1조 조장인 차오스청(曹士澂)이 조직원인 천자오카

이(陈昭凱)를 밀사로 파견하여, 중국 침략의 중요 전범인 오카무라 야스지(岡村寧次)와 밀접한 연락을 취하고 있다. 그 내용은, 장제스의 작전을 돕기 위해 일본인을 모집하여 타이완에 파견하려는 것이라고 전하고 있다.[23]

이것이 사실이라면 이른바 '백단(白團)' 결성 계획을 중국 측이 알고 있었다고 생각된다. 이로부터 반년 뒤인 1950년 2월 타이완 진공을 담당했던 인민해방군 제3 야전군 총사령부 부관인 쑤위(粟裕)는 타이완 해방의 전망에 대해 훈시하는 가운데 구 일본군이 타이완에서 장제스를 위해 공작하고 있다며 다음과 같이 말했다.

> 나는 무엇보다 우선, 동남해안의 제 도서, 특히 타이완을 해방하는 일이 무엇보다도 중대한 문제이며 중국 현대의 전쟁의 역사 가운데 가장 큰 전투가 될 것이라는 점을 지적하지 않을 수 없다. (중략) 충분한 운송수단, 적절한 장비와 보급 없이는 (타이완을—필자 주) 점령할 수는 없다. (중략) 그들은 방어를 위해 연해안에 강력한 방어시설을 구축했다. 또한 미 제국주의자들의 교사에 따라, 일 제국주의자의 일단을 불러들였다. (중략) 이러한 점은 우리의 전쟁수행 과정에 나타난 새로운 곤란이라는 점을 이해하지 않으면 안 된다.[24]

---

23 中村祐悦,『白団—台湾軍をつくった日本軍将校たち』, 芙蓉書房, 1995年, 44頁.

24 Su Yu, "Liberation of Taiwan in Sight," *People's China*, Vol. I, No. 4, Feb 16, 1950, p. 89(A Speech made in Shanghai); Quoted in Allen S. Whiting, *China Crosses the Yalu: The Decision to Enter the Korean War*, New York: The Macmillan Company, 1960, p. 21.

이 대목은 오랫동안 중국이 타이완을 '해방'하지 못한 일종의 변명으로 간주되어 왔다. 그러나 실제로 1950년 1월부터 구 일본군 장교들은 타이완으로 건너가 장제스의 '대륙반공(大陸反攻)'을 위한 비밀공작을 개시하고 있었던 것이다. 그런 의미에서 위 정세 분석은 오히려 중국공산당 측의 첩보 활동이 상당한 수준에 있었음을 뒷받침하는 것으로 이해해야 할 것이다. 이하에서는 한국전쟁 발발 전후의 타이완을 중심으로 두 개의 중국과 일본의 관계를 추적하면서 그 흐름이 한국전쟁 발발과 어떻게 합류하게 되었는지를 밝혀 보고자 한다.

1952년 7월 2일 촬영되었다고 하는 한 사진이 이 시기 동북아 국제정치의 숨은 역사를 드러내어 보여 주고 있다. 장제스, 그리고 그와 나란히 앉은 도미타 나오스케(富田直亮)(바이훙량[白鴻亮]과 동일 인물) 구 일본군 소장을 중심으로 70여 명의 구 일본군 장교가 정렬해 있다. 이른바 비밀기관 '백단'의 기념사진이다. 1990년대에 들어 타이베이시 북부 양명산에 있는 양명서옥(陽明書屋)에서 보관해 왔던 국민당 자료 가운데 백단에 관한 극비 자료가 공개되면서 오랫동안 비밀에 부쳐졌던 이 조직의 존재와 그 실태가 밝혀지기 시작했다. 1992년 일본방송협회(NHK) 특별취재반은 총통부 공문서 서고의 특별 파일 '특교당안분류자료(特交档案分類資料)'에 관한 천펑런(陳鵬仁, 국민당사회[國民黨史會] 부주임)의 자료 해제와 백단 조직의 타이완 측 책임자 차오스청(曹士澂), 백단의 일원이었던 이와쓰보 히로히데(岩坪博秀) 등의 인터뷰 진술을 기초로 그 실태를 밝히고 있다.[25] 그에 따르면 백단의 탄생 경위와 활동의 개요는 다음과 같다.

25 日本放送協会, 『秘密機関「白団」—台湾に渡った旧日本軍人達』(NHKプライム10), 1992年 11月 16日 放映.

1949년 10월 타이완으로 쫓겨 간 장제스는 비밀리에 그의 심복 차오스청을 도쿄에 파견했다. 그는 전전의 일본 육군사관학교 출신으로 구 일본군 군인들과 폭넓은 인맥을 형성했던 인물이다. 장제스의 밀명은 구 일본군 장교와 접촉하여 국민당군의 재건을 위한 군사고문단을 조직하여 비밀리에 타이완으로 불러들이라는 것이었다. 차오스청은 도쿄에서 오카무라 야스지를 만나 장제스의 계획을 전했다. 오카무라는 전쟁 중에 북지나방면군 사령관 및 지나파견군 총사령관으로서 국민당 군령부가 작성한 전범 리스트 제3위에 올랐던 인물이다. 그러나 국공내전에 대비해 장제스는 일본군이 장비와 무기를 국민당 측에 양도하는 대신 일본군의 안전한 귀환을 보증했다. 오카무라는 장제스에 대한 보은으로서 차오스청의 계획에 적극 협력할 것을 약속했다.

차오스청의 방일로부터 1개월 후 도쿄 다카나와(高輪)의 작은 여관에 17명의 구 일본군 장교들이 모여들었다. 그들은 모두 육군대학을 졸업한 대좌(대령에 해당), 소좌(소령에 해당) 등 고급장교들이었다. 여기서 '맹약서'가 채택되고, '백단'이 탄생했다. "적마(赤魔)는 하루가 다르게 아세아 대륙을 풍미하고 있다. 양국 동지는 이에 즈음하여 반공연합, 공동방위를 위해 궐기하여 긴밀히 협력하여 방공에 매진해야 할 때다"라고 결성의 이유를 설명한 '맹약서'에는 차오스청, 도미타 나오스케, 오카무라 야스지 등 3명이 서명했고, 단장에는 도미타가 임명되었다. 도미타는 구 육군 소장으로 제27군 참모장으로서 중국 남부의 작전을 지도 지휘했던 경력이 있었다. 장교들에게는 국민당 정부로부터 8만 엔의 준비금과 월 3만 엔의 수당이 지급되었다. 공직 추방 상태에 있던 구 장교들에게 이는 파격적인 대우였다. 그들에게는 기밀유지를 위해 중국식의 이름이 붙여졌다. 예컨대 도미타는 바이홍량이었다. 다분히 공산당의 '붉은색'을 의식한 이름이었다. '백단'이라는 명칭도 마찬가지였다.

국민당 정부가 타이완으로 쫓겨난 지 6일 후에 '백단' 제1진이 요코하마항을 출항했다. 오카무라는 장제스 앞으로 서한을 보내어 '이 파견은 대륙 탈환을 위한 전투에 반공 의용군을 결성 파견하는 원대한 계획의 첫걸음이 될 것'이라고 전했다. 1950년 1월 '백단'은 타이베이에 도착했다. 장제스는 그들에게 타이완 방위계획의 입안과 국민당 정부군의 재교육을 의뢰했다. '백단'은 지금도 타이완의 간부장교 양성기관으로서 중요한 역할을 담당하는 '삼군대학(三軍大学)' 내에 '마루야마 군관훈련단(丸山軍官訓練団)'을 설립했다. 훈련단의 발족에 즈음해서는 장제스 자신이 참석하여 훈시하고 격려를 보낼 정도로 '백단'에 대한 장제스의 기대와 신임은 두터웠다. '백단'은 '대륙반공'의 구체적인 계획의 입안과 도상훈련의 실시를 특히 중요한 임무로 자임했다. 한국전쟁이 발발한 1950년 6월 25일 당일에도 '백단'은 자신들이 입안한 최초의 육해공 3군합동 군사훈련을 실시하고 있었다고 한다.

'백단'이 필요로 하는 군사정보와 자료는 오카무라 등 구 일본군 고급장교들이 일본에서 수집하여 타이완으로 보내고 있었다. 이러한 개인적인 후원 외에도 일본에는 '후지 구락부(富士俱楽部)'라고 하는 단체가 결성되어 '백단'을 조직적으로 지원하고 있었다. 구 육군성 군사과장을 지낸 니시우라 스스무(西浦進) 대좌(대령)와 구 참모본부 작전과장을 지낸 핫토리 다쿠시로(服部卓四郎) 대좌(대령) 등 구 일본군의 '두뇌'들이 이 단체를 지원하고 있었다. 이들은 당시 일본점령 연합군 총사령부에서 첩보를 담당하는 G2의 책임자 윌로비(Charles A. Willoughby) 대령이 비호하여 구성된 소위 '연구 그룹'에서 활동하고 있었기 때문에 최신의 군사정보와 자료를 자유로이 입수할 수 있었다. 이들이 수집해서 보낸 자료는 모두 6,000여건에 이르고 있다.

1969년 해산되기까지 30년 동안 '백단'의 일원으로서 타이완에 파견된 구 일본군 장교는 모두 83명이었으며, 이들로부터 교육과 훈련을 받은 타이완의 군인은 6,000명에 이르렀다. 그러나 장제스는 '백단' 결성 초청의 당초 목표였던 '대륙반공'을 실행에 옮기지는 못했다.

이상이 NHK 취재반이 밝혀 낸 비밀기관 '백단'의 실태였다. 쑤위의 훈시는 중공 측이 타이완에서의 이러한 움직임을 파악하고 있었을 가능성을 짐작하게 한다. 오카무라의 구상 속에서 '백단'의 파견은 궁극적 목표인 '일본인 의용군의 조직과 대륙반공전의 참전'을 위한 초석의 의미가 있는 것이었다. 1949년 12월, 중국 측은 인민해방군의 타이완 진공을 앞두고, 미국이 직접 개입하는 일이 없다 하더라도, 일본의 '의용군'을 동원하여 장제스를 지원하는 간접적 개입은 있을 수 있다고 분석하고 있었다.[26] 중국 측이 '백단'의 실체를 파악하고 있었다면, 그것은 우려했던 것이 현실로 나타나게 되었음을 의미하는 것이었고, 또한 '미국이 장제스에 대한 지원을 그만두자 대신 일본이 나서고 있다'는 정세분석의 타당성을 증명하는 사실이었다. 1950년 1월 12일 애치슨(Dean G. Acheson) 연설에서 타이완과 한국은 비슷하게 취급받고 있었다. 타이완에서 벌어지고 있는 일이라면 한국에서도 충분히 일어날 수 있는 일이라고 생각한 마오쩌둥은 김일성이 행동을 일으키기 전에 한국판 '백단'이 존재할 수 있다고 의심했을 것이다.

한편 '백단'이 일본에서 타이완으로 건너갈 무렵 중국에서는 인민해

---

26 徐焰, 『第一次较量: 抗美援朝战争的历史回顾与反思』, 北京·中国广播电子出版社, 1990年, 11-12頁; 朱建栄, 『毛沢東の朝鮮戦争 — 中国が鴨緑江を渡るまで』, 岩波書店, 1992年, 106-107頁에서 재인용.

방군의 조선인 병사들을 파견해 줄 것을 요구하는 북한과 중국의 교섭이 진행되고 있었다. 1950년 1월 8일, 린뱌오(林彪)는 모스크바에 체재 중인 마오쩌둥에게 전신을 보내어 그가 지휘하는 제4 야전군에 소속된 1만 6,000명의 조선인 병사 가운데 일부가 '조선으로의 귀환'을 요청하고 있다고 보고했다. 1월 22일 마오쩌둥은 이들의 귀환을 허락했다.[27] 이는 전년도 1949년 5월에 이어 두 번째 귀환 요청이었다. 귀환은 1950년 4월과 6월, 두 번에 걸쳐 실시되었다. 1949년도 5월에는 무기의 휴대가 허락되지 않았으나, 1950년도는 완전무장 상태에서의 귀환이었다. 대륙의 조선인들이 전투태세를 정비하고 있는 동안 일본에서는 재일조선인들이 「코민포름 비판」을 환영하며 적극적으로 혁명운동의 선두에 나서려 하고 있었다.

이리하여 중일전쟁을 치렀던 양국의 병사와 장교들은 한국전쟁의 발발을 앞두고 한쪽은 일본으로부터 타이완으로, 다른 한쪽은 중국으로부터 조선으로 이동하여 재집결하고, 다시 서로 적대하게 되었다. 한쪽은 '대륙반공'을 목표로 했으며, 다른 한쪽은 '혁명완수'를 목표로 했다. 한국전쟁이 미중전쟁으로 전화하기 전에 동아시아에는 중일전쟁의 구도가 되살아나고 있었다.

27 和田春樹, 前掲書, 1995年, 25頁. 이 책의 한국어 번역판 와다 하루끼(서동만 옮김), 「보설: 러시아 새 자료에 따른 검토」, 『한국전쟁』, 창작과비평사, 1999, 368쪽.

3. 미국과 일본, 그리고 한국

1) 미국의 일본 방어 전략

한편 미국은 스탈린의 기대와는 달리 일본을 전혀 포기할 의사가 없었으며, 소련의 직접침략이 아니라 해도 국내에서의 전국적인 대규모 소요사태의 발발 가능성을 염두에 두고 일본 방어전략을 수립하고 있었다. 아라 다카시(荒敬)의 연구에 따르면, 한국전쟁 이전 주일 미극동군 사령부는 일본의 위기와 관련한 주일미군의 행동계획으로서 다음의 세 가지를 상정해 놓고 있었다.[28] ① 직접침략을 포함한 세계대전 발발에 대처할 '전면적 비상사태계획(General Emergency Plans)', ② 간접침략에 대처할 '민간비상사태계획(Civil Emergency Plans)', ③ '재해계획(Disaster Plans)'이다.

1948년 3월 13일에 작성된 최초의 '건파우더(Gunpowder)' 작전은 첫 번째의 사태를 상정한 것이었다. 그러나 1948년 9월 8일 '건파우더'의 제1판 개정판에서는 가상적이 북한으로 규정되어 북한이 지상군을 동원해서 한국을 공격 점령하고, 이어서 규슈 북서부에 상륙할 가능성을 엿보는 동안 중국이 국민당군과 미군에 대한 공격으로 측면작전을 전개하는 것으로 상정되었다.[29] 한국전쟁은 '건파우더' 제1판 개정판의 시나리오에 따라 발발 전개된 것이었다.

그러나 미국은 이보다 더 심각한 전면전쟁을 상정한 시나리오를 그리면서 대응하고 있었다. '건파우더' 작전은 다시 1949년 4월 12일 제2판

---

28 이하 다음의 연구를 참조. 荒敬, 「朝鮮戦争前後の在日米極東軍」, 『年報·日本現代史, アジアの激変と戦後日本』 4号, 現代史料出版, 1998年.

29 同上, 5-6頁.

으로 개정되었는데, 여기서는 대소전 발발을 상정하여 소련을 주적으로 규정하게 되었던 것이다. 그리고 1950년 2월 1일 중소우호동맹원조조약이 조인되자, 미극동군은 이 조약이 '미일'을 향한 것으로 파악하고, 맥아더는 합동연습 실시를 기획하여, 3월 17일 극동군 총사령부는 '전면적 비상사태'를 상정한 훈련을 결정했다(암호명, JCPX1-50). 훈련은 침략군의 공격이 경고 또는 선전포고 없이 일어날 것을 가정하고 있었다. 이는 '건파우더'의 모의훈련으로서 그 성격을 지니고 있었다. 그런데 한국전쟁 직전인 1950년 6월 13일 '건파우더'는 다시 개정되었다. '건파우더' 제1판 개정판의 아시아적 요소를 가미하게 되었던 것이다. 가상의 적국으로 소련만을 상정한 것이 아니라 아시아에서 소련의 위성국 북한과 중국, 동남아 인도네시아, 필리핀, 그리고 한국 등의 공산주의 조직을 상정한 것이었다.[30]

적어도 작전상으로 미국은 아시아에서의 대규모 전면 전쟁과 국지전을 포함한 모든 가능성을 염두에 두고 대응전략을 수립해 놓고 있었던 것이다. 그리고 그 중심에 일본이 있었다. 그런 의미에서 주일미군 기지의 유지와 강화는 미국의 극동전략 핵심에 있었다고 할 수 있다. 따라서 일본의 기지를 안전하게 유지하는 것이 무엇보다 중요했다. 군사전략적으로 볼 때 강화 여부와 관계없이 미국이 일본에서의 기지를 포기한다는 것은 있을 수 없는 일이었다.

한편 미극동군 사령부는 위의 '민간비상사태계획'으로서, 즉 일본에서의 시민과 민중의 폭동, 소란 등의 간접침략에 대처하기 위해 '톨부스(Tollbooth, 1947년 7월 31일)'라는 제목의 작전계획을 세워 놓고 있었다. '톨

30 同上, 8-10頁.

부스'는 '민간비상사태계획'의 일반 목적으로 점령군과 그 시설의 안전유지, 일본국 내의 군사지배 보장, 점령 목적을 달성하기 위한 국내 조건 확보를 들고 있으며, 보완조치로서 점령군과 그 시설 및 간선철로와 도로의 안전확보 등을 들고 있다. 최초의 1947년판 '톨부스'는 일본의 안보를 위협하는 비상사태를 '소규모', '한정적', '대규모' 비상사태로 범주화하여, 일본 경찰이 담당할 지방적·고립적 폭력행위, 파업, 폭동 등을 소규모 비상사태로, 일본 경찰만으로는 진압 불가능한 지방적 소동을 한정적 비상사태로, 직접군정으로도 진압 불가능한 반란을 대규모 비상사태로 규정해 놓았다.[31]

한국전쟁이 발발하여 주일미군이 급파되자 일본 내 치안유지를 일본안보의 급선무로 파악한 맥아더는 경찰예비대(National Police Reserve)를 조직했는데, 이는 소규모 및 한정적 비상사태에 대응할 병력 창설을 의미하는 것이었다. 그리고 1951년 7월에는 1947년판의 소규모 비상사태와 한정적 비상사태를 통합하여 소규모 비상사태로 재범주화하고, 1947년판의 대규모 비상사태는 한정적 비상사태로 재규정했다. 1951년 7월의 개정판 '톨부스'는 경찰예비대의 창설로 일본 정부가 소규모 비상사태(즉, 1947년판의 소규모 및 한정적 비상사태)를 진압할 능력을 보유했다고 보고 있다.[32] 1951년 7월의 개정판 '톨부스'는 전면적 비상사태계획, 즉 '건파우더'와의 정합성을 높이기 위한 것이었다.

이상을 종합하면 1951년 7월의 개정판 '톨부스'는 한국전쟁 발발 이후 미일 간의 역할 분담을 분명하게 하기 위한 것이었다고 볼 수 있다.

---

31 荒敬, 「再軍備と在日米軍」, 『日本通史—現代1』 第20巻, 岩波書店, 1995年, 160頁; 荒敬, 『日本占領史研究序説』, 柏書房, 1994年, 72–74頁.

32 荒敬, 前掲書, 1995年, 159–161頁.

그러나 이러한 주일 미극동군의 노력에도 불구하고 '톨부스'의 개정은 '건파우더' 작전과의 사이의 모순을 메우지 못했다고 보인다. 반란을 포함한 간접침략에 대해 일본의 경찰예비대가 대응하는 동안 한국에 대한 직접침략에 대응해야 하는 주일미군이 일본 국내 대규모 반란에도 대응해야 했기 때문이다.

나아가 한국전쟁의 발발과 한반도에로의 주일미군의 파견은 '전면 비상사태'를 현실화한 것이었고, 전쟁 발발을 계기로 미국은 일본의 재군비를 심각하게 고려하기 시작했다. 미국의 기본 방침은 '일본이 일본 자신의 안전에 기여해야' 하며, 미국은 '일본의 방위에 해공군의 원조를 제공할 수 있으나 지상부대는 일본인 가운데서 공급되어야' 한다는 것으로 규정되었다.[33] 이는 '톨부스'가 상정했던 역할 이상의 것이었다. 더욱이 미국은 '일본 방위를 위해서는 대규모 연합부대에 (경찰)예비대를 통합하여, 일본의 비상사태에서는 예비대의 전술 능력 발전강화를 전제로 이를 사용하고, 주일미군이 해군과 공군의 전술 지원과 병참을 담당하도록 하는 것'을 재군비의 궁극적 목적으로 하고 있었다.[34] 1950년 7월 8일 맥아더 서한에 의해 7만 5,000명의 경찰예비대가 서둘러 창설된 것은 바로 '건파우더'와 '톨부스'의 간극을 메우려는 시도로서의 의미가 있는 것이었다.

또한 경찰예비대의 창설은 물론 일본의 재군비 시초가 되었던 것이지만, 그것은 전쟁 발발 초기 주일미군의 한국 전선 급파에 따른 안보 공백을 메우는 데에 목적이 있었으며, 그런 의미에서 주일미군을 보완하는

33 同上, 155頁.

34 同上, 156頁.

성격의 것이었다. 예비대의 창설은 일본 정부는 물론 미국 본 정부의 양해를 결여한 형태로 이뤄졌으며, 총사령부에 의한 일방적 결정에 따른 것이었다. 그러나 한편으로 그것은 일본군의 한국 전선 파견을 목적으로 한 것이 아니었으며, 일본에 대한 직접침략과 공산당 활동 등의 간접침략에 대비한 제한적인 것이었다는 점에서 다시 한 번 그 보완적인 성격이 확인된다.

2) 요시다 시게루의 전후 국가 구상

한편 당시의 일본 수상 요시다 시게루는 미국이 일본의 기지를 중심으로 동아시아 전략을 수립하고 있는 현실을 어떻게 받아들이고 있었는가. 그의 태도를 확인할 수 있는 것이 이른바 '이케다 미션'이라 일컬어지는 이케다 하야토(池田勇人)의 방미 외교다. 한국전쟁 직전인 1950년 4월 25일부터 5월 21일까지 거의 한 달 일정으로 이케다가 미국을 방문한 목적은 대외적으로는 '미국의 재정 경제 시찰'이었다. 하지만 사실은 더 중요한 임무가 있었다. 요시다 수상의 비밀 메시지를 미국의 요인들에게 전달하는 것이었다.

당시 이케다의 비서관이었던 미야자와 기이치(宮沢喜一)에 따르면 그 메시지는 다음과 같은 것이었다.[35]

> 일본 정부는 가능한 한 빠른 기회에 강화조약을 체결할 것을 희망한다. 그리고 그러한 강화조약이 이뤄지더라도 아마도 그 이후의 일본 및 아시

35 宮沢喜一, 『東京―ワシントンの密談』, 実業之日本社, 1956年, 54頁.

아 지역의 안전을 보장하기 위해 미국의 군대를 일본에 주둔시킬 필요가 있을 것으로 생각되는데 만일 미국 측에서 그러한 희망을 제기하기 어렵다면 일본 정부로서는 일본 측에서 그것을 제안(offer)하는 형식을 연구하는 것도 좋을 것이다.

이 메시지는 미국이 염려하는 기지 문제에 대해 배려함으로써 강화를 앞당기려는 의도에서 나온 것이었으며, 기지를 제공하겠다는 일본 측의 의사가 이를 통해 미국에 최초로 전달되었던 것이다. 그런데 요시다는 이 메시지를 이케다에게 전달하면서 맥아더에게는 사전에 알리지 않았다. 이에 대해 맥아더는 매우 불쾌해했었다고 전해진다.[36] 당시 맥아더의 일본 방위구상은 다분히 낭만적인 것이었다. 구체적으로 오키나와를 군사전략 거점으로 확보하는 대신 일본 본토에서는 군사기지를 철수한다는 것을 전제로 하고 있었다. 나아가 일본은 장래 어떠한 전쟁이 일어나도 중립을 지켜야 하며, 재군비는 또 다른 침략을 유인할 뿐이므로 무용하다고 하여 일본으로 하여금 '극동의 스위스'가 될 것을 주문하고 있었다.[37]

요시다는 왜 굳이 군사기지를 철수할 뜻이 있는 맥아더에게 알리지 않고 군사기지의 제공 의사를 미국에 직접 전달하는 수를 썼던 것인가? 이는 요시다가 '군비 없는 강화'에 더욱 큰 의미를 두고 있었기 때문인 것으로 보인다. 동아시아의 현실은 대일강화를 앞두고 일본에 재군비인지 혹은 기지 제공인지 양자택일을 강요하는 방향으로 가고 있었다. 이러한

36 豊下楢彦, 『安保条約の成立―吉田外交と天皇外交』, 岩波新書, 1996年, 122–123頁.

37 同上, 124頁.

현실 앞에서 요시다는 군비보다는 기지의 제공을 선택했던 것이다.

요시다의 전후 국가 구상은 '군대 없는 메이지 국가'라고 할 만한 것이었다. 요시다는 패전 직후에 흉금을 털어놓고 지냈던 외무성 후배에게 쓴 한 서한에서 그 기본 구상을 피력하고 있다. "드디어 올 것이 왔습니다. 만일 악마에게 자식이 있다면 도조(東條)야말로 그 자식입니다"로 시작하는 이 서한에서 요시다는 우선 "군이라고 하는 정치의 암을 절개하여 제거"할 것을 무엇보다 먼저 해야 할 일로 꼽고 있다.[38] "군을 제거하고, 정계 명랑하여 국민 도의를 앙양하며 외교를 일신하는 것, 나아가 과학을 진흥하고 미국 자본을 초치하여 재계를 재건하고, 제국의 진수를 발휘하게 한다"면, "이번 패전은 반드시 나쁜 것만은 아니어서, 우후에 천지가 더욱 아름다운 것과 같다"는 것이 요시다의 패전 인식이었다. 같은 서한에서 요시다는 군부에 대한 악감정을 다음과 같이 솔직히 토로하고 있다.

> 인과는 돌고 돈다는데, 과거에 소생들을 괴롭혔던 헌병놈(ケンペイ君)들은 포츠담선언에 나오는 이른바 전쟁책임의 규탄을 두려워하고 있으며, 미군 포로를 학대해서 뒤가 구린 인물들은 작금 탈영 도피하는 추태를 보이고 있고, 그 두목인 도조는 오우메(青梅)의 옛 절에 숨어 지내고 있다는 것입니다. 석방되었을 때에는 소생도 언젠가 두고 보자며 속으로 응어리진 것이 없지 않았으나, 지금은 조금은 꼴 보기 좋다는 느낌이 들면서 목에 걸렸던 것이 쑥 내려가는 느낌입니다.[39]

---

38 吉田茂記念事業財団(編),『吉田茂書翰』, 1994年, 553-554頁.

39 同上, 554頁.

이러한 요시다의 구상을 재확인할 수 있는 것이 2003년 4월 일본 외무성이 공표한 「일본 외교의 과오(日本外交の過誤)」로서 이 문서는 강화조약을 앞두고 요시다의 지시에 따라 작성된 조서다. "전쟁에서 지고 외교에서 이긴 역사가 있다". 요시다가 주변의 지인들에게 자주 한 말이다. 요시다는 미국의 점령이라는 조건에서, 미국과 대등히 국제질서를 조율했던 제국 일본의 부활을 꿈꿨던 것이다. 그러나 이에는 단서가 달려 있었는데, 그것은 '군부를 제거하고'라는 조건이었다.

「일본 외교의 과오」는 요시다가 1951년 1월 외무성 정무국 정무과장 사이토 시즈오(斉藤鎮男)에게 일본 외교 실패의 역사를 기록하도록 지시하여 만들어진 50쪽 분량의 조서다. 조서 내용은 만주사변에서 패전까지를 8단계로 나누어 만주사변, 군축회의 탈퇴, 중일전쟁, 삼국동맹, 일소중립조약, 인도차이나 점령, 미일개전, 종전외교 등의 과정에서 전개된 외교 활동을 간결히 정리하고, 각 시기 외교 당국의 인식과 정책의 오류 및 원인에 대해 논평한 것이다. 전전 외교에 대한 반성이 주를 이루고 있으되 그 책임이 군부에 있다는 것이 전체 논지다. 가령 만주사변의 원인에 대해서는 국내의 국가혁신 세력의 대두와 중국 내셔널리즘의 고양을 들면서, 대륙침략을 회피할 수도 있었다고 분석하고 있다. 따라서 만주사변은 과오였다는 것이다. 그러나 만주사변을 회피할 수 있었던 구체적인 방법에 대해서는 언급이 없다. 다만 도쿄의 군 수뇌도 통제하지 못할 정도의 관동군 독주가 그 가능성을 차단했다는 의견을 달아 놓았는데, 이 부분은 외무성을 면책시키면서 모든 책임을 이제 해체된 군부에 돌리는 내용으로 읽힌다.[40]

40 小倉和夫, 『吉田茂の自問—敗戦, そして報告書「日本外交の過誤」』, 藤原書店,

조서는 중일전쟁으로 치닫는 과정에 대해서도 분석하고 있는데, 일본의 대중정책은 '명분이 서지 않는 것'이었다고 비판하고 있다.[41] 그럼에도 불구하고 중일전쟁이라는 사태로 치닫게 된 것은 일본이 중국 대륙의 내셔널리즘 고양과 그 역사적 의의에 대한 이해가 부족했던 결과였으며, 일본의 대중정책이 중국의 반일, 항일, 모일(侮日)만을 문제 삼는 방향으로 치달았던 데에서 원인을 찾고 있다. 이것이 조서가 주장하는 첫째 오류다. 둘째로는 유럽의 파시스트 국가들과 민주주의 세력과의 대결에서 민주주의 세력이 패할 것이라는 판단을 하고 있었던 것이며, 셋째로는 미국의 정치·외교 정책에 대한 오판이 있었던 것이라 지적하고 있다.[42] 두 번째와 세 번째 지적은 요시다의 입장에 대한 변론이며, 군부가 주도했던 판단이었다. 다만 첫 번째 지적은 요시다도 공범인 내용으로 이에 대한 전후 외교 당국자의 반성이 필요한 대목이었으나 이에 대해서는 더 이상의 특별한 언급이나 전개가 없다.

이와 같이 조서의 전체 논조는 군부의 독주와 이를 견제하지 못한 외교 당국의 책임으로 과오를 설명하고 있다. 이러한 인식에 서면 군부의 독주가 선행되는 조건이고, 외교 당국의 책임은 부차적인 것이 되고 만다. 외교 당국은 "앵글로 색슨의 세계지배체제가 끝나 가고 있다는 환상(アングロ·サクソンの世界支配体制の覇滅というような夢)"에 사로잡혀 있었기 때문이라고 하는 설명에서는, 앵글로 색슨과 행보를 함께하는 데에서 일본의 재생 가능성이 보인다는 논리를 발견할 수 있다.[43]

2003年, 33-34頁.

41 同上, 129頁.

42 同上, 208-209頁.

43 同上, 129頁.

한편 조서는 전전의 외교가 감정과 희망적 사고를 배제한 현실적 사고를 결여했던 것을 지적하고, 나아가 유연한 사고(フレクシビリティ)의 중요성을 강조하고 있다. 유연성을 잃은 경직된 사고의 예로는 대소정책의 실패를 예로 들고 있다. 즉, 소련을 독이일(獨伊日) 삼국동맹으로 유인한다는 '꿈'이 독소개전으로 깨진 이상 독이일 삼국조약은 파기되었어야 한다는 것이다. 그런데 그렇게 못한 것은 만주사변 이래 동맥경화증에 걸린 일본 외교가 형식주의에 빠져 실리를 좇지 못한 탓이라며 이를 비판하고 있다. 삼국조약에 더 이상 기대지 않는 유연한 외교를 전개했더라면 오히려 소련이 일본에 기대어 왔을 수도 있다고 관측하는 대목, 그리고 그렇게 되었을 경우 북사할린을 매수하는 것쯤은 부산물로 따라오는 것(お土産)이라고 전망하는 대목에서는 제국주의 외교의 속성을 벗어나지 못한 전후 외무성의 일면을 볼 수도 있다.

어쨌든 실리주의 입장에서 외교를 전개할 필요가 있다는 주문인데, 실리주의 입장에서 보면 적어도 현대의 경우에는 "전쟁을 한다는 것은 어떠한 경우에도 손해를 보게 되어 있다(戦争をすることは､いつの場合でも損になるに決まっている)"고 결론을 맺고 있다.[44] 전전의 외교에서는 늘 전쟁을 전제로 했기 때문에 석유 부족, 고철 부족, 궁핍에 빠질 것을 걱정했던 것이며, 전쟁만 하지 않았더라면 살아가는 데 부족함이 없었을 것이라는 계산이다. 또한 미국이 조만간 유럽 전쟁에 개입할 운명이었다면, 그 후 미일교섭이 가능할 수도 있다고 보고 있다.[45]

이 조서가 만들어진 시점을 고려하면, 조서는 덜레스의 재군비 요구에

44 同上, 224–225頁.

45 同上, 225頁.

저항하기 위한 논리를 개발하는 과정에서 만들어진 것이라고 추측할 수 있다. 어쨌든 요시다가 한국전쟁이라는 현실에도 불구하고 재무장을 거부하면서 헌법 제9조의 수호자처럼 행동했던 것은 이와 같은 전전의 역사에 대한 나름대로 이해가 있었기 때문이다. 그러나 그가 만들고자 했던 '군대 없는 메이지 국가'는 한국전쟁의 현실 속에서 위기를 맞이했다. 헌법 제9조와 미일안보조약의 상극이 노정되었고, 그 상극은 주일미군의 계속 주둔, 즉 기지의 제공으로 메워지게 되었다. 그 결과가 '기지국가'였다. "무력을 포기한 일본으로서 국토의 안전을 도모하기 위해서는 '이해와 호의를 가진 대국의 보호를 받는 현재의 방법' 외에 다른 것은 생각할 수 없다"는 것이 요시다의 결론이었다.[46]

4. 북한의 일본 인식 및 한국전쟁 개전 결정과 일본 요인

1) 북한의 일본 인식

북한은 1994년 6월 25일 자 『로동신문』에 일본이 한국전쟁에 '직접참가' 했다는 논지의 논설을 게재했다.[47] 「일본은 조선침략전쟁에 직접 참가하였다(조선민주주의인민공화국 국제문제연구소 비망록)」라는 제목으로 발표된 이 논설은 당시 "일본당국자들은 있지도 않은 우리의 '핵의혹'을 구실로 우리 나라 사회주의제도를 압살하기 위한 미국의 책동에 로골적으로 합세"

46 吉田茂, 『回想十年』 4, 1998年, 45頁.

47 「일본은 조선침략전쟁에 직접 참가하였다(조선민주주의인민공화국 국제문제연구소 비망록)」, 『로동신문』(1994. 6. 25). 인용은 원문 표기대로 옮김.

하여 “조선반도에서 전쟁이 일어나는 경우에 대처한 ‘유사시법’의 실무적 준비가 이미 완료되였고 즉시에 ‘위기관리체제’를 만들수 있다고 공언”하고 있다고 하여, 일본의 ‘반공화국적대시정책’을 비판하고 그 역사적 예증으로서 한국전쟁을 거론한 것이었다.

이 논설은 한국전쟁과 일본의 관계에 대한 북한의 공식적인 설명을 엿볼 수 있다는 점에서 주목된다. 북한의 입장에서 보아 일본은 크게 네 가지 점에서 한국전쟁의 직접 책임자였다. 첫째, 일본은 미국과 함께 한국전쟁을 준비했다. 둘째, 일본은 한국전쟁 당시 미국의 병참기지, 보급기지, 수리기지, 공격기지였다. 셋째, 일본은 한국전쟁의 직접 참가자였다. 넷째, 일본은 세균전에도 직접 가담했다.

이상이 북한의 주장이다. 이 중 두 번째 주장과 세 번째 주장의 일부인 소해정 파견에 관한 부분 외에는 직접적인 논거나 자료는 제시되지 않았으며, 그 대부분은 냉전 시기에 간행된 구소련의 도서나 이데올로기로 심하게 편향된 좌파 문건들의 주장에 의거한 설명이었다. 그러한 의미에서 이 논설은 일방적 주장의 성격이 강하다고 할 수 있다. 그럼에도 이 논설은 북한이 일본을 한국전쟁의 직접적인 참가자로 간주하고 있음을 보여 주는 것으로 주목된다.

한편 커밍스는 개전 전야의 북한이 일본 변수를 중시하고 있었다는 점에 주목하면서, 특히 ‘일본이 부활하고 나아가 이승만 정권과 경제적, 군사적으로 긴밀한 관계를 맺게 될 것에 대한 우려’가 빈번히 표명되고 있었다고 지적했다.[48] 그는 다음과 같은 사실을 예로 들고 있다.

---

48 Bruce Cumings, *The Origins of the Korean War, Vol. II: The Roaring of the Cataract 1947-1950*, Princeton Univ. Press, 1990, p. 458.

김일성은 1950년 1월 천도교청우당 제3회 대회에서 가진 연설 중에 이승만을 이완용에 비유하고, 이승만이 신성모 국방장관을 도쿄에 파견하여 일본과 비밀협정을 책동하고 있다고 비난했다. 커밍스는 이 연설을 계기로 김일성의 비난 표적이 미 제국주의에서 일 제국주의로 바뀌었다고 지적했다. 1월 16일 자 『로동신문』은 미국이 태평양조약을 체결하여 미일 단독강화를 추진하고, 일본을 군사기지화하려고 획책하고 있으며, 북한과 중국에 대한 전쟁을 준비하고 있다고 보도했다. 『로동신문』은 사흘 후에는 이승만을 다시 이완용에 비유하여 비난하면서 '미 제국주의'가 일본과 결탁한 40년 전과는 달리 조선을 둘러싼 국제환경이 크게 바뀌었으며, 각성하고 단결한 조선인민이 두 번 다시 타민족의 노예가 되는 일은 없을 것이라고 강조했다.

같은 시기 발표된 한철호의 논문은 '이승만 도당'이 '미 제국주의자의 지도하에 일 제국주의자와의 관계를 강화하고 있다'고 비난하고, 1949년 4월과 10월 일련의 한일무역협정을 지칭하면서 이것이 자유무역의 구호하에서 조선을 또다시 일본의 예속하에 두려는 책략이라고 비난했다. 또한 이 논문은 이승만이 최근 북한을 한국과 일본의 '공동의 적'으로 표현하고 있다는 점을 지적하고 비난했다.

『로동신문』은 2월 10일 애치슨 연설에 대한 해설 기사를 게재하고, 애치슨이 '월가의 두목'들을 위해 일본과 오키나와를 아시아 침략의 거점으로 삼고 군사기지화하고 있다고 비난했다. 2월 18일에는 중소동맹에 관한 박창옥의 해설 논문이 게재되었는데, 조약문 가운데 일 군국주의의 부활 문제에 대해 언급한 조항을 인용하면서 이로써 새로운 전쟁에서 일 군국주의자를 이용하려는 미국의 계획을 타파하는 단결된 힘이 탄생했다고 강조했다. 특히 2월 중순에 실시된 이승만의 방일은 북한의 비난 표적이 되었다. 이후 북한은 이승만의 이 시기 방일에 특히 주목하고, 그가 맥아더와 함께 전쟁을 음모하고 획책했다는 주장에 대한 근거로 삼고 있다. 3월 10일 자 『로동신문』은 강철수의 논문 「미 제국주의는 중국 인민의 적이다」를 게재하고, 이승만의 도쿄 방문을 반세기 전 한국병합에 대해 합의한 미일교섭, 즉 가쓰라-태프트 밀약과 연계하여 설명하고 있다.

또한 당 기관지 『근로자』 4월호는 2월 이승만이 방일하여 한국의 젊은 병사들이 일본과 세계의 자유를 위해 피를 흘리고 있는 와중에 한일 양국이 공동의 적에 대처하기 위해 협력해야 한다는 내용으로 연설한 것을 인용하고, 타스 보도에 의거하여 한국에 대한 무기원조를 위한 비밀협정이 한일 간에 체결되었다고 비난했다. 5월에 출판된 한 단행본은 일본 재군비의 필요성을 역설한 3월의 아이켈버거 성명을 인용하면서, 미국이 포츠담선언에 위배하여 일본의 경제와 재벌을 부활시키고 있다고 비난했다. 인민군 정치장교의 교육용으로 6월에 간행된 한 정치학 교재는 미제의 기본정책이 일본을 재군비시키고, 북한에 많은 공장을 갖고 있던 미쓰비시와 같은 재벌을 부활시키는 데에 있으며, 이러한 일본에서의 움직임은 조선에서의 식민지적 사회구성과 친일적 요소를 부활시켜 조선을 중국과 소련으로의 침략 교두보로 삼으려는 것이라고 규정했다.[49]

이상에서 살펴본 것처럼 커밍스는 1950년 전반기에 북한에서 만들어지고 발신된 다양한 메시지를 종합 분석하여 그 공격의 표적이 미 제국주의로부터 일 군국주의로 바뀌었다는 사실을 밝혀 내고, 북한이 한국전쟁 발발 직전 몇 달 동안 가장 우려했던 점은 일본의 부활과 부활한 일

49 Ibid.

본이 한국과 맺게 될 연계 가능성이었다고 결론지었다.[50]

2) 한국전쟁 개전 결정과 일본 요인

한편 와다 하루키는 한국전쟁과 일본의 관계에 대해 주목하고 있는 연구의 중요한 성과로서 커밍스의 논의를 소개하고 그 의의를 평가했으나, 커밍스가 일본공산당과 재일조선인의 존재를 간과함으로써 일본의 실상을 그리는 데에는 이르지 못했다고 하여 그 한계를 지적했다.[51] 그런데 소련은 한반도의 무력통일 방침을 김일성과 논의하는 과정에서 재일조선인의 존재에 주목하고 있었다. 이는 1949년 9월 24일 소련공산당 중앙위원회가 슈티코프에게 보낸 지침에서 확인되는바, 김일성의 선제공격안을 견제하려는 목적에서 제기되었던 것으로 생각된다.

소련공산당은 김일성의 빨치산 활동 강화 방침에 대해서는 승인하면서도 선제공격 계획에 대해서는, 비록 그것이 옹진반도의 점령과 같은 부분적인 공격이라 하더라고, 전면공격으로 간주될 가능성이 있기 때문에 장기전으로 발전할 가능성을 고려해야 한다면서 재고를 촉구했다. 그 대신 한국 측의 선제공격 시도를 기다려 이를 북한 영내에 끌어들여 격멸시킨 뒤 반격작전으로 전환하면 된다고 조언했다. 그리고 그러한 기회가 주어질 때까지는 평화적 통일의 가능성을 완전히 배제하지 말고 "조국전선의 제안을 한국에 널리 선전하고, 나아가 일본과 미국, 중국 등에 거주하는 해외 조선인을 총동원하여 이러한 조선인들이 조국전선의 제

50 Ibid., p. 463.

51 和田春樹, 前掲書, 1995年, 25頁.

안을 지지하고 있다는 내용의 서한을 유엔에 제출하도록 조직할 것”을 제안했다.[52]

그러나 이 지침이 전해진 1949년 9월 일본에서 재일조선인 운동은 전후 최악의 상황에 빠져 있었다. 9월 8일 재일조선인 운동의 최대거점인 ‘재일조선인연맹(이하 조련)이 해산당하고 말았던 것이다. 이 지침을 작성 전달하는 과정에서 소련공산당이 저간의 사정을 파악하고 있었는지는 의문이다. 만일 모르고 있었다면 변화된 상황에 맞추어 새로운 방침이 세워지지 않으면 안 되었다. 반대로 만일 사태를 파악하고 있었음에도 그러한 방침에 내려졌다면, ‘조련’의 해산이 오히려 일본에서의 반미투쟁을 조직 선동하는 데 바람직한 분위기를 창출할 것으로 판단하고 있었을 가능성이 있다. 그러나 어쨌건 「코민포름 비판」이 나오기까지 일본에서 유효한 투쟁이 전개되는 일은 없었다.

소련은 재일조선인의 존재에 주목하고 있었다. 그러나 조련이 해산당한 뒤 이에 대한 어떠한 유효한 투쟁도 조직하지 못하는 사태를 목격하면서 스탈린의 시선은 자연스럽게 일본공산당의 체질을 의심하는 방향으로 변해 갔을 것이다. 그러한 의심이 「코민포름 비판」으로 이어졌다고 할 수 있다. 「코민포름 비판」 이후 스탈린은 전쟁 개시를 앞두고 일본에서 공산주의자들이 적극적으로 대미 투쟁을 전개해 주기를 기대했다.

한편 스탈린은 한국전쟁에 임하는 북한을 지원해야 하는 반면, 전쟁에 너무 깊이 관여할 수도 없는 딜레마 속에서 중국의 역할을 인정하지 않을 수 없었다. 그럼에도 불구하고 중국은 어디까지나 소련의 보조자에 머물러 있어야 했다. 코민포름의 일본공산당 비판과 일본공산당의 지

---

52 한국 외무부, 『한국전 문서요약』, 17-18쪽.

도 기관으로 그 존재 유무에 관심이 쏠렸던 극동 코민포름 문제는 이런 맥락에서 나온 것이었다. 극동 코민포름의 창설은 이 세 지도자 사이에서, 어느 정도 합의된 상태에서 구체화될 가능성이 있었으나, 일본 혁명에 대해 소련이 직접 관여하는 형태를 취하면서 그 존재 의의를 상실하고 흐지부지되었던 것으로 보인다.

한편 중국의 입장에서는 일본의 혁명 가능성보다 대일강화 이후 일본의 재군비와 이를 기반으로 한 일본의 중국에 대한 개입 가능성에 촉각을 곤두세우고 있었다. 스탈린에게 일본의 공산주의자들이 관심의 초점이었다면 마오쩌둥에게는 일본의 군국주의자들이 오히려 관심의 초점이었다고 할 수 있다. 백단의 존재는 이러한 마오쩌둥의 의구심이 근거 없는 것이 아니었음을 반증하고 있다. 이와 반대 방향으로 중국 동북부의 조선인 부대는 김일성의 요청에 따라 속속 북한으로 파견되고 있었다. 이렇게 중국과 일본을 두 개의 중심으로 하여 만들어진 대립의 구도는 전후형-냉전형이라기보다는 전전형-항일전쟁형 대립구도의 부활이었다.

이러한 상황에서 북한은 1950년에 들어서서 급속히 긴밀도를 높여가던 한일관계를 우려의 눈으로 바라보며 일본 문제를 인식하고 있었다. 중국과 마찬가지로 김일성은 한반도에 대한 일본의 영향력이 부활하는 것을 경계하고 있었다. 더구나 제6장에서 자세히 논하겠지만 1949년에는 조련이 해산당하면서 좌익 재일조선인 운동이 크게 위축되었다. 일본에서 혁명의 가능성이 점차 줄어드는 가운데 미국의 대일정책이 반공전선 구축이라는 방향으로 급속히 선회하고 있었다. 이러한 일본이 한국과 연계된다면 이는 북한의 입장에서 보아 무력통일의 최대 장애요인이 될 수 있었다. 북한이 관찰하기에 이미 사태는 그러한 방향으로 돌아가고 있었다. 김일성의 입장에서 볼 때 행동을 위해 남겨진 시간은 그리 많지 않아 보였다. 북한 지도부가 개전의 타이밍을 계산하는 데 있어 일본 변수는 절대로 작지 않았을 것이다.

제2장

한국전쟁의 발발과 일본

'기지국가'의 탄생

1. 개전과 주일미군의 출동

1) 개전 직전 주일미군의 편성

한국전쟁 전 미국의 일본 점령군은 미 육군 제8군과 제6군, 미 극동해군(NAVFE, Naval Forces, Far East), 미 극동공군(FEAF, Far East Air Forces), 영 연방군(BCOF, British Commonwealth Occupation Forces, Japan)을 근간으로 하고 있었다. 이 가운데 점령관리를 위한 군사점령의 중심이 되었던 미 육군은 제8군과 제6군으로 구성되었는데, 제8군(요코하마[横浜]) 산하에는 제9군단(삿포로[札幌]), 제14군단(센다이[仙台]), 제11군단(히요시[日吉]), 제8군사령부(요코하마[横浜]), 제6군(교토[京都]) 산하에는 제5수륙양용군단(사세보[佐世保]), 제1군단(오사카[大阪]), 제10군단(구레[呉])이 있었으며, 군정기구로는 군정단 및 군정중대가 배치되어 있었다. 이 가운데 사단을 총괄하는 군단(제1군단, 제9군단)은 1949년에 폐지되었으며, 일본점령을 위한 주력부대인 미 제8군 예하 4개 사단은 전쟁 발발 당시 〈표 2-1〉과 같이 재편 배치되어 있었다.

한편 일본 점령군의 군정기구는 1949년까지 미극동군 총사령관에 의해 통솔되는 점령군의 편성에 따르면서도 다른 한편으로는 일본점령만을 위한 별도의 조직을 형성하고 있었다. 특히 지방군정기구는 일본의 지방행정기구와 대응하여 편성되었다. 다만 요코스카(横須賀)는 이러한 편성방식이 적용되지 않은 예외였다. 다른 모든 지방군정기구가 제8군의 지휘 계통에 속해 있었던 데 반해 요코스카는 처음부터 특별지구로 편성되어 주일 해군 휘하 요코스카 해군기지 사령부 내에 군정부가 설치되어 있었다.

표 2-1. 재일 미 점령군의 1950년 당시 배치 상황[1]

총사령부(도쿄[東京])
육군 제8군(사령부: 요코하마[横浜])
제7보병사단(사령부: 마코마나이[真駒内], 후방 사령부: 센다이[仙台]) 제17보병연대(센다이), 캠프 시모페니츠 제31보병연대(마코마나이), 캠프 크로포드 제32보병연대(하치노헤[八戸]), 캠프 호겐 사단보병, 직할(진마치[神町]), 캠프 얀하우스
제1기병사단(사령부: 아사카[朝霞]) 제5보병연대(아사카), 캠프 드레이크 제7보병연대(아사카), 캠프 드레이크 제8보병연대(자마[座間]), 캠프 자마 사단보병, 직할(고이즈미[小泉町]), 캠프 드루
제24보병사단(사령부: 고쿠라[小倉]) 제19보병연대(벳푸[別府]), 캠프 치쿠마가와 제21보병연대(기타구마모토[北熊本]), 캠프 우드 제34보병연대(사세보[佐世保]), 캠프 모어 사단보병, 직할(가스가[春日]), 캠프 하카타 정찰, 전차, 공병(야마구치[山口])
제25보병사단(사령부: 오사카[大阪]) 제24보병연대(기후[岐阜]), 캠프 기후 제27보병연대(사카이[堺]), 캠프 사카이 제35보병연대(오츠[大津]), 캠프 오츠 사단보병, 직할(나라[奈良]), 캠프 나라

1 三木秀雄, 「『支援』という名の防衛戦略—朝鮮戦争において果たした日本の役割」(『防衛大学校紀要』, 1985); 三木秀雄, 「韓国の放棄と日本の防衛—朝鮮戦争開始前における米国の極東戦略に関する史的考察」(『防衛大学校紀要』, 1986. 3).

그런데 이러한 군정 기구도 한국전쟁 직전에는 대규모로 축소되어 있었다. 대일강화에 대비하여 점령업무가 군사적 임무에서 민사적 임무로 변했으며, 민사적 임무도 점차 축소되어 일본의 행정부처에 업무가 이관되고 있었던 것이다. 1949년 7월 1일 미 제8군 사령부 '군정국'은 '민사국'으로, '지방군정부' 및 '홋카이도(北海道) 지구 군정부'는 '지방민사부' 및 '홋카이도 지구 민사부'로, '부현 군정부'는 '부현 민사부'로 개칭되었다. 나아가 각 부현의 민사부도 점차 축소되어 같은 해 11월 말에는 7개의 '지방민사부' 및 '홋카이도 지구 민사부'에 통합되었다. 1950년 1월 1일 이후 제8군 사령부는 민정 관계 사무 책임에서 해제되어 각 지방민사부의 지휘권은 최고사령관 직속으로 이양되었다. 이에 따라 제8군 민사부는 폐지되었으며, 총사령부 내에 소규모의 민사국이 신설되었다. 또 요코스카의 군정부 명칭도 민사부로 개칭되었다.

한편 1946년 이래 점령에 참가했던 영 연방군은 영국, 호주, 뉴질랜드, 인도의 각 군으로 구성되어 있었으나 전쟁 전에는 주력군으로서 호주군만 남아 있었다. 그나마 1950년 5월 전군 철수명령을 받았고, 5월 27일에는 로버트슨(H. C. H. Robertson) 영 연방군 총사령관이 철수성명을 발표한 바 있었다. 그러나 한국전쟁이 발발하자 6월 30일 철수 중지가 결정되었다. 일부는 유엔군으로 한국작전에 참가했다.[2] 한국전쟁 발발 직후인 6월 28일 영 연방군의 병력은 호주 육군(호주 연대 제3보병대대, 2,094명), 호주 공군(제77비행중대, 253명), 호주 해군(41명)이 주둔하고 있었고, 그 밖에 영국 해군(4명), 영국 육군(6명), 영국 공군(1명)이 겨우 남아 있을 뿐이었다.[3]

2 調達庁, 『占領軍調達史 — 占領軍調達の基調』, 1956年, 589−591頁.

전쟁 초기 열세였던 전세를 역전시키는 데에는 해군에 의한 해양통제권 장악이 결정적인 공헌을 했다. 한국전쟁 발발 이후 일본 해역에 있던 미 해군 함정들은 극동해군사령관(COMNAVFE, Commander Naval Forces, Far East) 조이(C. Turner Joy) 제독(해군 중장)의 작전 통제하에 있었다. 조이 제독은 제96기동부대(Task Force 96, TF96)의 사령관직을 겸직하고 있었다. 제96기동부대는 경순양함 주노함(Juneau, CLAA-119), 섬너(Sumner)급 구축함 4척, 디젤 잠수함 1척, 구형 소해함 몇 척으로 구성되어 있었는데, 한국전쟁 발발 전에는 일본으로의 밀수품 단속과 일본 연안의 기뢰 소해작업을 수행하고 있었다. 제96기동부대의 상륙기동부대(사령관은 제임스 도일[James H. Doyle] 해군 소장)는 마운트·맥킨리함(Mount McKinley, AGC-7), 공격수송함 카발리에함(Cavalier, APA-37), 공격화물수송함 유니온함(Union, AKA-106), 예인함 아리카라함(Arikara, AT-98), 전차상륙함(LST) 1척으로 편성되어 있었는데, 주일미군과 상륙훈련을 연습하기 위해 일본에 도착한 지 얼마 안 된 상황이었다.

한국전쟁 발발 직후 조이 제독은 구축함, 드·해븐함(De Haven, DD-727)과 맨스필드함(Mansfield, DD-728)을 미 국민 대피를 위해 인천과 부산에 급파하는 한편 6월 27일에는 순양함 주노함, 구축함 드·해븐함, 맨스필드함, 콜레트함(Collett, DD-730), 라이맨·스웬슨함(Lyman K. Swenson, DD-729)을 남한지원전단(South Korea Support Group, TG96.5)으로 명명하고, 한국 해역에 대한 초계 활동에 투입했다. 영국 또한 전쟁 발발 직후 함대를 급파했는데, 경항공모함 트라이엄프함(Triumph), 경순양함 벨파스트함(Belfast)과 자메이카함(Jamaica), 구축함 코사크함(Cossack)과 콘소트함

3 千田武志,『英連邦軍の日本進駐と展開』, お茶の水書房, 1997年, 294頁.

(Consort), 그리고 프리깃함인 알라크리티함(Alacrity)과 하트함(Hart), 블랙·스완함(Black Swan) 등이 전장에 파견되었다. 이들 함대는 조이 제독의 작전통제하에 들어가게 되었는데, 조이 제독은 이 중 일부를 제96기동부대에 배치하고 트라이엄프함, 벨파스트함, 코사크함, 콘소트함은 제77기동부대에 합류시키기 위해 오키나와로 보냈다.[4]

미 지상군 투입 결정 다음날인 7월 1일 조이 제독의 사령부는 일본에서 이용 가능한 병력을 모아 한국으로 수송하는 계획을 수립했다. 초기 미 육군 제24보병사단의 일부는 전투 지역에 공수되었고, 나머지 병력은 일본상선관리국(SCAJAP, Shipping Control Authority for Japanese Merchant Marine)에 소속되어 사세보에 정박해 있던 제96.3기동전단(TG96.3) 소속 상륙함(LST)에 승함했다. 이들 LST는 일본인 승조원이 조종하고 있었는데, 한국전쟁 발발 전에는 미 점령군에 군수품을 조달하고, 아시아 대륙으로부터 일본 본국으로 송환되는 전쟁포로들을 수송하는 임무를 수행하고 있었다. 미국 군사해상수송부(MSTS, Military Sea Transportation Service)의 선박들에 의해 증강된 조이 제독의 상륙기동부대(TF90)와 전세 낸 일본 상선들은 미 육군 제24보병사단과 제25보병사단을 부산에 전개시켰다.[5]

공군의 경우 미 극동공군 사령부 휘하에 필리핀에 제13공군, 오키나와와 괌에 제20공군, 일본에 제5공군이 배치되어 있었다. 제13공군은 하워드 터너(Howard M. Turner) 소장이 지휘하고 있었으며, 마닐라 인근의 클라크 비행장에 본부를 두고 있었다. 킨케이드(Alvan C. Kincaid) 소장의 제20공군은 오키나와(沖繩)의 가데나(嘉手納) 공군기지에 배치되어 있었다.

---

4 Edward J. Marolda (ed.) (김주식·정삼만·조덕현 공역), 『한국전쟁과 미국 해군(U. S. Navy in the Korean War)』, 한국해양전략연구소, 2010, 23–24쪽.

5 위의 책, 26–28쪽.

20공군 예하 제51비행단과 제4비행대대는 오키나와의 나하(那覇)에 기지를 두고 있었다. 규모가 가장 큰 제5공군은 나고야(名古屋)에 본부를 두고 있었다. 제5공군의 5개 비행단은 이타즈케(板付)의 제8전투 폭격비행단, 미사와(三沢)의 제49전투폭격 비행단, 요코타(横田)의 제35전투요격비행단, 존슨 비행장의 제3폭격비행단, 다치카와(立川)의 제374병력수송비행단 등으로 구성되어 있었다. 1950년 5월 31일 현재 미 극동공군사령부는 항공기 1,172대를 보유하고 있었다. 이 가운데 F-80이 540대, F-82가 42대, B-26이 73대, B-29가 27대, 수송기가 179대, 정찰기가 48대, 기타 T-6, SB-17, T-33, L-5 등이 252대였다. 이 가운데 사실상 657대가 한반도에서 사용 가능했다.[6]

일본에서 출격한 공군 B-26기와 F-82 트윈무스탕기(F-82 Twin Mustang)는 지상군의 작전을 항공에서 지원하는 역할을 수행했다. 그런데 이들 기종은 이동거리와 도달하는 데 걸리는 시간 때문에 표적 상공에서의 체공시간에는 제한이 있었다. B-26기는 캘리버 50 기관총, 로켓, 연료, 4,000파운드의 폭탄 등을 적재할 수 있었으나, 적재 수가 충분하지 않다는 한계를 안고 있었다. F-80 슈팅스타기(F-80 Shooting Stars)는 일본에서 이륙할 수밖에 없는 상황에서 유효항속거리에 제한을 받고 있었다. 이 전투기는 캘리버 50 기관총 8정을 탑재하고 있었고, 고속로켓 16기를 적재할 수 있었다. 그러나 연료를 모두 적재하면 전투비행반경은 225마일밖에 되지 않았다. 따라서 F-80기는 전투 지역에서 단 몇 분만 공격에 참가하고 일본으로 되돌아가야 하는 상황이었다. F-80기는 원래 날개 끝

6 윌리엄 T. 와이블러드 엮음(문관현 · 손석주 · 김택 · 오충원 옮김), 『극동공군 사령관 조지 E. 스트레이트마이어 장군의 한국전쟁 일기』, 플래닛미디어, 2011, 46-49쪽.

에 연료 탱크 대신 1,000파운드의 폭탄 두 발을 장착할 수 있었으나 이는 비행거리를 100마일로 줄여야 가능한 것이었기에 포기해야 했다.[7] 이러한 한계를 안고 있었기 때문에 결국 미 본토로부터 프로펠러식 F-51 무스탕기가 투입되어 초기의 F-80 전투기들을 대체해 갔다.[8]

2) 주일미군의 출동

영 연방군을 포함하여 일본점령 관리를 위해 주둔해 있던 연합군 부대는 한국전쟁 발발과 함께 전투부대로 재편되어 한국의 전선에 투입되었다. 최초로 파견된 부대는 연합군의 일본점령 부대로서가 아니라 미군의 긴급 행동 부대로서 파견된 것이었다. 트루먼(Harry S. Truman) 미 대통령은 6월 27일의 유엔안보리 결의를 기다리지 않고, 26일 저녁 맥아더(Douglas MacArthur)에게 미 해군과 공군의 한국 출동을 명령하고, 27일에는 한국에서의 작전행동권을 부여했다. 맥아더는 주일미군 제8군 가운데 우선 제24보병사단(고쿠라)을 한국에 파견하고, 동시에 제7함대를 타이완 해협에 파견했다. 28일에는 미 극동공군의 한국 상공에서의 폭격이, 29일에는 미 함대의 북한에 대한 포격이 개시되었다. 이미 6월 29일 자 일본 일간지에서는 '남부 일본 공군기지 주재 특파원 발' 기사로, "제트 전투기와 경폭격기가 남조선을 향해 쉴 새 없이 날아가서는 벌집 같은 기관총 탄흔과 함께 돌아온다"는 내용을 다루고 있었다.[9] 한국전쟁 동안 일본의 15개 공

7 Marolda, 앞의 책, 373-374쪽.

8 위의 책, 49쪽.

9 饗庭孝典 · NHK取材班, 『朝鮮戦争 — 分断38度線の真実を追う』, 日本放送出版協会, 1991年, 212頁.

항이 미 극동공군의 기지가 되었다. 또한 미국 정부는 영연방 각국 등 우호국에 한국에 대한 군대 투입을 요청했다. 이에 대해 영국 정부는 항공모함 1척과 순양함 2척, 호주 정부는 구축함 1척과 포함 1척을 유엔의 군대로서 각각 파견할 것을 결정했다.[10] 특히 호주 공군의 제77비행중대(무스탕 중대)는 7월 1일부터 맥아더 지휘하에 38선 이남 지역에서 작전에 참가하고 있었다.[11]

6월 30일 트루먼은 27일의 유엔안보리 결의에 기초하여 첫째, 북한의 군사목표에 대한 미 공군의 공격을 허가하고, 둘째, 미 해군에 대해 한반도 연안의 해역을 봉쇄하도록 명령했으며, 셋째, 맥아더에 대해 지상부대의 사용을 허가한다고 발표했다. 7월 중순 제8군의 제25보병사단(오사카)과 제1기병사단(아사카)이 증원부대로서 한국에 파견되자 제8군 사령부도 한반도로 이동했다. 그 결과 일본에는 한반도에서 가장 멀리 떨어진 센다이에 후방 사령부를 둔 제7보병사단만 남게 되었고, 계속해서 점령임무를 맡게 되었다. 7월 7일에는 유엔안보리 결의에 기초하여 맥아더가 유엔군 최고사령관에 임명되었고, 25일에는 유엔군 총사령부(GHQ/UNC, General Headquarters, United Nations Command)가 이미 일본점령 관리를 위한 총사령부(GHQ/SCAP, General Headquarters, Supreme Commander for the Allied Powers)로 이용되던 다이이치(第一) 생명빌딩에 설치되었다. 이날부터 황거 주변에 소재한 다이이치 생명빌딩 옥상에는 성조기와 유엔기가 동시에 휘날리게 되었다.[12] 그리고 제8군이 한국의 전선으로 출동한 결

10 R. O'Neill, *Australia in the Korean War 1950-53, Vol. 1, Strategy and Diplomacy*, Canberra: The Australian War Memorial and the Australian Government Publishing Service, 1981, p. 50.

11 呉市史編纂委員会, 『呉市史』 第8巻, 呉市役所, 1995年, 595頁.

과 제8군 사령부도 한반도로 이동하게 되었고, 지금까지 제8군 사령부가 일본에서 담당해 온 임무를 계속 수행하기 위해 8월 25일부로 주일 병참 사령부(JLC, Japan Logistical Command)가 요코하마에 설치되었다.[13] 이는 극동사령부에 직속되었으며, 일본에서의 병참 업무를 주 임무로 하면서 한국 파견 유엔군의 병참도 담당했다.[14]

한국전쟁 직후 일본 주둔 미군의 긴박했던 출동 상황을 자세히 살펴보면 다음과 같다. 맥아더는 6월 30일 제24사단의 제19, 21, 34연대를 즉시 한국의 전선에 투입하도록 명령하고, 이를 받아 제8군 사령관 워커(Harris W. Walker) 중장은 제24사단장인 윌리엄 딘(William F. Dean) 소장에게 전선으로의 출동을 명령했다. 제24사단이 최초의 파견부대로 결정된 것은 이 부대가 한반도에서 가장 가까운 일본의 규슈 지방에 주둔하고 있었다는 점, 즉 전선으로부터의 거리를 고려한 결과였다. 제24사단장 딘 소장은 규슈 중부의 구마모토(熊本)현에 주둔하고 있던 제21연대에 대해 1개 대대를 기간으로 하는 전투부대를 편성하도록 하여 이를 급거 한국에 파견했다. 이 부대가 바로 스미스(Charles Bradley Smith) 부대였다. 스미스 부대가 주둔해 있던 기타구마모토는 1939년에 설립된 구마모토 육군유년학교가 있던 곳으로, 현재는 육상자위대 제8사단 사령부와 제8특과연대 등 사단의 주력부대가 주둔해 있다. 한국 파견 제1진인 스미스 부대는 이곳에서 훈련받던 부대로 편성되었으며, 7월 1일에 이곳을 출발했다. 딘 소장은 7월 2일 출발했다. 이후 미국으로부터 한국에 파견되는 부

12 東京百年史編集委員会,『東京百年史』6巻, 1972年, 91頁.

13 調達庁, 前掲書, 590-591頁.

14 基地問題調査委員会,『軍事基地の実態と分析』, 三一書房, 1954年, 27頁.

대는 대부분 일본을 거쳐 일본 각지의 미군기지에서 훈련을 받고 군수물자를 보급받은 뒤 한국의 전선으로 투입되었다. 예컨대 알래스카의 제3사단은 해로를 통해 일본 규슈의 벳푸항으로 들어와 현재의 유후인(湯布院) 부근 고원지대에 캠프를 설치하고, 실탄 사격훈련을 실시한 뒤 모지(門司)항으로부터 선단을 구성하여 출격해 갔다.[15]

제21연대와 함께 최초의 파견부대였던 제34연대는 규슈의 사세보에 주둔하고 있었다. 제34연대의 경우 7월 4일 현재 부대원이 1,981명이었는데 8월 말에는 184명의 생존자만 확인될 뿐이었다. 90%가 넘는 부대원이 전사하거나 실종되었고, 부상당해 이송되었던 것이다. 이들 부대는 한국전쟁 발발 이전에는 점령관리 업무를 주된 임무로 하는 부대였기 때문에 실전 시와 비교하면 70%의 능력밖에 지니지 못했으며, 보유 장비들도 대부분 제2차 세계대전에서 사용했던 것으로, 낡고 오래된 상태였다. 일본에서 점령관리의 나날을 보내는 동안 병사들은 평화로운 일상에 잠겨 전쟁을 잊고 있었다.[16]

스미스 부대로 알려진 최초의 파견 부대 제21연대 제1대대는 7월 1일 규슈 북부에 있는 이타즈케 공군기지를 향해 출발, 그곳에서 한국의 전선으로 투입되었다. 대부분의 병사는 이를 타이완에 대한 중공의 공격에 대비한 출동으로 생각하고 있었다. 행여 한국의 전선으로 가더라도 잔류 미국인의 구출작전이나 북한 포로의 후방이송작전 등 비전투 행위에 동원되는 정도로 알고 있었다. 그들은 한반도에 상륙한 후 트럭이나 열차 등의 이송수단을 이용해 북상하던 중 대량의 피난민을 보고 나서야

15 三木秀雄, 前掲論文, 1985年, 143-144頁.

16 Donald Knox, Donald, *The Korean War: Pusan to Chosin, An Oral History*, Harvest Book Company, 1985, p. 8.

비로소 한국에서의 전세가 심각한 상황이며, 그곳에서 벌어지고 있는 것이 '진짜 전쟁(a real war)'이라는 사실을 알게 되었다. 북상하는 열차 안에서는 많은 병사가 집단 히스테리와 패닉 상태를 보여 혼란에 빠지는 일이 벌어지기도 했다.[17]

3) 기지화의 실상

이후 일본의 기지들은 한국전쟁에 투입해 들어가는 주일미군의 전투기지로서 전쟁에 편입해 들어갔다. 그것은 가히 '일본 전토의 기지화'라고 할 만한 것이었다. 숫자상으로 나타난 기지화의 실상은 다음과 같다. 전쟁이 끝나갈 무렵인 1953년 1월 31일 현재 일본국 내에는 733개의 미군기지가 있었다. 그 넓이는 약 14만 헥타르였으며, 이는 일본 전 국토 면적의 0.378%였다.[18] 이 중 육상훈련장이 76%, 비행장이 13%, 막사(幕舍) 및 기타가 11% 등이었다. 과거 700만 명 규모의 구 일본군이 군용으로 사용하던 토지가 약 30만 헥타르였는데,[19] 그 절반을 미군기지가 차지하고 있었다. 이것만 보아도 조직 구성당 미군의 기지 접수 면적이 얼마나 광대한 것인가를 알 수 있다. 그 밖에도 해상훈련장이 일본 열도를 둘

---

17 Ibid., pp. 11–16.

18 木村禧八郎·神野璋一郎·堀江忠男·久川喜久雄,「朝鮮戦争と日本経済の軍事化」,『日本資本主義講座—戦後日本の政治と経済』(第2巻, 講和からMSAへ), 岩波書店, 1953年, 149頁, 167頁. 한때 일본 정부 및 여당 자민당이 '기지축소' 경향을 강조할 때 종종 인용했던『自衛隊年鑑』(1967년판)에 따르면 1952년의 기지 수는 2,824개소에 달했다. 이는 미군기지에 더해 자위대의 전신인 경찰예비대 및 보안대 기지를 포함한 수치다. 林茂夫·畑穣,『1970年と日本の軍事基地』, 新日本出版社, 1969年, 16頁.

19『農民運動資料』41号, 1953. 1. 인용은 木村禧八郎(他), 前掲論文, 167頁.

러싸듯 산재해 있었다. 1953년 2월 일본 수산청 조사에 따르면 방잠망과 해저 장애물을 포함하여 미군 시설 총수는 76개로, 이에 제공된 일본 수역은 4만 8,000km²로 규슈에 필적하는 넓이였다. 이를 훈련 종목별로 살펴보면 대공 사격, 공중전, 대지 사격, 폭격, 수상 사격, 상륙훈련, 승선 하역, 기뢰 투하, 구명정 투하, 어뢰 발사, 함포 사격 등으로 다양했다.

이들 기지는 원칙적으로 무기한 접수였으며, 미국의 요구에 따라 무한정으로 접수 확대가 가능했다. 〈표 2-2〉에서 보는 바와 같이 미일합동위원회가 기지 접수 시에 조인하는 '미일시설구역협정'은 1952년 7월 26일 체결된 후 1년 가까운 기간에 11차례나 개정되었고, 무기한 사용을 위한 접수 건수가 14건 증가했을 뿐만 아니라 훈련장과 비행장 등도 47개소나 확장되었다.[20]

표 2-2. 무기한 사용/일시 사용별 일반시설 수의 변화[21]

		1952. 7 협정	1차 개정	2차 개정	3차 개정	4차 개정	5차 개정	6차 개정	7차 개정	8차 개정	9차 개정	10차 개정	1953. 5 현재
무기한 사용	추가		2	2	1	2	3	2	1		3		16
	(확장)		(6)	(9)	(2)		(10)		(5)	(1)	(11)	(3)	(47)
	(축소)		(1)	(1)			(4)		(1)				(7)
	해제						2						2
	증감(건)	300	+2	+2	+1	+2	+1	+2	+1	0	+3	0	314
일시 사용	추가			9	2		1		1		7		20
	(확장)		(2)	(1)				(1)	(1)			(1)	(6)
	(축소)			(1)	(5)	(3)	(4)						(13)
	해제			17	6	4	13	1	11			13	65
	증감(건)	312	0	−8	−4	−4	−12	−1	−10	0	+7	−13	267

20 同上, 167頁.

해상훈련장도 예외가 아니었다. 1946년에 접수가 시작된 해상훈련장은 1948년에 공중전 훈련장이 3곳, 대지사격 훈련장이 3곳 등 모두 6개소였으나, 1950년에는 공중전 3곳, 폭격 1곳, 대지사격 1곳, 대공사격 2곳, 함포사격 1곳, 대지 사격 및 폭격 3곳, 대공 및 수상 사격 1곳, 함포 및 대공 사격 2곳 등 모두 14개소로 2배 이상 증가했다. 한국전쟁 발발 후인 1951년에도 13개 훈련장이 추가되었으며, 1952년에는 일본 전국 42개소에 훈련장이 설치되기에 이르렀다.

지역적으로 보면 1951년 전반까지 일본 열도의 동쪽으로 태평양 연안에 40%가 집중되어 있던 것이, 점차 홋카이도에서 규슈에 이르는 전국의 연안으로 확대되어 전 국토의 군사기지화가 눈에 띄게 진행되었다. 강화조약 발표 이후인 1953년 2월의 일본 수산청 조사에 따르면 해군 훈련 및 작전을 위한 해상시설 총 76개 중 강화조약 발효 이후 신규 요구에 따라 새로 제공된 것이 18개 시설이었다. 반면에 강화조약으로 폐지된 것은 4개 시설에 불과했다.[22]

〈표 2-3〉은 강화조약이 발효된 1952년과 다음 해인 1953년 미군기지의 건수 및 토지 면적을 비교한 것이다. 1952~1953년에 걸쳐 건수는 감소하고 있으나, 토지 면적은 근소하나마 오히려 증가했다. 이는 이 기간에 각 시설이 정비 확충되었음을 보여 주는 것이다.

1952년 7월 26일에는 외무성에서 미일합동위원회의 양국 수석대표 윌리엄스(Laurin L. Williams) 준장과 이세키 유지로(伊関佑二郎) 외무성 국제협

21 同上, 168頁.

22 猪俣浩三·木村禧八郎·清水幾太郎, 『基地日本ーうしなわれていく祖国のすがた』, 和光社, 1953年, 294-297頁; 基地問題調査委員会, 前掲書, 1954年, 148-152頁.

표 2-3. 강화조약을 전후한 미군기지의 변화[23]

종류	건수		토지	
	1952년	1953년	1952년	1953년
막사(兵舍)	579	220	3,700	3,443
집단주택	54	51	353	346
비행장	69	44	4,800	4,508
항만시설	37	30	200	199
훈련장	83	79	20,000	20,764
공장	42	33	388	388
창고	140	103	900	896
의료시설	26	22	23	23
통신시설	129	116	510	498
기타 시설	53	35	139	122
합계	1,212건	733건	31,013만 평	31,187만 평

력국장이 조인함으로써 '행정협정에 기초한 일본국 정부와 미국 정부 간의 협정'이 체결되었다. 이는 앞서 언급한 바와 같이 '미일시설구역협정'이라는 이름으로 더 잘 알려져 있다. 이에 따르면 제공될 시설 및 구역은 무기한으로 사용되는 것(무기한 사용), 이전 장소가 결정될 때까지 일시적으로 사용되는 것(일시 사용), 그리고 1953년 3월 31일까지 반환될 예정인 민간소유 주택 등 세 종류가 있었으며, 무기한 사용 300건, 일시 사용 312건, 민간소유 주택 671건(이후에 196건 추가)이 미군을 위해 제공되고 있었다. 무기한 사용으로 분류된 것은 비행장, 훈련장, 고사포진지, 탄약고, 저유소, 무기수리 공장, 병영, 군항 등의 주요 시설로서 대부분 강화 발효 이전부터 사용되어 왔던 것이다. 또한 일시 사용으로 분류된 것은

23 木村禧八郞(他), 前揭論文, 1953年, 157頁. 일본 외무성 국제협력국 제3과가 작성한 시설 목록에 따르면, 일본 정부는 1952년 1월 1일 현재 미군 사용시설 토지 총면적을 318,181,352평으로 파악하고 있었다. 猪俣浩三(他), 前揭書, 1953年, 273頁.

표 2-4. 주일미군 기지 육상시설 수의 변동[24]

		1952년 7월 26일	1953년 1월 1일	1953년 6월 1일
무기한 사용	추가		10	16
	(확장)		(27)	(47)
	(축소)		(6)	(7)
	해제		2	2
	계	300	308	314
일시 사용	추가		12	20
	(확장)		(3)	(6)
	(축소)		(12)	(13)
	해제		40	65
	계	312	284	267
합계	추가		22	36
	(확장)		(30)	(53)
	(축소)		(18)	(20)
	해제		42	67
	총계	612건	592건	581건

비행장, 연병장, 항만사령부, 병기창 등의 군사시설 외에 주로 집단숙사(병사 클럽, 사관 숙사, 군인 군속 및 그 가족을 위한 숙사), 창고, 사무소, 클럽하우스 등이었다.[25]

〈표 2-4〉에 따르면 육상시설 총수는 1952년 7월 612건에서 1953년 6월에는 581건으로 감소했다. 이를 무기한 사용과 일시 사용으로 구별해서 보면 일시 사용이 312건에서 267건으로 감소한 반면 무기한 사용은 오히려 300건에서 314건으로 증가했다. 육상시설 총수 감소분의 31건은 일시 사용 시설 감소분 45건에서 무기한 사용 시설 증가분 14건을 뺀 것이

24 同上, 70頁.

25 同上, 67頁.

다. 일시 사용 시설이 주로 숙사 등의 부속시설인 데 비해 무기한 사용의 대상은 비행장이나 훈련장과 같은 중요 시설이었다. 중요 시설일수록 확대 경향에 있었던 것이다.

4) 한국전쟁과 오키나와

한편 한국전쟁의 발발은 오키나와에도 큰 영향을 미쳤다.[26] 오키나와 전투 와중에 건설되기 시작한 미군기지가 '항구기지'로 변모하게 된 것은 1950년대 초부터였다. 한국전쟁 발발 직전인 1950년 초부터 미군은 오키나와의 장기보유 방침에 따라 본격적인 기지건설을 개시했다. 그 중심은 주둔 부대와 가족을 위한 거주 공간의 개선이었다. 1950년 3월에 작성된 건설 우선순위 목록에는 48개의 프로젝트가 실려 있는데, 이 가운데 17개가 주택, 막사, 숙사 등이었고, 7개가 점포, 극장, 학교, 도서관, 교회 등 군 가족을 위한 시설이었다. 건설 우선순위 목록 가운데 군사시설은 가데나 비행장의 정비시설(21위), 활주로 확장(38위), 나하 비행장의 확장(44위)이 올라 있을 뿐이었다.[27] 지역별로는 공군이 주둔하고 있던 가데나 지구가 17개, 군사령부가 있던 즈케란(瑞慶覽) 지구가 12개 등이었다.

---

26 이하 한국전쟁 시기 오키나와의 변화에 대해서는 다음을 참조. 鳥山淳, 「1950年代初頭の沖縄における米軍基地建設のインパクト」, 『沖縄大学地域研究所所報』 31号, 2004年 3月, 224-228頁.

27 Status Report: Okinawa Construction Program(The Engineer GHQ, FEC, 31 Mar 1950) #2, Tab A: Integrated Construction Priority List(沖縄県公文書館所蔵複写史料, 「Status Report Relating to the Okinawa Construction Program, 1950-1952」, 0000010411). 이하 오키나와 기지와 관련한 원자료 인용은 鳥山淳, 前掲論文, 2004年, 224-228頁에서 재인용.

이들 시설의 공사권은 시미즈 건설(清水建設), 다이세이 건설(大成建設), 오오바야시구미(大林組) 등 대부분 일본 본토의 대규모 토목건설기업이 수주해 갔다.[28]

그러나 한국전쟁이 발발하자 '최소한의 주기장(駐機場) 수리'에 머물러 있던 당초 계획이 변경되어 7월에는 격납고의 추가 건설이 개시되는 등 군사시설 건설이 확장되었다. 6월 27일, 괌의 앤더슨 기지 주둔 폭격부대에 대해 가데나로의 이동 명령이 내려졌고, 7월 1일까지 이동이 거의 완료되었다.[29] 미 본토로부터 폭격부대가 오키나와로 이동하여, 7월 16일의 서울 폭격에 47기의 B29가 가데나 기지에서 출격해 나갔다. 8월 중순 요코타 기지와 가데나 기지에는 총 98기의 B29가 집중되어 있었다.[30] 격납고의 추가 건설은 이렇게 증파된 B29부대를 수용하기 위한 것이었다. 11월부터는 요미탄, 보로, 후텐마 등에 만들어졌던 보조비행장의 확충 수리가 시작되었다.[31] 한편 7월이 지나기 전 오키나와 주둔 부대 대부분은 한국의 전장으로 이동하여 전투에 참가하고 있었다. 7월 하순에는 새로운 보병부대가 오키나와에 도착하여 3주간의 훈련을 받고 전선으로 파견되어 갔다.[32]

기지 건설을 위한 군용지의 신규 접수가 본격적으로 시작된 것도 한

28 「調査史料 軍工事における地元土建業者の失敗」, 『金融経済』(琉球銀行), 1955年 10月, 28頁.

29 *History of Twentieth Air Force, July-December 1950*, p. 39(沖縄県公文書館所蔵複写史料 U90008143B 「Air Force History(Index) for Okinawa」).

30 Robert Frank Futrell, *The United States Air Force in Korea, 1950-1953*, New York: Duell, 1961, p. 131, p. 182; 和田春樹, 『朝鮮戦争全史』, 岩波書店, 2002年, 162頁; 鳥山淳, 前掲論文, 2004年, 226頁.

31 *History of Twentieth Air Force, July-December 1950*, pp. 157-158.

국전쟁을 계기로 한 것이었다. 1950년 9월부터 11월까지 요미탄, 가데나, 기노완(宜野湾), 우라소에(浦添), 마와시(真和志) 등 오키나와 곳곳에서 이른바 '일소(clearance)'라는 표현의 시설 및 토지 접수가 전개되었다. 오키나와 기지 문제의 기원이 여기서 비롯되고 있었던 것이다. 이렇게 한국전쟁이 오키나와의 군사기지 건설에 박차를 가했던 것이다.

한국전쟁을 계기로 일본 본토 자본이 오키나와로 진출하기 시작했다. 가지마 건설(鹿島建設), 시미즈 건설 등을 비롯한 20개가 넘는 토건업자가 오키나와로 몰려들기 시작했다. 이른바 조선특수로 일본 본토의 경제가 부활하는 데에는 오키나와에서의 기지 건설이 적지 않은 역할을 했던 것이다. 오키나와는 단순히 기지 건설뿐만 아니라 오키나와 주둔 미군의 수요에 따른 '해외 구매'의 형태로 막대한 달러를 본토 자본에 제공하고 있었다.[33] 오키나와에서는 1949년부터 기지 건설을 위해 5,000만 달러의 예산을 들여 군사기지 건설이 개시되었으며,[34] 한국전쟁 발발 이후 본격화하여 1953년에는 상반기에만 700만 달러, 연간 1,218만 달러의 공사비가 지급되는 등 기지 건설 공사가 정점에 달했다.[35]

한국전쟁이 발발하자 6월 30일부터 F80 제트 전투기, F82 쌍발 무스탕, B26 경폭격기, C47, C46, C54 수송기 등 오키나와 5군, 제20공군 소속의 비행기들이 오키나와의 기지로부터 한국작전 참가 임무를 띠고 발

---

32 Annual Command Historical Report, 2 Feb. 1951(沖縄県公文書館所蔵マイクロフィッシュ U90003088B: GHQ/SCAP Records No. GS(B)-02286), pp. 9-13.

33 中野好夫·新崎盛輝, 『沖縄問題二十年』, 岩波書店, 1965年, 59頁; 中野好夫·新崎盛輝, 『沖縄戦後史』, 岩波書店, 1976年, 40頁; 笹本征男, 「沖縄の歴史記述における『朝鮮戦争』」, 『人民の力』 840号, 2006年 10月 1日, 19頁.

34 新里恵二·金城正篤, 『沖縄県の歴史』, 山川出版, 1972年.

35 『沖縄大百科辞典』 上巻, 沖縄タイムス, 1983年, 847頁.

진해 나갔다.[36] 이후 『오키나와 타임스(沖縄タイムス)』는 오키나와에서 출격하는 폭격기 등에 대해 다음과 같이 보도하고 있다. 8월 18일 자에는 "오키나와 기지를 출발한 B29 편대가 일본의 기지에서 출발한 다른 B29 편대와 한반도 남부에서 합류하여 북으로 향해 폭격 목표 지역에 돌입했다", 그리고 10월 25일 자에는 "유엔데이 행사의 일환으로 오키나와와 일본에서 출발한 B29 폭격기가 유엔의 선전 삐라를 한반도 각지에 산포하고, C47기가 한반도 상공을 비행하며 선전 메시지를 방송했다"는 내용의 기사가 실렸다. 또한 1951년 6월 2일 자에는 "오키나와에서 출격한 B29 폭격기 편대가 5월 31일 오후 신의주 동남 80km 지점인 정주의 중요 철도를 폭파했는데, 북한 측 미그 15형 전투기가 이를 요격하기 위해 출동하여 폭격기 편대를 엄호하던 F86 전투기와 교전하게 되었고, 미그기 1기에 손해를 입혔다", 그리고 1952년에는 "오키나와에서 출격한 B29가 7월 15일 조중 국경 20km 지점에 있는 비행장에 폭격을 가했다"는 등의 기사가 실렸다.

이러한 상황에서 1950년 7월 3일 조셉 R. 시츠(Josef R. Sheetz) 오키나와 미군 군정장관은 오키나와 주민에 대한 성명을 발표했다. 성명은 한국에서의 유엔 조치와 관련하여 오키나와 열도에서의 부당한 우려에 대해 경고하고 있었으며, 어디까지나 오키나와 열도에서는 평온한 상태가 지속될 것이라고 역설했다. 시츠 장관은 미국이 현재 한반도에서 취한 행동은 전쟁이 아니라 경찰행동이며, '오키나와에서의 현저한 군사활동의 증가는 극동에서의 미국 지위를 강화하는 확장계획의 일부'일 뿐이라는

36 『沖縄タイムス』(1950. 6. 30).

것이었다.[37]

1951년 5월 18일 자 『오키나와 타임스』에는 오키나와의 대 공군기지의 완성이 임박했다는 기사가 실렸다. 오키나와현의 가데나를 중심으로 한 극동 최대의 비행기지가 건설되고 있는데, 이 비행장에서는 미국이 보유하고 있는 최강의 전략항공기 B36 폭격기의 이착륙이 가능해진다는 것이었다. 이를 위해 약 6,500만 달러의 거액이 투입될 예정이라는 사실도 지적되어 있었다. 그 외 나하에도 전투기 기지 건설이 추진되고 있었으며, 여기에는 4,200만 달러가 투입되었다. 그 외 3개의 비행장이 예비기지로 보존되고 있었으며, 모두 합쳐 5개의 비행장이 가데나 비행기지군을 구성하게 되었다. 오키나와 주둔 제20공군 사령관 랄프 스테어리 소장은 이 비행기지군을 태평양의 관문으로 간주하고 있었는데, 이곳이 동시베리아, 만주, 중국 본토, 동남아시아, 인도 등의 광역을 커버하고 있었기 때문이다. 일본 본토나 필리핀의 기지와는 달리 '태평양의 지브롤터' 오키나와는 남북 양쪽으로 전개 가능한 유용한 기지였다.[38]

1951년 7월에는 '오키나와 군사건설, 6,000여만 달러 가결'이라는 표제하에 미 하원 군사위원회가 7월 21일에 가결한 오키나와 기지 건설 예산에 대해 보도하고 있었다. 8월 10일 자 기사에는 일본의 건설회사들이 기지 건설을 하청받았다는 사실을 전하고 있다. 시미즈 건설이 240만 달러, 니혼 토목이 110만 5,000달러의 계약을 수주했다는 내용이었다. 1952년 2월 1일 자 『오키나와 타임스』에는 "군 공사에 종사하는 일본인 업

37 『沖縄タイムス』(1950. 7. 4). 笹本征男, 「朝鮮戦争勃発直後の沖縄」, 『人民の力』 841号, 2006年 10月15日, 25-26頁에서 재인용.

38 『沖縄タイムス』(1952. 3. 21). 笹本征男, 「朝鮮戦争と米軍の基地建設」, 『人民の力』 842号, 2006年 11月 1日, 16頁에서 재인용.

자가 5,000만 달러를 벌었다"는 내용의 기사가 실리기도 했다.[39] 1951년 9월 오키나와의 미군 당국은 "오키나와 요새화가 그 후반에 들어섰다"고 발표했다. 오키나와에 태평양의 지브롤터의 역할을 부여하여 폭격기, 수륙양용부대, 항공부대의 최강 근거지가 되도록 4억 8,000만 달러에 이르는 건설비를 투입, 태풍에도 끄떡없는 시설의 영구적 건축공사가 진행 중이라는 내용이었다.[40] 한국전쟁 발발로 오키나와의 군 작업 모집 인원은 대폭 늘었다. 1950년에 들어 6개월 동안 약 9,000명이 증가했는데, 1949년 말 4만 2,910명에서 1950년 7월 말 약 5만 1,688명으로 증가한 것이다.[41] 한국전쟁으로 급증한 군 작업이 없었다면 오키나와의 경제는 이들 5만여 명의 실업자를 떠안고 있었을 것이다. 이를 고려하면 한국전쟁과 연결되어 있던 오키나와에서의 군 관계 노무는 일종의 '구제이자 은혜'였다고 할 수 있다.

한편 본토에서의 경찰예비대(National Police Reserve) 창설과 때를 맞춰 1950년 8월 23일 결정에 의거하여 오키나와에도 현행 경찰의 강화와 함께 류큐 특별경찰대대가 창설되었다.[42] 본토와 다른 점은 오키나와가 미군의 직접통치하에 있었던 관계로 이 기구가 미군 직속으로 창설되었다는 것이다. 그 내용은 다음과 같다. 전 오키나와 경찰을 2개 대대로 개편하는 것으로 현행 경찰력을 제1대대로, 신규 채용하는 1,369명의 경찰력을 제2대대, 즉 특별경찰대로 편성하고, 제1대대는 일반 치안업무, 제2대(특별경찰대)는 군의 주요 지대에서의 경비와 특수 지역에서의 경찰권을

39 同上, 19頁.

40『沖縄タイムス』(夕刊)(1951. 9. 9).

41『沖縄タイムス』(1950. 8. 8).

42『沖縄タイムス』(1950. 8. 24).

집행하며, 긴급비상시에는 제1대대와 협력한다는 것이었다. 특별경찰대는 모두 시험으로 채용하며, 군대식 훈련을 받게 했다.[43]

1950년 12월 1일 오키나와 군정관부(軍政官府)가 오키나와 군도 지사를 상대로 내린 명령서에는 경찰부의 예비대로 오키나와인 약 1,500명으로 창설되는 특별경찰대를 조직하여 훈련할 것을 명하고 있다. 제1차적 목표는 '도내 지정된 미국 정부의 시설물과 용도품(用度品) 및 군인 군속의 보호'에 있었다. 명령서에는 '훈련은 12월 15일부터 시작하여 6개월 이내에 종료할 것', '미육군 간부 가운데 특별고문위원회를 조직하여 특별경찰대의 설립과 관리를 지원할 것' 등이 함께 규정되어 있었다.[44] 아라 다카시(荒敬)에 따르면 1950년 10월 14일 맥루어(Robert B. McClure) 류큐 군사령관은 '오키나와 군도 정부 시민경찰'을 확대할 권한을 맥아더로부터 부여받았다고 한다.[45]

특별경찰대는 11월 30일 채용시험을 거쳐 12월 15일 제1차 입대식을 거행하고 출범했다. 1951년 1월 10일에는 제2차 채용시험이 실시되었으며, 2월 13일 제1차 입대자 300명이 졸업한 후 2월 15일에 제2차 입대식이 거행되어 충원이 계속되었다. 하지만 5월 제3기 훈련이 실시되고 있던 중 갑자기 대대의 해산명령이 내려졌다. 그 후부터는 각 부대에서 개별적으로 경비원 모집을 하도록 대체되었던 모양이다. 이후 당초 구상은

---

43 『沖縄タイムス』(1950. 10. 25).

44 『琉球政府史料, 第二号, 政治編』, 那覇出版社, 1988年, 183-184頁. 영어로는 Ryukyu Special Police Battalion이라 불렸다(『沖縄大百科事典』 中巻, 935頁).

45 荒敬, 「朝鮮戦争前後の在日米極東軍」, 『年報日本現代史, アジアの激変と戦後日本』 4号, 1998年, 18頁; 笹本征男, 「米軍直属の『琉球特別警察大隊』の創設」, 『人民の力』 844号, 2006年 12月 1日.

폐기되고, 특별경찰대는 류큐 경비연대(Ryukyuan Security Guard Regiment)에 편입되어 미군 시설의 경비를 담당했다.[46]

이러한 조건들은 1960년대부터 서서히 본토의 미군기지 축소가 진행되면서, '기지국가' 일본의 속성을 '기지의 섬' 오키나와가 떠안게 되는 요인이 되었다.

2. 전투기지의 현실

1) 출격기점으로서의 전진기지

초대 주일 미대사인 로버트 머피(Robert Murphy)는 한국전쟁에서 일본이 담당하여 수행한 역할에 대해 다음과 같이 회상하고 있다.

> 맥아더는 당시 일본에 주둔하고 있던 가용 전투부대를 모두 전선으로 투입했다. 그는 일본 정부가 안전과 질서가 유지되는 기지를 제공해 줄 것으로 확신하고 있었다. 이에 대해 일본인은 놀랄만한 속도로 그들의 4개 섬을 하나의 거대한 보급창고로 바꿔 주었다. 일본이 없었다면 미국은 한국에서 전쟁을 할 수 없었을 것이다. (중략) 일본인은 우리를 돕기 위해 병력을 보급하도록 요구받지도 않았으며, 그런 일은 허락되지도 않았다. 그러나 일본인의 선박 및 철도 전문가들은 그들 자신의 숙련된 부하들과 함께 한국으로 건너가 미국과 유엔의 사령부 밑에서 함께 일했다. 이는 극비에

---

46 『沖縄タイムス』(1951. 12. 23); 『沖縄大百科辞典』의 「特別警察隊」 항목; 笹本征男, 「米軍直属の『琉球特別警察大隊』の創設(承前)」, 『人民の力』 845号, 2006年 12月 15日.

부쳐진 일이었다. 그러나 유엔군은 이들 한국 사정에 밝은 일본인 전문가들 수천 명의 원조가 없었다면 한국에서 버티고 남아 있기가 대단히 어려웠을 것이다.[47]

무엇보다 우선 일본은 한국전쟁 발발과 동시에 미군의 반격을 위한 출격기지가 되었다. 한국전쟁에서 미군기의 출격 횟수는 공군이 72만 980회, 해병대 공군이 10만 7,303회, 해군(항모발진)이 16만 7,552회였으며, 투하된 폭탄, 네이펌탄, 로켓탄의 양은 공군이 47만 6,000톤, 해병대와 해군기는 22만 톤에 달했다.[48] 한국전쟁에서 전개된 공중으로부터의 공격은 주로 15개의 일본 공군기지로부터 발진한 폭격기와 전투기에 의존한 것이었다. 대 항공전은 이미 6월 29일에 B26 폭격기가 평양 비행장을 폭격하는 것으로부터 본격 개시되었다. 이때 북한 항공기 35대를 지상에서 격파했으며, 8월 10일까지 북한 항공기 약 110대를 격파하는 전과를 올렸다. 이러한 작전행동이 초기 미군의 제공권 장악에 결정적인 역할을 하고 있었다.[49]

일본의 비행장은 지리적으로 볼 때, 한국에서의 공중전을 수행할 때, 그리고 거리와 방어 조건을 고려할 때는 물론 비행장의 정비, 탑승원의 휴양과 의료, 폭탄과 연료의 보급 면에서도 최적의 위치에 있었다. 예컨대 폭격의 주역인 B29는 요코타(横田) 기지에서 폭탄을 적재하고 이

---

47 Robert Murphy, *Diplomat Among Warriors*, New York: Garden City, 1964, pp. 347–348.

48 林茂夫·畑穣, 前揭書, 1969年, 25頁.

49 Futrell, op. cit., 1961, p. 32, p. 102; 다나카 쓰네오, 「6.25전쟁기간 군사작전의 제상」, 아카기 칸지 외(이종판 역), 『일본의 6.25전쟁 연구』, 국방부 군사편찬연구소, 2009, 335쪽.

곳으로부터 발진해 갔다. 그 폭탄은 미국 본토로부터 해상 수송되어 먼저 가나가와(神奈川)현의 옷파마(追浜)에 하역된 다음, 주로 남부선(南武線)을 통해 화물 열차에 실려 요코타 기지까지 운반되었다. 요코타 기지에는 30~40기의 B29가 상시 주둔하고 있었으며, 1회 출격 시 적을 때에는 100파운드, 많을 때에는 1,000파운드의 폭탄을 탑재했다. 또한 전투기의 발진은 이타즈케, 아시야(芦屋), 츠이키(築城) 등 주로 규슈의 기지에서 이뤄졌다. 규슈 북부에서 서울까지의 거리는 약 600km로, 이는 당시 전투기로는 보조탱크를 사용해서 출격할 수 있는 한계 거리였다.[50]

그 외에 이와쿠니(岩国), 이타미(伊丹), 다치카와, 이루마(入間) 등이 미 공군의 출격기지로 사용되어 한국전쟁에서 미군의 제공권 장악에 결정적인 역할을 했다. 규슈 지방 중에서 한반도에서 가장 가까운 이타즈케 공군기지가 있던 후쿠오카(福岡)와 해군 출격 기지 사세보는 전쟁의 직접적인 영향하에 있었다. 『후쿠오카현 경찰사(福岡県警察史)』는 한국전쟁 발발과 동시에 급격하게 변모하고 있던 후쿠오카시를 다음과 같이 묘사하고 있다.

> 한국전쟁이 발발한 이후 후쿠오카시의 중심부에서는, 이타즈케 기지 및 하카타(博多)항 부두와 아라토(荒戸)의 미군병원 사이를, 전장에서 송환되어 오는 부상병을 실은 트럭들이 빨간 불을 켠 채 주야를 막론하고 오가는 모습이 정전이 이뤄지던 날까지 하루도 빠짐없이 매일 목격되었다. (중략) 이어서 하카타항의 부두를 기지로 하여 전선으로의 증원부대와 다량의 무기, 탄약(항공기 폭탄)이 쉴 새 없이 실려 나갔으며, 그 결과 부두 일대에

50 三木秀雄, 前掲論文, 1985年, 144-145頁.

> 는 이들 물자가 산더미처럼 쌓였고, 창고는 충만했으며, 병사들의 물결이 넘쳐 나고 있었다. 현지 CIC(Counter Intelligence Corps)의 명령으로, 부두 일대는 접근금지 구역으로 지정되어, 점령군 요원, 일본 경찰관, 점령군 노무자 등 관계자 외의 진입이 절대로 금지되었다. (중략) 부두는 병력 수송, 무기 탄약의 수송, LST(Landing Ship Tank, 상륙정[上陸艇]), 수송선, 병원선 등의 착안, 승강 및 적재가 한꺼번에 실시되어 육지도 바다도 모두 빈 곳을 찾아볼 수 없을 정도였다.[51]

한편 사세보의 경우 1950년 1월 13일 "사세보시를 영구 평화항으로 육성한다"는 취지의 평화선언을 발표하고, 5월에 제정된 '구 군항 전환법'에 기초하여 '평화산업 항만도시'로서의 새로운 발족을 시의회가 결의한 바 있었다. 이는 이어서 실시된 6월 6일의 주민투표에서 압도적인 다수의 찬성으로 지지를 얻고 있었다. 그러던 중 한국전쟁이 발발하자 사세보는 전쟁수행을 위한 해군 출격기지가 되었고, 항만시설은 미군에 의해 재접수되었다. 7월 25일에는 유엔군 사세보 지구 사령부가 설치되었고, 사세보항은 다시 전쟁에 말려들게 되었다.

사세보는 일본 본토 여러 곳에 분산 배치되어 있는 미군부대와 미국 본토로부터 출격하는 함선들이 한반도에 투입될 때 일단 집결하여 편대를 짜고 출격하는 근거지가 되었다. 또한 함선에 탑승한 지상공격 부대는 사세보에서 일단 하선하여, 오이타(大分)현 유후인 근처에 설치된 캠프에서 훈련받은 뒤 다시 승선하여 전선으로 출동했다. 집결 및 출격의 기

---

51 福岡県警察史編さん委員会(編), 『福岡県警察史, 昭和前編』, 福岡県警察本部, 1980年, 842–844頁.

지가 된 사세보항을 적 잠수함의 공격으로부터 방어하기 위한 조치로 1950년 10월 방잠망이 설치되었다.[52] 사세보시는 임항지구 가운데 민간 사용이 허가된 곳이 전체 시설의 20%에 지나지 않았다.[53] 이타미 공군기지를 중심으로 B29 폭격기의 출격기지였던 이타미시는 폭탄제조 기지였으며, 무기창이었다. 당시 전후배상으로 처리될 예정이었던 오사카 기공(大阪機工) 이나가와(猪名川) 공장은 태평양전쟁 시기에 무기공장이었던 실적이 고려되어 미군을 위한 박격포 및 수류탄 제조공장으로 개편되었다. 1953년 2월의 기록에 따르면, 이 공장은 미군으로부터 수류탄 67만 5,000발을 주문받고 생산에 매진하고 있었다. 이와 관련하여 같은 해 5월에는 능률적인 양산체제 정비를 위해 이따미 주조공장이 새로 설립될 정도였다.[54]

공군기지 주변 마을은 한국전쟁 발발 직후부터 '이곳이 바로 전장'이라는 의식 속에서 살게 되었다. 개전 후 나흘째인 29일 오후 10시 15분에 규슈의 이타즈케 공군기지, 도바타(戸畑), 고쿠라, 야하타(八幡), 모지 등에 공습경보가 발령되었다. 이는 정체불명의 비행기가 기지에 접근하고 있음을 탐지했기 때문이라고 설명되었으며, 같은 날 10시 55분에 해제되었다.[55]

이런 상황에서 미군 폭격기가 일본에 산재한 출격기지 주변 마을에 추락하는 사고가 발생하기도 했다. 1950년 9월 27일에 B26 중형 폭격기

---

52 佐世保市総務部庶務課(編),『佐世保市史, 産業経済編』, 佐世保市, 1956年, 51-53頁.

53 木村禧八郎(他), 前掲論文, 1952年, 174頁; 高見順(編),『目撃者の証言』, 青銅社, 1952年의 이노우에 미츠하루(井上光晴) 등의 기록도 참조.

54 伊丹市,『伊丹市史』, 1972年.

55 三木秀雄, 前掲論文, 1985年.

가 추락하여 3명이 사망하는 사건을 비롯해 10월 5일에는 미 극동공군 폭격대 소속의 B29가 후쿠오카현 야마(耶麻)군에서 추락했다. 1952년에는 사이타마(埼玉)현 가네코(金子)촌에 B29가 추락해 주민과 승무원 등 총 17명이 사망하는 사건이 발생하는 등 기지 주변에서의 사건 사고가 빈발했다.[56]

존슨 기지와 요코타 기지가 주둔해 있던 이루마시는 수도권에 위치한 출격기지로서, 존슨 기지의 경우 비행기 추락사고가 10여 회나 발생했으며, 앞에서 언급했듯이 1952년에는 요코타 기지에서 이륙한 B29가 이륙 직후 가네코촌에 추락하는 사고가 발생했다.[57] 또 1951년 11월에는 다치카와 기지를 출격한 B29 폭격기 1대가 이륙 직후 추락하여 탑재하고 있던 폭탄이 폭발했다. 이로 인해 스나가와(砂川) 인근 부락 100여 채가 피해를 보는 사건이 발생했다.[58] 이러한 사고는 기지 주변의 주민에게 한국전쟁과 연계된 일본의 모습을 드러내고 있었다.

2) 병사 및 물자 수송의 중계기지

개전 당시 일본에 주둔하고 있던 미군은 약 12만 5,000명이었는데, 한국전쟁 기간 최대일 때에는 35만 명이 주둔하고 있었다는 이야기도 있다. 그들은 모두 일본을 통과하여 한국의 전선으로 향했다. 한국전쟁 발발 직후 최초로 전선으로 투입된 제24사단 제21연대 제1대대 약 400명은 트

56 山崎静雄,『史実で語る朝鮮戦争協力の全容』, 本の泉社, 1998年, 37頁.

57 入間市史編纂室(編),『入間市史, 通史編』, 1994年, 941−943頁.

58 東京百年史編集委員会,『東京百年史』6巻, 1972年, 1227−1228頁.

력을 이용한 육로 수송으로 이동했으나, 기타 제24사단 대부분은 규슈가 점차 병참 보급의 중심이 됨에 따라 철도 수송을 통해 이동해 갔다. 투입되어 들어가는 부대 규모가 점차 커진 것이 철도 수송이 필요했던 주된 이유였다. 철도 수송은 전쟁 발발 4개월 남짓한 기간에 급증했는데, 모지 철도국 관내에서 운행되던 군사임시열차는 도착 894회, 출발 378회에 달했다.[59]

이처럼 한국전쟁하에서 일본의 전력, 교통, 통신 부문 등 각종 공공시설과 사업의 군사적 이용이 증대되었는데, 그중 수송 부문은 비약적으로 강화되어 갔다. 〈표 2-5〉에서 보는 바와 같이 한국전쟁 이전 월평균 30~40만 톤급이던 일본 국철의 군사 수송은 2~3배로 격증했다. 나아가 이러한 군사 수송은 작전상 긴급을 요하는 것이었기 때문에 매일 2,800량의 공차를 준비하고 있어야 했으며, 그 결과 일반 운송은 전체의

표 2-5. 한국전쟁 시기 일본 국철을 이용한 군사 수송[60]

연월	체화량 (A) (천 톤)	유엔군 수송량 (B) (천 톤)	B/A (%)	일본국 내 수송량에 대한 B의 비율(%)
1950년 2월	674	330	49	3.5
8월	676	558	83	6.1
10월	1,464	834	57	8.0
1951년 2월	1,694	640	38	6.4
5월	2,156	905	42	7.5
8월	1,772	855	48	7.2
11월	1,899	865	46	7.0

59 日本国有鉄道(編), 『鉄道終戦処理史』, 大正出版, 1981年, 262頁.

60 『日本国有鉄道の軍事的性格と駐留軍輸送協定の全貌』, 1953年 4月; 木村禧八郎(他), 前掲論文, 1953年, 191頁에서 재인용.

20%를 노후 또는 폐기 화물차량을 동원 충당해도 매달 연 6~7만 량이 부족했다. 따라서 역전에 쌓인 체화로 인해 일상 업무에도 지장을 초래하고 있었다. 이러한 사태는 도카이도(東海道), 도호쿠(東北), 산요(山陽) 등 간선 국철에도 영향을 미쳤는데, '군사 임시운전'으로 인해 정기열차를 대지 못하는 상황이 발생하기도 했다.

한편 일본 전국에 전개되어 있는 미군기지를 연결하기 위한 군용공사도 우선적으로 실시되었다. 1952년도 국철 회계에서 군사경비는 전년도보다 10% 축소되었다. 그럼에도 고조지(高蔵寺), 와카야마(和歌山), 스이타(吹田), 사카이항 등의 기지 안으로 선로 확장 공사가 강화되었다. 1953년도 공사 경비는 당초 계획 경비 1,219억 엔에서 반액인 556억 엔으로 삭감되었음에도 불구하고 그 과반인 290억 엔이 군사 수송 강화 공사에 충당되었다.[61]

잘 발달한 일본의 국철은 일본이 수송 중계기지가 되기 위한 기초조건을 충분히 갖춘 천혜의 기지임을 입증했다. 한국전쟁 발발과 함께 총사령부 민간운수국과 제8군의 제3철도수송사령부는 '동란수송'에 대한 협력을 국철에 요구했다. 이에 대해 국철은 '관부(関釜)' 연락선을 동원한 병사 및 물사 수송, 한국의 철도 사정에 대한 자료의 제출, 물자 조달과 기술 원조를 위한 제반 조치 및 기밀유지, 수송에 대한 경비(警備) 등의 서비스를 제공했다.[62] 국철은 1950년 6월 29일 운수총국장 명의로 「조선동란 발발에 수반한 긴급수송에 대하여」라는 지령서를 관계 철도국장에게 발송했다. 그 내용을 살펴보면 "급거 계획되어 내용 변경이나 취소 등 긴

61 木村禧八郎(他), 前揭論文, 1953年, 191頁.

62 日本国有鉄道(編), 前揭書, 1981年, 258頁.

급조치에 따른 것이 많으며, 또한 이러한 조치들이 전화로 이뤄지는 경우가 대부분이어서, 이들 관계사무의 지령 전달 및 절충에 임해서는 (중략) 절대로 이들 내용에 대해 과오가 생기지 않도록 기할 것"을 명령하고, 나아가 "이러한 수송관계사항은 관계자 외에는 알리지 말아야 하며, 절대로 국외자에게 누설되지 않도록 각별히 주의를 기울일 것"을 요청했다.[63] 국철 수송은 거의 군사기밀처럼 취급되었던 것이다.

한편 국철은 일본 각지에 전개하여 점령임무에 종사하던 미 제8군 병사들의 전선투입에 필요한 국내 수송 작전을 수행했다. 7월 1일부터 7월 8일까지 불과 1주일 동안 간토(関東), 도호쿠(東北), 주부(中部), 간사이(関西) 등의 각지로부터 사세보항, 하카타항, 모지항 등 출격기지가 집중되어 있는 서일본(西日本) 지역으로 87회의 임시열차가 운행되었다. 이때 사용된 차량의 수는 객차 619량, 화물차 1,816량에 달했다. 전쟁 발발 2주 만에 미군 수송을 위해 국철이 운행한 군사임시열차는 245회, 사용된 차량은 객차 7,324량, 화물차 5,208량으로 급증했으며, 이는 국철이 이용된 군사 수송 사상 최고의 기록이었다.[64]

갑자기 대량 수송 계획이 실시된 개전 초기에는, 출동 수송을 담당하던 제3철도수송사령부로부터의 수송 요청 건수와 현지 부대가 직접 현지 역장에게 발송하는 요구 건수가 일치하지 않는 경우가 많았다. 따라서 수송량의 폭발적인 급증에 따른 압박과 더불어 통제 불능으로 인한 혼란도 적지 않았다.[65]

---

63 同上, 259頁.

64 同上, 262頁.

65 同上, 260頁.

미군과 영 연방군 등 유엔군 병사의 수송에 더해 한국군의 수송에도 국철이 동원되고 있었다. 그 일례를 『철도종전처리사(鉄道終戰処理史)』에서 확인할 수 있다. 이에 따르면 미 제7사단의 제32보병연대가 일본으로 이송되어, 일본에서 전투훈련을 받은 뒤 한국의 전선으로 돌아갔다. 5일 동안 모두 9개 지역에서 객차 73량으로 수송된 사실을 보면, 상당수의 한국군 병사가 일본에 상륙하여 훈련을 받았다는 것을 수 있다. 위의 자료에서 확인된 바로는 한국의 전선에 편성 투입된 미 제7사단은 약 8,000명의 한국군을 편입하여 만든 것이다. 이는 센다이에 후방사령부가 설치되었던 제7보병사단을 개편해서 만든 것으로 보인다.

앞의 〈표 2-1〉에서 확인할 수 있듯이 제32보병연대는 하치노헤(八戸)의 캠프 호겐에 주둔해 있었다. 이 연대가 한국에서 이송된 한국군 병사들을 중심으로 재편되어 전선에 투입되었을 가능성이 있다. 제32보병연대가 일본에서 전투훈련을 받았던 것이다. 제32보병연대를 중심으로 한 제7사단이 한국에 투입된 것이 확인됨에 따라 개전 직후 투입되었던 제24사단과 제25사단, 그리고 제1기병사단, 그에 더해 제7사단까지 일본에 전개했던 미 제8군의 모든 사단이 한국에 투입되어 나갔음을 알 수 있다. 『철도종전처리사』에 따르면 한국군 훈련을 위한 수송 및 출격지로의 수송 실적은 다음과 같다.[66]

66 同上, 263頁. 일본 지명의 한자 표기는 각각 다음과 같다. 소부다이시타(相武臺下), 고텐바(御殿場), 후지요시다(富士吉田), 니시고이즈미(西小泉), 사쿠라기쵸(櫻木町).

〈한국군 군사훈련 수송〉

날짜	출발역	도착역	열차 횟수	사용 객차 수
8월 19일	소부다이시타	고텐바	2	10
19일	요코하마항	고텐바	2	7
19일	요코하마항	후지요시다	2	7
8월 21일	요코하마항	고텐바	2	9
21일	요코하마항	고텐바	2	8
8월 22일	요코하마항	니시고이즈미	2	8
8월 23일	요코하마항	니시고이즈미	2	12
23일	요코하마항	고텐바	2	7
23일	소부다이시타	고텐바	1	5
			총계 17회	총계 73량

〈한국군 파견 수송〉

날짜	출발역	도착역	열차 횟수	사용 객차 수
9월 7일	고텐바	요코하마항	9	10
7일	후지요시다	요코하마항	6	10
9월 8일	후지요시다	요코하마항	2	10
8일	니시고이즈미	요코하마항	2	8
8일	오미야	사쿠라기쵸	2	8
			총계 21회	총계 46량

나아가 맥아더의 요청으로 미 통합참모본부는 1951년 4월 2개 주병사단을 증파했는데, 이들 부대는 일본을 경유하여 한국의 전선에 투입되었다. 캘리포니아주 제40보병사단은 간토와 도호쿠 지방에, 오클라호마주 제45보병사단은 홋카이도에 전개되었다. 국철은 이들 주의 병사단을 도착항으로부터 임지에 수송하는 명령을 받고 이를 수행했다. 캘리포니

아주 제40보병사단은 1951년 7월 21일 이후 25일에 걸쳐 무츠이치카와(陸奧市川)에서 고텐바로 이동했는데, 이는 후지산 산록에 마련된 미군캠프에서의 전투훈련을 위한 것이었다. 이 부대는 1952년 1월부터 다시 국철을 이용하여 요코하마항으로 이송된 뒤 한국의 전선으로 출격해 갔다. 홋카이도에 진주한 오클라호마주 제45보병사단의 수송 임무는 홋카이도 수송사령부에 일임되어 있었다. 이 부대는 제1기병사단과 교체로 1951년 11월 한국의 전선으로 파견되었다.[67]

군사 목적의 국철 이용은 병력의 이동 및 수송뿐만 아니라 물자 수송에서 더욱 활발했다. 전쟁 발발 바로 다음날인 6월 26일 리쿠젠산노(陸前山王, 도호쿠 본선의 역)로부터 호즈미(穗積)를 향해 탄약류 14량의 발송명령이, 또 다나베(田辺, 나라선의 역)로부터도 호즈미를 향해 25량의 발송명령이 내려졌다. 이를 시발로 이후 리쿠젠산노, 다나베, 즈시(逗子), 이나기나가누마(稲城長沼) 부근에 있는 미군 탄약고로부터 호즈미, 아시야(芦屋), 고쿠라 등으로 탄약류의 수송이 개시되었다.

요코하마의 호즈미 부두는 발송될 탄약류의 집적지가 되었다. 6월 26일 하루만 해도 배차지령 대상이 된 화물차가 165량에 달했다. 또 주일 점령군의 전면 출동이 실시되면서 6월 30일부터는 출동할 군대에 대한 보급수송도 개시되었다. 7월 23일부터는 적재량 25톤의 대형 유개차 15량으로 편성되어 요코하마항과 사세보를 잇는 열차가 정기적으로 운행되었다. 이는 사세보와 부산을 잇는 정기화물선에 연결되었다. 9월 24일부터는 게이힌(京浜) 지구와 아시야의 항공기지를 잇는 열차 운행이 개시

---

67 同上, 264–268頁; 「証言·北海道戦後史」『北海道新聞』(1981. 6. 24/26/27); 千歲市, 『増補, 千歲市史』, 1983年, 1221–1224頁에서 재인용; 調達庁, 『占領軍調達史, 部門編一役務』, 1958年.

되었다.[68] 한편 1950년 9월 24일부터 미 공군의 항공 운송과 국철의 철도 운송이 서로 계획적으로 연락이 가능해졌다. 이로써 비로소 케이힌 지역에서 적재한 군수 보급물자가 이틀 만에 한국의 전선기지에 도착할 수 있게 되었다. 국철의 철도 수송으로 물자는 적재한 이틀 후 오전까지 규슈 지역의 항공기지에 도착할 수 있었고, 또 이들 물자를 당일에 한국의 전선으로 공수할 수 있었기 때문이었다.[69]

한편 일본의 유용한 항만들은 기지 일본과 한반도의 전장을 하나로 이어 주는 원활한 이음매 역할을 하고 있었다. 패전 후 미군에 접수되어 미 제8군 사령관 관하에 있던 요코하마항은 한국전쟁 발발과 함께 탄약 수송의 집결지, 병사 및 보급물자 수송의 중심이 되었다. 제8군 사령부가 한국으로 이동한 후에는 8월 25일부로 요코하마 세관 자리에 주일 병참 사령부가 설치되었고, 이로써 요코하마는 한국전쟁에 직결되었다.

나아가 미군의 전시 즉각 대응태세로의 체제정비가 급속히 진행되는 가운데, 1951년 3월 20일에는 요코하마의 실업노동자를 '요코하마 연안작업'의 명목으로 한국으로의 군수물자수송선단에 탑승시키는 사건이 일어나기도 했다.[70] 거리상으로는 떨어져 있었지만, 요코하마는 분명히 '최전선 병참기지'였다. 전선으로 향하는 선박은 미해군의 화물선과 용선이 대부분이었으며, 물론 전투부대는 탄약, 트럭, 화포, 의복 등을 적재하

68 神奈川県県民部県史編集室(編), 「近代·現代(4), 産業経済2」, 『神奈川県史, 通史編7』, 1982年, 862-864頁.

69 同上, 394頁.

70 服部一馬·斉藤秀夫, 『占領の傷跡』, 有隣堂, 1983年, 147頁; 横浜港振興協会·横浜港史刊行委員会(編), 『横浜港史, 総論編』, 横浜市港湾局企画課, 1989年, 341頁에서 재인용.

고 출항 후 부상병, 손상된 전차, 화포, 차량 등을 날라 왔다. 개전 직후 불과 두 달 동안 528문의 4.2인치 박격포, 약 100만 발의 81밀리 박격포, 1만 8,200개의 120갤런들이 보조탱크 등이 요코하마항을 통해 수송되었다.[71]

이들 해상 수송은 주로 MSTS가 담당했다. MSTS가 초기에 보유했던 선박은 25척, 이후 전쟁 발발 2주일 만인 7월 10일에는 화물선을 동원하여 70척으로 증가했다. 이에 일본상선관리국에서 통제하는 일본 화물선 51척이 추가되어 일본으로부터의 용선이 일본과 한국 간 해상 수송에 충당되었다. 또한 100척이 넘는 선박이 태평양을 횡단하면서 수송을 담당했는데, 이는 제2차 세계대전 기간의 태평양 횡단 수송량에 맞먹는 것이었다. 한반도 전선으로의 물자 수송에 대해서는 북한군이나 중공군 모두 이를 방해할 능력이 없었기 때문에 유엔군은 선단 경호 없이 거의 무제한의 자유를 누렸다.[72]

한국의 전선에서 사용된 탄약은 미국 본토로부터 일단 일본 각지의 주일미군 탄약고에 수납된 뒤 한국으로 수송되어 갔다. 그런데 이들 탄약의 일본 국내수송 과정에서는 갖가지 문제가 발생하고 있었다. 1946년에 규정된 제3철도수송사령부 업무 제28호에는 '화약류는 표기 톤수의 2/3를 초과하여 적재할 수 없다'고 규정되어 있었는데, 한국전쟁 발발로 대형 폭탄의 대량수송이 개시되자 이 규정이 문제가 되었다. 주일 병참사령부는 이를 전면 개정하여 대형 폭탄의 수송이 가능하도록 압력을 가했다. 일본 정부의 주무관청인 운수성은 1950년 11월 17일 주일 병

---

71 三木秀雄, 前揭論文, 1985年, 145頁.

72 다나카 쓰네오, 「6.25전쟁기간 군사작전의 제상」, 아카기 칸지 외(이종판 역), 『일본의 6.25전쟁 연구』, 국방부 군사편찬연구소, 2009, 333쪽.

참사령부의 조회에 대해 미군의 폭탄류 수송은 화약류 톤수를 제한하는 '화약류운송규칙(1950년 운수성령 제86호)'에 따르지 않아도 문제가 되지 않는다는 해석을 전했다. 일본의 법령이 원래 점령군에는 적용되지 않기 때문에 문제가 되지 않는다는 것이 그러한 해석의 근거였다.[73]

일본을 점령한 연합군이 일본 각지에 진주하면서 개설한 야전병원들은 한국전쟁에서 부상당한 미군 병사들을 위한 야전병원이 되었다. 이들 병원과 각 기지 사이의 수송 원활화를 위해 미군은 일본 국철에 대해 병원열차의 운행을 요구했다. 이와 관련하여 국철은 1주일에서 열흘에 한 번꼴로 도쿄-아오모리(青森), 도쿄-사세보 사이에 병원열차를 운행했다. 전국이 확대되자 당연히 부상병 수송도 급증했으며, 인원 부족으로 일반 객차 승무원들이 중상 환자들의 간호 업무를 담당하기도 했다. 부상병 수송은 1950년 12월에 최고조에 달하여 1주일에 34건, 총계 127량이 이를 위해 동원되어 3,200명 이상의 수송을 담당했다.[74]

사세보시 또한 출격기지이자 동시에 물자 수송의 최전선 기지였다. 특히 9월 3일 고베(神戸)에서 열린 전국일본선원조합 중앙위원회에서 한국전쟁에 대한 유엔군의 행동에 전면적으로 협력하고, 해상 수송 임무 수행에 임할 것이라는 결정이 내려졌다. 그러자 일본 전국 각지의 선원들이 사세보에 집결하여 물자 수송의 최전선 기지로서의 인적 조건을 충족시켜 주었다. 그런 의미에서 사세보는 한국전쟁의 감추어진 전장이었으며, 항만 관계자는 보이지 않는 전쟁터의 병사들이었다. 특히 유엔군의 인천상륙작전 개시 이후 함선의 사세보항 출입이 급증했다. 하루 70여

73 日本国有鉄道(編), 前掲書, 1981年, 447-466頁.

74 同上, 269-272頁.

척의 입항과 출항, 상시로 항구에 계류 중인 크고 작은 선박이 100여 척에 달했다. 더구나 갈수기를 맞이한 한국으로부터 심각한 물 부족 현상이 보고되자 사세보는 음료수 보급항의 역할까지 떠맡게 되었으며, 수많은 민간 유조선이 음료수 운반선으로 개조되어 부산항으로 향하는 급수 작전에 동원되었다. 이들 선박을 이용한 급수 및 이/착안 작업에는 사세보시 항만과 소속의 급수선이 동원되었다.[75]

3) 물자 보급과 훈련, 휴양을 위한 후방기지

제2차 세계대전 이후 전쟁은 보급전의 양상으로 전개되었다. 한국전쟁 또한 아군 보급로의 확보와 적군 보급로의 차단이 전쟁의 승패를 가르는 가장 중요한 요인으로 인식되었다. 미군은 한국전쟁에 개입할 것을 결정하고, 곧바로 7월 4일 부산에 군수기 지대를 설치하는 것으로 본격적인 전투에 대비했다. 7월 13일에는 이를 군수사령부로 승격시키고, 8월 25일에는 요코하마에 일본 군수사령부를 설치함으로써 기본적인 보급체제를 확립했다. 전쟁 기간 중 미군은 3만 명의 군수요원으로 약 80만 명

---

75 이 과정에서 연합국 함선과 급수선이 충돌하는 사고가 일어나기도 했다. 1952년 8월 22일, 사세보시의 급수선 '마쓰마루(松丸, 250톤)'호가 캐나다의 구축함 이로쿼이스(Iroquois)호에 착함하려다 출항 전인 이로쿼이스호 선수를 격돌하여 항행 불능 상태에 빠뜨리는 사고가 발생했다. 이로쿼이스호는 한국전쟁 참전을 위해 캐나다가 파견한 함대의 기함(旗艦)이었다. 함장인 랜디모어(William Moss Landymore, 후에 캐나다 해군 최고사령관)는 사세보시에 21만 6,000엔의 배상을 요구했다. 그런데 이 요구를 둘러싸고 사세보시와 캐나다 파견군과의 교섭이 진행되는 과정에서 이로쿼이스호 선원이 범법 행동으로 체포되는 사건이 발생했다. 결국 일련의 과정은 선원의 신병 인도와 배상 취하가 맞교환되는 형태로 일단락되었다. 中本昭夫, 『佐世保港の戦後史』, 芸文堂, 1984年, 130頁, 147-150頁, 216頁.

의 유엔군, 한국군, 포로, 주민을 지원했다. 1952년 10월에는 요코하마에 위치한 일본 군수사령부와 부산의 제2군수사령부를 제8군에 이관하고, 오키나와의 마키미나토(牧港)에 제2군수사령부를 설치했으며, 한국전쟁 종료 시까지 이곳에서 군수지원을 실시했다.[76] 이러한 보급 시스템을 통해 1950년 9월부터 1951년 3월까지 전쟁 초기 6개월 동안만 보더라도 미국과 일본에서 수송된 미육군 보급량은 총계 212만 3,925톤에 이르렀는데, 일본에서 수송된 보급량이 전체의 3/4, 미국에서 수송된 보급량이 전체의 1/4이었다.[77]

병참기지 일본의 역할 가운데 미군의 함선, 비행기, 무기 등의 수리 서비스는 '만일 이것이 없었다면, 정비 문제로 곤경에 처해 있던 미 제8군은 한국에서 여지없이 쫓겨날 형국이었다'고 평가될 정도로 중요한 의미를 지니고 있었다.[78] 한국전쟁 발발과 함께 일본에 대한 자동차, 중기갑차, 중차량, 철도 차량 등의 수리 서비스와 관련된 조달명령(PD, Procurement Demand)이 급증했으며, 기타 탄약고의 운영, 무기(특히 소총과 박격포의 탄약)의 포장과 수송 및 보관, 저장 탱크의 수리, 저유소 관리 작업 등의 수요가 활발해졌다. 또한 하역 작업, 선박 인도, 항로 안내, 부표 설치 등 항만 관계 서비스 요구가 급증했으며, 작전용 한국 지도와 전단의 인쇄, 한국의 항공사진 복제 서비스, 한국으로의 방송 서비스 등도 달

---

76 James A. Huston, *Guns and Butter, Powder and Rice, U. S. Army Logistics in the Korean War*, Sellinsgrove: Susquehanna Univ. Press, 1989, p. 40, p. 49; 이종판, 「한국전쟁기 유엔에 대한 일본의 협력활동」, 『군사』 48, 2003. 4.

77 Huston, op. cit., 1989, p. 119; 이종판, 앞의 논문.

78 1952年 5月 6日 AP電. 林茂夫·畑穣, 前掲書, 25頁에서 재인용.

러 계약과 병행해서 조달명령으로 요구되었다.[79]

이 가운데 가장 비중이 컸던 것은 '차량의 수리 재생 서비스'였다. 차량과 관련한 서비스라는 것은 명목에 불과한 것이었고, 그 내용은 타이어 튜브의 수리 재생 등 차량 관계 서비스를 포함하여 소총, 기관총, 고사포 등 무기류의 수리를 총칭하는 것이었다. 수리 작업은 주로 도쿄를 중심으로 한 케이힌 지구, 나고야, 오사카의 대도시권 공업지대의 조달공장에서 실시되었다. 이러한 종류의 서비스는 이른바 BIG이라고 하는 일종의 기지 주변 군수공장 지대에서 실시되었다. BIG은 'Base Industrial Group'의 약칭으로, '차량 수리 재생 서비스'와 관련해서는 BIG5와 BIG9 등이 분담하고 있었다. BIG5는 군납 차량의 수리 재생 관계를 담당했으며, 니혼 타이어(도쿄 아카바네 타이어)와 히가시니혼 중공업(東日本重工業) 도쿄 제작소(시모마루코, 엔진), 후지 모터스(옷파마, 조립 및 수리) 등이 대표적인 기업이었다. BIG9은 중차량과 무기의 수리 관계를 담당했으며, 고마쓰 제작소(小松製作所, 가나가와현 사가미하라), 이케가이 자동차(가와사키), 니혼 특수강(도쿄 오모리), 니혼 강관(가와사키), 니혼 자동차(요코하마) 등이 대표적인 기업이다.[80] 이러한 기지 산업지대 주변의 주민은 군수품 관계 공장의 특성상 사고 발생의 위험성에 상시로 노출되어 있었다. 실례를 살펴보면 1953년 2월 14일에 발생한 후추(府中)의 다마(多摩) 화약공장 폭발사고 등이 보고되고 있다.[81] 이상에서 살펴본 바와 같이 미군 군수품의 수리 조달은 방대한 '한국전쟁특수(조선특수)'를 낳았다. 그에 관한 구체적인

79 山崎静雄, 前掲書, 76–77頁.

80 同上, 77–78頁.

81 府中市史編纂委員会(編), 『府中市史』 下巻, 1974年, 874–875頁.

내용은 제3장에서 논하기로 한다.

한편 한국전쟁 당시 미군은 일본 전국에 널리 산재한 미군 훈련장을 활용할 수 있었다. 그런데 특기할 만한 사실은 개전 당시 한국군 장교들이 주일미군의 실무교육단으로서 일본에서 훈련을 받고 있었다는 것이다. 더욱이 그들에 대한 귀국명령은 한국전쟁 발발과 동시에 이뤄지지 않았으며, 전쟁 개전 이후에도 얼마간 훈련이 계속되었다. 그들 명단은 다음과 같다.

단장: 신응균 대령

제1기병사단(아사카): 백남권 중령, 정진완 중령 등 9명

제7사단(센다이): 김종면 대령, 김형일 중령 등 8명

제25사단(오사카): 최석 대령, 이후락 중령 등 8명

제24사단(후쿠오카): 오덕준 중령, 이정석 중령, 김희덕 소령 등 8명

이상의 한국군 장교들은 대부분 해방 전에 일본에서 교육을 받았다. 단장인 신응균 대령은 1921년생으로 일본육군사관학교 53기 졸업생이다. 포병으로 오키나와 전투에 참전했으며, 일본군 소좌로 해방을 맞이했다. 1949년 10월부터 육군본부 포병감과 포병학교장을 겸직하고 있었다. 김형일 중령은 1923년생으로 경성법학전문학교 졸업 후 학도병으로 출진, 해방 시에는 일본군 소위였다. 오덕준 중령은 1921년생으로 일본 간사이(関西)대학을 졸업했다. 학도병으로 출진, 일본군 소위까지 진급했다. 최석 대령은 1917년생으로 일본 와세다(早稲田)대학 재학 중에 학도병으로 출진, 일본군 소위 출신이었다. 백남권 중령은 1922년생으로 일본 니혼대학 재학 중에 학도병으로 출진, 역시 일본군 소위 출신이었다. 이

후락 중령은 1924년생으로, 자료에 따르면 그 역시 학도병 출신으로 일본군 소위까지 진급했던 것으로 되어 있다. 그 밖에 김종면 대령, 정진완 중령, 이정석 중령, 김희덕 소령 등도 학도병 출신이며, 해방 시에는 일본군 소위였다.[82]

앞에서 살펴본 바와 같이 한국군 훈련을 위한 수송이 1950년 8월 19일부터 23일까지 총 17회, 73개 객차가 동원되어 실시되었다. 객차의 수를 참고로 계산하면 나흘 동안 적어도 1만 명의 병사가 후지산 기슭의 고텐바, 후지요시다, 그리고 니시고이즈미 주변 훈련기지에 수송되었던 셈이다. 이러한 일본에서의 훈련은 한반도에서 불리한 형국에 몰린 미군이 제대로 훈련기지를 확보하지 못했기 때문이기도 하지만, 보다 중요한 사실은 인천상륙작전을 염두에 둔 한미 연합훈련에 그 목적이 있었던 것으로 생각된다. 한국군 파견수송이 9월 7일부터 8일에 걸쳐 고텐바 등의 각 훈련캠프 주둔지로부터 요코하마항을 향해 실시된 점으로 보아 이들 부대는 당연히 인천상륙작전에 투입된 것으로 생각된다. 개전 당시 일본에서 훈련 중이던 영관급 간부들도 이 시기에 함께 훈련에 참가했던 것으로 보인다.

후방기지의 역할 가운데 보급 조달이나 훈련과 같이 전투 행위에 직접 관련되지는 않지만, 전쟁의 그림자가 가장 선명하게 드러나는 것은 아마도 병사들을 위한 휴양을 제공하는 위안소로서의 역할일 것이다. 기

82 三木秀雄, 前掲論文, 147頁; 佐々木春隆, 『朝鮮戦争·韓国編』 中, 原書房, 1999年, 101頁; 미키 히데오(三木秀雄)의 논문과 사사키 하루타카(佐々木春隆)의 책에서 鄭震 중령(中佐), 金起徳 소령(少佐)으로 기록되어 있는 이름은 각각 정진완(鄭震晥) 중령, 김희덕(金熙德) 소령의 오기인 것으로 생각된다. 한용원, 「일본군 출신 창군요원 현황」, 『창군』, 박영사, 1984, 51–62쪽 참조.

지는 그 주변에 다른 사회와는 구별되는 독특한 사회를 만들어 내었다. 이른바 '기지촌'의 출현이다. 병사들은 죽음의 그림자가 드리워진 전투와 훈련 사이에 순간의 환락과 위안을 찾아 마을로 나서고, 마을에는 이들이 뿌린 돈으로 넘쳐났다. 이 돈은 한국전쟁 동안 일본 전국에 '기지촌'을 만들었으며, 이후 한국전쟁 휴전에 따라 이들의 귀환과 동시에 수많은 기지촌이 몰락해 갔다. 한반도에 가장 가까운 규슈 북부의 기지촌 아시야는 이 점에서 직접적인 전쟁의 영향하에 있었다.

앞서 언급했듯이 아시야의 미군기지는 개전과 동시에 미군의 출격기지가 되었다. 1950년 9월에는 C119 수송기 약 90대로 편성된 수송부대가 이동해 옴으로써 극동 지역 최대의 공수기지가 되어 있었다. 과거 석탄과 쌀의 적출항이었던 작은 항구 마을은 갑자기 커다란 '기지촌'으로 변모해 갔다. 비어홀과 카바레가 난무하는 환락가가 형성되었으며, 미군을 상대하는 직업여성이 전국 각지에서 흘러 들어와 한때 3,000명을 넘을 정도였다고 한다. 기지 안에도 일본인 노동자가 넘쳐났으며, 가정부와 건축 관계 고용인 등을 포함하여 약 4,000명에 달했다. 그러나 휴전 후 미군이 철수하고 나서는, 비록 기지 자체는 일본 항공자위대에 인계되었지만, 아시야의 마을에서 과거와 같은 번화함은 찾아볼 수 없게 되었다.[83]

오클라호마 주병사단이 주둔해 있던 홋카이도 치토세시 역시 '미국 서부의 마을'처럼 변모해 갔다. 당시의 지방관청이 수집한 신축허가신청 통계의 수치가 그 실태를 정확히 보여 주고 있다. 당시 인구가 여성과

---

83 朝日新聞西部本社(編), 「朝鮮戦争と芦屋」, 『戦後誌—光と影の記憶』, 石風社, 1995年, 92–93頁.

어린이, 노인을 포함하여 1만 2,000명에 불과했던 치토세시의 신축허가 신청은 1951년 5월 미군 진주 후 6월에 50개 동, 7월에 199개 동, 8월에 110개 동이었다고 한다. 건물은 대개 엉성하게 급조한 가건물이었으며, 그 당시 주민에 따르면 하루에 두 채꼴로 건물이 들어설 정도였다고 한다.[84] 이러한 '기지촌'에 '거리의 여자들'이 모여들면서 사회문제가 되었고, 아사카 기지가 주둔해 있는 아사카에서는 1950년 9월에 전국에서 처음으로 '매음단속조례'를 제정하기도 했다.[85]

이와쿠니시도 미군 병사를 상대로 한 '직업여성'이 심각한 사회문제로 대두했는데, 이들 '거리의 여성들(街娼)'에 대한 일제 단속이 실시되었다. 성병 감염원으로 '직업여성'을 지목한 미군 당국의 요청에 의한 것이었다. 한국전쟁 직후인 1950년 여름 일제 검거에서는 약 150명이 적발되었고, 성병에 걸린 여성이 국립병원에 강제 수용되기도 했다.[86] 한국전쟁에 투입된 미군이 북한이라는 적과 함께 '성병'이라는 적과도 싸우고 있었음을 잘 보여 주고 있다.

기지 주변의 환락가와는 달리 RRC(Rest and Recuperation Center 또는 Returnee's Re-creation Center의 약칭)라는 명칭의 미군 공인 '귀환 휴양 시설'도 설치되었다.[87] 미군이 마구잡이로 설치한 RRC는 일본 국민의 정서를 고려하지 않아 불만을 사고 있었다. 예컨대 1952년 5월에는 나라시의 교

84 猪俣浩三(他), 前掲書, 10頁.

85 朝霞市教育委員会市史編纂室(編),『朝霞市史, 通史編』, 1989年, 1322-1323頁.

86『岩国タイムス』(1950. 8. 10); 藤目ゆき,「朝鮮戦争と基地の街—岩国の女性史(特集, 朝鮮戦争と女性)」,『アジア現代女性史』4, 2008年, 46頁에서 재인용.

87 田中はるみ,「奈良RRセンターと地域住民—朝鮮戦争下の在日国連基地をめぐって」,『戦争と平和』(大阪国際平和研究所紀要) 10巻, 2011年 3月, 43頁.

외에 있는 일본 유수의 문화유적지 헤이죠쿄(平城京) 주변에 미군 막사와 창고, PX, 식당 등이 증축되었다. 기지촌이 안고 있는 여러 가지 문제 중 RRC는 그 주변에서 진행되는 마을의 유곽화로 인해 어린이들에게 미칠 영향과 관련하여 특히 문제가 되었다. 1953년 3월에 나라현 위생부가 작성한 「RRC 주변으로의 이입 여성에 관한 실태조사」가 신문지상에 게재되었을 때에는, 기지 주변의 유곽화로 인한 교육상의 폐해를 조사하기 위해 문부성 시설부에서 사무관을 파견하기도 했다.[88]

한국전쟁 기간에 진행된 기지화의 현실을 일본 국민 일반이 직접 피부로 느끼게 된 것은 이렇듯 기지 주변이 환락가가 되어 가는 문제를 통해서였다. 1953년에 출간된 『일본의 정조(日本の貞操)』는 그 제목이 직접 시사하듯 미군기지에 의해 유린된 일본인의 국민적 아이덴티티의 위기를 그리고 있다. '외국인 남성 점령자에 의해 정조를 빼앗긴 여성'과 '미국에 의해 일본 국가 전체가 강요받고 있는 역할'이 대유법으로 그려지고 있다. '외국 병사에 의해 능욕당한 여성들의 수기'라는 부제는 더욱 직접이 문제를 드러내고 있다. 이 책의 제목과 부제가 합쳐진 '외국 점령군에 의해 능욕당하는 여성'은 일본 국가 전체를 표상하고 있다.[89]

이와쿠니시의 다음과 같은 사례는 이러한 의식이 표출된 경우다. 이와쿠니시도 1951년 6월에 매춘단속 조례를 제정했는데, 이와쿠니시의 여성계를 중심으로 이에 대해 우려하는 의견이 제기되기도 했다. 이른바 '정조방파제론/공창제도옹호론'의 입장에서 나오는 우려로 '거리의 여성들'이 사라지면 '양가의 자녀들', 즉 '일본의 정조'가 위협받는다는 것이었

88 『朝日新聞』(奈良版)(1953. 3. 8/28).

89 モラスキー·マイク(鈴木直子訳), 『占領の記憶·記憶の占領—戦後沖縄·日本とアメリカ』, 青土社, 2006年, 229頁.

다. 이와쿠니의 여성단체 일본기독교부인교풍회(日本基督教婦人矯風会)와 같은 곳에서는 '평화운동' 앞에 '순결'을 붙여서 '순결평화운동'이라는 이름으로 수차례 강연회를 열기도 했다.[90] '기지국가' 일본에서 전개된 '평화운동'에 '순결한 존재로서의 민족'이라는 우익적 정신 성향이 반미주의 정서로 흐르고 있었다는 데에도 주목할 필요가 있다.

이러한 현실은 일본 국민 사이에서 '미래의 일본을 짊어질 어린이들이 기지화의 최대 피해자'라는 인식을 낳게 했다. 일본교직원조합은 이러한 국민 일반의 감정을 기지화 반대운동으로 조직화하려고 했다. 그 발단이 1953년 1월 고치(高知)시에서 개최된 일본교직원조합의 '교육연구대회'였다. 두 달 후인 3월에는 요코스카에서 '일본 어린이를 지키는 모임(日本子供を守る会)'과 일본교직원조합의 공동주최로 '기지의 어린이를 지키는 전국회의'가 개최되었다. 이러한 움직임을 확대하여 '전국적인 규모에서 기지 문제의 해결, 기지 철폐, 양 조약의 폐기를 위해 전진할 것'을 목표로 조사 보고 활동을 전개하여 편집한 것이 『기지 일본: 사라져가고 있는 조국의 모습(基地日本—うしなわれていく祖国のすがた)』이라는 제목의 단행본이었다.[91] 이 책의 제목은 미군기지라고 하는 현상이 일본이라는 국가를 규정하고 있는 현실에 대한 생생한 인식을 표현하고 있다. 이러한 인식에는 '기지국가' 일본이라는 현실이 드러나 있다.

---

90 藤目ゆき, 前掲論文, 47頁.

91 猪俣浩三(他), 前掲書, 2–3頁. 이를 영화화한 것이 『광연(狂宴)』이다. 1954년에 개봉되었고, 감독은 세키카와 히데오(関川秀雄), 주연은 미시마 마사오(三島雅夫), 모치즈키 유코(望月優子)다. 藤目ゆき, 前掲論文, 60–61頁 참조.

3. 주일미군 기지의 의미

1) 병참기지의 군사전략적 위치

이상에서 확인할 수 있듯이 일본은 한국전쟁 전 과정에 걸쳐 미군(연합군)이 한반도에서 전투를 수행하기 위한 '후방기지'로서의 역할을 담당하고 있었다. 경우에 따라서 출격과 공격을 위한 전진기지, 병사와 물자 수송을 위한 중계기지였으며, 그리고 수리, 조달을 위한 보급기지이자 훈련 휴양을 위한 후방기지였다. 일본은 한국전쟁에서 '병참기지(logistic base)'의 역할을 수행했던 것이다. 여기서 잠시 병참(logistics)이라는 용어의 사전적 의미를 길잡이로 하여 '병참기지'의 전략적 의미를 파악해 보고 한국전쟁에서 일본의 위치를 확인해 보고자 한다.

'병참'이 세계전쟁사에서 실전적 의미가 있게 된 것은 17세기에 들어서 본격적인 전투지원부대가 조직되면서부터다. 이 시기에 포병의 탄약 보급과 식량 등을 운반하는 '병참부대'가 정식 병과로 성립했던 것이다.[92] 『국제 군사방위 백과사전(International Military and Defense Encyclopedia)』은 군사병참(military logistics)에 대해 다음과 같이 기술하고 있다. '군사병참'이란, '계획(planning)과 준비(preparing) 및 부대에 대한 군수품의 제공(providing)을 실시하는 대사업이며, 이로써 부대의 생존과 이동을 가능하게 하고 평화 시에는 훈련을, 긴급 시에는 동원과 전개를, 전시에는 전투를 가능하게 하는 것이며, 결과적으로 평화를 유지할 수 있게 하는 것'이라

92 松村劭, 『戦争学』(文春新書, 019), 文芸春秋, 1998年, 141頁.

고 규정되어 있다.[93] 그 구체적인 내용은 다음과 같다.

병참(logistics)에는 다음과 같이 두 가지의 중요한 임무가 부여된다. 두 임무 모두 군수품의 지원이라는 중심 테마가 강조되는데, 그 하나는 개발, 조달, 비축, 분배, 그리고 최종적으로는 현대화한 군대가 사용할 장비와 일상품의 처분과 관련한 것이다. 또 하나는 다양한 병참 서비스의 준비다. 병참 서비스에는 식량 조달과 위안의 제공, 건설(공병), 노무자와 병사 및 민간인에 대한 서비스, 병참 이동, 수리 및 유지, 의료 서비스, 동원과 증원 및 교대 시스템의 구축, 탄약과 폭약의 처리 및 조작, 숙사의 공급 할당, 수송 등이 포함된다.[94]

병참이 전체 군사행동에서 차지하는 위치를 다시 확인해 보자. 현대 군대의 주요 군사행동 기능으로는 지휘(command), 통제(control), 관리(management), 계획(planning), 전투(combat), 지원(support), 훈련(training) 등이 있으며, 이 가운데 지원 임무는 다시 세분하여 군사행정(administration), 통신연락(communication), 정보(information), 병참(logistics) 등의 기능이 포함된다. 여기서 병참은 군수품의 생산과 조달의 임무 및 제반 후방 지원 서비스의 제공 등으로 세분된다.

한편 지원은 4개의 단계로 나뉘어 있는데, 제1선에서의 지원은 '즉시 후방지원'이라고 하여 이를 필요로 하는 부대에 필수 군수품을 즉각 계통적으로 지원한다. 이를 '부대지원'이라고도 한다. 제2선에서의 지원

93 Trevor N. Dupuy (editor in chief), "Logistics: A General Survey," *International Military and Defense Encyclopedia*, Vol. 3, Brassey's (US) Inc., A Division of Maxwell Macmillan, Inc., Washington, New York, 1993.

94 여기서 말하는 군수품(materiel)이란 군대의 필수품 가운데 광범위하고도 대량으로 필요한 장비 및 일상용품을 의미한다.

은 '제1후방지원'이라고 하여 보통은 기동화기 등을 필요로 하는 야전부대에 공급하는 직접적인 지원을 의미하며, '제1후방지원부대'가 실시한다. 이를 '직접지원' 또는 '야전지원'이라고 한다. 제3선에서의 지원은 '제2후방지원'으로서 기동화기 등을 '제1후방지원부대'에 '제2후방지원부대'가 지원하는 일을 실시한다. 이를 '일반지원'이라고 한다. 제4선에서의 지원은 '제3후방지원'으로서, 이동하지 않는 상설기지에서 '제2후방지원부대'에 '제3지원부대' 또는 '제3지원기지'가 실시한다. 이를 '기지지원'이라고 한다.

이렇듯 지원은 크게 야전지원과 기지지원으로 나뉘는데, 야전지원은 이 가운데 제2후방지원까지를 포괄하고 있다. 기지지원은 말 그대로 본국의 기지, 해외 전역의 주요 기지, 해외 작전 지역에 있는 전선기지 등으로부터의 지원인데, 일반적으로 안전이 확보되어 있는 상설 시설이 이를 담당한다.

한편 병참(logistics)의 중요성이 강조되기 시작한 것은 근대 전쟁 이래의 일인데, 그 발전 경위를 살펴보면 다음과 같다. 우선 병참이 군사용어로서 사용 정착되기까지 미국에서는 100년 이상의 역사가 있는 것으로 확인되고 있으며, 점차 영어 사용권 이외의 나라에서도 군대용어로 정착되어 갔다. 어원은 그리스어의 logistikos에서 발견할 수 있다. 이는 '계산 능력이 탁월한(skilled in calculating)'이라는 의미가 있다. 로마 시대와 비잔틴 시대에는 탁월한 계산 능력이 필요한 관직에 임명된 관료를 logista라고 불렀다. 한편 루이 14세의 프랑스 군대에서는 부대의 할당이나 배치에 관한 사무를 전담하는 기갑병과 하사관으로 maréchal général des logis라는 신설 보직을 두기도 했다. 이러한 제한적인 용법으로 쓰이던 logistics라는 용어가 더욱 풍부한 근대적인 의미를 획득하고 이것이 군사적인 용어로 정착하게 된 것은 1838년에 출판된 조미니(Jomini)의 전쟁 이론서가 계기가 되었다. 조미니는 전략 및 전술과 logistics와의 상호관계를 규정하는 가운데 logistics야말로 전략과 전술에 현실적인 의미를 부여하는 수단이라며, 그 중요성에 대해 언급했다. 그러나 여전히 logistics에 대한 인식은 개선되지 않았으며, 클라우제비츠(Clauzewitz)도 logistics는 전략과 전술에 추종하는 종속변수로 처리하고 있었다.[95] 이러한 상황에 대해 이의를 제기하고 그 중요성에 대해 다시 주목했던 군사이론가가 풀러(Fuller)였다. 그는 공급(후방지원)의 문제는 '전쟁 그 자체의 양상을 규정하는 기초이며, 전술과 전략의 기반 그 자체'라고 주장했다. 그 뒤 전쟁의 성격 변화와 더불어 logistics의 중요성에 대한 인식은 확산되어 갔으며, 웨이블(Wavell)에 이르러서는 '군대의 이동에 관한 실천적인 지식과 군대에 대한 지속적인 공급,' 즉 logistics가 '전쟁행위의 90%'를 차지한다고 단언하기에 이르렀다.[96] 실제로 제2차 세계대전 말, 한 미군부대의 경우 전투부대와 지원부대의 구성 비율이 1 : 5였다는 데에서도 그 중요성을 확인할 수 있다.

---

95 앙트완느 앙리 조미니(Antoine-Henri Jomini)는 1779년 스위스에서 태어나 스위스군에 입대하여 육군 소령까지 진급한 뒤 군 내부의 의견 충돌로 퇴역한 후에 파리의 은행에서 일했다. 그는 나폴레옹의 프랑스군에 의해 발탁되어 프랑스군에 입대하여 활약하기도 했으나 대우에 불만을 품고 1813년에는 당시 프랑스의 적이었던 러시아군에 입대하여 프랑스에 대적했다. 그 뒤 56년 동안 그는 러시아의 장교 및 장군으로 활약했다. 그동안 그는 나폴레옹의 전쟁을 연구하여 일련의 군사관계 저서를 출판했는데, 그의 연구는 군사전술 연구자의 필독서로 꼽힌다. 松村劭, 前揭書, 1998年, 151-152頁.

96 Archibald P. Wavell, *Speaking Generally: Broadcasts, Orders and Addresses in Time of War(1939-43)*, London: Macmillan, 1947, pp. 78-79.

한편 앞에서 인용한 『국제 군사방위 백과사전』에 따르면, 제2차 세계대전이 종료된 뒤 한국전쟁 발발에 이르는 시기에 미국은 후방지원과 관련하여 다음의 네 가지 전쟁전략 시나리오를 상정하고 있었다.

> 시나리오 A: 대규모 국제전, 정규전(general war)을 상정.
>
> 시나리오 B: 소규모 정규전을 상정. 이웃 나라로부터 침략당한 한 국가를, 이에 우호적인 또 다른 이웃 나라가 자국의 기지로부터 직접 지원하는 전쟁을 상정.
>
> 시나리오 C: 외국으로부터 반란세력이 침투하여, 기존의 정부를 추방하고 괴뢰정권 수립, 억압적인 체제를 강요하고 있을 경우, 추방당한 정부에 우호적인 국가가 그 요청을 받아 이에 개입하고, 자국의 기지로부터 직접 지원하는 전쟁을 상정.
>
> 시나리오 D: 시나리오 A, B, C가 각각 정규전, 제한전, 반게릴라 작전을 상정하고 있는 반면, 이는 불안정한 국내정세를 안고 있는 개발도상국에 대해 군사력을 동원하여 직접 본국의 기지로부터 개입하는 경우를 상정.

한국전쟁은 개전 초기에는 '시나리오 B' 또는 '시나리오 C'의 성격을 띠고 있었다. 그러나 미국의 개입이 자국 기지로부터의 직접지원이 아니라 일본 기지로부터의 임기응변적인 개입이었다는 점과 전쟁이 곧바로 국제전의 양상을 띠게 되었다는 점에서 '시나리오 A'에 가까운 전쟁이었다고 할 수 있다. 따라서 당시 미국의 전쟁 전략 및 전술에서 '시나리오 A'를 상정한 후방지원의 의미와 그 역할에 대해 파악해 보고자 한다.

'시나리오 A'에는 다음과 같은 흐름으로 지원 작전이 계획되어 있었다. 우선 본국(미국)의 지원기지로부터 해상의 중계기지를 거쳐 커뮤니케이션

구역의 주력기지로 전진보강, 보충 및 보급 활동이 전개된다. 이어서 이 주력기지로부터 후방전투구역의 전진기지로 지원 활동이 이어지고, 또 이 상설의 전진기지로부터 전방 전투구역의 군단, 사단, 여단 및 대대로 전개되도록 되어 있었다. 병력 장비 및 부상병의 후방철퇴 작전은 이 역 방향으로 전개된다. 이러한 시나리오를 고려하면 일본은 미국의 전쟁전략 상의 순 군사적인 관점에서 볼 때 한국전쟁의 전 기간에 중계기지로부터 주력기지, 그리고 후방 전투구역에서의 전진기지 역할까지를 담당하고 있었다고 할 수 있다.

또한 『국제 군사방위 백과사전』은 '후방지원' 또는 '병참'의 관점에서 본 한국전쟁의 의의에 대해, "한국전쟁은 유엔이 수행한 최초의 전쟁이며, 처음으로 제트 전투기가 교전한 전쟁이자 동시에 처음부터 끝까지 후방지원의 전쟁(a war of logistics)"이었다고 지적하고 있다. 미국의 공식 전사에서도 한국전쟁은 "미국이 수행한 전쟁 가운데 군수품의 동원이 사실상 최초로 강조된 전쟁"이었다고 인정하고 있으며, "일본은 후방지원의 요새(a logistic fortress)"였다고 기술되어 있다.[97]

2) 후방지원의 요새

일본이 담당한 후방지원의 의의와 그 중요성에 대해서는 이미 지적했다. 그런데 후방지원의 요새란 무엇인가. 다음에서는 요새라는 용어가 군사 용어로서 어떠한 의미가 있는지 알아보기로 한다.

---

97 Trevor N. Dupuy (editor in chief), "Logistics, Limited War," *International Military and Defense Encyclopedia*, Vol. 3, Brassey's (US) Inc., A Division of Maxwell Macmillan, Inc., Washington, New York, 1993, pp. 1525–1526.

군사사가(軍事史家) 존 키건(John Keegan)은 인류 가운데 최초의 농경 부족이 그들 거주지를 적으로부터 보호할 수단으로서 고안된 것이 '요새' 였다고 하면서, 역사적으로 3개의 형태를 거쳐 발전해 왔다고 설명했다. 그에 따르면 최초의 가장 단순한 형태는 '피난소(refuge)'로서의 요새였다. 이는 후에 '거점(stronghold)'으로서의 요새로 진화했으며, 최종적으로는 '전략적 방어진지'의 모습을 갖추게 되었다고 한다. 그리고 적어도 개념적으로는 그 이상의 진보는 보이지 않는다고 했다. 이하에서는 요새의 사적 전개 과정에 대한 키건의 설명을 길잡이로 하여 '요새'의 의미를 파악해 보고자 한다.

제1의 '피난소'로서의 요새는 즉각적이고도 단기적인 안전을 확보하는 장소로서 그 의미가 있다. 따라서 장기적인 전투 능력을 결여하고 있는 근접한 적이나 전략적으로 열세에 있는 적에 대해서는 효과적이다. 제2의 '거점'으로서의 요새는 적의 공격으로부터 안전한 장소이자 동시에 능동적인 방어가 가능한 장소이기도 하다. 즉, 수적으로 우세한 적의 기습으로부터 안전을 확보함과 동시에 출격해서 침략자를 궁지에 몰아넣고 이해관계상 중요한 지역을 군사적으로 통제할 수 있는 근거지이기도 하다. 또한 '거점'은 평시에도 주둔군을 유지할 수 있을 정도의 생산성이 요구되며, 전시에는 근접공격을 받더라도 주둔군을 수용하여 보호 유지할 만큼의 크기가 요구되었다. 따라서 '거점'을 구축하는 데에는 비용과 규모를 동시에 고려해야 했다. '피난소'가 적의 단기적 공격으로부터 안전만 확보할 수 있으면 되었던 데 비해 '거점'은 적의 장기적 공격에도 견딜 수 있는 식량과 창고, 주거 공간 등이 필요했다.

이에 비해 요새의 최종적 완성형인 '전략적 방어진지'란 연속적으로 구축된 거점이라고 할 수 있다. 즉, '전략적 방어진지'란 상호지원이 가능하면서도 넓은 전선에 산재하여 적의 공격진로를 차단할 만한 능력을 갖춘 개별적 요충들로 구성된 것을 말하며, 유지 주둔을 위한 비용이 가장 큰 형태다. 역사적으로 보면 '전략적 방어진지'를 보유 유지한다는 것 자체가 경제적 풍요와 정치적 안정을 상징한 것이었으며, 선진국임을 과시하는 지표였다.[98]

이러한 설명에 의거하여 한국전쟁에서 일본이 담당했던 역할과 그 변화 과정을 추적해 보면 다음과 같이 정식화해 볼 수 있다. 일본은 개전 초기에는 '피난소'로서의 역할을 수행했다. 그 상징적 예가 이승만 정부의 망명정부 구상이다. 한국전쟁 초기 한국군이 낙동강 방어선으로 몰리고 있을 즈음인 6월 말, 야마구치현청은 일본 외무성으로부터 "한국 정부가 6만 명의 망명정권을 야마구치현에 수립하기를 희망하고 있다"는 전보를 받았다. 이를 위한 시설과 숙사 등을 준비하라는 요구였다. 야마구치현의 다나카 다쓰오(田中龍夫) 지사는 현민들을 위한 식량 확보도 어려운 상황이라며 곤란하다는 의사를 총사령부 측에 전달했다. 이후 낙동강 방어선에서 한국군과 유엔군이 반격에 나섬으로써 망명정부 구상은 없었던 일이 되었지만, 이 이야기는 전쟁 초기 한국과 일본의 위치를 확인하게 해 주는 에피소드다.[99]

이후 전쟁의 경과와 더불어 일본은 유엔군의 '거점'으로서 역할을 부여받게 되었다. 그 사례를 일본의 항만에서 볼 수 있다. 미군에 접수된 일본의 항만들은 한국전쟁에서 '함대와 선박의 모기지(母基地)' 역할에 더

---

98 John Keegan, *A History of Warfare*, London: Marsh & Sheil Ltd., 1993. (유병진 옮김, 『세계전쟁사』, 까치, 1996, 204-223쪽)

99 庄司潤一郎, 「朝鮮戦争と日本の対応—山口県を事例として」, 『防衛研究所紀要』 8(3), 2006年 3月, 44-45頁.

해 '병력 물자의 수송 거점' 역할을 수행했다. 일본의 항만들을 통해 일본의 거점들은 한국 전선의 진지들과 연결되어 있었던 것이다.[100]

전쟁의 후반과 휴전 후에는 '전략적 방어진지'로 진화하고 있었다고 생각할 수 있다. 그렇다면 일본은 한국전쟁 3년여의 짧은 기간에 인류가 농경을 시작한 이래 경험해 온 전쟁의 역사를 압축적으로 경험한 뒤 가장 현대적인 요새의 모습을 갖추게 되었다고 할 수 있다. 결국 일본이 한국전쟁을 위한 '기지'였으며 이와 동시에 '요새'였다고 한다면, 일본이 수행한 역할은 단순히 전쟁터에서의 전투행위를 뒤에서 지원하는 '후방지원'이라는 단순한 형태가 아니라 이보다 훨씬 다양하고 복합적인 것이었다고 해야 할 것이다. '요새'의 역할과 관련하여 키건이 내린 다음과 같은 결론은 일본의 역할과 관련하여 매우 중요한 점을 시사하고 있다.

> 전쟁 자체에서 승리를 하는 것 다음으로 언제나 어려운 것은 전장으로 가는 도중의 전투원들에게 필요한 물품을 보급하는 문제다. (중략) (전쟁에서 중요한 패인인—필자 주) 기동력의 상실은 전술적인 형태보다는 병참적인 형태에서 보다 절박하게 나타난다. (중략) 그러므로 이제까지 일어난 전쟁 중에서 가장 규모가 크고 가공할 전쟁에서 승리를 확증시킨 것은 보급과 병참이었다. 이것은 국운을 건 투쟁으로 미래에 일어나는 재래식 군사력 사이의 분쟁에서 어느 요소보다 산업적 능력이 결정적인 것이라는 사실을 확인했다.[101]

---

100 石丸安蔵, 「朝鮮戦争と日本の港湾—国連軍への支援とその影響」, 『防衛研究所紀要』 9(3), 2007年 2月, 102–104頁.

101 同上, 427–446頁.

결론을 말하자면, '기지'이자 '요새'였던 일본의 존재야말로 한국전쟁의 승패를 거의 결정짓는 요소였다고 할 수 있다.

제3장

특별수요의 발생

'생산기지' 일본

1. 조선특수의 발생

1) '조선특수'의 성격 논쟁

한국전쟁의 발발은 일본 경제의 기사회생을 가져왔다. 당시 게이단렌(経団連, 日本経済団体連合会) 회장이었던 이시카와 이치로(石川一郎)는 한국전쟁이 발발하자 이를 '천우(天佑)'라고 표현하여, 일본을 하늘이 도운 일로 받아들였다. 또한 당시 니혼 은행(日本銀行) 총재였던 이치마다 히사토(一万田尚登)도 "일본의 재계는 구원을 받았다. 조선의 동란은 (중략) 가미가제(神風)였다"고 회상했다.[1] 제1차 요시다 내각에서 상공상을 역임하고, 1947년 5월 공직 추방되었다가 1950년 추방 해제된 이시이 미쓰지로(石井光次郎)는 한국전쟁 발발에 즈음하여 다음과 같은 감상을 일기에 남겼다.

> 이것은 구원의 신(救ひの神)이다. 주식값도 올랐다. 석탄 월 10만 톤이 조선행으로 결정되었으며, 기타 체화도 정리되었고, 미국이 지불할 인건비 3억 불의 예산도 그 대부분을 일본에서 쓸 것으로 예상한다. 실업 문제도 해결되며, 공산당 단속과 경찰력 증강(12만 5,000을 20만으로?)도 우리 쪽에서 요구하지 않고도 해결되었다.[2]

1 木村禧八郎·神野璋一郎·堀江忠男·久川喜久雄, 「朝鮮戦争と日本経済の軍事化」, 『日本資本主義講座—戦後日本の政治と経済』(第2巻, 講和からMSAへ), 岩波書店, 1953年, 151頁; 山室英男, 『昭和の戦争—ジャーナリストの証言』10(朝鮮戦争·ベトナム戦争), 講談社, 1985年, 96頁.

2 「独占入手, 石井光次郎日記」, 『This is 読売』, 1998年 7月, 205頁.

한국전쟁에 대한 이러한 인식은 비단 경영자나 보수적 정치인에 한정된 것은 아니었다. 1950년 8월 17일 한 노조 간부가 강연회에서 '결과적으로 일본 경제는 회복될 것'이라는 전망을 피력하여, 특수경기(特需景氣)의 단맛에 젖어 있는 현장의 분위기를 대변해 주었다.[3] 또한 그해 연말에는, 한 금속 관련 기업 노조가 연말 보너스로 인해 연일 들떠 있는 모습이 1950년의 일본을 상징하듯 보도되고 있었다.[4] 실제로 한국전쟁 발발을 계기로 일본 경제는 확대 기조로 전환되었다. 그동안 국제수지가 연간 약 3억 달러의 적자를 보이고 있었으나 1950년 경상수지는 4,000만 달러의 흑자를 보였으며, 외환보유액은 1951년 말 9억 4,200만 달러로 2년 전 대비 4, 5배로 급증했다.[5]

한국전쟁의 일본에 대한 영향을 논할 때 그 경제적 영향에 대한 언급은 자주 등장하는 '메뉴' 중의 하나다. '한국전쟁과 일본'을 주제로 한 가장 최근의 연구로는 아카기 간지(赤木完爾)의 연구가 있다. 아카기도 한국전쟁이 일본에 미친 세 가지 영향 가운데 하나로 특별수요(특수)의 발생을 언급하고 있으며, 그 의미를 검토하고 있다.[6] 구미의 한국전쟁 연구에서도 한국전쟁이 일본에 미친 경제적 영향에 대한 관심이 많다. 차머스 존슨(Chahmers Johnson)은 한국전쟁은 일본에 마셜 플랜과 같은 것이었다고 했으며, 스웬슨-라이트(Swenson-Wright)도 한국전쟁의 일본에 대한 영

3 女たちの現在を問う会(編),『朝鮮戦争―逆コースの中の女たち』, インパクト出版会, 1986年, 21頁.

4 同上, 9頁.

5 鄭敬娥,「1950年初頭における『日米経済協力』と東南アジア開発」,『法政研究』70(4), 2004年 3月, 374頁.

6 Akagi, Kanji, "The Korean War and Japan," *Seoul Journal of Korean Studies 24*, No. 1, 2011, p. 6.

향은 기본적으로 경제적이었다고 하여, 전후 일본의 복구에 끼친 전쟁의 영향에 주목하고 있다.[7] 한국에서의 연구로는 김남균과 이종판의 연구를 들 수 있다. 김남균은 특히 미국의 대일 경제정책에 한국전쟁이 미친 영향을 검토하고 있다.[8] 이종판은 휴스턴(James A. Huston)의 연구에 기초하여 미국의 군수작전에서 일본이 수행한 역할에 주목하여 일본의 군수지원을 개관하고 있다.[9] 한편 한국전쟁 휴전 직후 한국은행이 일본 경제를 특집으로 다루면서 '한국사변 특수(특별수요)'에 대해 개관한 자료가 남아 있다.[10] 일본에서는 니츠 아라오(新津新生)의 『한국전쟁과 나가노현민(朝鮮戦争と長野県民)』이 나가노현의 지방경제에 미친 한국전쟁의 영향을 분석하며 특수의 전반적인 실상에 대해 소개하고 있다.[11] 특수에 집중하여 그 의미를 분석하고 있는 것으로 야마모토 미츠루(山本満), 나카무라 다카후사(中村隆英), 요네자와 요시에(米澤義衛) 등의 연구가 있다.[12] 야마모토는

---

7 Chalmers Johnson, *Conspiracy at Matsukawa*, Berkeley: Univ. of California Press, 1973, p. 23; John Swenson-Wright, "The Limits to Normalcy: Japanese-Korean Post Cold War Interactions," Yoshihide Soeya, Masayuki Tadokoro, and David A. Welch (eds.), *Japan as a 'Normal Country': A Nation in Search of Its Place in the World*, Toronto: Univ. of Toronto Press, 2011, p. 150; Tessa Morris-Suzuki, "Japan and the Korean War: A Cross-Border Perspective," 『アジア研究』 Vol. 61, No. 2, June 2015, p. 3에서 재인용.

8 김남균, 「미국의 일본 경제정책에 끼친 한국전쟁의 영향」, 『미국사연구』 8, 1998. 11.

9 이종판, 「한국전쟁과 일본: 한국전쟁 당시 일본의 대응과 협력내용을 중심으로」, 『한일군사문화연구』 1, 2003. 4; James A. Huston, *Guns and Butter, Powder and Rice: U. S. Army Logistics in the Korean War*, Sellinsgrove: Susquehanna Univ. Press, 1989.

10 한국은행(편), 「한국사변 특수와 일본경제」, 『세계경제』 6호, 1954. 6.

11 新津新生, 『朝鮮戦争と長野県民』, 信州現代史研究所, 2003年.

12 山本満, 「冷戦と『日米経済協力』」, 『国際問題』 182号, 1975年 5月; 中村隆英, 「日米『経済協力』関係の形成」, 『年報·近代日本研究』 4号, 1982年; 米澤義衛, 「朝鮮特需の

'미일경제협력'이 '특수'의 현실과는 무관하게 슬로건에 불과했다는 통설의 입장에 서 있다. 반면 나카무라는 이러한 통설을 비판하고 있으며, 요네자와는 특수의 산업연관을 분석하고 있다. 아사이 요시오(浅井良夫)는 이들의 연구를 검토하여 특수가 미일경제협력의 기초가 되었음을 실증적으로 논증하고 있다. 하지만 논의가 '한국전쟁 특수(조선특수)'를 넘어 1950년대 특별수요 전체를 다루고 있다는 문제가 있다.[13]

한편 와다 하루키(和田春樹)의 『한국전쟁전사(朝鮮戦争全史)』는 다음과 같이 그 의의를 설명하고 있다. 즉, "한국전쟁은 일본 국민에게 강 건너 불에 지나지 않는 것이라고 처리되어 왔지만, 이 전쟁은 일본의 경제 재건에 큰 의미가 있는 특수를 제공해 주었다"는 것이다. 여기까지는 지극히 일반적인 평가다. 그러나 와다는 이어서 한국전쟁이 전후 일본의 '비군사적 고도경제성장의 기초'를 마련했다고 하면서 "주관적으로는 비군사적 발전이지만, 객관적으로는 전쟁을 이용한 발전이었다"고 보완 설명하고 있다.[14] 전후 일본의 발전이 '전쟁을 이용'한 것이긴 하지만, 그것은 어디까지나 '비군사적 발전'이었음을 강조하고 있다. 그런데 이미 한국전쟁 말기의 현실에서 '특수경기'하에 일본의 경제적 발전이 군사적 의미를 짙게 깔고 있다는 인식은 당시의 연구자들 사이에서 오히려 일반적이었다고 할 수 있다.[15] 그 연장선상에서 보면, 전후 일본의 경제적 성공을 '평화적=비군사적 발전'의 결과로 평가하는 태도는 한국전쟁 시기에 전

産業関連分析」, 『青山経済論集』 45巻 4号, 1994年 3月.

13 浅井良夫, 「1950年代の特需について (1), (2), (3)」, 『成城大学経済研究』 158/159/160, 2002年 11月/2003年 1月/2003年 3月.

14 和田春樹, 『朝鮮戦争全史』, 岩波書店, 2002年, 488-489頁.

15 대표적인 것으로 木村禧八郎(他), 前掲論文을 들 수 있다.

개된 일본 경제의 '군사화'라는 현실을 보이지 않게 하는 '착시현상'을 낳는 것은 아닌지 하는 의문이 든다. 이 장에서는 평화헌법을 배경으로 역광 속의 실루엣처럼 외곽만 아른거렸던 '일본 경제의 군사적 성격'을 한국전쟁 시기에 마련된 일본 경제의 기원 속에서 실증적 수치를 동원하여 구체적으로 드러내 보고자 한다.

2) '특수'의 정의

'특수', 즉 특별수요란 사전적인 의미로는 일반적으로 통관수속을 거치지 않고 외화를 지불하고 획득하는 상거래를 의미한다. 한국전쟁 기간에 일본에서 발생한 이른바 '조선전쟁 특별수요(이하 조선특수)'는 전쟁이 장기화되면서 그 개념도 확대되어 갔다. 애초에 '조선특수'란 한국전쟁에 필요한 물자와 서비스를 일본에서 긴급 조달한 것이 계기가 되어 발생했으며, 그 계약은 일본 주둔 미군 및 경제협력국과 일본 정부 및 민간업자 사이에서 체결되었다. 그러나 한국전쟁의 장기화와 함께 점차 그 범위가 확대되어 1951년에는 이른바 한국부흥 특수, MSA(상호안전보장법, Mutual Security Act) 원조 및 TCA(미국 기술협력국, Technical Cooperation Administration) 원조에 의한 구매 등 아시아 각국에 대한 미국의 원조물자 구매가 이에 포함되었으며, 1952년부터는 총화기와 탄약류 등 이른바 '무기특수'가 등장하여 포괄적으로 새로운 종류의 수요가 포함되었다. 지역적으로도 한국 전선에서의 수요에 한정된 것이 아니라 오키나와 및 일본 국내 주둔 미군을 위한 물자와 서비스까지 포함하게 되었다.[16] '조선특수'의 이러한

16 同上, 182頁; 経済審議庁調査部統計課, 『特需に関する統計』, 1954年度版, 2–3頁 및 1956年度版, 1–3頁.

성격을 고려하여 협의의 특수와 광의의 특수를 구별하기도 한다.[17] 협의의 특수는, 총사령부 또는 미 대사관이 매주 발표했던 특수계약에 기초한 것을 그 내용으로 한다. 발표 내용은 1952년 4월까지는 총사령부 경제과학국 계획통계과의 집계에 따랐으며, 1953년 9월까지는 미 대사관 경제부 조달개발과, 다시 그 이후로는 미 대사관 자료에 기초한 니혼 은행 외환관리국 통계과의 집계에 따른 것이다. 이에 비해 광의의 특수는, 니혼 은행의 외국환 통계에서 '정부거래' 가운데 '외국군 및 기타 기관 관계 소비'와 '재일 프랑스군 구매사절단에 대한 엔 매각'으로 계상된 내용을 대상으로 한 것이었다.

한편 1952년 5월 마퀴트(William F. Marquat) 총사령부 과학경제국장의 성명은 새로운 의미의 특수를 발생시켰다. 성명 내용은 "무기를 대여하는 국가에 대해 대여할 무기를 특수의 범위 내에서 발주한다"는 것이었는데, 이에 따른 주문, 즉 무기생산과 관련된 특수를 일반적으로 '신특수'라고 하여 종래의 특수와 구별하기도 했다. '신특수'는 종래의 특수와 비교하여 다음과 같은 특징을 지니고 있었다. 첫째, 종래의 특수는 서비스의 제공을 제외하고는 거의 한반도에서의 군사작전에 직접 관련된 전투용 소모품이 중심이었으나 '신특수'는 완성무기가 주종을 이루었으며, 한국전쟁과는 반드시 직접적인 관련을 지니고 있지 않았다. 둘째, '신특수'는 미군이 직접 사용하는 일부 물품을 제외하고는 원칙적으로 일본과 아시아 각국에 대한 무기 대여 또는 무기 원조로서 제공되었다.[18]

또한 특수는 대금이 달러로 지불되는지 엔으로 지불되는지에 따라

17 同上, 1954年度版, 1-3頁.

18 公正取引委員会事務局経済部調査課, 『兵器特需の現況』, 1953年, 2-3頁.

'달러 베이스 특수'와 '엔 베이스 특수'로 나누기도 했다. 이 가운데 '엔 베이스 특수'란, 강화조약과 함께 체결된 미일행정협정 제25조에 따라 일본에 주둔하는 미군의 경비를 원칙적으로 일본과 미국이 절반씩 부담하게 되었는데, 이 가운데 일본이 지출하는 방위분담금으로 지불되는 것을 의미한다. 종래에는 종전처리비 중에서 지출되고 있었던 것으로, 달러의 수입을 가져오지 않는다는 점에서 '세금특수'라고도 했다.[19]

'조선특수'와 함께 경찰예비대(National Police Reserve) 7만 5,000명에 대한 조달도 개시되었다. 경찰예비대를 위한 조달은 '조선특수'와는 무관했으나, 일본의 강화 독립 이후로는 주일미군에 대한 조달이 감소함과 동시에 경찰예비대와 보안대, 나아가 자위대에 대한 조달이 증가하는 경향을 보임으로써 점차 특수를 대신하여 중요한 의미를 갖게 되었다.[20]

3) '조선특수'의 내용

'협의의 특수'는 1954년 2월 말까지 3년 8개월 동안 총액 13억 2,300만 달러의 계약고를 기록했다. 첫 1년 동안의 격렬한 전투, 1951년 6월의 휴전제안, 1952년 4월의 강화조약 발효, 같은 해 5월의 무기생산 재개, 1953년 7월의 휴전성립, 1954년 3월에 조인된 미일 MSA 협정 등 의 정치적 사건들은 특수계약에도 그대로 반영되었다. 그리고 금액의 증감이나 내역상의 변화를 가져왔다. '조선특수'가 발생한 1950년 7월부터 휴전이 성립한 1953년 12월까지 종목별 주요 특수 계약고는 〈표 3-1〉과 같다.

---

19 同上.

20 調達庁, 『占領軍調達史 — 占領軍調達の基調』, 1956年, 550頁.

표 3-1①. 주요 특별수요 계약고(1950. 7～1953. 6, 경제심의청 조사)[21] (단위: 천 달러)

종별 \ 연도별	제1년 (1950. 7~1951. 6)	제2년(1951. 7~1952. 6)			제3년(1952. 7~1953. 6)		
		달러 계약	엔 계약	합계	달러 계약	엔 계약	합계
〈물자〉							
식량	7,392	1,304		1,304	6,334	1	6,335
식량 및 연초	452	1,542	83	1,625	2,009	904	2,913
원재료	7,991	13,033		13,033	8,978	6,224	15,202
광물성 연료	7,425	15,847	176	16,023	16,698	29,870	46,568
약품류	11,616	24,185		24,185	18,711	1,269	19,980
고무제품	1,758	3,352		3,352	222	281	503
목재제품	7,921	7,153		7,153	5,986	1,976	7,962
종이/종이제품	1,157	1,437		1,437	2,088	454	2,542
직물/직물제품	62,531	44,718	22	44,740	25,149	2,237	27,386
비금속광물제품	2,173	11,713	2	11,715	8,804	167	8,971
제1차 금속제품	11,167	17,717		17,717	23,790	864	24,654
금속제품	36,651	45,185	6	45,191	88,232	2,361	90,593
기계	3,526	3,956		3,956	4,338	548	4,886
전기기계	9,313	7,056	3	7,059	5,699	1,838	7,537
운수기계	43,990	30,309		30,309	10,104	1,370	11,474
수도/난방, 조명	7,597	10,740	3	10,743	9,438	204	9,642
의류 및 신발	4,938	4,636	2	4,638	4,214	142	4,356
기타	2,399	1,984		1,984	1,882	1,844	3,726
합계	229,997	245,867	297	246,164	242,676	52,554	295,230
〈서비스〉							
운수하역, 창고	39,324	25,984	638	26,662	18,624	10,217	28,841
통신/공익사업	4,747	4,323	754	5,077	4,562	36,235	40,797
건설	11,146	16,713	6	16,719	29,564	17,285	46,849
수리 및 개조	39,600	31,854	601	32,455	43,142	11,843	54,985
미군원료가공제조	1,535	1,773	6	1,779	287	25	312
전문적 서비스	2,035	490	213	703	2,453	1,112	3,565
기타 서비스	540	1,872	129	2,011	329	5,518	5,847
합계	98,927	83,009	2,347	85,356	98,961	82,235	181,196
총계	328,924	328,876	2,644	331,520	341,637	134,789	476,426

표 3-1②. 주요 특별수요 계약고(1953. 7~1953. 12 및 1950. 7~1953. 12 합계) (단위: 천 달러)

연도별 / 종별	제4년(1953. 7~1953. 12)			합계(1950. 7~1953. 12)		
	달러 계약	엔 계약	합계	달러 계약	엔 계약	합계
〈물자〉						
식량	6,224	52	6,276	21,254	53	21,307
식량 및 연초	428	54	182	4,431	1,041	5,472
원재료	778	281	1,059	30,780	6,505	37,285
광물성 연료	2,727	11,869	14,596	42,697	11,915	84,612
약품류	4,850	188	5,038	59,362	1,457	60,819
고무제품	144	3	147	5,476	284	5,760
목재제품	471	602	1,073	21,531	2,578	24,109
종이/종이제품	220	389	609	4,900	843	5,743
직물/직물제품	510	820	1,330	132,908	3,079	135,987
비금속광물제품	350	102	456	23,044	271	23,315
제1차 금속제품	1,874	77	1,951	54,548	941	55,489
금속제품	13,958	345	14,303	182,408	2,712	185,120
기계	659	109	768	12,479	657	13,136
전기기계	2,316	206	2,522	24,384	2,047	26,431
운수기계	3,442	13	3,455	87,845	1,383	89,228
수도/난방, 조명	22	505	527	27,797	712	28,509
의류 및 신발	10	98	108	13,798	242	14,040
기타	543	1,938	2,481	6,808	3,782	10,590
합계	39,530	17,651	57,181	758,068	70,502	828,570
〈서비스〉						
운수하역, 창고	19,370	3,319	22,689	103,302	14,174	117,476
통신/공익사업	15,119	11,253	26,372	28,751	48,242	76,993
건설	12,990	7,127	20,117	70,413	24,418	94,831
수리 및 개조	29,686	867	30,553	144,282	13,311	157,593
미군원료가공제조	46		46	3,641	31	3,672
전문적 서비스	846	380	1,244	5,842	1,705	7,547
기타 서비스	285	127	412	3,026	5,774	8,800
합계	78,360	23,073	101,433	359,257	107,655	466,912
총계	117,890	40,724	158,614	1,117,325	178,157	1,295,482

〈표 3-1〉에서는 한국전쟁 동안 발생한 특수계약의 총체적 규모를 확인할 수 있을 뿐만 아니라 다음과 같은 특징을 확인할 수 있다. 첫째, 전쟁의 장기화와 더불어 진행된 '실사변 경기(糸へん景気)'로부터 '쇠금변 경기(金へん景気)'로의 이행이다. 니쓰 아라오의 연구에서 확인되듯이 그 직접적인 예를 나가노(長野)현 지방경제의 변모에서 확인해 볼 수 있다. 실사변 경기는 우선 나가노현의 잠사업을 중심으로 경기 활성화를 가져왔고, 잠사업을 중심으로 한 농가의 소득증대는 나가노현 내의 공업제품 수요 증가로 이어져 나가노현의 공업계가 호황을 이루었다. 올림푸스로 대표되는 '정밀왕국 나가노현'의 탄생은 한국전쟁이 가져온 카메라 붐에 의한 정밀기계 대량생산을 계기로 한 것이었다.[22]

다시 〈표 3-1〉로 돌아와서 살펴보면 직물/직물제품의 제1년 계약고는 6,253만 1,000달러였던 것이 제2년에는 4,474만 달러로, 그리고 제3년에는 2,738만 6,000달러로 감소하고 있다. 반면 제1차 금속제품과 금속제품의 계약고는 급증하고 있다. 제1차 금속제품의 경우 제1년에 1,116만 7,000달러에서 제2년에 1,771만 7,000달러로, 그리고 제3년에는 2,465만 4,000달러로 증가하고 있으며, 금속제품의 경우는 제1년에 3,665만 1,000달

21 調達庁,『占領軍調達史ー占領軍調達の基調』, 1956年, 559頁. 1952년 4월 28일 강화조약이 발효된 이후로는 미일행정협정 제25조에 기초해 일본에 주둔하는 외국군대 유지를 위해 일본 정부가 지출하는 방위분담금에 의해 지불되는 계약은 통상 엔으로 결제되었다. 이는 미국 정부가 직접 달러로 지불하는 계약('달러 베이스 계약')과 구분하기 위해 '엔 베이스 계약'으로 부르기도 한다. '엔 베이스 계약'은 4월 28일의 강화조약 발효와 함께 개시되었으나 실제로 특수계약 통계에 반영되기 시작한 것은 6월 첫째 주(6월 2일부터 8일까지)부터였다.

22 新津新生,「朝鮮戦争と長野県下の自治体・住民運動(III)ー朝鮮特需と長野県の産業」,『信州自治研』148, 2004年 6月, 42-47頁.

러에서 제2년에 4,519만 1,000달러, 그리고 제3년에는 9,059만 3,000달러로 급증하고 있다. 특히 금속제품의 제3년도의 급증은 거의 달러 계약의 증가분에 의한 것이라는 데 특징이 있다. 이처럼 전쟁의 진행과 더불어 '실사변'이 붙는 제품의 계약 감소와 '쇠금변' 제품의 계약 증가가 엇갈리고 있다는 사실을 확인할 수 있다. 이에 따라 일본의 산업구조는 한국전쟁을 겪는 동안 경공업 중심에서 중공업 중심으로 급격하게 이행하고 있었다는 것을 짐작할 수 있다. 또한 '쇠금변' 제품의 계약 증가가 제2년도 후반기 이후 무기생산과 함께 증가하는 '신특수'의 발생분에 따른 것임을 감안할 때 그러한 변화의 배후에 일본 경제의 군사화가 있었음을 짐작해 볼 수 있다.

둘째, 광물성 연료의 급증을 확인할 수 있다. 제1년에 742만 5,000달러였던 광물성 연료 수요는 제2년에 1,602만 3,000달러로 2배로 증가했으며, 제3년도에는 4,656만 8,000달러가 되어 제2년도분의 3배로 증가했다. 그 내역을 보면 엔 계약의 급증(제2년의 17만 6,000달러에서 제3년의 2,987만 달러로 증가)이 확인된다. 이는 아마도 일본 국내 수송과 국내 공장 가동률의 증가를 표현한 숫자인 것으로 해석된다. 이와 더불어 수리 및 개조 부문도 엔 계약 특수가 급증하고 있음을 확인할 수 있다. 제2년의 엔 계약이 60만 1,000달러에서 제3년의 엔 계약이 1,184만 3,000달러로 증가하고 있다. 반면 미군원료가공제조는 첫해 153만 5,000달러에서 제3년에 31만 2,000달러로 급감하고 있다.

이렇게 한국전쟁 발발 직전까지 불황에 허덕이던 일본 산업계는 전쟁을 계기로 특별수요라고 하는 새로운 시장을 획득했으며, 세계적인 비축물자 매수에 자극을 받은 수출시장의 확대에 따라 디플레이션하에서 누적되었던 체화를 상당 부분 처리할 수 있었다. 그뿐만 아니라 1950년도 제3, 4분기 이후에는 생산과 물가가 동시에 급격히 상승하는 이른바 '동란경기(특수경기)'를 타고 생산력을 확대해 나아가기에 이르렀다. 그 생산은 초기에는 직물제품이 중심이었는데, 전쟁이 장기화되면서 금속 및 기계 제품으로 그 중심이 옮겨지게 되었다. 또한 석유를 비롯한 광물성 연료의 수요가 급격히 증가하고 있으며, 그 증가분은 국내에서의 수요증가에 따른 것이었음이 확인된다.

이를 다시 업종 생산별 지수에서 확인해 보면 〈표 3-2〉와 같다. 특수 발생 이래 10개월간 인쇄, 식품 및 섬유 공업의 생산고는 아직 전전 수준(1934~1936)에 미치지 못하고 있는 데 반해 기계 및 금속 공업 등의 분야에서는 전전 수준을 훨씬 초과하는 확대 양상을 보였다. 인쇄는 41.9에서 47.1로, 식품은 63.9에서 79.6으로, 섬유는 44.6에서 62.6으로 미미한 생산고 증가를 보였을 뿐이다.

표 3-2. 업종 생산별 지수(1934~1936년=100)[23]

구분	1950년 6월	1951년 4월
섬유	44.6	62.6
화학	104.4	137.2
식품	63.9	79.6
인쇄	41.9	47.1
금속	121.0	172.2
기계	98.1	184.6
질소	98.0	136.6
제재	82.7	149.7
〈공업 종합〉	86.8	129.7
광업	103.5	109.4
〈광공업 종합〉	88.1	128.1

23 調達庁, 『占領軍調達史ー占領軍調達の基調』, 1956年, 560頁.

이들 업종에서 생산은 아직 전전 수준 이하에 머물러 있으며, 회복의 수준 역시 기대에 미치지 못했다. 그런데 같은 시기 금속은 121.0에서 172.2로, 기계는 98.1에서 184.6으로 전전 생산고의 거의 2배를 기록하기에 이르렀다. 그 가운데 자동차, 화물차, 선박 등 수송 설비 제조와 철강 생산 부문에서 비약적인 생산량 증가를 보였다. 이처럼 1949년 이후의 긴축경제하에서 침체에 허덕이던 중공업 부문의 생산력 회복과 확대는 괄목할 만한 것이었다.[24] 그 이후 시기에는 '신특수'의 발생으로 인해 이러한 경향이 더욱 분명해졌다.

2. 무기산업의 부활

1) 무기 관련 계약의 발생

한국전쟁 특별수요가 발생했던 5년 동안의 주요 물자 계약고를 추이해 보면 〈표 3-3〉에서 보는 바와 같이 1952년도부터 무기 관련 계약이 수위를 차지하게 되었다. 특수가 시작된 후 5년 동안의 전 기간을 통틀어 무기 관련 물품 누계액은 1억 4,849만 달러로서 1억 438만 달러의 석탄, 3,370만 달러의 마대, 3,110만 달러의 자동차 부품, 2,956만 달러의 면포 등을 제치고 물자 수요 가운데 수위였다.[25] 한국전쟁이 미친 영향

---

24 同上, 558-560頁. 특히 한반도와 가까운 거리에 있던 규슈의 철강업계에 미친 '조선특수'의 영향에 대해서는 鶴丸幸代, 「西日本新聞にみる朝鮮特需と九州鉄鋼業界」, 女たちの現在を問う会(編), 『朝鮮戦争―逆コースの女たち』(インパクト出版会, 1986年 8月) 참조.

표 3-3. 한국전쟁 전후 5년 동안의 주요 물자 계약고 순위[26]

순위	1950년	1951년	1952년	1953년	1954년
1	트럭	자동차 부품	무기	무기	무기
2	면포	석탄	석탄	석탄	석탄
3	모포	면포	마포(麻布)	식료품	식료품
4	건축강재	드럼통	가시철사	가구	가구
5	마포(麻布)	마포(麻布)	시멘트	건전지	시멘트

중에 무기산업의 부활과 이를 둘러싼 미일경제협력의 강화는 가장 주목할 만한 귀결 가운데 하나였다.

구 군수공장의 활용은 이미 1945년 10월경부터 시작되고 있긴 했지만, 패전 직후의 혼란기였던 상황에서 시설의 활용을 희망하는 업자는 거의 없었다. 따라서 한국전쟁 발발 직전까지는 공작기계 등을 중심으로 민간에 불하되는 경우가 없진 않았으나 대부분은 필리핀과 중국, 영연방 국가들에 대한 중간 배상 품목으로 지정되어 약 20%가 철거된 상태였다. 그러나 한국전쟁 발발과 동시에 구 군용시설의 활용을 요망하는 의견이 제기되기 시작했으며, 특히 무기가 특별수요로서 발주되면서부터는 산업계가 그 불하를 둘러싸고 움직임을 적극화하면서 구 군수공장의 활용 문제는 초미의 관심사가 되었다.

1951년도에는 구레(呉) 해군 군수공장 등 5개의 주요 군수공장이 재가동되었으며, 1952년 들어 불과 3개월이라는 짧은 기간에 오사카 육군 군수공장의 하리마(播磨) 제조소 등 5개 군수공장이 다시 문을 열었다. 대부분은 시설을 일부 대여받는 일시 사용이었는데, 형식적으로나마 '민수

25 有沢広巳·稲葉秀三, 『資料—戦後20年史』, 日本評論社, 1966年, 163頁; 『特需に関する統計』, 1956年度版, 25頁, 26頁.

26 『特需に関する統計』, 1956年度版, 25頁에서 작성.

산업으로의 전환'이라는 외양을 띠고 가동되고 있었다.[27]

2) 재계의 움직임

이러한 변화를 타고 일본 재계의 움직임 또한 활발해졌다. 1952년 8월 게이단렌(経団連)은 덜레스 방일 직후 설치했던 '미일경제제휴간담회'를 '미일경제협력간담회'로 확대 발전시키고, 그 산하에 '방위생산위원회'를 설치하여, 「특수발주(特需発注)의 계획화에 관한 기초적 조사」를 실시하면서 무기 관련 산업의 부활을 목표로 활동을 개시했다.[28] 방위생산위원회 외에도 무기특수와 관련하여 활동하고 있던 단체로는 '병기생산협력회(兵器生産協力会)'와 '특수상사간담회(特需商社懇談会)', '병기생산간담회(兵器生産懇談会)', '간사이 특수협력회(関西特需協力会)', '주부 중공업간담회(中部重工業懇談会)' 등이 있었다.

이 중 특히 무기생산 재개를 목표로 일찍부터 활동을 전개해 온 단체가 '병기생산협력회'다. 1951년 10월에 주식회사로 설립된 '일본기술생산협력회'는 특별수요 무기의 제조, 기술 지도 및 기술자 알선 등의 업무에 종사하며 무기생산을 위한 협력 활동을 실시하고 있었으나, 1952년 5월 31일 발전적으로 해산하고, 6월 1일부터 임의단체로서 '병기생산협력회'를 발족시켰다. 8월 13일에 창립총회를 개최하고, 정식으로 활동을 개시한 '병기생산협력회'는 구 일본 육해군의 기술자와 과거 무기생산에 종사했던 군수회사의 직원을 간부로 영입하고, 일본 국내외의 무기생산

27 『兵器特需の現況』, 20頁.

28 防衛生産委員会, 『防衛生産委員会十年史』, 1964年, 293頁.

관계 기관과 협의했으며, 주일미군을 상대로 한 교섭에도 활발한 활동을 전개했다. 1952년 현재 '병기생산협력회'의 회원업자는 140개 사에 이르렀으며, 일본 국내외 무기발주 상황의 파악, 무기 관련 전문기술의 조사 및 기술자 소개, 무기생산 설비 등의 조사 자료수집 및 계획 등을 활동의 목표로 하고 있었다. 나아가 1953년 10월에는 조직을 개편하고 '니혼 병기공업회(日本兵器工業会)'라고 개칭한 뒤 일본에서 유일한 무기산업 관련 산업단체로서 재발족했다.

과거 전시 중에는 이와 유사한 '병기공업회'가 있었다. '병기공업회'는 1940년 무기제조 종사업자들이 발기하여 무기제조 기술의 향상, 기술교류, 회원 간 융통 및 친목도모 등을 목표로 결성된 임의단체로서 구 육군 군수공장과 밀접한 관계를 유지하며 무기제조 기술의 향상, 생산 능력의 증강, 무기의 정밀도 향상 등에 크게 기여한 바 있다. '니혼병기공업회'의 개칭 발족은 전전의 '병기공업회'가 전후 8년의 공백을 두고 부활했다는 의미가 있는 사건이었다.[29]

한편 '특수상사간담회'는 요시다 정부의 상사강화책의 일환으로 1952년 10월 13일 24개사가 참가하여 발족했으며, 업자 간 상호 연락과 특수 관련 제반 문제에 관한 정보 교환, 대책 협의, 관계 관청에 대한 진정, 자금 알선 등의 일반 업무에 더해 무기생산 공장에 대한 자금 융통 등 측면 지원을 담당했다. 이외에 특히 중점을 두었던 당면 과제는 특수물자 입찰 시 상사가 응찰 자격을 획득할 수 있도록 지원하는 일이었다. 이밖에 '병기생산간담회'는 무기생산 관련 하청 계열 기업의 확립과 상호

29 『兵器特需の現況』, 26-27頁; 日本兵器工業会, 『日本の防衛産業』, 1961年, 310頁.

협력을 위한 활동을 전개했다.[30]

무기제조에 관해서는 통산성 중공업국 항공기과가 소관 업무로 담당하고 있었다. 패전 이래 7년에 가까운 공백 상태로 무기생산 개시 직후에는 정책이나 조치를 입안하거나 실시할 여건이 되지 못했고, 무기제조 공장의 실태 파악을 당면 과제로 설정하고 있었다. 그런 조건에서도 무기생산 발주의 전망이 불투명한 가운데, 업계에 대해 잉여설비의 활용을 요망하거나 채산을 무시한 부당한 입찰을 자제하도록 하는 등 행정지도를 실시하고 있었다. 또한 입찰 방법의 미일 간 차이로 인해 발생하는 갖가지 분규에 개입 조정하고, 주일 조달본부에 대해 시정을 요구하는 등의 일도 주요 업무로 담당하고 있었다.[31]

3) 무기생산의 재개

1952년 3월 총사령부가 그동안 무기생산을 금지해 왔던 「무기 및 항공기 생산제한에 관한 건」을 완화 개정하자 5월에는 벌써 박격포 528문의 특수가 발주되었다. 이러한 과정에서 미국이 발주한 대량의 무기특수는, 그동안 PD(Procurement Demand) 공장으로 제한되었던 무기제조가 민간공장으로 확대되었다. 결국 이 조치는 전후에 온존되었던 일본의 잠재적 군수물자 생산력을 복원시키는 계기가 되었다. 미국은 이 시기에 배상 징발 대상에서 제외된 시설의 72%를 무기생산 능력을 갖추고 있다고 간주하고 있었으며, 그중 80~90%는 즉각 실용화할 수 있는 것들이었다.[32]

---

30 『兵器特需の現況』, 27-28頁.

31 同上, 33-34頁.

예컨대 전시에 최대의 군용항공기 생산을 자랑하던 미쓰비시 중공(三菱重工)은 특수전용기계를 분할되지 않은 상태에서 고스란히 보유하고 있었으며, 전시에 고용되었던 기술자 600명도 남아 있었다. 또한 구 나카지마 항공기(中島航空機, 현 후지 중공[富士重工])도 전시에 가동되었던 특수설비의 2/3가 가동가능 상태에 있었으며, 500명의 기술자도 보유하고 있었다. '병기생산협력회'의 조사에 따르면 1952년 현재 주요 무기생산 공장은 합계 119사에 이르렀다.[33]

게이단렌 '방위생산위원회'는 1953년도에 1억 3,000만 달러, 1954년도에 2억 달러 상당의 무기를 생산할 수 있으며, 나아가 1955년부터는 제트 항공기와 대형 함정 일부를 포함한 대부분의 무기생산이 종합적으로 가능해질 것으로 시산했다.[34] 1953년 9월 1일에는 장래 예상되는 군사 부문 수요에 대응하기 위해「무기 등 제조법」이 시행되었다.

무기생산 재개에 따라 기업 계열 재편성 움직임이 활발해지면서 패전 이후 숨을 죽이고 있던 구 재벌들이 1953년에 들어와 잇따라 재결합에 나서 무기생산 부문에서의 독과점 구조가 부활했다. 구 나카지마 항공기(中島航空機) 계열 4개사의 합병으로 후지 중공이 설립되었으며, '리켄(理研) 콘쩨른(Konzern)' 계열사 11개사의 통합, 구 미쓰비시 중공 계열 3사의 합병 등이 이 시기에 이뤄졌다. 특히 미쓰비시 계열의 대표자는 게이단

---

32 배상청 자료로서 木村禧八郎(他), 前揭論文, 217-218頁에서 재인용. PD 공장이란 '연합군 관계 기관이 설비의 관리를 특정 업자에게 명하여 군 수요에 이용하게 하는 것' 또는 공장 자체를 '연합군이 접수하여 연합군의 군수공장으로 이용하는 것'을 지칭한다. 中村隆英, 前揭論文, 284頁.

33『兵器特需の現況』, 37-46頁.

34 同上, 219頁.

렌 방위생산위원회의 요직을 독점하고 있어 이 위원회는 항간에서 '미쓰비시 기관'이라 불리기도 했다. 이 위원회가 1953년 3월에 입안한 「방위력 정비에 관한 시안」, 이른바 「게이단렌 재군비안」에 따르면 이후 6년간의 함선 건조 22만 4,100톤 중 미쓰비시의 3개 조선소가 4만 7,000톤을 점하여 수위를 차지했으며, 항공기 부문에서는 연 생산 975기 중 미쓰비시 중공이 364기를 차지했다. 또한 스미토모 계열은 간사이 지방에 무기 생산 독점구조 창출을 기도하여, 스미토모 금속을 중심으로 고쿠라 제강(小倉製鋼), 고마쓰 제작소(小松製作所), 오사카 금속(大阪金属), 오사카 티타늄(大阪チタニウム), 간토 특수제강(関東特殊製鋼) 등의 계열사를 편성했다. 미츠이(三井) 계열 또한 니혼 제강소(日本製鋼所)가 아카바네 공장에서 조달 생산을 개시했던 것을 비롯하여, 1953년에는 산하의 산요 화공(山陽火工)이 고베 제강(神戸製鋼)을 중심으로 하는 '세토나이카이 그룹(瀬戸内海グループ)'에 참가했다.[35]

위에서 말하는 무기란 총포탄, 포, 발사화약 등 완전 무기와 부품 외에 폭격기에서 투하하는 날개부착탄(羽根付き弾)이나 낙하산 조명탄, 네이팜탄 탱크 등도 포함한 것이다. 또한 이와 별도로 미 대사관과 니혼 은행(日本銀行)에서는 '광의의 무기'를 별도로 설정 집계하고 있다. 광의의 무기란 위의 일반적인 무기에 더해 보조연료 탱크를 비롯한 일체의 항공기 부품, 화약류, 장갑차 부품, 광학 기기, 무기 검사기, 보트 등의 물자를 총괄하고 있으며, 서비스 제공 부문에서도 무기 수리는 물론 항공기, 자동차, 선박의 수리 일체를 포함하고 있었다. 항공기 관련으로 최대의 발주로 꼽히는 것은 1952년 7월 쇼와 비행기(昭和飛行機)에 경비행연락기의

35 同上, 222–223頁.

분해 수리 작업을 발주한 것이었다. 1953년부터 1954년까지는 F-86 전투기와 T-33 연습기의 기체 및 엔진 분해 수리를 발주하여, 제트기 관련 최초의 발주를 기록했다. 수주 기업은 미쓰비시 중공과 가와사키 항공기(川崎航空機)였다.[36] 이러한 분해, 수리, 부품 생산의 단계를 거쳐 1956년에는 처음으로 완성기인 LM-1 연락기 27기가 후지 중공에 발주되었다. 이는 전후 최초의 완성기 생산이었으며, 항공기 공업 부활의 출발점이 되었다. 이어서 같은 해 1956년은 미일 협력하에 T-33A 제트 연습기 210기와 F-86 제트 전투기 300기의 생산이 개시되었다.[37]

4) 무기특수의 효과

이처럼 전후 민수 경제로의 전환을 모색하던 일본에서 무기특수는 무기 관련 중공업으로의 집중과 불균형 발전의 계기가 되었다. 한국전쟁이 장기화되면서 무기생산에 대한 제한이 풀리자 만성적인 불황에 허덕이던 기업들은 벌이가 좋은 무기생산 분야에 뛰어들었다. 특히 특수경기의 혜택을 거의 받지 못했던 섬유 및 기계 업계는 특수 발생 초기 만성적인 불황을 극복하지 못하고 생산 기종 및 품목의 전환 등을 통해 생존을 모색하고 있었다. 그러던 중 무기특수의 발생과 함께 즉각 이 분야에 진출했다. 이른바 '실사변 경기(糸へん景気)'로부터 '쇠금변 경기(金へん景気)'로의 이행이 일어난 것이다. 1952년 5월과 6월의 특수 무기 발주액은 모두 합

36 読売新聞戦後史班(編), 『「再軍備」の軌跡』, 読売新聞社, 1981年, 337頁; 小椋広勝·島恭彦, 『戦争と経済』, 雄渾社, 1968年, 237頁, 242頁.

37 小山弘健, 『日本軍事工業の史的分析—日本資本主義の発展構造との関係において』, お茶の水書房, 1972年, 345頁.

해 약 55억 엔이었으며, 이어서 1952년 7월부터 1953년 6월(1953년 미회계년도)까지는 모두 207억 엔에 달하는 대량의 발주가 발생했다.[38] 이와 함께 무기생산에 투입된 설비 투자는 약 70억 엔에 이르렀으며, 유력 금속가공업체 13개 사, 화약 관련 업체 10개 사 등 수주회사에 3만 명이 넘는 고용을 창출했다.[39]

나아가 무기특수와 관련하여 주목할 사실은 주일 병참사령부가 일본의 일부 공장을 직접 접수하여 군수공장으로 이용하고 있었다는 점이다. 1951년 7월 당시까지 586개의 '배상 지정 공장'이 있었다. 구체적으로 미군에 의해 배상물자로 지정된 공장은, 항공기 및 무기 326개, 군수 67개, 공작기계 91개, 축받이 22개, 철강 19개, 화학 48개, 전력 20개, 기타 13개 등이었다. 이들 공장은 강화조약의 발효와 함께 배상물자에서 제외될 것이 기대되었으나, 이미 약 70%에 해당하는 공장이 민간에게 일시적 사용허가가 내려져 생산을 재개하고 있던 상태였다. 이 가운데 중공업 관련 공장은 미군의 직접관리하에 PD 공장으로 접수되기도 했다. 특히 무기 관련 PD 공장은 미군의 접수대상이 되었으며, 1951년 당시 20여 개의 구 일본군 군수공장이 미군의 직접관리하에 있었다. 후지 자동차(富士自動車), 도요타 자동차, 닛산 자동차, 히노 디젤(日野ディーゼル) 등 전후 일본의 자동차 산업을 주도해 온 대부분의 기업이 이에 속했다.[40]

미군 관리하에 접수되어 1949년부터 이미 군수자재의 생산과 수리를 개시했던 니혼 제강소 아카바네 공장(赤羽工場)에서는 한국전쟁 발발과

38 赤木正一, 『日本の防衛産業』, 三一書房, 1969年, 40頁; 小山弘健, 前掲書, 338-351頁.

39 日本兵器工業会, 前掲書, 5頁; 小山弘健, 前掲書, 338-351頁.

40 中村隆英, 前掲論文, 284頁.

동시에 미군 주도하에 생산력 증강이 추진되었다. 아카바네 공장은 한국전쟁 기간에 일본에서 수리된 미군 무기의 약 70%를 담당했다. 또한 히타치 제작소(日立製作所) 등과 같이 이미 미군을 상대로 군수물자의 생산 조달을 내부적으로 실시하고 있던 구 군수공장은 한국전쟁 발발 이래 공공연하게 미군용 군수물자 생산에 나설 수 있게 되었다. 패전 이래 온존되어 생산 능력에 손상을 받지 않았던 항공기 생산 부문에 대해서도 미국무성은 더글러스 조사단을 파견했다. 그리고 미쓰비시 중공, 후지 중공 등 과거의 전시 비행기 제조업체에 대한 생산력 조사를 실시하는 등[41] 무기생산의 현장에서 미 점령군 당국과 일본 재계의 협력, 유착의 구조가 고정되어 갔다.

이상과 같은 의미에서 한국전쟁 시기에 발생한 '조선특수'는 그 경제적 효과 여부와 관계없이 전후 일본 경제의 성격과 방향을 설정하는 결정적인 계기가 되었다. 흔히 지적되듯이 '특수'는 유력한 시장을 일본 경제에 제공하여 만성적인 달러 부족을 해결하는 데 큰 역할을 했음은 물론 미일안보체제의 경제적 기초인 미일경제협력의 기반을 마련했다. 그 과정에는 미국의 대일정책 전환에 신속하게 대응한 일본 재계의 움직임이 있었다. 이 점에서 일본 경제의 '군사화'는 미국에 의해 일방적으로 강요된 것이 아니라는 점이 확인된다. 또한 '특수'로 인해 일본 경제에서는 달러를 매개로 한 거래가 일반화되어 일본 경제의 달러 의존성을 높이는 결과를 낳았다는 점도 지적되어야 할 것 같다. 그러나 무엇보다 중요한 것은 '특수'가 일본의 잠재적 군수 생산력을 복원하는 효과를 낳았다는 사실이다. 이와 관련하여 더욱 주목할 점은 무기생산의 재개를 통해 특

41 木村禧八郎(他), 前掲論文, 151頁.

수경기의 혜택이 더욱 광범위한 저변으로 확대되었으며, 고용 증대 효과를 창출했을 뿐만 아니라 미일 경제의 유착구조가 형성되었다는 점이다. 일본이 한국전쟁 휴전 이후 동아시아 냉전 시스템 속에서 '생산기지'로서의 역할을 수행하기 위한 물리적 기초가 여기서 마련되었다.

3. 기지경제와 대일강화

1) '기지경제'의 의미

이러한 군사적 색채가 농후한 무기특수의 영향을 중시한 일부 일본 경제학자들은 일본 경제를 '기지경제'로 규정하기도 했다. 일반적으로 '기지경제'라고 하는 말은 광의의 기지경제와 협의의 기지경제, 두 가지로 나누어 사용되었다. 넓은 의미로 파악할 때 기지경제는 '강화조약 발효 후의 MSA 체제하의 일본 경제' 그 자체를 의미하는 것으로 사용되었다. 이는 기무라 기하치로(木村禧八郎) 등 당시의 일본 경제를 분석했던 경제학자들이 흔히 사용한 용어다. 기무라는 기지경제를 '일본을 미국의 대소방위기지로 제공함으로써 새로이 독특한 성격을 획득한 경제체제'로 규정했다. 이는 순수 경제적인 의미라기보다는 정치군사적 성격을 중시한 용어라고 할 수 있다. 나아가 광의의 기지경제라는 용어는 다음과 같은 세 가지 특수한 사정을 표현하는 것이었다. 첫째, 미일행정협정을 통해 미국 측에 광범한 경제적·치외법권적 특권을 부여하고 있다는 점, 둘째, 징발적이며 현지조달적인 성격이 강한 부등가교환의 조달경제가 특수 및 신특수라는 비정상적인 경제 행태를 통해 일본 경제 전체를 지배하고 있다는 점, 셋째, 미국 측의 편의에 따라 재편된 불안정한 성격의 반식민지적 성격의 경제라는 점 등이다.[42] 특히 일본 경제의 군사적 부문에서 미국에 의한 현지조달이 많이 증가한 점, 국내 독점자본의 군사화가 전개되는 동시에 매판화(買辦化)가 진행된 점, 나아가 일본 경제 전체가 미국 군확경제(軍擴經濟)의 하청 계열 기관처럼 되어 버렸다는 점 등이 그 지표로서 예시되었다.[43]

한편 기지경제를 좁은 의미로 한정할 때, 예컨대 그것은 농업경제, 중공업경제 등과 같이 전체 일본 경제를 구성하는 여러 부문 중 특이한 경제 부문으로서 '기지경제'를 상정하고, '주일미군 기지가 그 유지 및 운영을 위해 필요한 물자, 서비스, 공사 등의 공적 조달, 그 군인 또는 군속과 가족들의 사적 지출을 통해 이뤄지는 제반 경제 활동'을 지칭하는 용어로서 사용되었다.[44] 경우에 따라 그러한 경제 활동 중 차지하는 기지의 역할을 지칭하는 용어로도 사용되었다. 대체로 점령군에 의한 징발이라는 부등가교환이 지배적이어서 불합리적·경제외적 요소가 크게 영향을 미치고 있었다. 나아가 군사적 요인에 의해 동요되었기 때문에 예측 불가능성과 불안정성을 특징으로 하고 있었다.[45] 한편 조달청의 문건에서도 '기지경제'라는 용어가 등장하는데, '종전과 그에 따른 점령이라는 혁명적 사실에 기초하여 발생한 기업체'를 의미하는 용어로 사용되었다.[46]

---

42 木村禧八郎, 『基地経済』, 労働経済社, 1953年; 九州経済調査協会, 『板付基地の経済』, 1961年, 4-5頁에서 재인용.

43 木村禧八郎(他), 前掲論文, 149頁.

44 九州経済調査協会, 前掲書, 4-5頁.

45 同上, 25-27頁.

46 調達庁, 『調査時報』 21号, 39頁; 同上, 5頁에서 재인용.

2) 대일강화와 재계의 '조선특수' 인식

전쟁에 기생하는 '기지경제'는 대량의 물자가 투입되는 전투행위의 종료와 더불어 종식될 운명에 있다. 소련 외상 말리크(Yakov Aleksandrovich Malik)의 정전 제의는 일본 산업계에 특수경기가 영원한 것이 아님을 확인시켰다. 총사령부 민정국은 소련의 정전 제의를 계기로 술렁이고 있는 일본 재계의 동향을 파악하기 위해 조사에 나섰다. 민정국의 청취 기록에 따르면 당시 일본산업계의 주요 인물 대부분이 한국전쟁의 전망을 일본 경제의 장래와 밀접히 연관시켜 분석하고 있었음을 알 수 있다. 이하에서는 총사령부 민정국 자료에 의거하여 당시 일본 재계의 한국전쟁 인식의 변화를 추적해 보고자 한다.

말리크의 정전 제안에 대해 야와타 제철(八幡製鉄)의 고문인 스즈키 슌이치(鈴木舜一)는 다음과 같이 말했다.

> 조선전쟁이 종결되면 일본의 철강 및 제철 산업은 그 영향을 받아 중단되지 않을 수 없을 것이다. 전쟁으로 황폐화된 한국에 대량의 구매 능력을 기대할 수는 없다. 일본 경제의 장래는 미국이 한국의 부흥을 위해 얼마나 원조해 주느냐에 달려 있는데, 당분간 미국은 문제 해결의 수단으로서 한국을 포기하는 일은 없을 것으로 생각된다. 한국 재건을 위해 필요한 강철 등은 미국이 대한 원조기금으로 지불하여 일본에 발주할 것으로 예상되며, 일본에 유엔군이 주둔하는 한 군수물자의 발주도 지금까지와 같이 계속될 것으로 생각된다. 정전에 의해 특수의 내용이 변할 것으로는 생각되지만, 그 총액에 대해서 비관적일 필요는 없다.[47]

또한 석유경영자연맹의 한 관계자는 일본 산업계 전반에 미칠 영향에 대해 "정전이 가까워지고 있다는 것은 환영할 일이긴 하지만, 전후 일본 경제가 한국전쟁 특수에 크게 의존해 왔다는 점을 생각하면 일본 산업계가 받을 타격은 심대할 것이다. 다만, 한국 부흥과 동남아시아 시장의 개발 등이 예상되기 때문에 급격한 불황이 닥칠 것으로는 생각되지 않지만, 이러한 평시 산업이 이전의 전시 특수에 기대했던 만큼의 이익을 가져다줄 것으로는 생각되지 않는다. 작년, 합리화 정책에 따른 대량의 해고에도 불구하고 노동자들의 불만이 특수경기에 따른 임시고용의 증가로 해소되었던 것이다. 그러나 이러한 불만은 곧 다시 고조될 것으로 예상된다"고 분석했다.[48] 이 진술에서 확인되듯이 한국전쟁이 전쟁 직전부터 꿈틀거리던 노동자들의 불만을 일거에 진정시킨 결정적인 요소였음을 알 수 있다. 이렇듯 산업계 전반의 반응에 주목하고 있던 총사령부는, 니혼 은행 이사인 이가라시 도라오(五十嵐虎夫)와 도쿄 은행 고문으로 사회당의 경제정책통으로 활약하던 기무라 기하치로의 이야기를 종합 분석하여 다음과 같이 보고했다.

> 일본의 산업계는 대륙 중국과의 무역 재개를 당분간 불가능할 것으로 보고 있다. 또한 정전교섭은 일본의 강화조약과는 무관한 한반도에 한정된 문제라는 것이 일반적인 생각이다. 정전과 동시에, 중소가 대일 강화조약 참가를 요구해 올 것이라는 예상과 함께, 그 결과로서 대륙 중국과의 무역 재개에 기대하는 그룹이 일부 존재한다. 그러나 중국과의 무역 재개보다는

47 "朝鮮休戦提案に関する意見"(1951. 7. 6), *Korean War and Peace*, GS, GHQ/SCAP Records, Box no. 2275 BB, GS(B)-04251-04254.

48 "朝鮮戦争の展望についての石炭経営者連盟労働局長の意見"(1951. 7. 6), Ibid.

미국 경제와 연결되는 것이 유리하다고 보는 의견이 점차 강해지고 있다.[49]

재계 일부에서는 여전히 중국 시장에 대한 미련을 버리지 못하는 그룹이 있었던 것이 분명하다. 그러나 중국 시장의 획득이 미국으로부터의 지지 상실을 의미하는 반면 미국 경제와의 결합은 중국 시장의 상실을 의미하는 것으로 양자택일의 구도가 형성되어 있었다. 이러한 상황에서 미국은 일본 재계 안에서 후자가 유리한 선택이라는 방향으로 다수 의견이 모아지고 있다고 파악했다. 또한 위의 보고서에는 닛케이렌(日経連, 日本経営者団体連盟) 전무이사인 마에다 하지메(前田一)와 일본산업민주협회 회장인 아라카와 가쿠쇼(荒川鶴松)의 진술로서, 노동 문제의 전망에 대한 분석이 소개되어 있다. 즉, 이들은 "올해 후반부터는 노동공세가 더욱 거세질 것으로 보인다. 이에 더해 내년 초부터는 공산당과 사회당의 정치투쟁이 격화될 것으로 생각한다"고 하여, 이에 대한 대책의 강구를 요구하고 있다.[50]

여기서 알 수 있는 것은, 이른바 '조선특수'라는 것은 '수치화된 객관적 지표로서 어느 정도의 경제적 효과를 낳았는가'라는 문제와는 또 다른 차원에서, 현장에서 경제를 지휘하던 일선 경영자들의 고양되고 있던 노동운동을 잠재우고 반대로 기업 활동에 대한 노동자들의 충성을 확보해 준 더없이 고마운 순풍이었다고 할 수 있다.

---

49 "朝鮮戦争の長期化に対する各グループの対応"(1951. 7. 6), Ibid.

50 op. cit.

3) '기지경제'의 종식과 대미 외교

1953년 들어 한국전쟁의 정전이 가시화되면서 일본은 그 전망과 일본 경제에 대한 영향 등에 관해 연구하고, 특수 소멸로 인한 타격을 최소로 줄이기 위해 미국 정부를 상대로 교섭을 개시했다. 일본의 외무성 문서에서 그러한 움직임이 어떻게 전개되었는지 확인할 수 있다.

1953년 4월 1일 아라키 에이키치(新木栄吉) 주미 대사는 한국에서의 휴전회담 전망에 대해 존슨(U. Alexis Johnson) 국무차관보 대리와 회담을 했다. 이 회담에서 아라키 대사는 존슨 국무차관보 대리에게 휴전이 일본 경제에 미칠 악영향에 대해 미국 측이 고려해 줄 것을 요청했다. 존슨은 "일본 및 독일이 그 영향을 받게 될 것에 대해서는 충분히 고려하고 있다. 특히 일본이 받게 될 경제적 타격에 대해서는 충분히 이해하고 있으며, 만일 휴전이 성립할 경우에도 그로 인해 일본 경제에 악영향이 미치지 않을 것을 미국은 희망하고 있으며, 일본이 한국전쟁으로 인해 현재 획득하고 있는 달러에 커다란 변화를 초래하지 않도록 배려할 생각이다. 그 방법은 여러 가지가 있을 수 있겠으나 어떠한 수단을 써서라도 그러한 사태는 막겠다는 생각"이라고 하여, 아라키 대사와 인식이 일치했다.[51]

같은 날 오카자키 가쓰오(岡崎勝男) 외상은 뉴욕 주재 유엔대표부를 비롯한 영국, 프랑스, 독일, 인도, 중화민국에 주재하는 각 대사 앞으로 "중공의 신제안 이후 휴전교섭의 전망에 대해 귀하가 주재하는 국가의

---

51 「新木駐米大使発, 岡崎大臣宛. 第313号, 朝鮮問題その他に関しジョンソン国務次官代理補と会談要旨報告の件(暗, 極秘)」, 1953年(昭和28年) 4月 1日, 『外交記録第10回公開分』(A'7.1.0.5-2), 0014-0016.

관변 측 견해를 타진해 주기 바라며, 또한 휴전성립이 주재국 정부의 내외정책에 미칠 영향 등에 대해서도 조사한 뒤, 귀하의 의견과 함께 보고해 주기 바란다"는 서신을 보냈다.[52]

이에 대해 주영 대사 마쓰모토 슌이치(松本俊一)는 4월 2일의 회신에서 "휴전 문제에 관한 공산 측 신제안은 상당한 양보를 의미하는 것이다. 소련 측의 최근 대외 동향 전반을 아울러 고려하더라도, 이번에는 진정 휴전을 원하고 있는 것으로 보인다. 당국(영국—필자 주)에서는 각계가 표면에 나타내고 있는 것 이상으로 이를 환영하고 있으며, 따라서 오히려 미국 측의 대응을 우려하고 있을 정도로, (중략) 결국 미국 측이 강경한 태도를 고집하지 않는다면, 휴전은 성립하는 것으로 보아 무방하다"고 분석 보고했다. 이어서 "(영국—필자 주) 경제계는 대체로 차분히 추이를 지켜보고 있으며, 앞으로도 당분간은 사태의 전개를 더 기다려 보겠다는 태도로, 장래에 대한 추측은 삼가고 있다. 따라서 고무 등의 일부 상품의 주가가 약간 하락하고 있긴 하나 대체로 주가의 변동은 거의 보이지 않는다. 일본의 공채도 별다른 변동이 없다. 한국전쟁이 끝나면 일본은 중국 시장으로 진출할 것이며, 따라서 걱정할 필요가 없다는 의견이 있기 때문인 것으로 생각되나, 근본적으로는 역시 당분간 사태의 추이를 바라보지 않고서는 무어라 말할 수 없다는 일반적인 기분에 의한 것으로 생각된다"라고 하여 영국 경제계의 분위기를 전했다.[53]

52「岡崎大臣発, 米国在ニューヨーク国連代表部, 在英, 在仏, 在独, 在インド, 在中国各大使宛. 第108号, 中共新提案を繞る朝鮮停戦の成否に関する件(略)」, 1953年 4月 1日, 同上, 0022-0023. 108.

53「在ロンドン松本大使発, 岡崎大臣宛. 第189号, 朝鮮休戦問題に関する情勢判断の件(略, 秘)」, 1953年 4月 2日, 同上, 0024-0027.

또한 이와 별도의 보고에서 마쓰모토는 국무부 동북아과장 케네스 영(Kenneth T. Young)의 발언을 소개하고 있다. 영은 "소련 측의 평화공세는 전쟁의 위기보다는 나은 일이지만 다루기 어려운 문제이기도 하다. 미국은 이에 대한 경계의 태도를 늦추지 않고 신중히 대처하고 있다. (중략) 가장 위험한 것은, 소련의 평화공세가 서방 측을 안심시켜 진행 중인 군비계획에 차질이 생기는 것이다. 미국은 이 점을 가장 경계하고 있으며, 앞으로 강화교섭이 시작된다 하더라도 군비 확충과 병사들의 교육을 위한 계획의 추진은 어떠한 차질도 없이 진행될 것"이라는 견해를 밝혔다. 이어서 영은 마쓰모토에게 "대사께서도 언급한 바와 같이 한국전쟁 휴전이 일본 경제에 미치는 영향의 완화 문제는 국무성으로서도 충분히 고려하여 연구를 추진할 계획"이라고 말했다.[54]

4월 3일 스톡홀름 주재 유키 시로지(結城司郎次) 공사는 오카자키 외상 앞으로 보낸 보고서에서 포로 교환 및 유엔 사무총장 선임 문제를 언급하면서, 한국전쟁의 전망에 대해서는 "휴전이 성립하더라도 강화는 전망하기 곤란하다"고 분석하고, 중국 문제에 대해서는 "미국 이외의 서방 측은 휴전의 성립과 교환하여 중공을 유엔의 대표로서 강력히 지지하게 될 것"으로 예측했다. 나아가 "소련이 휴전에 동의한 것은 중공의 요청 외에도 독일 문제를 고려한 결과로 생각되지만, 프랑스령 인도차이나에서의 활동도 일시적으로 주춤거릴 것"으로 분석했다.[55]

같은 날, 중화민국 주재 요시자와 겐키치(芳沢謙吉) 대사는 외교부장

---

54 「在米ロンドン松本大使発, 岡崎大臣宛. 第319号, 中共新提案を繞る朝鮮「停戦」の成否に関する件(暗, 極秘)」, 1953年 4月 2日, 同上, 0030-0032.

55 「在ストックホルム結城公使発, 岡崎大臣宛. 第44号, 捕虜交換及び国連事務総長選任問題に関する件(略, 秘)」, 1953年 4月 3日, 同上, 0033-0034.

을 방문하고, 중공의 신제안 이후 정전회담의 전망에 대해 의견을 교환했다. 그 가운데 중화민국 외교부장은 한국으로부터의 미군 철수 문제가 강화의 조건이 된다면 미국은 이를 받아들이지 않을 것이라고 전제하고, "트루먼 정부 시대, (주한미군을—필자 주) 철수하여 실패했던 사실에 비추어 현 정부는 이를 되풀이하지 말아야 하며, 북선(북한)의 중공군 병력의 다수는 만주에 거주하는 조선인으로서, 조선인으로 구성된 중공군이므로 이들이 북선으로부터 철수할 것은 상상할 수 없는 일이다. 요컨대 강화조약을 체결하거나 중공이 유엔에서 국민당(国民党) 정부의 지위를 계승하는 것은 극히 곤란할 것으로 생각된다"고 말했다. 이에 기초하여 요시자와의 보고는, 결국 미군철수 문제를 비롯해 휴전 및 강화 문제는 쉽게 결론을 내릴 수 없을 것이므로, 한반도 휴전과 중공 승인의 교환이라는 도식은 성립하지 않을 것으로 분석했다.[56]

또한 같은 날, 요시자와 대사는 중화민국 주재 미국 대사를 방문 회담했다. 요시자와 대사가 "포로의 교환 문제는 판문점에서의 교섭에서 결정될 것으로 생각되나 그 후의 휴전교섭 내지 전면강화교섭이 과연 협정의 성립으로 귀결될지 궁금하다. 또한 협정이 성립될 경우 몰로토프 성명에 표명된 것과 같이 중공 정권을 유엔에 가입시키려는 제의가 제출될 때, (중략) 각국은 어떠한 태도를 취할지 궁금하다. 이에 대해 무슨 정보가 있는지, 그리고 어떠한 의견을 가졌는지 듣고 싶다"고 질문했다. 이에 대해 미국 대사는 신문에서 보는 것 이외의 정보는 갖고 있지 않지만, 개인적인 의견으로서 "소련이 중공의 유엔가입을 제의하는 일이 있더라

56 「在台北芳沢大使発, 岡崎大臣宛. 第90号, 中共新提案を繞る朝鮮「停戦」の成否に関する件(極秘·暗, 極秘)」, 1953年 4月 3日, 同上, 0035-0037.

도 미국은 물론 반대이며, 중공 정부를 승인하려는 국가가 늘고 있음을 인정한다 해도 유엔 문제에 관한 한 중공은 우선 유엔가입의 자격을 갖고 있지 않다"고 하여 부정적인 입장을 나타내었다. 이에 대해 요시자와 대사가 "영국과 인도 등이 이미 중공을 승인한 데 비추어 보면 유엔가입에 대해서도 호의적인 태도를 보일 가능성이 없지 않다"고 하자 미국 대사는 "영국은 그렇더라도 인도의 태도는 모순투성이라 (중략) 미국으로서는 그 태도를 이해하기 어렵다"고 대답했다.[57]

4월 9일에는 주영 대사 마쓰모토가 오카자키 외상에게 아사카이 고이치로(朝海浩一郎) 공사와 스코트(Walter K. Scott) 국무차관보가 나눈 회견 내용을 보고했다. 스코트 국무차관보는 "영국은 (중략) 문제의 해결을 조선에만 한정하여, 불인(仏印: 프랑스령 인도차이나)과 타이완 문제에 개입하여 문제를 복잡하게 하지 않을 방침이다. 그렇게 되면 당연히 지나(중국) 승인 문제도 제기될 것이며, 영국으로서는 현재의 (중국) 정부를 현실적으로 인정하고 그 유엔가입도 당연히 허용되어야 한다고 생각한다. (중략) (중공의) 승인과 유엔가입은 적당하다고 생각하지만, 예컨대 타이완을 중공에 회복시켜 주는 것과 같은, 전략적으로 위험천만한 사태로까지 끌고 가지 않도록 충분히 경계하고 있다"고 말했다.[58]

이들 정보를 토대로 외무성에서는 「중공의 신제안 이후 조선휴전교섭의 성패 및 그 영향(中共新提案をめぐる朝鮮休戦交渉の成否並びにその影響)」이라는 제목의 보고서를 작성하여 각 재외공관장에게 송부했다. 이 연구보

57 「在台北芳沢大使発, 岡崎大臣宛. 第91号, 中共新提案を繞る朝鮮「停戦」の成否に関する件(極秘·暗, 極秘)」, 1953年 4月 3日, 同上, 0038-0039.

58 「在ロンドン松本大使発, 岡崎大臣宛. 第199号, 中共新提案を繞る朝鮮「停戦」の成否に関する件(暗, 極秘)」, 1953年 4月 9日, 同上, 0049-0054.

고서는 ① 중공의 신제안의 일반적 배경, ② 휴전교섭의 성패, ③ 휴전협정이 성립할 경우의 국제적 영향, ④ 일본에 대한 영향 등 4부로 구성되어 있으며, 그 주된 내용은 다음과 같다.[59]

중공의 신제안의 일반적 배경에 대해서는, "중공의 신제안은 소련의 사전 양해하에 나온 것"인데 그 목적으로 다음의 세 가지를 지적했다. 먼저 휴전교섭을 재개함으로써 국제적 긴장의 일시적 완화를 꾀하려는 것이며, 다음은 휴전협정의 성립으로 동아시아에서의 국부적인 냉전의 완화를 필요로 하는 것으로 보이는데, 궁극적으로 독일과 오스트리아 문제를 포함하여 세계적인 냉전의 완화를 의도하고 있는지의 여부도 생각해볼 필요가 있다는 것이다. 외무성의 연구보고서는 세 번째 문제, 즉 세계적 냉전의 완화 의도 여부에 대한 확답은 피하면서 스탈린 사후 '공산 측'이 휴전과 냉전의 완화에 대해 적극적인 태도를 보이고 있는 것은 인정된다고 결론지었다.

반면 미국 측의 대응에 대해서는 아이젠하워 정권이 "이른바 롤백정책을 구체화하고 실제로 적용하기 이전에 공산진영이 본격적인 평화공세를 취해 온 데 대해 미국은 약간 당황해 하고 있는 기색이다. 미국은 이번 제안에 대해 경계하고 있으며, 중공과 소련의 진의 파악에 나서고 있으나, 우선 부상병 교환 문제를 잣대로 하여 공산 측의 태도를 지켜보면서 휴전협상을 진행하려는 것으로 보인다. 미국은 무엇보다 이번 평화공세로 인해 민주주의 국가들 사이의 협조체제가 흔들릴 것을 우려하고 있으며, 특히 ECD(유럽방위공동체, European Defense Community)의 조약비준 문

59 「外務大臣発, 各在外公館長. 第406号, 『中共新提案をめぐる朝鮮休戦交渉の成否並びにその影響』送付の件(秘)」, 1953年 4月 10日, 同上, 0055−0068.

제 및 일독 양국의 재군비 문제에 대한 영향을 주시하고 있다"고 파악했다. 한편 "영국을 비롯한 기타 민주주의 국가들은 이번 신제안으로 조선에서의 휴전성립 가능성이 증대되었다고 보고 있으며, 특히 영국은 공산측의 타협적 태도를 계기로 탄력적인 방침하에 개개의 구체적인 문제를 해결하고, 점차 전체적인 대중관계의 조정으로 나가야 한다는 태도를 보이고 있다. 이러한 견지에서 영국은 미국이 중공 측의 양보에 편승해 무리한 요구를 내놓고 강요하는 일이 있을지 우려하고 있다"고 분석했다.

휴전교섭의 성패에 대해서는 중공 측의 신제안 가운데 "공산 측이 강제송환의 원칙을 포기했다고 할 수는 없기 때문에 쌍방의 원칙적 주장을 조정해야 하는 문제는 여전히 남아 있을 뿐만 아니라, (중략) 따라서 교섭 재개 후에도 이들 문제를 둘러싸고 분쟁이 예상되며, 휴전협정의 갑작스러운 성립은 곤란할 것이다. 그럼에도 미국이 공산 측의 양보에 편승하여 경직된 태도를 보이지만 않는다면, 휴전협정 성립의 공산은 크다고 할 수 있다"고 분석했다. 즉, "시간은 걸리지만, 협정은 성립한다"는 결론이었다.

휴전협정이 성립할 경우의 국제적 영향에 대해서는 "미국은, 휴전이 성립함으로써 그동안 노출된 중공의 군사력이 인도차이나 등 동남아 방면으로 전개될 것을 우려하고 있으며, 3월 하순에 열린 미-불 회담에서도 이에 대한 대책이 협의된 것으로 보이는데, 소련과 중공으로서는 새로 군사적인 수단을 동원하기보다는 오히려 휴전협정 성립 후에 국면을 바꾸어 정치공세를 격화시킬 공산이 크다. 이러한 공산 측의 전략에 대해 미국은 여전히 이른바 '힘에 의한 평화' 정책을 견지하여 민주주의 진영의 결속 유지를 위해 노력할 것이지만, 휴전성립에 의한 국제적 긴장 완화에 동반하여 미국의 리더십은 상당한 곤란에 직면할 것이다. 특히 민주진영의 군비 또는 재군비 노력이 이완될 것은 피할 수 없으며, 중공 대표 문제 및 대 공산권 수출금지 문제 등을 둘러싸고 민주진영 내부의 정치적 보조가 흐트러질 우려가 있다"고 분석했다. 휴전이 성립할 경우 '원조에서 무역으로'라는 구호를 내건 미 공화당 정권의 앞으로 정책 기조와 그에 대한 영향에 대해서는 다음과 같이 분석하고 있다. 즉, "현 의회에 트루먼이 제출한 76억 달러의 대외원조비의 삭감을 주장하고 있는 지금, 과연 새로운 대외원조를 국내정치적 곤란 없이 실시할 수 있을지 의문이다. 휴전성립에 동반한 경제적 반동을 미국 경제가 큰 곤란 없이 극복하더라도 서구 및 아시아 국가에서의 경제 운영은 결코 용이하지 않을 것으로 예상된다. 재군비를 감속시킨 서구 국가들과 세계시장에서의 수출경쟁은 격화될 것"으로 외무성은 예측했다.

마지막으로 일본에 미칠 영향에 대해서는 다음과 같이 예측하고, 그에 대한 정보수집을 각국 대사관에 요청했다.

> (1) 휴전성립으로 미국의 일본에 대한 자위력 증강 기대가 줄어들 것으로는 생각되지 않는다. 일본국 내의 자위력 증강에 대한 저항은 휴전으로 인해 더욱 강화될 것이나, 미국의 여론은 자국 병사의 귀환을 강력히 요망할 것이므로 오히려 미국 정부로서는 일본 측의 자위체제 강화를 희망하게 될 것이다. 미국은 일본의 자위력 증강에 동반한 주둔군의 철수를 고려하고 있지만, 현재 약 10만이 주둔하고 있는 한국으로부터의 병력 이동에 의해 일시적으로는 주둔군 병력이 증가할 것도 예상된다.
>
> (2) 휴전으로 일본 주둔군 병력이 일시적으로 증강된다면, 주둔군 유지비(1952년 약 2억 달러)와 주둔군 소비(1952년도 약 2억 8,000만 달러)는 오히려 증가할 것이지만, 특수 관련 수입(1952년도 3억 9,000만 달러)은 한국부흥

위원회(UNKRA)의 부흥 자재 수요와 남조선용 무기 자재 발주로 보완된다고 하더라도, 총액에서 감소 경향을 보이는 것은 피할 수 없을 것이다. 한편 미국은 일본 자위력의 점진적 증강을 일본국 내 무기공업의 육성을 통해 추진하려 할 것이기 때문에 특수와 동질의 수요가 점증할 것이다. 따라서 휴전성립이 곧바로 주둔군 관련 소비와 특수 관련 수입의 소멸을 의미하지는 않지만, 한국전쟁 기간보다는 커머셜 베이스의 발주가 더욱 강요될 것이라는 전망도 있다. 종래 이에 의존해 온 일본 경제에 대한 영향은 클 것으로 생각된다. 또한 세계적인 재군비 계획의 감속 경향에 따른 국제적인 상품가격의 하락은 여러 외국과의 수출경쟁 격화와 더불어 우리 수출무역의 신장을 더욱 곤란하게 함과 동시에, 재고품의 증가와 기존 원재료의 국제가격 하락의 영향을 받아 더욱 심각한 타격을 받게 될 것이 예상된다. 더구나 경제부흥의 현 단계에서는 상당한 대규모 재정자금의 초과지출이 필요하며, 인플레 요인은 여전히 해소되지 않는 상태가 계속될 것이다.

(3) 유엔이 중공을 침략자로 취급하고 있는 한(1951년 2월 1일 결의) 우리의 중공대책도 유엔협력의 방침에 따른 것이어야 하나, 휴전의 성립 시에는, 우리나라의 중공 및 소련에 대한 정책의 재검토가 국내 정치상의 강력한 요구로서 제기될 것이며, 중공 및 소련 측으로부터도 이를 촉진하기 위한 적극적인 조치가 취해질 것이다. 특히 중공에 대한 무역금지조치의 완화와 중공무역의 촉진을 요구하는 압력이 가해질 것이다. 또한 이에 동반하여 우리나라의 국부(타이완—필자 주) 및 한국과의 관계도 새로운 각도에서 바라보지 않으면 안 되게 될 것이다.

1953년 6월 1일 주미 대사 아라키는 한국 문제에 대한 로버트슨(Walter S. Robertson) 국무차관보와의 대화 내용을 보고했다. 로버트슨이 휴전을 반대하는 한국 측의 강경한 태도에 대해 고심하는 미국 측의 입장을 밝히고 있다며 다음과 같이 전했다. 즉, 로버트슨은 "휴전에 대한 한국의 태도에 대해서는 무척 고심하고 있다. 포로 문제를 둘러싼 강경 자세와 휴전 반대의 태도는 공산군에게 어부지리로 작용할 것이며, 한국 자신의 이익에 반하는 것"이라고 말했다고 하며, 이러한 미국 측 태도로 보아 미국은 "한국의 태도에 대해 크게 우려하고 있는 것이 사실"이라고 분석 보고했다.[60] 이 보고를 기초로 하여 일본 정부는 휴전에 대한 미국의 입장이 확고하며, 더 이상 전쟁이 장기화될 가능성은 없다는 결론을 얻었던 것으로 보인다.

6월 29일 주미 공사 다케우치 류지(武内竜次)가 존슨 국무차관보 대리와 회담했다. 이 회담에서는 주로 이승만-로버트슨 회담에 대해 의견을 나누었다. 아라키 대사는 대담 내용에 대해 다음과 같이 보고하고 있다. "1. 이승만-로버트슨 회담과 관련해서는, 26일경에는 다소 낙관적으로 보였지만, 이 대통령의 태도가 다시 바뀌어 전망이 불투명해졌다. 2. 이 대통령의 근본 태도는 어디까지나 무력으로 조선의 통일을 기도하겠다는 것으로 보이나, 미국은 이에 응할 수 없다는 입장이다. 3. 이 대통령이 고양된 민중의 목소리에 속박되어 (휴전 반대의 강경 태도가—필자 주) 반드시 자신의 의사라고는 할 수 없다는 분석이 있지만, 이는 사실이 아니며, 미국은 이승만이 완전히 국내를 장악하고 있다고 보고 있다. 4. 휴전 후의 정치회담에 대해서는 아직 어떠한 계획도 수립되어 있지 않으며, 미국 측은 유엔 측의 참가국을 조선에 출병한 각국에 한정할 방침으

60 「在ワシントン新木大使発, 岡崎大臣宛. 第589号, 朝鮮問題に対するロバートソンの内話に関する件(極秘)」, 1953年 6月 1日, 同上, 0078-0079.

로 보인다"고 전했다. 또한 아라키 대사는 보고 가운데 이승만-로버트슨 회담 시에 로버트슨이 이 대통령에게 전한 덜레스(Dulles) 서한의 복사본을 발표 전까지 극비로 할 것을 조건으로 입수했다며, 다음과 같이 그 요점을 정리 보고했다. "아무리 이 대통령의 태도가 완강하다고 해도 미국은 더 이상 전쟁을 계속할 의사가 없다. 휴전교섭에서 제시된 중조(북한) 측의 조건에 대해서도 타당하다고 생각한다"고 평가했다. 특히 자유민주주의 국가들 사이의 긴밀한 '협동제휴'의 필요성에도 불구하고 "바로 이 시기에 이르러, 귀 대통령(이승만 대통령—필자 주)은 협동제휴의 원칙을 파기하려는 행동을 취했으나, 귀하에게 이러한 행동을 취할 권리가 있다고 생각하는가. 지난 한국의 위기에 직면하여 귀하는 협동제휴의 원칙을 제창, 우리에게 희생을 치르라고 요구하여, 우리는 피와 고통의 대가로서 이를 지불했다. 그런데 지금 귀하는 이러한 제휴에서 100%의 만족을 얻을 수 없었다고 하여, 협동제휴의 원칙을 파기하려는 것은 우리로서는 승인할 수 없는 일이다"라고 하여, 덜레스 서한에는 미국의 이승만에 대한 불만이 극명하게 표명되어 있었다.[61]

일본의 해외 주재 공관장들은 한국의 국내 정세에 대해서도 정보를 수집하고 있었다. 뉴욕의 시마즈 히사나가(島津久大) 총영사는 7월 2일 자 보고에서, 한국의 내부 사정에 관한 정보로서 한국군이 이 대통령과 충돌하고 있으며, 언제라도 이 대통령을 '처분'할 수 있다고 보고했다. 보고서는 "한국군이 이 대통령의 명령에 따르지 않고 이를 무시한 사건이 두세 건 발생했는데, 이들 사건의 배후에는 클라크(Mark W. Clark) 대장의 지

61 「在ワシントン新木大使発, 岡崎大臣宛, 第717号, 朝鮮情勢に関するジョンソン国務次官補代理内話の件(暗·極秘)」, 1953年 6月 29日, 同上, 0090-0091.

시가 있었던 것으로 생각된다. 이러한 명령 무시가 가능했던 원인은 한국군의 16개 사단 가운데 훈련 중인 1개 사단을 제외한 모든 사단이 38선 이북에 주둔하고 있었다는 사실을 들 수 있다. 그 결과 이 대통령이 38선 이북에 명령을 내린다는 것은 '유엔 권리의 침해'가 되었고, 그 명령은 클라크 유엔군사령관이 거절하고 있는 것"이라고 했다.[62]

7월 9일 워싱턴의 아라키 대사는 오카자키 외상 앞에서 다케우치 공사와 존슨 국무차관보 대리와의 회담 내용을 다음과 같이 보고하고 있었다. 다케우치 공사에 대해 존슨이 "휴전의 전망은 불투명하지만, 낙관적으로 생각하고 있다"고 전했다. 다케우치 공사는 존슨에게 "북조선이 휴전교섭에 응하고 있는 것은 한국 측이 결국은 미국과 의견의 일치를 보지 못할 것이라는 점을 확신하고 있기 때문이 아니냐"고 질문했다. 이에 대해 존슨은 "반드시 그렇게 볼 수는 없으며, 북조선 측은 분명히 휴전 그 자체를 열망하고 있다고 생각된다"고 대답했다.

이렇듯 일본은 외무성의 해외 주재 기관장들을 동원하여 한국 정세를 파악 분석하고 있었다. 그리고 그 정세분석을 기초로 한국에서의 정국 전개가 일본에 미치게 될 영향을 분석하고, 특히 일본 경제에 미치는 영향을 최소화하기 위해 한편으로는 국내적 차원에서 체제를 정비했다. 다른 한편으로는 미국의 이해를 구함과 동시에 협력을 요청하여 지원을 획득하는 데 대미 외교력을 집중시키고 있었다.

---

62 「在ニューヨーク島津総領事発, 岡崎大臣宛. 第461号, 韓国内部事情に関する件(秘)」, 1953年 7月 2日, 同上, 0093-0095.

제4장

일본의 전쟁협력

'기지국가'의 전쟁과 외교

1. 일본 특별소해부대의 파견

일본이 한국전쟁에서 수행한 가장 직접적인 전쟁협력은 소해부대의 파견이었다. 이는 인천상륙작전이 성공하고 한국군이 미군에 앞서 38선을 넘어 북으로의 진격에 나서는 미묘한 시점에 이뤄졌다.

1950년 10월 2일 일본 해상보안청 장관 오쿠보 다케오(大久保武雄)는 미 극동해군 사령부 부참모장 버크(Arleigh A. Burke) 소장으로부터 '중요한 용건으로 급히 만나고 싶다'는 연락을 받았다. 버크 소장은 10월 20일로 예정된 원산상륙작전을 앞두고 북한 측이 항만 내외에 부설해 놓은 기뢰 제거를 위해 일본해상보안청의 소해부대 출동을 요청했다.[1] 당시 극동 지역에 배치된 미 해군의 소해정은 7척에 불과했으며, 기술과 경험이 풍부한 일본의 소해부대가 주목을 받았던 것이다. 당시 해상보안청에는 일본 전국을 7개의 관구로 나누어 활동하던 '항로계개부(航路啓開部)'라는 이름의 소해부대가 소속되어 있었다. 이에 소속된 100여 척의 소해정을 지휘하고 있던 것은 구 일본 해군의 정규 장교들이었으며, 승무원을 포함하여 모두 소해작업의 베테랑들이었다.

패전 후 점령군에 의해 무장해제당한 일본에 소해부대가 존재했던 이유는 종전 시에 일본 해군이 미군의 접근으로부터 본토 방위를 위해 부설한 기뢰 약 5만 5,000개와 미군이 일본 선박의 봉쇄를 위해 B-29와

1 일본 소해부대 파견의 실상에 대한 가장 최근의 연구로 手塚正巳의 『凌ぐ波頭―海上自衛隊をつくった男たち』(太田出版, 2010)이 있다. 특히 제5장 「朝鮮掃海」를 참조할 것(手塚正巳, 197-261頁); ジェームス·E·アワー, 『よみがえる日本海軍』 上, 時事通信社, 1972年, 123頁; 「海外派遣ー日本特別掃海隊, 2」, 『朝日新聞』(夕刊), 1991年 6月 5日.

잠수함을 동원하여 부설한 기뢰 약 6,500개가 남아 있었는데, 이를 제거할 부대가 필요했기 때문이다. 1945년 9월 3일의 연합국 총사령관 일반명령 제2호에 일본국 및 '조선해역'에 부설된 기뢰는 연합국 총사령관 지휘하에 일본 정부가 소해작업을 실시한다고 되어 있어, 해군성에 소해부를 설치하여 이를 담당하게 했으며, 해군성 폐지 이후에는 여러 기구를 거쳐 소해부대는 해상보안청에 소속되어 있었던 것이다.[2]

한편 유엔군 참전 이후 소련은 전쟁의 장기화에 대비하고, 미국의 후방보급로 차단 시도에 대응했다. 따라서 북한에 기뢰를 제공하여 이에 대비하도록 했다. 7월 10일 블라디보스토크로부터 약 4,000개의 소련제 기뢰가 한반도의 동해안 철도를 따라 남방으로 수송되어, 원산을 비롯해 해주, 인천, 군산, 목포 등에 배치되었다. 미군은 이에 대한 정보를 입수하여 9월 26일부터 동해안에서 기뢰제거작업을 전개했다. 이후 10월 2일까지 1주일 동안 미해군 소해정 1척이 촉뢰로 인해 침몰했으며, 미해군 구축함과 한국 해군 소해정 등 총 4척이 크게 파괴되는 상황에 처했다. 이때 미군이 일본 해상보안청에 구원을 요청했던 것이다.[3]

버크 소장의 요청에 대해 오쿠보는 수상의 재가가 필요한 일이라고 하여 일단 자리를 피했다. 바로 그날 오쿠보의 보고를 받은 요시다 수상은 "알았습니다. 협조해야지요. 유엔군에 대한 협력은 일본 정부의 방침입니다. 그렇게 전해 주십시오. 단, 소해부대의 파견과 그 행동에 대해서는 일체 비밀로 해야 합니다"라는 내용으로 즉답했던 것으로 알려지고

---

2 鈴木英隆, 「朝鮮海域に出撃した日本特別掃海隊—その光と影」, 『戦史研究年報』 8, 2005年 3月, 28−29頁.

3 同上, 29−30쪽; 中村悌次, 「朝鮮戦争の教訓—主として海軍の立場から」, 『波涛』, 171号, 2004年 3月, 93頁.

있다. 한편 버크 소장도 직접 요시다와 회견하여 사정을 설명하고 소해부대 파견을 요청했다. 그런데 요시다는 이 자리에서 잠시 침묵하고 심사숙고한 뒤 '기뢰를 제거하는 수밖에 달리 방법이 없다면 어쩔 수 없다'고 대답했다고 하여, 오쿠보에게 적극적인 협조 방침을 표명한 것과 비교된다. 요시다로서는 소해부대 파견을 처음부터 대미교섭용으로 위치지우고 있었으며, 미국으로부터 모종의 대가를 끌어내려 하고 있었다는 것을 알 수 있다.[4]

요시다의 결정에 따라 해상보안청 긴급 간부회의가 열렸다. 이 자리에서는 해상보안청법 제25조에 '비군사적 부대'로 명시되어 있는 해상보안청이 외국의 전장에 출동할 수 있는가가 커다란 문제로 부각되었다.[5] 이에 대해 오쿠보 장관은 일본 패전 직후인 1945년 9월 3일에 발령된 총사령부 지령 제2호(Directive No. 2, Offece df the Supreme Commander for the Allied Powers)를 근거로 삼아 한국 해역에서의 소해 활동의 합법성을 주장했다. 즉, 총사령부 지령 제2호에는 '기뢰소해 명령'이 포함되어 있으며, 그 내용은 '일본제국 대본영은 일체의 소해부대가 소정의 무장해제를 실시한 뒤 소요의 연료를 보급받으며 소해작업에 임하기 위해 준비할 것. 일본국 및 한국 해역의 기뢰는 연합군 최고사령관 소정의 해군 대표가 지시하는 바에 따라 소해할 것'을 규정해 놓고 있었다.[6] 일본 패전 직후의 상황을 반영하여 이 총사령부 지령에는 일본 소해부대의 작업 범위에 '한국 해역'이 포함되어 있었는데, 이 조항이 그 합법성의 근거로 활용되

4 読売新聞戦後史班(編), 『「再軍備」の軌跡』, 読売新聞社, 1981年, 178－179頁.

5 同上, 180頁.

6 大久保武雄, 『海鳴りの日々―かくされた戦後史の断層』, 海洋問題研究会, 1978年, 208－209頁.

었던 것이다.

10월 4일에는 미 극동해군 사령관 조이(C. Turner Joy) 중장으로부터 야마사키 다케시(山崎猛) 운수대신 앞으로 「일본 소해정의 한국 소해 사용에 관한 지령」이라는 제목의 공식 지령서가 전달되었다.[7] 그러나 이 지령이 내려진 뒤에도 해상보안청 측은 '맥아더 원수의 지령'으로서의 출동 명령을 요망했다. 그 배경에는 전술한 바와 같이 소해부대 파견을 합법으로 보는 근거가 총사령부의 일반명령이었다는 사실이 있다. 일본 측으로서는 소해정 출동이 헌법 제9조에 저촉하는 행동이 될 수 있다는 점에서 이것이 미군의 점령 행동의 일환이라는 점을 확실히 해 둘 필요가 있었으며, 사고가 발생할 경우에는 보상 문제를 확인해 둘 필요가 있었다. 이러한 일본 측의 희망은, 10월 6일 조이 명의로 재차 일본 정부에 전달된 명령 가운데 우선 맥아더 연합군 총사령관이 미 극동해군 사령관에게 일본 소해정의 사용을 허가하고, 이를 동 사령관이 일본 정부에 전달한다는 형식으로 실현되었다.[8]

이 지령을 받고 나서야 오쿠보 장관은 편성 중에 있던 특별소해부대의 소해정 지휘관과 함장들을 소집하여 그간의 경위를 설명하고 대원들을 격려했다. 이 자리에서 오쿠보는 "일본이 독립하기 위해, 우리는 이 시련을 극복하여 국제적 신뢰를 쟁취해야만 한다. 비록 제군이 출동하는

---

7 CNFE/S81 5451, 4 Oct. 1950, From Comander of Naval Forces, Far East to Ministry of Transportation, Japanese Government, Subject: Japanese Minesweeper, use of., 大久保武雄, 前掲書, 210-211頁. 도쿄만 및 사세보의 소해부대의 경우 한국전쟁 발발과 함께 일본 연안에도 기뢰가 부설될 가능성이 있다고 본 미 해군이 이들 두 해역을 중요 해역으로 고려하여 한국 해역에 파견될 소해부대에 포함시키지 않았다. 読売新聞戦後史班(編), 前掲書, 183-184頁.

8 大久保武雄, 前掲書, 212-213頁.

바로 오늘 가라토(唐戸)의 안벽에서 일장기를 흔들며 환송해 주는 사람은 없을지라도, 후세 일본의 역사는 반드시 제군의 행동을 평가해 줄 것으로 믿는다"고 하여 이 출동이 일본 독립을 위해 피할 수 없는 역사적인 행동임을 강조했다. 그러면서도 오쿠보는 "덜레스 특사가 방일할 예정이라는 이야기가 도는 등 국제적으로 미묘한 시기였기 때문에 국내의 동요가 강화조약에 예측 불가능한 영향을 미칠 수 있음을 배려"하여 소해부대 파견에 대해서는 발표하지 않았고, 이를 극비리에 진행하도록 관계 각처에 엄명했다고 한다.[9] 물론 간부급 대원들 사이에는 이 출동을 강화 후의 일본 해군 재건을 위한 초석으로 위치 짓는 사람이 적지 않았다. 구 일본 해군 대령이었던 특별소해부대 총지휘관 다무라 규조(田村久三) 또한 그중 한 명이었다.[10]

제6관구 해상보안본부(히로시마) 소속의 MS06호 정장(艇長)으로 사세보 방면에서 소해작업을 담당했던 아리야마 미키오(有山幹夫)는 1950년 10월 3일 '쓰시마 해협 소해작업'에 임하라는 명령을 받고 기항한 시모노세키(下関)에서 원산항에서의 소해작업에 투입된다는 소식을 듣게 되었다. 이에 대해 현장의 다른 정장과 대원들 사이에서 '헌법위반이 아니냐'는 의문이 제기되면서 명령 거부 움직임도 있었다. 그러나 이에 대해 다무라 총지휘관은 "지금까지 많이 고생해 왔지만, 앞으로 1년 정도만 더 참고 견디면 해군 재건이 구체화될 것이다. 소해대가 해군 재건의 디딤돌이 되었으면 하는 마음이다"라고 하여 반발을 무마했다.

10월 7일 소해정 4척과 순시선 1척의 제1소해부대 출항을 계기로

---

9 同上; 手塚正巳, 前掲書, 219頁.

10 이하 아리야마 미키오(有山幹夫)의 회상과 기록에 의거한 『아사히신문』의 특집기사, 「海外派遣 — 日本特別掃海隊, 3」에서 인용.

'한국 해역 특별소해작전'이 개시되었다. 일본 특별소해부대의 소해작업은 10월 10일부터 같은 해 12월 6일까지 8주간 계속되었으며, 진남포, 원산, 해주/인천, 군산의 연안 해역 등 5개 지역을 '전장'으로 실시되었다. 그간 연 44척의 소해정과 10척의 순시선이 참가했으며, 현지에서 소해작업에 종사한 대원이 1,204명(이 가운데 구 해군 간부는 50명), 일본 국내에서 소해작전과 관련하여 연락, 보급, 수리 등에 동원된 대원이 250명(이 가운데 구 해군 간부는 42명) 등 총 1,450명의 인원이 이 작전에 참가했으며, 수로(水路) 327km, 607km²의 해역에서 28개의 기뢰를 처분하는 전과를 올렸다. 그 개황은 〈표 4-1〉과 같다.

표 4-1. 일본 특별소해부대 소해작업 개황[11]

<table>
<tr><td colspan="2">소해 해역</td><td colspan="2">진남포</td><td colspan="3">원산</td><td colspan="2">해주/인천</td><td>군산</td></tr>
<tr><td colspan="2">소해부대명</td><td>제2차</td><td>泰昭丸</td><td>제2차</td><td>제3차</td><td>제1/2차</td><td>제1차</td><td>제2/4차</td><td>제4차</td></tr>
<tr><td colspan="2">지휘관</td><td>石野自彊</td><td>星野直明</td><td>能勢省吾</td><td>石飛紅</td><td>花田賢司</td><td>山上亀三雄</td><td>大賀良平</td><td>萩原旻四</td></tr>
<tr><td rowspan="2">참가선박명</td><td>MS</td><td>02, 23, 22, 57, 09, 13, 15, 10, 21, 03, 06, 08</td><td rowspan="2">泰昭丸</td><td>62, 03, 06, 14, 17</td><td>24, 19, 01, 05, 16</td><td>24, 19, 02, 04, 05, 07</td><td>20, 02, 04, 07</td><td>21, 03, 06, 08</td><td>25, 22, 30, 10, 11, 12, 57</td></tr>
<tr><td>PS</td><td>56</td><td>02, 04, 08</td><td>02, 04, 08</td><td>48</td><td>03</td><td>56</td><td>–</td></tr>
<tr><td colspan="2">참가인원(명)</td><td>348</td><td>58</td><td>207</td><td>152</td><td>101</td><td>116</td><td>121</td><td>101</td></tr>
<tr><td colspan="2">소해기간
(1950년 월일)</td><td>11. 7~
12. 3</td><td>11. 18~
11. 30</td><td>10. 10~
10. 18</td><td>10. 20~
11. 26</td><td>11. 22~
12. 4</td><td colspan="2">10. 11~10. 30,
12. 1~12. 6</td><td>11. 22~
12. 4</td></tr>
<tr><td colspan="2">처분
기뢰 수(개)</td><td>2</td><td>0</td><td>3</td><td>5</td><td>0</td><td>15</td><td>0</td><td>3</td></tr>
<tr><td colspan="2">손실</td><td>0</td><td>0</td><td>1(MS14)</td><td>0</td><td>0</td><td>0</td><td>0</td><td>1(MS30)</td></tr>
</table>

한편 이 작전에서는 전후 일본의 '전사자 1호'가 나오기도 했다. 10월 17일 원산 앞바다에서 소해작업 중이던 MS 14호가 기뢰에 저촉한 후 폭발하여 침몰하였고, 이때 일본인 대원 1명이 사망하고 18명이 부상당했다.[12]

공식적으로 소해작전 종료가 결정된 것은 12월 4일이었으며, 5일에는 오쿠보 장관이 요시다 수상을 방문하여 임무 종료를 보고했다. 요시다는 그 자리에서 '제군의 행동은 국제사회에 참가하고자 하는 일본의 앞날에 빛을 던져 주는 것이었다'는 내용의 위로사를 전했다고 한다. 12월 7일에는 미 극동해군 사령관 조이 중장 명의로 감사장이 전해졌다.[13] 12월 9일에는 시모노세키의 부두에서 거행된 해단식에서 오쿠보 장관이 직접 다음과 같이 훈시하여 그간의 활동을 평가했다.

> 금번, 제군이 취한 행동은 장래 일본의 진로를 제시한 것입니다. 일본 소해부대의 활동은 새로운 일본이 앞으로 독립하여 국제사회에 진입할 때

---

11 大久保武雄, 前掲書, 259-260頁. NHK 보도에 따르면 동원된 소해정 및 순시선은 진남포 해역 14척, 원산 해역 23척, 해주 해역 5척, 인천 해역 5척, 군산 해역 7척 등이며, 현지에서 소해작업에 종사한 인원은 연 1,204명이었다. 日本放送協会, 〈NHK 月曜特集, 日本特別掃海隊―朝鮮戦争秘史〉.

12 読売新聞戦後史班(編), 前掲書, 188頁. 양영조는 미국의 자료에 입각해 사망자는 보고되지 않은 것으로 파악하고 있다.

13 手塚正巳, 246-247頁; 大久保武雄, 前掲書, 261頁; Korean War U. S. Pacific Fleet Operation Interim Evaluation Report에 따르면 '연합국 최고사령관의 승인을 얻어 참가한 일본 소해정은 작전의 성공에 크게 공헌했'고, '작업 상황은 양호했으며, 소해정의 성능이 좋지 않다는 점을 고려하면 작업은 만족할 만한 것이었다'고 기술하고 있는 것으로 볼 때 조이 중장의 평가는 단순한 외교적 언사가 아니었던 것으로 생각된다. 平間洋一, 前掲論文, 注13.

민주국가로서 무엇을 해야 하는지에 대해 행동으로 보여 준 것입니다. 일본이 장래 국제사회에서 명예로운 일원이 되고자 한다면, 팔짱을 끼고 앉아 있기만 해서는 그러한 지위를 획득할 수 없습니다. 명예로운 지위를 획득하기 위해서는 우리 스스로 자신의 노력을 통해, 그 땀으로 해야 하는 것입니다. 금번 제군은 어떠한 곤란 속에서도 이를 극복하고 위대한 실적을 거두어 국제적인 신용을 얻었을 뿐만 아니라, 일본이 나아가야 할 방향을 확인해 주었습니다. 이 장거는 실로 신생 일본의 역사상 영원히 기록될 것입니다.[14]

한편 특별소해부대가 해산한 12월 15일 버크 소장은 오쿠보 장관에게 현재 해상보안청이 안고 있는 각종 제한을 철폐할 절호의 기회라며 방미할 것을 권유했다. 그 제안이 있은 지 한 달 만인 1951년 1월 오쿠보는 미국에서 일련의 회담을 했으며, 그 결과 그동안 해상보안청의 장비에 과해졌던 각종 제한을 철폐하고 중량화하는 데 대한 미 국방성과 국무성의 승인을 받아 내었다.[15]

버크 소장은 또한 오쿠보 장관에게 '해상보안청 소해부대가 한국 해역에서 유엔군을 원조한 것은 매우 의미 있는 일'이었으며, '일본의 강화조약 체결을 앞당기는 효과를 낳았다'고 말한 바 있는데, 버크 소장은 소해작업이 총사령부가 아니라 '유엔군'을 원조하기 위한 것이었다고 규정하고 있으며, 그 점에서 강화조약으로의 분위기 조성에 일조한 것으로 평

14 大久保武雄, 前掲書, 262-263頁.

15 海上保安庁総務部政務課(編), 『十年史』, 平和の海協会, 1961年, 11頁; 大久保武雄, 前掲書, 271-273頁.

가하고 있다.[16] 결국 이러한 발언으로 보건대, 국내외의 여론을 의식해 재군비 요구에는 저항하면서도 이와 동시에 조기강화 실현을 목표로 했던 요시다는 극비리의 소해정 파견 요구에 즉시 응함으로써 미국 측의 신뢰를 획득하고자 했으며, 그의 그러한 의도는 성공한 것이었다고 평가할 수 있다. 즉, 요시다에게 소해정 파견은 미국의 전쟁전략상 요구에 편승하여 강화교섭을 추진하기 위한 전략의 일환이었다.

그러나 일본의 소해정 파견은 다음과 같은 문제를 제기하고 있다. 이는 소해정 파견이 원산상륙작전이라는 미국의 전쟁확대정책 일환으로서의 의미가 있었다는 사실과 관계한다. 일본의 소해정 파견은 유엔이 자신의 전쟁개입을 정당화했던 경찰행동 이상의 행위에 협력하는 것이었다. 한국전쟁 발발 직후 '조선의 동란과 우리들의 입장'이라는 제목으로 발표된 일본 정부의 성명은 대 유엔협력 방침을 천명하면서도 전쟁이 더 이상 확대되지 않는다는 것을 전제로 하는 것이었으며, 유엔의 행동이 경찰행동에 해당된다는 점을 강조하여 확인하고 있다. 그러나 해상보안청 장관 오쿠보에게 미군의 협조 요청이 전달된 시점은 이미 이 선을 넘어선 시기였으며, 요시다는 이 점을 충분히 의식하고 있었을 것으로 생각된다. 그렇기 때문에 소해정 파견의 경우 대 유엔협력이 아니라 이와는 별도의 계통을 따라 총사령부의 명령으로 실시되는 것이라는 점을 확인해 두고자 했던 것이다. 결국 소해정 파견은 일본 정부의 대 유엔협력의 한계와 범위가 어디까지인가에 대한 의혹을 제기하는 사건으로서의 의미를 지니고 있었다.

또한 시항선(試航船) 소에이마루(桑榮丸, 2,860톤)는 일본 소해부대가

---

16 同上, 271-273頁.

공식적으로 해산한 후에도 1951년 4월부터 다음해 8월까지 인천, 목포, 여수, 마산, 부산, 진해 등의 항로에서 시항을 계속했다고 하는데,[17] 이는 소해작업의 일환인 시항작업이 일본 독립 이후에도 계속되고 있었다는 것이 되며, 또 하나의 문제를 제기하고 있다.

소해부대의 해산 이후에도 소에이마루가 작업을 계속 수행했던 것은 소해부대 총지위관을 역임하고 소해부대 해산 후에는 해상보안청 항로계개본부 본부장이 되어 있었던 다무라 규조의 독단으로 실시되었을 가능성이 있다. 그러나 엄밀히 보면 이 사안은 다무라가 독단적으로 결정할 수 있는 사안이 아니었다. 따라서 소에이마루가 '명백한 명령 없이' 작업을 계속했던 데에는 해상보안청의 보다 고위급인 간부의 의지가 작용했다고 보는 것이 자연스럽다. 또한 이는 미군의 묵인하에 이뤄졌을 것이다. 당시 제2대 해상보안청 장관이던 야나기사와 요네키치(柳沢米吉)는 '모르는 일'이라면서도 "항로계개본부의 구 해군 간부들 사이에서는 미군에 대한 협력을 해군 부활을 위한 기초작업으로 생각하는 사람들

17 能勢省吾, 「別冊第1, 桑栄丸試航」, 『朝鮮動乱特別掃海史』, 1−53頁(平間洋一, 前掲論文, 83頁에서 재인용). 소에이마루가 작업을 전개했던 기간은 1951년 4월부터 1952년 6월까지였다. 『海上保安庁30年史』(海上保安協会, 1979)는 소에이마루의 작업에 대한 언급이 없다. 오쿠보는 전게서(『海鳴りの日々—かくされた戦後史の断層』) 가운데 "소에이마루는 1951년 4월부터 6월 말까지 한국 해역에서 시항작업을 실시했다"고 기술하고 있다. 『아사히신문』의 특집(「海外派遣—日本特別掃海隊, 12」)은 당시 승무원의 증언에 의거하여 그 작업기간이 1951년 6월부터 1952년 8월까지였음을 밝혀 내었다. 승무원의 증언은 일기 등에 기초한 것으로 오쿠보의 기억보다 정확한 것으로 보인다. 시항선은 소해작업이 종료된 해역에서 항행을 시도하여 기뢰의 잔류 여부를 확인하는 것을 임무로 했으며, 그런 의미에서 '마모트(모르모트, marmotte, 실험쥐)선'으로 불렸다.

이 있었다"고 회고했다.[18] 그러한 움직임을 파악하고 있었다면, 이를 감독하는 입장에 있었던 야나기사와는 다무라 등의 행동에 적극적인 견제를 가하지 않음으로써 암묵적인 동의를 보냈을 가능성이 있다. 구 해군 간부들은 소해부대 파견에서부터 소에이마루의 작업에 이르기까지의 전 과정을 일본 해군 재건 및 부활의 절호 기회로 보고 있었던 것이다.

한편 당시 일본의 신문지상에는 소해정 파견 사실이 작게나마 보도되었다. 그러나 이에 대해 당시 야당이나 요시다 정권을 향해 비판적인 사회세력 등으로부터 아무런 반응이 보이지 않았다. 이와 같은 사실은 이 시기 일본의 정치 과정을 이해하는 데 의문점을 던져 주고 있다. 1950년 10월 9일 『도쿄신문(東京新聞)』은 "신뢰할 만한 소식통이 7일 밝힌 바에 따르면, 일본의 연안경비정 12척이 미 제7함대의 지휘하에 소해작업에 종사하기 위해 한국 해역으로 출발했다"고 보도했다.[19] 같은 해 10월 22일에는 『마이니치신문(每日新聞)』이 "도쿄 주재 미 해군 대변인은 21일 유엔군이 고용한 일본 소해선이 한국 해역에서 작업 중이었는데, 19일 그중 1척이 침몰하여 20일부터 작업이 중단되었다"고 보도했다.[20] 이에 대해서는 같은 날 『아사히신문(朝日新聞)』도 다음과 같이 보도하고 있다.

> 미 해군 대변인에 따르면, 유엔군에 협력하여 한국 해역에서 작업 중이던 일본인에 의한 소해작업대는 20일 작업을 중단했다. 19일 1척이 침몰하여 사망 17~18명, 실종 1명이 희생되는 일이 발생함으로써 작업을 중단

---

18 「海外派遣ー日本特別掃海隊, 13」, 『朝日新聞』(夕刊)(1991. 6. 13).

19 『東京新聞』(夕刊)(1950. 10. 9).

20 『每日新聞』(1950. 10. 22).

하고 일본으로 귀환했다.[21]

17일의 사고 발생일을 19일로, 부상자 수를 사망자 수로 잘못 보도하는 등 날짜와 사망자 수에 착오가 보이긴 하지만, 위 기사는 분명히 일본의 소해부대 1척이 유엔군에 종사하여 한국 해역에서 작업하던 중에 침몰하여 사망자가 나왔다는 사실을 전하고 있다. 그럼에도 이 문제가 즉각 일본 국회에서 논의된 적은 없었으며, 이에 대한 후속 기사도 보이지 않는다. 미군 점령하라는 조건을 감안해도 이는 매우 이상한 일이라고 할 수 있다. 총사령부의 언론공작이 상당한 수준에까지 이르고 있었던 점을 감안하더라도 이 사실이 '미 해군 대변인의 발표'로 밝혀졌다는 점이 의문을 더해 준다. 왜 미국은 이 사실을 스스로 공개했던 것일까. 당시 일본의 언론은 아직 총사령부에 의한 검열하에 있었다. 소해부대 파견 사실이 공개적으로 보도되는 것은 미국 측보다 요시다를 곤경에 처하는 일이었을 것이다. 기사가 보도된 시점에는 경찰예비대(National Police Reserve) 창설을 계기로 재군비를 둘러싼 논쟁의 불길이 일고 있었으며, 한국 전선으로의 의용군 파견 논쟁도 전개되고 있었다. 일본공산당은 적극적으로 반미 실력투쟁에 나서고 있었다. 정보공개는 요시다는 물론 미국 측에도 불리한 상황이었다. 그 시점에서의 정보공개임을 감안하면 미국 측에 모종의 의도가 있었을 것이란 생각은 자연스러운 것이다.

우선 생각할 수 있는 것은 소해작업 계속을 촉구하기 위한 위협이었을 가능성이다. 만일 소해작업 계속을 거부할 경우 일체의 정보를 공개해 버릴지도 모른다는 우려를 요시다에게 안겨 주었을 가능성은 충분하

21 『朝日新聞』(1950. 10. 22).

다. 이에 더해 미군의 정보공개는 요시다에게 재군비로의 결단을 촉구한 신호였다고도 해석된다. 위 기사는 일반 국민에게 있을 리 없는 소해부대가 어느 사이엔가 한국 해역에 파견되어 있었다는 인상을 안겨 주었을 것이다. 미국 측은 이러한 위기의식을 불러일으키면서 요시다에게 '위험천만한 곡예'를 숨어서 하지 말고, 즉 재군비 문제를 공개적으로 논의하고 제도 정비에 나서도록 촉구하고 있었을 가능성도 있다.

그러나 이 기사는 일반 국민의 관심을 불러일으키지 못하고, 사건은 단발성 해프닝으로 처리된 듯 보인다. 이후 신문이나 잡지 등 어떠한 논설을 통해서도 이 사건은 문제화되지 않았던 것 같다. 당시 일반 국민은 일본이 연합군의 점령을 받고 있다는 조건에서 유엔 또는 미군에 의해 일본인이 한국의 전선으로 동원되는 것에 대해 '어쩔 수 없는 일'이라 생각하고 문제 삼기를 포기하고 있었던 것일까. 아니면 여기서 말하는 '한국 해역'을 아직 일본의 영내로 간주하고 그에 따른 별다른 의식을 갖지 못했던 것일까. 그 어느 쪽이라도 공산당을 비롯한 당시 야당이 이 사실을 거론하여 추궁하지 않았다는 사실은 아무래도 이해하기 어려운 것이다.

일본 특별소해부대의 한국 해역 파견 사실이 일본 국회에서 처음 문제화된 것은 샌프란시스코 평화조약으로 일본이 독립한 후인 1952년 12월 4일 개최된 중의원 예산위원회에서다. 당시 일본 개진당(改進党)의 소장파 국회의원이던 나카소네 야스히로(中曽根康弘)와 오카자키 외상 사이에 오간 질의응답을 통해서였는데, 이때 응수는 현재 일본 국회에서 이른바 '안보법제'를 둘러싼 논쟁을 보는 것 같은 착각을 하게 한다.

나카소네: 과거 일본이 점령당했을 때 유엔군에 협력한 케이스 가운데 가장 큰 것으로, 원산에 미군이 적전상륙했을 때 일본의 해상보안대(해상보

안청의 잘못—필자 주)가 소해작업을 전개하는 일, 전투행위의 일부를 부담한다는 일이 실제로 있었던 것이다. 이는 유엔협력이라고 할 수 있는가. (중략) 앞으로도 유엔협력이라는 이름으로 해상경비대나 해상보안청의 선박이 소해 또는 해상호위 등의 작업과 같은 일에 동원될 수 있다는 의문을 갖고 있다. 일본이 해상에서 유엔협력을 실시할 경우, 그 한계는 어느 정도 선인지 외무대신의 소신을 밝혀 주기 바란다.

오카자키: 적어도 전투행위 자체에 참가하는 일은 없으리라는 것은 당연하다. 따라서 우리가 판단할 때 평화적인 작업이라고 생각되는 것은 후방에서의 작업, 기타 탄약 등의 특별수요에 응하는 것, 항만 시설을 이용하도록 하는 것, 수송 문제 등 여러 가지가 있겠지만, 가능한 한 보통의, 이른바 전투에 참가하지 않는 범위의 작업들 가운데 가능한 것은 협력하겠다는 생각이다.[22]

나카소네와 오카자키 사이에서 벌어진 이상과 같은 논전에서는 소해부대 파견의 경위와 사실의 확인뿐만 아니라 유엔협력의 범위, 특히 해상에서의 협력 한계가 문제시되고 있다. 오카자키의 답변을 재음미해 보면 소해부대 파견은 사실로서 이미 인정하고 있다고 해석할 수 있다. 게다가 그것이 전투행위의 일부였다고 보는 나카소네의 해석을 부정하지도 않았다. 그러나 이 논전이 벌어진 시기는 아직 전쟁 중이었다. 이를 반영한 것인지 논전은 더 이상 확대되지 않았다.

그런데 한국전쟁의 정전협정이 체결된 지 반년이 지난 1954년 1월

22 『国会会議録検索システム』, http://kokkai.ndl.go.jp/SENTAKU/syugiin/015/0514/01512040514007a.html(최종 검색일: 2015. 7. 6)

19일 『산케이신문』은 해상보안청의 소해정이 한국 해역의 소해작업에 종사하여 1척이 침몰하고 1명이 사망했다는 보도를 내보내자[23] 일본 국회에서 이 문제가 크게 다뤄지게 되었다. 우선 1월 30일 중의원 본회의 각 당대표 질문을 통해 공산당의 가와카미 간이치(川上貫一)가 요시다에게 "미군의 원산상륙작전에 일본 해상경비대의 경비선이 참가하여 이 가운데 1척이 피해를 보았다고 하는데, 정부는 이 사실을 인정하는지"에 대한 사실의 확인을 요구했다. 이에 대해 요시다는 "소해정이 침몰했다고 하는데, 현재 그러한 기억이 없다"고 답변했다.[24] 실수일 수도 있고 혹은 고도의 화술일 수도 있으나 어쨌든 이는 사실을 인정한 것으로 해석할 수도 있는 대답이었다. 가와카미가 "경비선 1척이 피해를 보았다"고 말한 내용에 대해 이를 "소해정이 침몰했다"고 바로잡은 후 이에 대한 "기억이 없다"고 도망간 것이다.

같은 해 3월 24일에 열린 중의원 외무위원회에서는 좌파 사회당의 시모카와 기타로(下川儀太郎)가 오카자키 외상에게 그 사실 확인을 요구했다. 오카자키 외상이 소해작업에는 종사했으나 참전한 것은 아니라고 답변한 데 대해 시모카와는 다시 적전상륙을 위한 소해작업은 명백한 참전이라고 반박하고, 이에 대한 의견을 요구했다. 특히 오카자키 외상은 "소해작업과 해외파병은 전혀 별개의 것이며, 국제법의 관념에서 보아도 전혀 별개의 것이다. 소해작업을 했다고 하여 이를 해외파병이라고 한다면 이는 견강부회라고 생각된다"는 논리로 야당 의원의 추궁에 반박했다.[25]

---

23 『産経新聞』(夕刊)(1954. 1. 18)/(朝刊)(1954. 1. 19).

24 『朝日新聞』(1954. 1. 31).

25 衆議院外務委員会議事録(1954. 3. 24). 『国会会議録検索システム』, http://kokkai.ndl.go.jp/SENTAKU/syugiin/019/0082/01903240082024a.html(최종 검색일: 2015. 7. 6)

이상의 논전을 통해 알 수 있듯이 오카자키 외상은 "보안청이 참전한 사실은 전혀 없으며, 일본 소해정이 종사한 소해작업은 국제법상 아무 문제가 없다"고 하여 일관적으로 참전 사실에 대한 전면 부정의 입장을 취했으며, 요시다 수상도 "현재 그러한 기억이 없다"고 하여 소해정의 한국 해역 파견 자체를 완강히 부인했다. 한편 일본 정부는 한국 해역에서의 소해작업은 점령군에 대한 서비스 제공이라 하여, 전후 미국과의 수차례에 걸친 교섭에서 연료, 물품, 인건비 등의 명목으로 2억 3,698만 1,294엔을 미국 정부에 요구하여 받아 내었다.[26] 미 해군의 공식전쟁사 『미 해군의 한국 작전사(History of United States Naval Operations in Korea)』에서는 일본의 소해정을 '계약(contract) 일본 소해정'이라고 표현하고 있는데, 이는 일정 정도의 보상이 지불된 사실을 배경으로 하고 있다.[27]

2. 일본인 노무자의 동원

1) 물자 수송 작전의 최전선에서

한국전쟁 발발과 함께 점령군의 노동자 고용도 급증했다. 점령군의 유지와 운영을 위해 고용된 노동자는 1950년 5월 현재 약 21만 8,000명이었

---

26 「朝鮮事変における日本掃海隊の活動について」, 能勢省吾, 前掲書, 128頁; 松沢哲成, 「朝鮮戦争と日本―〈ロームシャ〉の立場から視た」(特集 場所なき者たちの領域), 『寄せ場』 23, 2010年 5月, 68頁.

27 James A. Field, Jr., *History of United States Naval Operations in Korea*, Washington D. C.: U. S. Government Printing Office, 1962, p. 232.

다. 그러나 한국전쟁 발발 이후 전쟁이 격화되면서 급증하여 가장 많을 때에는 29만 7,000명으로 거의 30만 명에 육박하고 있었다. 그 가운데는 무기, 탄약 등의 군수품과 기타 물품의 적재, 수송, 경비, 부대 사무 등의 병참 보급 작전에 종사한 노동자도 상당수 있었을 것으로 추정되고 있다.[28] 한국전쟁 특수로 항만운송업이 붐을 타고 있음을 보여 주는 지표에서도 항만 노동자의 급증을 확인할 수 있다. 선박 노동자는 1950년 3월 말 1,684명에서 1951년 3월에는 4,401명으로, 연안 노동자는 같은 시기에 2,720명에서 4,181명으로 증가했다. 그러나 이러한 고용률의 증가는 대부분 일일 고용 노동자의 증가에 의존한 것이어서 일일 고용 의존율은 같은 기간에 선박 노동자가 39.2%에서 73.8%로, 연안 노동자가 31.4%에서 53.2%로 비약적으로 증가했다.[29]

한편 조선특수는 수송량의 신장과 운임 상승을 초래하여, 계류 선박의 대량 발생으로 불황의 나락에 떨어져 있던 해운계를 회생시켰다. 또한 계류된 채 방치되었던 전표선(戦標船, 전시표준선의 약칭)의 일부는 미국 군사해상수송부(MSTS, Military Sea Transportation Service)의 용선으로 출동했으며, 전후에 개조된 선박들도 외항선으로 동원되었다. 군사해상수송부는 1949년 미국이 육군부와 해군부 등의 군사 부문을 국방부로 통합하면서 육해공군이 각각 독자적으로 보유하고 있던 수송부대 가운데 해상 수송 부문을 통합하여 창설한 기구다. 이에 따라 일본 정부는 1951년 1월 외항 선박의 긴급증강대책을 협의하여 일부 전표선의 개조와 새로운 선박의 건조, 침몰선의 인양, 외국 선박의 구입과 용선의 촉진, 미국 리버

28 山崎静雄, 『史実で語る朝鮮戦争協力の全容』, 本の泉社, 1998年, 71–73頁.

29 神戸市開港百年史編集委員会(編), 『神戸開港百年史, 港勢編』, 1972年, 791–792頁.

티선(제2차 세계대전 중에 미국이 대량으로 건조한 중형 규격의 수송선)의 양도 요청 등을 결정했다. 이러한 정부 방침에 따라 업계도 세계 해운으로의 복귀를 목표로 외항 선박의 운행체제 정비를 급히 서둘렀다. 물론 국내 해운 부문도 특수 등의 여파로 서서히 활기를 띠게 되었으며, 해운업계는 전반에 걸쳐 크게 호전되었다.[30] 그러나 민간 선박의 동원은 철저히 극비로 부쳐졌으며 기록을 남기는 것조차 금지되어 있었다.[31]

이러한 선박의 동원은 주로 MSTS의 명령으로 이뤄졌으며, 실질적인 업무는 점령기 일본 정부에 조직되어 있던 상선관리위원회(CMMC, Council for Mercantile Marine Control)를 통해 이뤄졌다.[32] 한국전쟁 당시 상선관리위원회 이사장이었던 아리요시 요시야(有吉義弥)는 그때를 다음과 같이 회고하고 있다. 아리요시는 한국전쟁 전 기간을 통해 상선관리위원회 소속의 선박들이 대거 동원되어 '유엔군에 공헌'했다고 하면서, '선박 대부분을 점했던 LST가 대형 군수기재의 수송과 벽지 해변의 양육 활동에 이상적 조건을 갖추었'고, '일본인 승무원이 조선 해안의 구석구석까지 정통해 있'었기 때문에 일본의 선박은 매우 유용했다고 한다. 이들 일본에서 차출된 선박들은 인천상륙작전과 같은 대규모 작전에서도 활약했다.[33]

선박의 동원과 함께 부두 노동자와 선원이 동원되었다. 전(全)일본해

---

30 海事産業研究所(編),『日本海運戦後助成史』, 運輸省, 1967年, 13頁.

31 大阪商船三井船舶,『風涛の日々, 商船三井の百年』, 1984年, 274-275頁.

32 상선관리위원회는 패전 직후 이른바 '외지' 잔류자들의 귀환 등의 수송업무를 담당하는 기구로 1945년 11월 총사령부의 명령에 따라 설치되었다. 有吉義弥,「商船管理委員会に残された仕事」,『海事研究』, 1950年 12月 25日, 6-12頁; 日本郵船,『七十年史』, 1956年, 421-422頁.

33 有吉義弥,『占領下の日本海運—終戦から講話発効までの海運側面史』, 国際海運新聞社, 1961年, 202頁.

원조합의 전쟁협력 방침이 이를 가능케 했다. 해원조합은 당시 일본노동조합 운동의 중심이었던 일본노동조합총평의회(総評)의 노선을 따라 반공을 기조로 하여 '평화와 자유와 민주주의적 질서를 수호하기 위해 떨쳐 일어난 유엔군의 군사행동'에 대한 협력 방침을 천명했던 것이다.[34] 물론 이는 총사령부의 요청에 의한 것이었다.

한국전쟁 발발 직후인 6월 29일 총사령부는 전일본해원조합에 대해 군수물자 수송에 대한 방해행위를 엄금한다고 구두로 명령을 내렸다. 이에 대해 조합 측은 30일 당면의 조치로서 「조선에서의 교전상태 발생에 동반한 당면의 조치에 대하여」라는 지령을 하부기관에 전달했다. 불상사가 발생하지 않도록 조처할 것과 반전을 이유로 반미투쟁 또는 공산당 계열의 움직임에 동참하지 않을 것을 요구하는 내용이었다.[35] 이와 동시에 해원조합은 일본 선주협회 및 상선관리위원회 앞으로 인명과 선박의 안전, 기타 위험구역에 대한 수당 지급을 요구했다. 위험수당에는 기뢰 등이 부설된 위험 지역 내에서의 작업 등에 대한 수당에 더해 위험물 탑재 수당이 포함되어 있었다. 7월 8일에는 「협정서 제4호」가 체결되었다. 위험물 탑재 수당은 독가스 등이 포함된 갑종 위험물의 경우 기준액의 50% 상당액이 지불되었다.[36]

---

34 日本海員組合常任中央執行委員会, 「朝鮮事変に関する本組合の態度」(1950. 8. 18), 全日本海員組合, 『全日本海員組合活動資料集(이하 資料集)』 下巻, 1986年, 2047−2049頁; 「第6年度活動方針, 各論第10号—朝鮮事変に関する態度」, 全日本海員組合, 『全日本海員組合活動方針集(이하 方針集)』, 102−103頁.

35 『船員しんぶん』 92号(1950. 7. 7), 『資料集』 下巻, 2037頁에서 재인용; 「朝鮮における交戦状態発生に伴う当面の措置について」(1950. 6. 30), 同上, 2037−2038頁.

36 「協定書第4号」(1950. 7. 8), 同上, 2040−2041頁; 「協定書第4号別表」(1950. 7. 8), 同上, 2041−2042頁.

그런데 「협정서 제4호」에는 「잠정협정서 제3호」에 규정되었던 다음과 같은 중요한 조항이 삭제되었다. 즉, 「잠정협정서 제3호」에는 "1. 폭발물 등의 위험 물자를 화물로서 적재하지 않으며, 2. 작업항 및 항행구역은 미군의 원호하에 있는 안전 지역에 한하며, 3. 전투 지역으로의 직접 보급임무에는 선박을 제공하지 않는다"라는 내용이 부대조건으로 명시되어 있었다. 이러한 조건이 「협정서 제4호」에서 삭제되었다는 것은 바꿔 말하면 한국의 전선에 일본으로부터 독가스 등의 위험물질이 반입되었다는 것을 의미한다. 이는 다시 말해 전선에서 이러한 물질이 사용되었을 수 있다는 것을 의미한다. 이러한 상황에서 "특수임무에 임하는 LST는 남북 조선 간에 쟁란(爭亂)이 개시된 당초부터 미군 수송에 헌신하고, (중략) 포항 적전 상륙에 참가하여 위험을 무릅쓰고 그 대임을 완수"하는 등 일본의 선원은 대부분 직접 전투에 동원되고 있었던 것이다.[37] 예컨대 LST 선원 산노미야 가쓰미(三宮克己)는 6월 25일 당일 괌에서, 미군용 폐차에서 나오는 고철을 일본으로 실어 나르던 중, 오가사와라 제도 부근에서 전쟁 발발 소식을 들었다. "조선에서 전쟁이 일어났으니, 시급히 옷파마(追浜)에 하역한 뒤 요코하마 도크로 향하라"는 무선을 받은 것이다. 요코하마에 도착한 후 약 5일 사이에 산노미야가 타던 LST는 병사 수송용으로 개조되어, 미군 병사 약 200명을 태우고 포항을 향해 출항했다. 산노미야는 이때 출항한 병사들이 대전 부근에서 대부분 전멸했다는 소식을 들었다고 회고하고 있다.[38]

한국전쟁 초기 일본 LST 선단의 활약에 대해서는 1950년 7월 28일

37 「決議文」(1950. 7. 20), 同上, 2043-2044頁.

38 三宮克己, 「一船乗りの朝鮮戦争体験記—日本は朝鮮戦争で何をしたのか(特集 1, 朝鮮半島の危機とは何か)」, 『社会評論』 29(4), 2003(秋), 32-33頁.

해원조합이 요시다 수상, 야마사키 운수대신, 아리요시 상선관리위원회 이사장, 야마가타 일본선주협회 회장 앞으로 제출한 요청서「한국 수송에 종사하는 일본 선원이 미군과의 관계에서 신분보호 및 직무수행을 원활화하기 위한 조치에 관한 요청(韓国輸送に従事する日本船員の対米軍との関係における身分保護並びに職務遂行の円滑化を図るための措置について申し入れ)」에서도 확인된다. 요청서에는 7월 중순의 포항상륙작전과 함께 부산에서의 하역작업에 동원된 LST 선단의 '활약상'과 LST 승무원들이 처했던 위험에 대해 다음과 같이 소개되어 있다.[39]

> 1950년 7월 18일 오전 2시쯤 포항을 향한 LST 선단이 영일만에 이르렀을 때, 호위함에서 적진지를 향해 맹공격이 퍼부어졌으나, 선단은 적의 공격 목표가 되어 극도의 위험에 노출되면서도, 새벽녘에 적진지의 저항이 잠시 종식된 틈에 미 해공군의 엄호하에 포항에 입항함. 수륙양용 작전에 따라 상륙을 개시하여 다음날인 19일에 양륙을 완료, 사명을 완수함. 다행히 피해를 입지는 않았지만 극도의 위험에 노출됨을 확인함.

그 전날인 7월 17일에는 부산항 부두에서 하역작업 중인 LST 선박 Q075호에서 감시임무를 수행하던 미군 보초가 휴식 중이던 일본인 승무원 2명에게 위협사격을 가해 부상을 입히는 사고가 발생하기도 했다. 그러나「협정서 제4호」는 미군과 직접 체결한 조약이 아니었기에 미군 병사를 직접 구속하는 데 효력이 없었으며, 해원조합은 사태 개선을 위한

39「Q075号乗組員負傷に関する件」;「乗組員負傷入院報告について」, 同上, 2044–2046頁.

노력을 일본 당국에 요청하는 선에서 사고를 수습할 수밖에 없었다.

위험이 있는 중에도 해원조합의 유엔협력은 적극 전개되었다. 해원조합의 적극적인 한국전쟁 협력 입장은 1950년 8월 18일 상임중앙집행위원회에서 채택된 「조선사변에 관한 본 조합의 태도(朝鮮事変に関する本組合の態度)」라는 결의서를 통해 공식적으로 확정되었다. 이 결의서는 같은 해 10월 28일부터 31일까지 개최된 제9회 해원조합 정기전국대회에서도 「각론 제10호: 조선사변에 관한 태도(各論第10号—朝鮮事変に関する態度)」라는 문건으로 재확인되었다. 그 전문에는 "유엔군에 대한 협력을 방해하는 선전 및 활동을 행하는 자는 평화에 대한 반역자이며 자유민주주의 노동조합원의 태도에 반하는 것으로 조합의 통제처분에 부친다"는 방침이 내걸렸다. 이어서 5개항의 구체적 방침 및 원칙이 열거되어 있는데, 제1항은 북한을 '계획적 무력침략자'로 규정하고, 국제공산주의 세력을 불법적 무력침략자의 지지자로 비난하는 내용으로 되어 있다. 제2항은 유엔의 한국전쟁 참전을 '경찰행동'으로 규정하고, 이에 대해 일본인은 '무기를 들고 전투에 참가하는 이외의 방법'으로 협력해야 한다는 내용이다.

가장 주목할 내용은 제3항이다. 이는 일본의 협력이, 유엔 결정에 기초하여 경찰행동의 범위 내에서 이뤄지는 유엔군의 군사행동에 대한 협력에 한정됨을 확인하는 내용으로 되어 있다. 즉, 제3항에서는 "만일 새로운 무력침략의 도발이 없음에도 유엔군에 참가하는 일국 또는 다수의 국가가 이러한 경찰적 군사행동의 범위를 초월하여 행동함으로써, 그러한 행동이 일본 국내 또는 극동의 기타 지역에서 벌어지는 경우 일본은 이에 대해서까지 협력해야 할 이유가 없다"고 하여 일본이 실시하는 협력의 한계를 명확히 규정하고 있다. 그러나 원산상륙작전 등 유엔군 및 한국군의 행동이 경찰행동을 넘어선 상황에서도 일본은 이에 협력하고 있었으며, 당연히 LST 승무원과 항만 노동자의 동원도 계속되고 있었다. 이는 분명히 해원조합의 결의서 제3항의 행동 방침에 위배되는 것이었지만, 이 점에 대한 명확한 이해와 이에 기초한 해명이 해원조합에 의해 이뤄진 적은 없었다. 제4항은 한국전쟁을 구실로 한 일본의 군국주의화 움직임에 대한 반대, 제5항은 공산주의 세력의 국내 소요 활동에 대한 반대를 표명하는 내용이었다.[40]

산노미야의 회상에 따르면 월미도 인천상륙작전에도 다수의 일본인 선원이 참가했다. 그 자신도 일본인 승무원이 탑승한 37척의 LST 하나에 탑승했었다고 한다.[41] 흥남철수작전에도 다수의 일본인이 참가한 것으로 알려져 있는데, 일본인 내부에서는 이러한 활동을 '참전'으로 간주하고 이에 대해 회의를 품는 사람도 있었던 모양이다. 인천상륙작전 직전에도 일본인 내부에서 논쟁이 일어났는데, 이 행위가 헌법위반에 해당한다고 주장하는 일본인 몇 명이 상륙작전 참가를 거부하는 일도 있었다.[42]

일본인 노동자가 한국전쟁에 '참전'한 사례는 LST 승무원에 한정되지 않는다. 증언에 따르면 MSTS가 직접 지휘하는 통칭 LR(Large Range)이라는 이름으로 불리던 대형 선박에 승선하여 준군사활동에 종사했던 사람도 있었다. 한국전쟁에서 일본인이 '전사'한 사례로 이 LR 선박에 승선한 일본인 노무자의 사망을 들기도 한다. LR 선박이 한국 해역에서 기뢰

40 「第6年度活動方針, 各論第10号—朝鮮事変に関する態度」(第9回定期全国大会決定, 1950. 10. 28-31), 『方針集』, 102-103頁.

41 Tessa Morris-Suzuki, "Japan and the Korean War: A Cross-Border Perspective," 『アジア研究』 Vol. 61, No. 2, June 2015, p. 7.

42 Ibid., p. 8; LST 선원들의 증언과 체험담에 대해서는 다음을 참조. 椛澤陽二, 「朝鮮戦争と日本人船員(其の1/2/3)」, 『海員』 59(8/9/10), 2007. 8/9/10.

에 접촉하여 침몰하는 사건이 있었는데, 이때 일본인 노무자가 희생되었던 것이다.[43] 또한 전쟁 발발 이전 미군의 평상시 업무에 종사하던 일본인들이 전쟁 발발과 함께 급거 전선에 투입된 경우도 있다. 미군부대의 요리사로 일하던 아라키 교지(荒木恭司)의 경험이 그 사례에 해당한다. 아라키는 일본 패전과 함께 사세보에 진주한 미24사단의 요리사로 근무하고 있었다. 그러던 중 한국전쟁이 발발한 1950년에는 미24사단 예하의 제19연대에 소속되었다. 1950년 6월 전쟁 발발 직전 제19연대는 훈련을 위해 LST에 분승하여 오이타항을 출항한 상황이었다. 그 후 전쟁이 발발하자 출동명령을 받고 벳푸항으로 귀항하여 전선으로의 출항을 준비하고 있었다. 아라키는 전선 투입을 거부하고 캠프를 빠져나왔다. 그러나 함께 일하던 다른 일본인 요리사 3명은 한국 전선에 투입되는 LST에 승선했고, 이후 행방불명되었다고 한다.[44]

한국전쟁에서 동원된 일본인 선원은 1952년 3월 현재 약 2,000명을 웃돌았다. LST 1척에 선원 52~53명이 타고 있었고, LST 보유 수가 39척이었으니 대략 그 정도였을 것으로 추산된다. 여기에 기범선 선원이 약 1,300명, LR 선원이 약 2,000~3,000명 있었다고 추정된다. 소해작업에 동원된 인원이 약 1,200명이었으니, 이를 합하면 약 8,000명의 일본인이 한국전쟁에서의 해상 수송을 위해 일본의 영해를 벗어나 활동하고 있었음을 추산할 수 있다. 이들의 활동에 대한 미국 측의 평가는 조이 극동해군 사령관의 보고서에서 확인되듯이 매우 좋다. 즉, "SCAJAP 소속의

43 畑田重夫, 「朝鮮戦争と日本の労働運動」, 労働運動史研究会, 『労働運動史研究』 43号, 1966年 4月, 18頁.

44 毎日新聞西部本社, 『激動二十年·福岡県の戦後史』, 1965年; 인용은 畑田重夫, 「朝鮮戦争史論—開戦16周年記念日を迎えて」, 『朝鮮研究』 51号, 1966年 6月, 10頁.

LST가 일본에 없었다면 우리는 부산을 유지하지 못했을 것"이라고 하며, "LST는 아마도 한국전쟁에서의 유엔군 성공에서 가장 큰 공헌했다"고까지 평가하고 있다.[45]

일본인 노무자의 '종군'은 미 소해정 승무원의 사례에서도 볼 수 있다. 이는 일반 민간인이 미군에 소속되어 한국 전선에서의 작전에 동원되었다는 의미에서 일본 소해부대의 '참전'과는 다른 유형의 전쟁협력 사례에 해당한다. 가나가와현 요코스카시의 음식점 종업원 후지와라 아키라(藤原晃, 1950년 당시 21세)는 패전 직후부터 요코스카의 미군기지에서 요리사로 일하고 있었다. 그러던 중 1948년부터 미 해군의 소해정에 승무원으로 근무하기 시작했다. 1950년 6월 후지와라가 승선한 소해정은 가가와(香川)현 쇼도지마(小豆島) 부근에서 작업 중이었고, 한국전쟁이 발발하자 함께 작업하고 있던 8척의 소해정과 함께 한국 해역으로 출동했다고 한다.

이는 일본 소해부대의 소해작업과는 별도로 전개된 미군의 독자적 명령계통을 따른 미군 소해부대의 출동이었다. 후지와라의 증언을 따르면, 한국 해역에 출동한 거의 모든 미군 소해정에는 한두 명의 일본인 노무자가 승선하고 있었다고 한다. 한국전쟁 직후에 전개된 한국 해역에서의 소해작업에 어떠한 법적 근거도 없이 일본인 노무자들이 동원되고 있었던 것이다. 이러한 문제점 때문에 오랫동안 은폐되었던 일본 소해부대의 한국 해역 출동이 사실로 알려지기 시작한 이후에도 후지와라 등이 참가했던 초기 소해작업에의 일본인 참가 문제는 제대로 주목받지 못

45 "CINCPACFLT Interim Evaluation Report," No. 1, Vol. XII-I; "Annexes, COMNAVFE-Staff History," pp. A37-A39; 石丸安蔵, 「朝鮮戦争と日本の関わり—忘れ去られた海上輸送」, 『波涛』 34(2), 2008年 7月, 71-73頁에서 재인용.

하고 있었던 것이다. 후지와라의 증언은 일본 소해부대가 작업을 종료한 1950년 12월 이후에도 미군 소해부대에 일본인 노무자가 참가하고 있었다는 사실을 새로 드러내 주고 있다. 후지와라에 따르면 1951년 2월 원산 남쪽 해역에서 후지와라가 승선한 소해정과 함께 작업 중이던 소해정이 기뢰에 접촉하여 침몰하면서 승무원 전원이 사망했으며, 이 가운데 일본인 2명이 포함되어 있었다고 한다.[46]

이와 같이 한국전쟁 개전 초기 일본인 하역노동자와 선원 등이 대거 전쟁에 동원되어 사망자와 부상자가 다수 발생했다. 일본의 공식 통계자료에 따르면 개전 후 6개월이 지난 1951년 1월까지 항만 하역노동자와 선원 등이 입은 피해 상황은 다음과 같다. 특수항만 하역노동자의 경우 업무상 사망이 1명, 업무상 질병이 79명, 기타 사상이 21명(사망 3명) 등 총 101명이었다. 특수 선원의 경우 업무상 사망이 22명, 업무상 질병이 20명, 기타 사망이 4명, 기타 부상 및 질병이 208명 등 총 254명이었다. 기타 한국의 항만 및 해역에서의 특수 수송업무 중에 사망한 경우는 총 26명으로, 이 중 항만 하역노동자가 4명, 선원이 22명이었다.[47]

일본인 노무자의 '참전'은 앞에서 언급했듯이 총체적으로 약 8,000명 규모였으며, 그 가운데 희생자는 총 47명인 것으로 파악되고 있다.[48] 그

---

46 「朝鮮戦争, 米軍掃海艇に日本人も乗っていた」, 『朝日新聞』, 1991年 5月 8日.

47 調達庁, 『占領軍調達史ー占領軍調達の基調』, 1956年, 576頁.

48 石丸安蔵, 「朝鮮戦争と日本の関わりー忘れ去られた海上輸送」, 『戦史研究年報』 11, 2008年 3月, 8頁; 石丸安蔵, 「朝鮮戦争と日本の関わりー忘れ去られた海上輸送」, 『波涛』 34(2), 2008年 7月. 다만 8,000명이라는 수치는 전투행위에 연결되어 '참전'에 해당하는 작업에 참가한 사람의 수이며, 『점령군조달사(占領軍調達史)』에 따르면 기술자와 간접적으로 전쟁 수행을 위해 동원된 노무자를 포함하면 총수는 8만~9만 명에 해당하는 훨씬 큰 규모였음을 알 수 있다. 調達庁, 『占領軍調達史ー占領軍調

규모는 16개국 참전국과 비교할 때 상위 6위의 실적이었다. 한국전쟁 참전 16개국 중 8,000명 이상이 참전한 나라는 미국, 영국, 호주, 캐나다, 터키 등이다. 그 밖에 뉴질랜드가 4,500명, 프랑스가 4,000명, 남아프리카공화국이 811명, 룩셈부르크가 89명이었다.[49]

2) 후방 의료지원의 최전선에서

한국전쟁에 대한 일본인의 협력과 관련하여 항만 노동자 및 선원의 동원과 함께 잘 알려진 것이 의료협력의 일환으로 유엔군 병원에 파견된 일본 적십자사 소속의 의사와 간호사들의 협력이다. 이 가운데 간호사의 동원은 반강제적인 것이었다는 점에서 오랫동안 문제로 지적되어 왔다.

당시 일본의 간호학교를 졸업한 간호사들은 일본 적십자사 본사 졸업생의 경우 15년, 지부 학교 졸업생의 경우 10년 동안 일본 적십자사에서의 봉사가 의무화되어 있었다. 이 의무봉사 계약기간 조항이 한국전쟁 발발 당시에도 존재하고 있었으며, 이 조항의 존재가 일본 적십자사 간호사들에 대한 강제적 동원을 가능하게 했던 것이다.[50] 미군의 간호사 파

達の基調』, 1956年, 575頁, 758頁; 田中恒夫, 「朝鮮戦争における日本の国連軍への協力ーその基本姿勢と役割」, 『防衛大学校紀要』, 社会科学分冊 88, 2004. 3.

49 Tessa Morris-Suzuki, "Japan and the Korean War: A Cross-Border Perspective," 『アジア研究』 Vol. 61, No. 2, June 2015, p. 8.

50 일본 적십자사는 메이지 34년(1901)의 칙령 '일본 적십자사 조례(후에 일본 적십자사령으로 개정)'에 따라 운영되었다. 1947년 1월 17일, 이 칙령이 폐지되고 대체 법령이 필요해짐에 따라 일본 정부는 대일 강화조약 조인과 동시에 1949년 8월 12일 제네바에서 체결된 세계 적십자사 관련 각 조약 가맹을 목표로 일본 적십자사의 제도 및 조직 정비에 나섰다. 1951년부터 1952년에 걸친 준비 끝에 일본 적십자사안이 1952년 6월의 제13회 국회에서, 공산당을 제외한 각 당 중의원 의원의 공동제안으로

견 요구에 대해 일본 적십자사 측은 전면협력 방침에 기초하여 규슈지방 각지의 적십자사 지부로부터 간호사들을 모집했다. 그중 제1차 54명, 제2차 25명, 제3차 17명 등 총 96명을 교대로 파견했으며, 1952년 6월 현재 63명이 유엔군 병원에서 근무하고 있었다.[51]

일본 적십자사의 전면협력 방침은 미군의 요구에 의한 것이라는 외피를 두르고 있었지만, 일본 측 나름의 계산과 적극적인 명분이 있었던 것으로 볼 수 있다. 1952년 6월 중의원 후생위원회에서 당시 일본 적십자사 사장 니나가와 아라타(蜷川新)는 일본공산당 소속의 간다 아사노(苅田アサノ) 위원의 질문에 대한 답으로 일본 적십자사의 한국전쟁 협력은 주체적 판단하에서 이뤄진 것임을 강조하고 있다.[52]

그러나 니나가와의 항변과는 달리 당초 일본 적십자사의 태도는 소극적인 것이었다. 이는 국제법상의 법리적 측면을 고려한 것이었는데, 전쟁 발발 직후인 1950년 7월의 시점에서 구로카와 다케오(黒川武雄) 후생상은 일본 적십자사의 유엔군 협력에 대해 신중한 입장이었다.[53] 그러다가 1950년 말 중공군의 참전으로 전선이 확대되고 미군이 후퇴하게 되면서 미국은 일본의 의료지원이 절실해졌다. 이에 유엔군 병원을 통해 본격적으로 일본에 지원을 요청했고, 일본 적십자사는 이에 즉각적으로 대응했다. 미군의 다급한 지원 요청을 받은 규슈 각지의 적십자 지부들은

제출되어 7월 31일 중의원 본회의에서 수정안이 가결되었으며, 8월 14일 법률 제305호로 제정되었다. 日本赤十字社佐賀県支部(編), 『百年のあゆみ』, 1991年, 28-29頁; 山崎静夫, 前掲書, 142-144頁.

51 衆議院厚生委員会, 1952年 6月 2日; 衆議院厚生委員会議録, 1952年 6月 2日.

52 衆議院厚生委員会, 1952年 6月 2日.

53 同上, 1950年 7月 21日.

본사의 지시를 기다릴 여유도 없이 그 대응에 쫓기고 있었다. 그리고 한국전쟁 발발 직후 구 일본육군병원 자리에 급거 증축된 제141유엔병원에서 규슈 각지 일본 적십자 지부에서 파견 나온 간호사들이 근무를 시작하게 되었다.

일본 적십자사 후쿠오카현 지부가 간호사의 파견 요청을 받은 것은 1950년 12월 5일이었다. 후쿠오카현 지부 자료에 따르면 파견 요청을 받은 지 1주일이 지난 1950년 12월 12일 현재 후쿠오카에서 19명, 사가(佐賀)에서 16명, 가고시마(鹿児島)에서 5명 등 모두 40명의 간호사가 유엔병원에 소집되어 근무하고 있었다.[54] 1951년에도 간호사의 추가 파견 요청이 이어졌다. 후쿠오카현 지부는 1951년 1월 4일 25명의 추가 파견 요청을 받았다. 이에 따라 소속 간호사만으로는 대응할 수 없었던 후쿠오카현 지부는 구마모토(熊本)현과 미야자키(宮崎)현 지부에 간호사 지원을 요청하기도 했다. 이 요청에 응해 구마모토현에서 파견 나온 간호사는 모두 5명이었는데, 이들은 1952년 2월 29일까지 근무했던 것으로 기록되어 있다.[55]

이 같은 일본 적십자사의 한국전쟁 협력 활동에 대해 1951년 5월 리지웨이 유엔군 총사령관은 "일본 적십자사는 한국전쟁 발발 이래 중대한 위기에 즈음하여 일본인을 위해 인도적인 임무를 수행했을 뿐만 아니라 미국 적십자사 및 군사복지시설의 활동에 대해 시간과 물자, 인원을 공급하는 등 열정적인 노력을 보여 주었다. 분쟁이나 재해에 즈음해서 (일본) 적십자만큼 국민 모두의 전폭적인 지지를 받을 만한 단체는 달리 없

54 日本赤十字社福岡県支部, 『赤十字福岡九十年史』, 1980年, 605頁.

55 日本赤十字社熊本支部(編), 『日本赤十字社熊本県支部史』, 1991年, 471–472頁.

다"고 하며 격찬했다.[56]

한국전쟁 시기에 이뤄진 일본 적십자사의 국제 적십자조약으로의 복귀 과정은 유엔에 대한 적극적인 협력으로 일본이 국제사회에서 그 존재 의의를 인정받고, 국제사회의 구성원으로 복귀하는 과정의 축소판이었다. 한국전쟁이 발발하자 이토 일본 적십자사 부사장은 7월 20일 『닛세키신문(日赤新聞)』에 글을 투고하여 인도주의 원칙에 입각한 적극적인 지원의 필요성을 주장하고 있다. 그러면서도 "남북 조선은 적십자조약에 가입되어 있지 않아 파견 구호 요원에 대한 조약상의 보장이 없다. 때문에 현지 책임 당국으로부터 모종의 보장에 관한 확약을 받고자 한다"고 하면서 당장 지원을 실시하기에는 환경이 정비되어 있지 않은 현실을 지적하기도 했다. 그런데 일본 적십자사가 한국에 대해 실질적 지원을 개시한 것은 이토 부사장의 담화가 발표되기 열흘 전인 7월 10일의 일로, 요코하마항에서 지혈제와 강심제 등 3톤 분량의 의약품 제1진이 한국 적십자사 앞으로 출하되고 있었던 것이다.[57]

이처럼 전쟁 초기부터 일본의 간호사와 의사들의 급거 동원되었던 것은 초기 전투의 열세 속에서 아직 미군의 의료지원 체제가 정비되지 않았고, 따라서 그만큼 일본의 의료지원이 절실했던 것도 이유가 되겠지만, 그 배경에는 일본 측의 적극적인 동기가 있었다. 강화조약 체결을 전후하여 국제사회로의 복귀를 서두르던 일본 정부는 그 일환으로 일본 적십자사를 재건하여 국제적십자사 조약에 복귀시킬 필요가 있었다. 일본 간

56 『日赤新聞』 第74号(1951. 5. 17); 日本赤十字社兵庫県支部, 『ひょうごの赤十字百年』, 1991年; 인용은 山崎静雄, 前掲書, 162頁.

57 日本赤十字労働組合連合会, 「『三矢作戦』下の日赤—献血, 医療班の真相」, 『朝鮮研究』 第51号, 1966年 6月, 48頁.

호사의 동원은 이를 위한 실적 쌓기의 의미가 있었다고 할 수 있다. 일본 적십자사는 1952년 8월 사법(社法) 제정을 거쳐 1953년 4월 제네바조약에 재가맹하고, 적십자 국제위원회에 이를 통보함으로써 국제사회에 복귀했다.[58] 이는 강화조약 체결에도 불구하고 일본이 아직 유엔에 가입하지 못한 상황에서 1952년의 IMF 가맹과 더불어 일본의 국제사회 복귀를 상징하는 사건이었다.[59]

한국전쟁에 대한 일본의 의료지원과 관련해서 동원된 것은 의사와 간호사만이 아니었다. 일본인의 혈액도 '유엔협력'의 일환을 담당하고 있었다. 일본에서 일본 적십자 중앙혈액은행의 설립일은 공식적으로 1952년 4월 10일로 되어 있지만, 혈액은행의 실질적인 활동은 한국전쟁에서의 헌혈운동 전개로부터 시작된 것이었다. 1950년 10월 5일 자 『닛세키신문』에 따르면 9월 28일부터 일본 적십자사는 "유엔군 장병에게 일본인의 피를 제공하여 감사와 협력의 뜻을 전하자"는 구호하에 헌혈운동을 개시했다.[60] 그 이후 1953년 1월까지 약 7,000명분의 '일본인의 피'가 한국의 전선에 공수되었다.[61]

---

58 全日本赤十字労働組合連合会, http://www.zennisseki.or.jp/syokai/nenpyou/nenpyou1945.html(최종 검색일: 2011. 9. 5)

59 일본의 유엔가입은 1956년 12월에 이뤄졌다.

60 全日本赤十字労働組合連合会, 前掲論文, 1966年, 50-51頁.

61 『朝日新聞』(1953. 1. 16).

3. 일본인 참전논쟁

1) 전쟁에 말려든 일본인들

소해부대의 파견이 비밀리에 이뤄져 일본인 해상보안청 직원들이 소해부대원으로 '참전'하고 있던 것과는 별도로 한국전쟁 발발 직후 일본인의 전쟁 참가 여부를 놓고 논쟁이 일어났다. 일본인의 전투행위 참가 가능성에 대한 최초의 일본 정부 견해는, 7월 1일 오카자키 관방장관이 기자회견에서 밝힌 바와 같이, '점령 당국의 명령으로 일본인은 전투행위 및 기타 행위에 참가하는 것이 가능하다'는 것이었다.[62]

그 후 7월 23일 오사카 고등재판소에서의 기자회견에서 다나카 고타로(田中耕太郎) 최고재판장은 "일본인은 법적으로는 지원군에 참가할 입장에 있지 않으나 자위권의 행사라는 근거에서 볼 때 유엔군에 참가하는 것이 가능하다고 생각한다"는 견해를 밝혔다.[63] 그러나 이 발언은 요시다 수상과의 인식과는 차이를 보인 것이라고 하여 오카자키 관방장관은 다나카의 해석에 반론을 제기했다.[64] 이러한 일본 정부 내의 혼란은 8월 들어 맥아더가 일본인의 의용군 모집 파병에 대해서는 고려하고 있지 않다는 총사령부로서의 정식 입장을 발표함으로써 일단 수습되었다.

그런 가운데 오카자키 외상이 "자유당에서는 미국이 한국 전선에서 심각한 곤란에 처해 있는 이 시기에 일본인 일반이 봉오도리(盆踊り, 일본

62 『産経新聞』(1950. 7. 2).

63 *The Nippon Times*(1950. 7. 24).

64 『毎日新聞』(夕刊)(1950. 7. 25); 『朝日新聞』(夕刊)(1950. 7. 25).

의 전통 마을 축제—필자 주)나 불꽃놀이 등 축제 분위기에 잠겨 있는 것은 도저히 용납될 수 없다는 의견이 고조되고 있다. 국회를 소집하여 국민에게 자숙을 호소하는 결의를 채택해야 한다는 의견이 있다. 또 닛케이렌(日経連), 일본상공회의소, 일한협회 등에서는 유엔군을 위한 위문품을 보내고 싶다는 의견을 타진해 왔다.[65] 이에 대한 의견을 듣고 싶다"고 하여 총사령부의 입장을 문의했다. 총사령부의 답신이 어떠한 것이었는지는 확인할 수 없지만, 이후 전개된 재일 대한민국 거류민단체(민단)의 위문대 모집 및 전달 운동에서 확인할 수 있듯이 이러한 요청이 받아들여진 것으로 보인다.

한편 일본 정부가 일본인의 유엔군 참가는 불가능하다며, 인정하지 않겠다는 입장을 공식적으로 밝혔음에도 불구하고 일본인의 참전에 대한 소문은 한국전쟁 기간 내내 끊이지 않았다. 공산당의 이마노 다케오(今野武雄)는 1950년 10월 13일 중의원 교육위원회에서 '9월 5일과 12일 일본인이 배편으로 한국으로 보내진 후 인천에서의 상륙작전에 동원되었다'는 사실이 그들 본인의 증언으로 확인되었으며, '일본인을 전쟁에 참가시키는 것은 정부 스스로 일본국 헌법을 내팽개치는 것이나 다름없다. 이것이 일본 정부의 입장인가'라고 하며 정부 측의 의견을 요청했으나 이는 의사록에서 삭제되었다.[66]

미국 CBS 도쿄지국장 조지 허먼(George Herman)은 1952년 9월 29일 방송에서 "8,000명으로 구성된 '유령부대'가 한국 전선에서 유엔군과 함께 싸우고 있다. 그들의 정체는 일본에서 건너온 한국인이다. (중략) 이들

---

65 "Item.12"(1950. 7. 25), *Korean War and Peace*, GS, GHQ/SCAP Records, Box no. 2275 BB, GS(B)-04251-04254.

66 Ibid.

'유령부대'는 미군의 제복을 입고 미국의 급여를 받고 있다. 그러나 미군 사령관들은 이러한 소문을 부인하고 있다. 이들이야말로 공산 측이 주장하는 이른바 '한국 전선의 일본의용군, 일본의 해적군대'로 보인다"라고 전했다. 이 보도를 접한 주일 한국대표부는 30일 '일본의용군'이 한국 전선에 동원되고 있다는 공산 측의 비난에 대해 "한국 정부는 전란 초기에 유엔군에 종군할 의용병을 재일한국 청년 가운데서 모집한 바 있다. 그 결과 1950년 7월과 8월 두 달간 약 625명이 응모했으나 대부분 학생이었으며, 이미 그 절반이 일본으로 귀환했다"고 발표하고, '일본인 참전' 사실에 대해서는 부정했다.[67] 재일한국인의 참전에 대해서는 후술하고자 한다.

결국 '조직으로서의 일본인 참전'은 확인할 수 없으며, 그런 의미에서 일본은 참전국이 아니라고 할 수 있다. 그러나 '조직적 참전'이 부인된다고 하더라도 '개인으로서의 일본인 참전'은 이미 공공연한 사실이다. 1952년 11월 13일 자『아사히신문』에는 한국전쟁 발발 직후인 8월 미군부대와 함께 한국으로 건너간 일본인 청년 1명이 서울 부근에서의 전투에서 전사했다는 기사가 실렸다. 청년의 부친은 외무성을 통해 주일 극동군 사령부에 유골과 유품을 일본으로 송환해 줄 것, 유엔군 병사로서의 전사를 확인해 줄 것, 보상금 또는 위로금을 지불해 줄 것 등의 요청 내용을 제출했다. 이 문제는 미일합동위원회에서도 논의되었다. 그러나 한국으로의 도항이 밀출국이라 하여 법에 저촉되며, 유골을 찾을 수도 없는 상황에서 문제는 더 복잡하게 전개되었다. 따라서 다음과 같이 사건의 경위를 확인하는 데에 그쳤다.

67『朝日新聞』(1952. 9. 30).

문제의 인물은 히라쓰카 시게하루(平塚重治, 사망 당시 29세)라는 이름의 청년으로, 가족에 따르면 1950년 1월 20일 미 기병 제1사단 E8 중대에 페인트 작업 군속으로 불려 나간 뒤 귀가하지 않았다는 것이다. 중대는 3월 20일 가나가와현 자마(座間)로 이동하였고, 여기서는 부대 내의 우편업무를 담당했다고 한다. 그런데 한국전쟁 발발 직전인 6월 중순, 모친이 면회를 갔을 때에는 청년이 후지산 산록의 훈련캠프에 함께 이송되었다는 것이다.

10월 10일이 되어 중대장 윌리엄 맥클린(William MacLean) 대위는 "네오 히라쓰카(Neo Hiratsuka, '네오'는 시게하루 청년에게 맥클린 대위가 붙인 이름)는 8월 30일 한국의 모 기지 부근에서 벌어진 전투에서 상당수 적의 병사를 죽이고 전사했다. 본인은 10월 13일 전투 지역으로 귀대할 예정이나 네오와 함께 싸운 생존 미군 병사 2, 3명을 데려와 자세한 사정을 전할 생각이다. 네오는 유엔군 장병으로서 수속을 밟을 예정이니 기다려 주기 바란다"고 전했다.

그러나 이듬해인 1951년 3월 19일 맥아더 원수의 부관 부시 준장은 "시게하루 군은 일본점령 당국이 전혀 알지도 못하는 사이에 당국의 승인 없이 유엔군 병사로 변장하여 밀항한 것이며, 9월 4일 남한에서의 전사자 가운데 한 명이라는 것이 확인되었다. 시게하루 군의 사망 현장은 한국 주둔 당국이 행동을 허가한 권역 밖에 있으며, 매장지와 소지품에 대해서는 알 수 없다"고 통지했다. 이에 대해 유족은 이세키(伊関) 외무성 국제협력국장 앞으로 재차 사망 확인과 보상을 요구했으며, 1952년 8월 19일 외무성은 미일합동위원회에 각서를 전달하고, 문제의 처리를 요구했다. 이에 대한 답변으로 외무성에 전달된 미극동군 사령부 참모 번즈(John J. Burns) 준장으로부터의 각서는 다음과 같은 내용이었다. 즉, 시게

하루의 고용이 미군 '중대에 의해 공식적으로 고용된 것인지 맥클린 대위가 개인적으로 고용한 것인지 명확히 규명할 수 없었'으며, '시게하루 군이 한국으로 도항함에 따라 부여된 원조는 군 당국의 승인을 얻은 것이 아니라 개인 또는 일부의 불법행위의 결과'로서 '시게하루 군이 유엔병사로서 전사했다는 주장은 받아들일 수 없으며, 중대 또는 맥클린 대위 개인의 고용인이었던 만큼 근친자에 대한 보상의 근거도 권한도 없다'는 것이었다.[68]

한편 외무성은 일본 정부로서의 위로금 지급 차원에서 해결방안이 있는지 조달청에 검토를 요청했다. 그러나 조달청의 견해는 "시게하루 군은 군속이 아닌데다 조달청에서 모집한 노무자도 아니었으며, 또한 한국 전선에서의 전사는 1946년 5월의 각의결정에 따른 '진주군이 일으킨 사고로 피해를 입은 자에 대한 위로금 지급에 관한 건'에도 해당되지 않는다"는 것이었다. '시게하라 군 사건'과 비슷한 경우는 이외에도 많았던 것으로 생각된다. 외무성은 오이타(大分)현의 요시하라(吉原)라는 이름의 청년이 히라쓰카와 같은 상황에서 한국의 전선으로 건너가 전사한 것으로 파악된다고 밝혔다.

테사 모리스-스즈키에 따르면 이처럼 공식적으로 군속이 아니었던 자들을 제외하고도 약 120명의 군속이 한국의 전선에 배속되었다가 일본으로 귀환했다고 한다. 소련과 북한이 일본인의 '참전'에 대해 비난의 강도를 높이자 미군은 미군 군속 일본인 46명을 1951년 2월 12일에 귀환시켰으며, 1952년 중반에 다시 72명의 일본인을 귀환시키고 있다. 이 중에서 2명의 일본인이 포로로 잡혔다가 1명은 귀환하고, 다른 1명은 행방불

68 『朝日新聞』(1952. 11. 13).

명인 상태였다. 또한 인천상륙작전에 동원된 일본인의 수는 LST 선원을 포함하여 3,922명에 이르렀다는 지적도 있다. 또한 이러한 작전에 동원되었다가 사망한 일본인 선원 및 하역노동자가 56명이었다는 기록도 있다.[69] 일본인의 참전 사실은 송환된 포로 가운데 일본인이 포함되어 있었다는 사실에서도 확인된다. 판문점을 취재했던 영국인 기자가 전하는 이야기 등을 통해 10명 이상의 일본인 포로가 송환포로 가운데 포함되어 있다는 관측이 흘러나왔으나,[70] 휴전성립 후 일본인 포로로서 일본으로 송환된 것은 3명이었다.[71]

1953년 11월 1일 자 일본공산당 기관지 『평화와 독립을 위해(平和と独立のために)』에 따르면 송환된 2명의 일본인 포로, 쓰쓰이 기요토(筒井清人, 야마구치[山口]현 출신, 당시 23세)와 야스이 다쓰후미(安井龍文, 오사카 출신, 당시 25세)는 미군과 함께 종군하여 한국 전선에서 포로가 될 때까지의 경위에 대해 다음과 같이 증언했다. "일본인을 미군에 편입시키는 징집사업은 각 부현 또는 시의 행정기관을 통해 이뤄졌으며, 추천자가 있는 경우에만 고용되었는데, 월급은 일본 화폐로 3,000엔이었다"는 것이다. 특히 야스이의 경우 '미군 제1사단 제11연대 제2대대 수색대에 배치된 뒤 정찰임무를 수행'했는데, 그가 속해 있던 제11연대에 한하더라도 "수십 명의 일본인이 수색대로서 고용되어 있었으며, 1952년 9월 4일 포로가 될 때까지 1년 동안 제2대대 수색대에 소속된 7명의 일본인 가운데 혼자

69 Tessa Morris-Suzuki, "Post-War Warriors: Japanese Combatants in the Korean War," *The Asia-Pacific Journal*, http://www.japanfocus.org/-Tessa-Morris_Suzuki/3803(최종 검색일: 2015. 7. 3)

70 『朝日新聞』(1953. 4. 11/19).

71 同上(1953. 8. 2); 同上(夕刊)(1953. 8. 17); 同上(1953. 8. 24).

살아남고 나머지는 모두 개죽음을 당했다"고 증언했다.[72] 그러한 증언이 공산당 기관지를 통해 흘러나왔다는 점에서는 어느 정도 과장된 면이 있다고 할 수 있다. 그러나 구체적인 사실들이 열거되어 있는 것을 보면 상당수의 일본인이 미군부대에 고용되어 정찰 등의 군사 임무를 수행하고 있었음은 사실이었을 가능성이 높다고 판단된다. 더욱이 이들이 주로 수색대에서 정찰 임무에 배치되었다는 증언은 식민지기 조선으로 건너와서 조선 각지의 지형에 익숙했던 사람들을 미군이 조직적으로 동원했을 가능성을 배제할 수 없는 정황을 보여 준다. 그 밖에도 유엔군 포로 가운데는 미야무라 히로시(Hiroshi Miyamura)와 같은 일본계 미국인들이 포함되어 있었는데, 이들의 존재가 일본인 참전의 소문을 확대시킨 것으로 생각된다.[73]

더욱 기구한 것은 일본 제국의 병사로 동원되어 중국 대륙의 전선에 투입되었다가 일본의 패전 이후 국민당 병사, 중국 인민군 병사를 거쳐 한국 국방군과 함께 전투에 참가한 마쓰시타 가즈토시(Matsushita Kazutoshi)의 운명이다. 그는 중국 인민군 병사로서 부산 포로수용소에 수용되었던 일본인이었다.[74]

이처럼 뒤틀린 운명의 일본인은 꽤 많았던 것으로 밝혀지고 있다. 이지로 에스케(飯白栄助, 1933년생)는 만주 개척단의 일원으로 중국 동북부

---

72 『平和と独立のために』(党中央機関誌, 1953. 11. 1); 朴慶植(編), 『朝鮮問題資料叢書』 第15巻(日本共産党と朝鮮問題), アジア問題研究所, 1991年, 181頁.

73 6.25 40주년 특별제작반, 『다큐멘터리 한국전쟁』 하권, KBS문화사업부, 1996, 254쪽.

74 Tessa Morris-Suzuki, "Japan and the Korean War: A Cross-Border Perspective," 『アジア研究』 Vol. 61, No. 2, June 2015, pp. 11-12; Tessa Morris-Suzuki, "Prisoner Number 600,001: Rethinking Japan, China, and the Korean War 1950-1953," *The Journal of Asian Studies*, Vol. 74, Issue 2, May 2015.

로 건너갔다가 일본 패전 이후 팔로군에 입대했고, 군 병원에서 간호 보조병으로 근무하던 중 한국전쟁에 인민지원군의 일원으로 참전한 사례다. 군 병원에는 일본인 의사와 간호사가 다수 있었다고 하는데, 이지로가 소속되어 있던 후근부 제2대참부(後勤部 第2大站部)도 위생병을 편성하여 북한으로 파견되었고, 그는 황해도 금광산의 참호에서 창고관리병으로 근무하는 동안 통역을 담당했다고 한다. 북한 주민 가운데 일본어 가능한 자가 많았기 때문에 이지로는 인민지원군과 북한 주민 사이의 소통을 담당했던 것이다. 이지로는 2년 정도 북한에 머물다가 1958년 중국을 경유해서 일본으로 귀국했다.

또한 야마구치 미쓰후미(山口盈文, 1929년생)라는 일본인은 1944년에 중국으로 도항했다가 일본의 패전 이후 팔로군의 포병이 되었는데, 팔로군 안에서 고사기관포 연대 대장까지 진급했다. 그는 중국 인민지원군의 일원으로 북한에 파견되어 무산에 배속되어 철광석 광산의 경계병으로 근무하다가 1개월 만에 외국인 병사에 대한 귀환 조치로 중국으로 복귀했다. 현재 다롄 근교 와팡디엔(瓦房店)에 351명의 '항미원조전쟁' 참전 '열사'들이 잠들어 있는 묘역이 있는데, 14명의 일본인이 이에 포함되어 있다고 한다.[75] 이들의 존재는 이 시기 국가의 경계를 넘나들며 참전한 '용병'이 존재했음을 알려 준다.

75 五味洋治, 「日本人も参戦した朝鮮戦争」, 『光射せ!』 6号, 2010年 12月, 109-117頁.

2) 재일 한국인의 참전

일본인의 참전 문제는 '재일본 대한민국 거류민단'(이하 민단)의 '자원병' 모집운동이 전개되는 가운데 일본인 '자원병'이 지원하고 있다는 것이 드러나면서 표면화, 구체화되었다. 민단의 '자원병' 모집운동은 다음과 같은 경위로 전개되었다.[76]

한국전쟁이 발발한 지 이틀 만인 6월 27일 오사카와 교토의 민단계 재일한국인이 한국군을 지원하기 위해 '자원군'을 파견하기로 하고 준비에 들어갔으며, 이에 따른 필요한 수속을 취하기 위해 민단의 고위간부가 이미 도쿄를 방문했다. 이와 동시에 오사카 민단에서는 한국군에 대한 위문품 전달을 결의했다.[77] 이에 앞서 6월 26일 재일본 한국학생동맹(이하 한학동) 학생들이 민단 중앙 건물의 한학동 사무소에 집결하여 메이지대학 재학생인 정동화(鄭同和)가 혈서로 참전을 촉구하는 일이 있었다. 이에 호응하여 6월 27일 한학동은 긴급회의를 소집하고 의용군 지원병 모집을 논의했다. 여기서 '재일한교 학도의용군 추진위원회'가 설치되었고, 같은 날 교토와 오사카의 민단 본부에서 의용군 모집을 결정했던 것이다. 조선건국촉진청년동맹(이하 건청)도 같은 내용의 결의를 채택했으며, 6월 29일에는 민단 중앙본부 긴급간부회의가 개최되어 민단의 고문, 집행부, 의결기관, 감찰기관의 대표, '한학동'과 '건청'의 대표, 그리고 주

76 이와 관련하여 참고할 만한 연구로는 김찬정의 『재일의용군 귀환하지 못하다: 한국전쟁 비사(在日義勇兵帰還せず—朝鮮戦争秘史)』를 들 수 있다. 이하에서는 이를 참고하면서 총사령부 자료를 중심으로 재일한국인 의용군 파견의 진상에 접근해 보고자 한다. 金贊汀, 『在日義勇兵帰還せず—朝鮮戦争秘史』, 岩波書店, 2007年 6月.

77 "Item. 2, *The Nippon Times*"(1950. 6. 28), *Korean War and Peace*, GS, GHQ/SCAP Records, Box no. 2275 BB, GS(B)-04251-04254.

일 대표부 자문위원 등이 참석했다.[78]

민단의 조직적인 움직임에 더해 민단을 지지하는 재일한국인의 자발적인 움직임도 활발해졌다. 개전 이후 한국을 지지하는 재일한국인 중 자원군으로 지원하는 사람들이 증가하는 경향을 보였으며, 이에 따라 민단 총본부는 총사령부에 파견 가능성과 절차를 문의했다. 총사령부는 훈련의 결여와 이송의 곤란 등을 이유로 이들 지원병을 인정하지 않겠다는 방침을 밝혔으나 특별한 기술이 있다면 별고의 소지가 있다는 답신을 전했다는 것이다. 특별심사국(이하 특심국)이 파악한 1950년 7월 12일 시점에서 지원자는 총 747명이었으며, 한국인이 597명, 일본인이 150명이었다.[79]

모병운동과 병행해서 자금 및 물자 위문품의 모집운동도 전개되었다. 특심국과 총사령부는 위의 답신 이후 민단이 당장은 자원병의 파견이 제도적으로 어렵다는 판단을 내리고, 우선 자금과 물자를 장병들에게 보냄으로써 그들의 열의를 증명해 보이려는 것으로 판단했다. 물론 좌파계 조직에 비해 열세에 놓여 있던 상황에서 이러한 운동을 계기로 조직을 확장하고 단속해 나가려는 의도도 있었을 것으로 생각된다. 이러한 판단하에 민단은 도쿄와 오사카, 교토 등 재일조선/한국인이 밀집 거주하고 있는 중심지를 중심으로 일본 각지에서 대대적인 운동을 전개해 나갔다. 위에 인용한 총사령부 조서를 따르면 그 경위는 다음과 같다.

도쿄에서는 7월 3일 민단 총본부에서 지부장회의가 열렸는데, 그 일부는 비공개 비밀회의로 진행되어 '1. 자원병의 파견 허가를 받아 내기 위해 노력할 것, 2. 기술적인 전문가를 한국으로 파견할 것, 3. 총사령부에

78 金贊汀, 前掲書, 10-11頁.

79 "Item. 7,"「朝鮮内戦問題をめぐる自願軍志願状況」(1950. 7. 12), op. cit.

대해 청원의 편지를 보낼 것, 4. 총사령부의 적극적인 지원을 요구할 것' 등이 결정되었다.

7월 5일에는 건청본부가 재일 한국국민 궐기 대중대회를 개최했다. 이 대회는 건청, 민단, 조선학생연맹 등 우파 재일한국인이 공동으로 개최했으며, 주일 한국대표부가 지원했다. 대회에서는 자원병의 합법성이 주장되었으며, 조국 한국의 승리를 확보하기 위한 물질적·정신적 지원과 격려 등 구체적인 계획이 논의 결정되었다. 민단과 같은 장소에 본부를 둔 조선학생연맹 우파 그룹은 '학생자원병 본부'를 설치하여, 이미 6월 30일부터 자원병 지원자를 모집 접수하고 있었다. 오사카의 움직임은 도쿄보다 빨랐다. 6월 29일 아침 일찍 맥아더가 한국의 전선으로 출발했다는 뉴스가 보도되는 것과 동시에 행동을 취하여 교토, 오사카, 고베 등 관서 지역 전반에 걸쳐 자원병 모집 운동을 개시했다.

특심국이 파악한 바에 따르면 전쟁 발발 직후에 벌어진 이러한 일련의 행동이 주일 한국대표부와 민단 중앙으로부터의 지령에 의해 전개된 것은 아닌 것으로 보이며, 오히려 조직적으로 미숙한 단계에 있던 민단 중앙은 각 지역에서 자발적으로 전개되는 운동을 조직 안으로 끌어들이기에 급급했던 상황이었던 것으로 보인다. 활동을 위해 필요한 자금을 모으는 방법으로 가두 캠페인을 계획하여 조직원들이 거리로 나서야 했던 점, 민단 오사카 본부의 경우 조련 해산 후 사무소를 접수함으로써 겨우 조직적인 활동의 근거를 마련할 수 있었던 점 등이 그러한 일면을 보여 주고 있다.

한편 자원병 속에는 구 군인의 일부가 포함되어 있는 것으로 파악되었다. 민단 측에서는 '재일본 조선인해방운동구원회'(이하 해방구원회)가 이러한 계획을 방해하려는 목적으로 '구원회' 회원을 자원병 속에 침투시켜 한국으로 건너간 뒤로는 게릴라 활동을 전개하려는 계획을 세우고 있다는 정보를 취득하고, 자원병 지원자들의 신원 파악을 위해 신중을 기하고 있었다. 그러나 초기 며칠 동안 자원병의 즉시 전선 배치는 계획된 바 없으며, 지원자들은 본국으로부터의 요구가 있을 경우를 대비해 대기하도록 지시를 받았다. 이러한 점에서 특심국은 이 움직임이 전선으로의 실제 투입을 고려한 것이라기보다는 재일한국인 사회의 결속과 자신감의 고양을 위한 캠페인의 의미를 가진 것으로 파악하고 있다.

특심국의 조서는 도쿄와 오사카 이외에 사이타마현(埼玉県)의 상황을 보고하고 있는데, 이를 통해 중앙의 움직임에 자극을 받은 지방 수준에서의 모병운동의 내용을 알 수 있다. 사이타마현 우라와시(浦和市)의 민단 현 지부에는 개전 직후부터 7월 말까지 수 명의 자원병 지원자가 접수를 희망하여 방문해 온바, 7월 29일 10여 명의 지부 대표들이 현 정세에 대한 긴급대책회의를 열었다. 여기서 5개 항목의 실천을 결정한 후 현 이하 각 지방 민단 사무소에 접수 창구를 열고, 공식적으로 자원병 모집을 시작했다.

5개 실천 항목은 다음과 같다. '1. 민단 내부의 비민주적 분자를 제거한다. 2. 조국의 국방군에 대한 위문품을 모집 전달한다. 3. 공산주의자에 속하는 급진분자의 폭력과 그들의 선전을 완전히 봉쇄한다. 4. 한국의 대통령과 맥아더 원수 및 유엔 안보리 앞으로 메시지를 전달한다. 5. 한국군에 대한 전투기 구입 제공 캠페인에 착수한다.'

그런데 특심국은 한국전쟁 발발 이래 일본의 구 군인과 우익들의 언동에 관한 전국적 조사 과정에서 민단의 자원군 모집 캠페인에 편승해 일본인이 지원하고 있다는 정보를 입수했다.[80] 1950년 7월 8일 현재 민단의 자원병 지원자 수는 873명이었는데, 거의 모든 민단 지부는 일본인

지원자를 받고 있었으며, 일본인 지원자의 대부분은 하사관급의 군 경력자로 경제적 곤란이 지원의 동기인 것으로 파악되었다.

홋카이도 민단 지부의 경우 6월 26일부터 접수를 개시했는데, 7월 8일까지 60명이 지원했다. 이 중 20명이 일본인으로, 대부분 하사관 또는 일반병 출신이었으며, 경제적 곤란이 지원의 동기였다. 그 가운데 특심국 보고서에 유일하게 실명이 기재된 한 남성(당시 26세, 제12전차연대 소속 중위 출신)은, 전형적으로 호전적인 군인기질과 철저한 반공의식으로 무장된 사람이었다고 기록되어 있다. 그러나 특심국의 이러한 보고는 과장일 수 있다.

1999년 1월 1일 자 『홋카이도신문』은 이 남성의 인터뷰 기사를 실었는데, 이를 통해 당시의 분위기를 알 수 있다. 이 남성은 인터뷰에서, 지원 동기에 대해 말하면서, 철저한 군인기질이나 반공의식보다는 생활고가 직접적인 이유였다고 밝히고 있다. 그는 당시의 심경에 대해 "죽고 싶었지만, 자살은 할 수 없고, 전쟁터에 가면 죽을 수 있을 것이라 생각했다"고 회고했다. 이를 통해 경제적 곤란에 더해 급변한 사회 상황에 적응하지 못한 채 자포자기 상태에 빠져 있던 당시 많은 귀환병의 심리상태를 엿볼 수 있다. 그런 귀환병들이 한국전쟁에서 심리적인 공황상태로부터의 탈출구를 발견하게 되었고, 이에 지원으로 이어졌던 것으로 생각된다.[81]

규슈의 경우 1950년 7월 5일 현재 670명이 지원했는데, 그 가운데 70명이 일본인이었다. 이 중에는 전투기 승무원을 포함한 군 경험자와 특

80 "民団の自願軍募集日本人リストについて"(1950. 7. 31), Ibid.

81 『北海道新聞』(1999. 1. 1).

수기술 소지자가 다수 포함되어 있었다. 그 밖에 특심국의 파악에 따르면 일본인 지원자는 오사카 3명, 시가현(滋賀県) 2명, 이와테현(岩手県) 1명이었으며, 이를 합친 것만 해도 96명에 이르며, 홋카이도와 규슈를 더하면 그 수는 더 늘어날 것으로 생각된다. 이러한 일본인 중에는 '조선인들은 미군이 원조하는 무기를 조종할 능력이 없다. 우리 일본인만이 할 수 있는 일'이라는 점을 강조하거나 '우리는 다시 전선에 나가고 싶다. 바로 그날이 온 것'이라며, 총사령부의 허가를 탄원하는 사관급 장교 출신의 구군인들이 다수 있다는 것도 보고되었다. 특심국의 조사에 따르면 7월 4일 현재 일본 전국의 지원자는 총 747명이었고, 이 중 재일한국인이 597명, 일본인이 150명이었다. 9월에 들어서면서 지원자는 전국적으로 3,000명에 달했으며, 9월 15일에는 이미 제1차 입대훈련이 개시된 상태였던 것으로 파악되었다. 그러나 특심국은 실제로는 더 많은 사람이 지원했을 것으로 파악했다.[82]

6월 30일 자 『니시닛폰신문(西日本新聞)』은 민단의 자원군(自願軍) 조직 움직임에 대해 다음과 같이 전하고 있다.

> 남조선에서의 개전 이래 후쿠오카(福岡)현에 거주하는 3만 7,000의 한국 거류민 사이에서 '조국을 구하자'는 구호 아래 의용군에 지원하는 자가 속출하여, 29일 현재 민단 본부가 집계한 바에 따르면 총 630명의 한국인이 지원하였으며, 그 밖에 일본인도 60세의 노인과 항공대 무선사 경력이 있는 25세의 청년 등 약 70명이 지원했다. 이에 대해 □진학 동 본부장은 '지원병은 본국에서는 현재 아직 필요로 하지 않으므로, 주일 대표부의 지시

82 法務府特別審査局, 『特審資料』, 昭和26(1951)年 8月 21日, 54頁.

에 따라 필요한 시기가 올 때까지 정식 접수는 실시하지 않을 것'이라고 밝힌 바 있다. (중략) 대한청년단 오사카 본부는 의용군을 모집하기로 결정하고, 29일부터 오사카(大阪)부 내 6개 소의 청년단 지부 및 27개 소의 민단본부 및 지부에서 접수를 개시했는데, 정오 현재 지원 수는 1,500명에 달했으며, 그중에는 미군 예비역 대위인 바이어도 있었다.[83]

같은 날짜의 『아사히신문』은 오사카에서의 위와 같은 움직임을 전하면서 29일 정오 현재 지원자 수를 3,000명으로 추산했다. 또한 『아사히신문』은 지원자 중 특공비행병 출신의 일본인도 있다고 전했다.[84] 이렇듯 민단의 움직임은 지방, 특히 후쿠오카와 오사카에서 먼저 시작되어 중앙으로 파급되어 간 것으로 보인다. 민단이 중앙에서 이러한 움직임을 통괄 장악할 수 있게 된 것은 8월에 들어서였다.

민단 중앙본부에서는 전쟁 발발 직후 '본국정세 긴급사태 대책위원회'를 설치하여 급변하는 상황에 대처하고 있었다. 지원병 모집운동과 관련해서는 8월 8일이 되어서야 겨우 '자원군 지도본부'가 설치되어 전국적인 모집운동을 통괄할 수 있게 되었다. 본부장에는 민단중앙총회 의장인 김광남(金光男)이 선임되었다. 그러나 오사카 지방의 선제적인 움직임이 중앙을 이끄는 형태는 계속되었다. 오사카 지방에서는 9월에 55명의 '결사 자원병'이 민단 오사카 본부 강당에서 집결한 뒤 도쿄의 '대한청년단 중앙훈련소'에 입소, 일본 전국 각지에서 결집한 청년 학생들과 합류하여 도쿄 아사카의 미군 캠프에 입대했다. 도쿄-간토 지역 78명의

83 『西日本新聞』(1950. 6. 30).

84 『朝日新聞』(1950. 6. 30).

'재일학도의용군'을 위한 출정식이 9월 8일 스루가다이(駿河台) 호텔 앞에서 열렸다. 이들은 전국에서 모인 자원병들과 함께 캠프 드레이크(Camp Drake)라 불리는 도쿄의 아사카 미군 캠프에 입대한 뒤 불과 1주일에도 못미치는 기초적 군사훈련을 마친 후에 9월 13일의 인천상륙작전에 재일의용군 제1진으로 파견되었다. 그 규모는 546명이었던 것으로 파악된다. 이 가운데 55명이 오사카 지부 소속으로 참전하여 2명이 전사, 6명이 실종되었으며, 휴전으로 귀환한 자가 16명, 유엔군으로 편입한 자가 31명이었다. 지원병 전체에서는 총 59명이 전사한 것으로 알려지고 있다.[85]

특기할 것은 민단의 의용군이 일본에서 한국으로 투입될 무렵, 한국에서 조직된 카투사병 8,600명이 일본으로 보내져 고텐바 훈련소 등에서 훈련을 받고 다시 전선으로 이송되어 인천상륙작전에 참가하고 있었다.[86] 인천상륙작전에는 미군, 재일 의용군, 한국군, 일본인 미군 군속, 일본의 구 군인, 일본의 민간인 노무자 등이 참전했으며, 가히 한미일 합동작전이었다고 할 수 있다. 참고로 1952년 중반까지 118명의 일본인이 미군 군속으로 한국 전선에서 복무하고 있었다.[87]

한편 특심국 후쿠오카현 지부 총무과는 민단 후쿠오카 본부의 자원병 모집 상항에 대한 보고 가운데, 지원자 중에는 좌익적 조선인이 포함되어 있다는 사실을 포착 보고했다. 민단 후쿠오카 본부는 현내 300명의 지원자 가운데 신중하고 엄격한 인선 과정을 거친 30명을 자원병 제

---

85 在日本大韓民国居留民団大阪府地方支部, 『民団大阪30年史』, 1980年, 98-101頁; 재일학도의용군 동지회, 『재일동포 6.25전쟁 참전사』, 2002, 141-159쪽.

86 Tessa Morris-Suzuki, "Japan and the Korean War: A Cross-Border Perspective," 『アジア研究』 Vol. 61, No. 2, June 2015, pp. 9-10.

87 Ibid., pp. 10-11.

1진으로서 9월 19일 오이타현 벳푸시(別府市)에 파견했다. 그러나 지원자의 전력(前歷)에 대한 조사의 미비로 인해 성재숙(成在淑, 당시 28세)이라는 이름의 민청 출신 활동가가 포함되어 있었다는 사실이 후에 판명되었다. 그는 민청의 도바타(戸畑) 지부 위원이었으며, 일본공산당의 비밀당원으로 활동했던 적이 있었다. 그의 형인 성재윤(成在潤, 당시 31세)은 동생과 함께 민청 도바타 지부 정보부 및 교육부의 장을 지낸 경력의 소유자였으며, 1947년에는 파업을 주도하여 구속되기도 했다.[88]

이렇게 한국의 전선에 파견되었던 재일한국인 지원병들은 전선이 교착상태에 빠지고 장기화되면서 일본으로 귀환하기 시작했다. 1951년 9월 6일에는 35명의 지원병이 귀환하여 민단본부에 일단 집결한 이후 각자의 가정으로 돌아갔다. 이어서 9월 13일에는 민단본부에서 20명의 유족이 참석한 가운데 57명의 전사자 추모식이 열렸다.[89] 당시 한국 전선에 지원병으로 건너간 약 600명의 재일한국인 가운데 약 절반이 귀향했다. 이들 한국전쟁 참전 재일한국인들은 귀향을 계기로 '전우회'를 조직하기로 하고, 각 지역 대표들이 소집된 가운데 9월 20일 민단본부에서 '전우회'를 설립했다. 초대 회장으로 정형화(鄭炯和)가 선출되었다.[90] 이들은 한국전쟁에 참전한 경력을 내세워 민단에서 그에 상응하는 대우를 보장하도록 요구하고, 귀환병들의 이익을 대변하는 활동을 전개하는 가운데 조직을 개편, 1951년 12월 2일 '재일한교 재향군인회'를 새롭게 발족

88 "韓国人自願兵としての北朝鮮共産主義者の浸透"(1950. 10. 11), *Korean War and Peace*, GS, GHQ/SCAP Records, Box no. 2275 BB, GS(B)-04251-04254.

89 "朝鮮人組織月間動向(9月)"(1951. 10. 13), *Korean Organization: General*, GHQ/GS, GS(B)-04258-04261.

90 "朝鮮人組織動向に関する月間報告(10月)"(1951. 11. 17), Ibid.

시켰다. 정형화가 계속해서 초대 회장으로 선출되었으며, 회원으로는 약 200명이 등록되어 있었다. 이들은 민단본부에 '재향군인회' 본부를 두고, 전사자 유족들과 부상병 및 그 가족들에 대한 원조를 활동의 목표로 했다.[91]

그 밖에 이들의 중요한 활동 목표 가운데 하나가 나머지 지원병들의 재입국 추진운동이었다. 재일한국인 지원병이 한국의 전선에 파견되어 일본을 떠나 있는 동안, 일본에서는 이들의 귀향이 법적으로 금지되는 조처가 내려지고 말았던 것이다. 1951년 9월 30일 일본 정부는 '출입국관리청'을 설치하여 한국으로부터의 밀입국자와 불법체류자를 단속하는 한편 이들 밀입국자와 불법체류자, 범법자 등을 수용하기 위해 1951년 11월 28일에는 오무라(大村) 수용소를 설치했다. 범법자의 대부분은 좌익 소요사건 관련자들이었다.

또한 10월 4일에는 밀입국자 단속을 구실로 '출입국관리령'이 공포되었다. 이 법령의 시행으로 재일한국인 지원병들은 전선에 파견되어 있는 동안 일본에서의 체류 자격을 박탈당한 꼴이 되었고, 재일한국인 사회에서는 그들의 귀환이 커다란 과제가 되고 있었다.[92] 이들 '재일학도의용군'과 관련하여 최종적으로 확인되는 수치는 다음과 같다. 총 642명의 지원병이 한국의 전선으로 출동하여 이 중 135명이 전사 또는 행방불명되었으며, 242명이 일본으로의 귀환을 거부당해 한국에 잔류하게 되었다.[93] 이와 관련하여 김찬정은 미귀환 문제에 대한 한국과 일본 양국의

91 "朝鮮人組織動向に関する月間報告(12月)"(1952. 1. 17), Ibid.

92 民団大阪府地方支部, 前掲書, 102頁.

93 金賛汀, 前掲書, 6頁.

책임 문제를 지적하고 있다.

그 밖에도 이 시기 자원군의 모집과 관련해서는 다음과 같은 새로운 문제가 제기되고 있다. 1950년 8월 이후에는 주일 한국대표부가 민단의 중앙본부에 설치된 '한국방위 자원군 본부'의 모병 활동과는 별도로 독자적으로 지원군의 모집과 선발을 실시하고 있었다. 그 가운데 교토 마이즈루(舞鶴) 인양원호국과 나가사키현 사세보의 하리오(針生) 수용소에 수용된 강제송환자에 대한 반강제적 모병 활동의 실태가 드러나고 있다. 그 배후에 한국 정부도 있었다고 지적되고 있는바, 이러한 모병 활동에 의해 얼마나 많은 '강제송환' 예정자가 지원군의 형태로 한국의 전선에 투입되어 들어갔는지는 아직 파악되고 있지 않다.[94] 이에 대한 조사와 해명 또한 앞으로의 과제로 남아 있다.

4. 기지국가의 외교

1) 일본 정부의 입장과 대(對)유엔협력

한국전쟁이 발발한 직후 일본 정부의 반응은 매우 무딘 것이었다. 요시다 수상은 6월 25일 전쟁 발발 시 하코네에서 휴양 중이었다. 그리고 기자회견을 일체 거절하고 며칠간 공식적인 반응을 내놓지 않고 사태를 관망하고 있었다. 그러나 사태의 심각성을 누구보다 잘 알고 있었을 요시

94 崔徳孝,「朝鮮戦争と在日朝鮮人—義勇兵派遣の問題を中心に」, 同時代史学会(編),『朝鮮半島と日本の同時代史—東アジア地域共生を展望して』, 日本経済評論社, 2005年, 13-16頁.

다가 사태를 방관하고만 있지는 않았을 것이다. 겉으로 드러나지 않은 채 '후양'을 구실로 밖으로 모습을 드러내지 않고 수면 아래서 불면의 밤을 보내며 사태를 '주시'하고 있던 것으로 보인다. 7월 2일에 미타니 다카노부(三谷隆信) 시종장에게 보낸 편지에서 요시다는 다음과 같이 자신의 상황을 설명하고 있다. "지난주 이래 불면에 더해 약간 과로 기미가 있어 위장을 버리고 말았는데, 의사의 진단을 따르면 이미 치유되었다고는 하지만 여전히 다소 피로함을 느끼고 있는데다 동료의 권고도 있어 이번 주 중은 정양하고자 하니 아울러 내락해 주시기 바라옵고, 부디 적절히 집주(執奏)해 주시기 바랍니다. 나아가 내외 사태의 경과는 당국 대신으로부터 말씀드릴 수 있도록 조처해 두겠습니다."[95]

휴양 중인 요시다 수상을 대신하여 오카자키 관방장관이 담화를 발표했다. "오늘의 교전은 전혀 예기치 못했다"고 하면서도 "이것이 계기가 되어 3차 세계대전이 되지는 않을 것이다. 지금 교전이 어떤 영향을 미칠지 모르지만 적어도 한국과의 교역에서 선박 왕래에 지장이 있을지 모른다. 대일강화에도 어떤 영향을 미칠지 말할 수 없다. 국내치안은 우려되나 만전을 기할 것이다. 정부로서는 어떤 의사표명을 할지 요시다 수상의 의향도 지금으로서는 무엇이라 말할 수 없다"고 하여, 애써 전면 전쟁이 아니라는 인상을 주고 있다는 것이 특징이다.[96] 이러한 반응이 오카자키 개인의 것이라고는 생각되지 않으며, 요시다 수상과 어디선가 교감이 있었을 것으로 생각되는데, 3차 세계대전으로의 발전 가능성의 부인, 한일관계에서의 실익에 대한 저울질, 강화 문제에 대한 영향, 국내

95 吉田茂記念事業財団(編), 『吉田茂書翰』, 中央公論社, 1994年, 721-722頁.

96 이종판, 「한국전쟁기 유엔에 대한 일본의 협력활동」, 『군사』 48, 2003. 4, 134-135쪽.

치안에 대한 확고한 입장 등 요시다의 평소 지론이 드러나 있는 데에서 그와의 교감 흔적을 엿볼 수 있다.

요시다는 6월 28일에 개각을 단행했다. 대장성, 건설성, 경제성, 관방장관을 제외하고 전원을 교체하고 있다. 이는 6월 4일의 참의원 선거 후 예정된 스케줄이긴 했으나 전쟁 발발을 의식한 것일 수 있다.[97] 새로 구성된 내각에서 7월 4일에 각료회의가 개최되는데, 한국에서의 미군 군사행동에 대해 행정조치의 범위 내에서 협력한다는 방침을 승인하게 된다. 구체적으로는 일본 상선을 이용한 한국으로의 물자 수송, 국내 통신망 이용, 특정 노동자의 초과근로대책 등이 규정되어 있었다. 이와 동시에 7월 8일 요시다 수상에게 전달된 맥아더 서한을 통해 미군이 출동하여 생긴 치안과 안보의 공백을 메우기 위해 '경찰예비대(National Police Reserve)'가 설치되었다. 맥아더 서한은 "일본의 양호한 사회질서를 유지하고, 불법적인 소수자들이 편승할 틈을 주지 않기 위해 7만 5,000명의 경찰예비대를 설치함과 동시에 해상보안청이 현재 보유하고 있는 보안력에 8,000명을 증원하도록 필요한 조치를 강구할 것을 허가"한다는 것으로, '눈가림으로 진행되는 재무장' 논쟁의 원천이 되었다.[98] 다만 경찰예비대 창설은 애초에 '기지 일본'의 안정적 유지를 위한 물리력의 의미가 있는 조치였다.

7월 14일 제8회 국회의 시정 방침 연설에서 요시다 수상은 '가능한 범위 내에서 국제연합에 협력하는 것은 지극히 당연'하다는 인식을 표명

97 이종판, 위의 논문, 135쪽.

98 「マッカーサー書簡, 警察予備隊設置, 1950. 7. 8」, 大嶽秀夫, 『戦後日本防衛問題資料集 第一巻』, 三一書房, 1991年, 426-427頁.

하고, 대 유엔협력 방침을 천명했다.[99] 이틀 뒤에 열린 중의원 예산위원회에서 대 유엔협력 방침의 실질적인 내용을 묻는 것에 대해서는 '정신적인 협력'을 전제로 하면서도 '가능한 범위 내의 협력'을 재차 강조했다.[100]

한국전쟁 이후 처음으로 이뤄진 일본 정부의 입장 발표인 외무성 성명은 이러한 요시다의 생각이 반영된 것이었다. 「조선의 동란과 우리들의 입장(朝鮮の動乱とわれらの立場)」이라는 제목으로 발표된 이 성명은 다음과 같은 내용으로 되어 있었다.[101]

우선 북한의 침략행동에 의해 한국전쟁이 발발했다는 것, 그리고 그러한 상황은 '두 개의 세계'가 형성되고 있는 과정에서 피할 수 없는 현실이었다고 파악하고 있다. 그러한 현실에서 한국전쟁은 '자유와 평화의 고귀함을 부정하고, 자신의 주장을 타인에게 강요하려는 공산주의의 폭력'이며, 이러한 폭력이 일본에 미치려는 상황에서, 일본이 '팔짱을 끼고 수수방관한다면, 이는 민주주의의 자살'에 다름 아니라고 규정했다. 다행히 이러한 불의에 대항하여 국제연합이 행동을 일으켰고, 미국이 세계 민주주의 수호를 위해 무력으로 일어섬으로써 형식적으로는 일본의 안전은 이들에 의해 보장될 수 있게 되었다. 문제는 그 내용을 채우는 일이었다. 다만 한반도에서의 전국이 더 이상 확대되지 않을 것이라는 계산하에서, 일본 정부로서는 군사적 협력의 필요까지는 없다고 판단하고 있다는 점을 강조하고 있다.

요시다로서는 경무장, 경제 우선 노선을 한국전쟁의 영향으로부터

99 第8回国会施政方針演説, 1950年 7月 14日.

100 衆議院予算委員会, 1950年 7月 16日.

101 外務省情報部, 「朝鮮の動乱とわれらの立場」, 1950年 9月.

분리 보호하면서 안전보장 문제를 해결하고, 국제사회의 이해를 얻어 강화를 달성하는 것이 최대의 과제였다. 유엔협력은 그 최소한의 의무라고 생각되었던 것이다. 그 논거로 동원된 개념이 '사상전'이라는 용어였다. 한국전쟁은 민주주의 수호를 위한 '사상전'의 성격을 동시에 지니고 있었으며, 그러한 점에서 보면 "민주주의 세계에 사는 모든 사람이 이미 전장에 서 있다"는 것이 그 핵심이다. 더구나 "국제연합군의 중요한 거점이 되고 있는" 일본도 전쟁의 현실로부터 피해 있을 수는 없으며, 일본이 나아가야 할 길은 두 개 가운데 하나밖에 없다고 결론지어져 있다. 즉, "민주주의의 달성을 포기하고 공산주의에 굴복할 것인가, 아니면 가능한 범위 내의 협력을 국제연합에 제공하고, 그에 따른 안전보장하에서 평화적인 민주 일본을 건설할 것인가" 하는 선택밖에 없다는 것이었다.

8월 29일 요시다 수상이 맥아더에게 서한을 보내어 "일본은 귀관이 필요로 하는 모든 시설 및 노무를 제공할 용의가 있으며, 이를 절실히 희망하고 있다"고 강조하고, "이는 틀림없는 사실이며, 나는 우리가 공산주의자의 침략에 대한 유엔의 십자군과 협력하는 데 있어 보다 많은 것을 하지 못하는 데 대해 유감스럽게 생각할 뿐"이라고 하며, 최대한의 협력을 약속했다.[102]

일본 정부의 대 유엔협력 방침은 일본사회당의 입장과도 크게 다르지 않은 것이었다. 일본사회당의 입장은 위의 요시다 수상의 시정 방침 연설에 앞서 7월 8일 「조선 문제와 사회당의 태도(朝鮮問題と社会党の態度)」라는 문건에서 처음 표명되었다. 이 성명은 각의를 통해 유엔의 경찰 행동에 대한 적극적 협력을 결정한 정부를 비판하면서 동시에 국민을 반미

102 和田春樹, 『朝鮮戦争全史』, 岩波書店, 2002年 187頁.

투쟁으로 내몰고 있는 공산당을 비판하고, 주일미군 기지의 후원 활동에 동원되어 위험한 노동환경에 처해 있는 일본 노동자에 대한 배려를 표명하는 것이었다. 또한 성명에는 전쟁 발발의 직접적인 원인으로 "북조선인민공화국이 무력에 호소하여 조선 통일을 감행하려 한 것"이 지적되었으며, "무력행사에 의한 침략을 배격하고, 유엔에 의한 법과 질서의 유지를 정신적으로 지지"한다고 표명하고 있다. 이러한 태도가 총평의 대미 협력 방침을 낳고 있었던 것이다.[103]

일본 외무성은 일본인 민간의 유엔협력에서 일원적인 창구 역할을 하고 있었다. 그 사례를 일본 통조림협회가 유엔군을 위해 통조림을 증정하겠다고 제안한 이후, 이러한 민간의 자발적인 협조 노력이 외무성의 공식적인 협력으로 전화(轉化)해 가는 과정에서 확인할 수 있다.

1951년 2월 14일 사단법인 일본 통조림협회 회장으로부터 외무성 조약국장 앞으로 다음과 같은 서한이 도착했다. 「유엔군 앞으로 보내는 통조림 증정의 알선 의뢰 건」이라는 제목의 이 서한 내용은 유엔군 노력에 '감격'한 일국 국민의 심정을 표시하고자 "업계 각사의 갹출로 통조림 300상자를 수집하여 (일본) 진주군 총사령부 위생복지부장 섬스 준장을 통해 (유엔군에게) 증정하고자 하니 배려해 달라"는 것이었다(괄호 안은 필자).[104] 그런데 이러한 서한이 전달되기까지에는 다음과 같은 경위가 있었다.[105]

---

103 『社会新報』(1950. 7. 15); デュラナ·ペテル, 「朝鮮戦争に対する日本社会党の同時代的対応」, 『アジア地域文化研究』 5, 2008年, 44-45頁에서 재인용.

104 「条約局長発, 国際協力課長宛. 国連の朝鮮救済復興計画に協力のため鑵壜詰寄贈に関する件」, 昭和26(1951)年 2月 26日, 『外交記録第10回公開分』(A'7.1.0.5-3), 0003-0006.

105 同上, 0007-0014.

2월 5일 일본 외무성은 총사령부 외교국(DS, Diplomatic Section)의 스토크스 서기관으로부터 '일본 통조림협회가 유엔군 총사령부에 약 300상자분의 각종 통조림 제품을 기증하고 싶다는 희망을 농림수산청에 전달함에 따라 농림수산청은 NRS(천연자원국, Natural Resources Section)에 이러한 뜻을 전했다. 이러한 종류의 기증은 정식으로 유엔군 사무총장에게 전달되어야 하며, 또한 기증이 공적인 의미가 있기 위해서는 정식으로 정부 채널을 통해 이뤄지는 것이 바람직하다. 그렇게 될 경우 이 문제는 외무성이 담당, 조정해야 할 것'이라는 통달을 받았다. 이는 그 소관이 총사령부의 천연자원국으로부터 공중위생복지국(PHW, Public Health and Welfare Section)으로 이첩되었다. 그리고 PHW의 담당관인 마크슨이 일본 후생성 및 외무성과 연락을 취한 결과 외무성이 이의 처리를 담당하게 되었다. 총사령부 측은 이러한 기증이 형식적으로 '일본 정부'가 기증자가 되어야 한다고 요망했다. 그 이유는 이송 중의 분실이나 손상 등의 책임 소재를 명확히 하기 위한 것이었다. 외무성 측은 '업계의 유지가 개인적인 의사를 표시한 것'인데, 그 뜻을 존중하고 싶다는 입장이었다. 따라서 "현물은 이미 요코하마의 (일본점령의) 연합군 사령부 창고에 수납되어 있으며, 유엔군 사령부의 후생부와 연합군 사령부의 PHW는 동일한 기구이므로, 유엔이 접수하겠다고 승낙만 하면, 요코하마의 창고에서 같은 요코하마의 병참부 창고로 옮기는 일은 그리 어려운 일이 아니라"고 하여 형식보다 내용을 존중하여 처리하자는 입장을 표명했다. 형식의 문제는 물품 기증 시에 "일본 정부가 기증품 인도에 필요한 원조를 제공한다"고 기재하는 것으로 풀릴 것이라고 제안했다. 이러한 제안에 총사령부는 이해를 표명했다.

또 한 가지 문제는 유엔군에 대한 각국의 원조에는 '군사적, 경제적,

기타 직접 원조'와 '한국 구제부흥계획 실시를 위한 현금 및 기타 물자 기증'의 두 가지 종류가 있다. 이 기증품의 증여가 유엔군의 사용을 전제로 한 것이라고 한정할 경우 전자에 속하는 것이 되어, 일본의 민간인이 군사적 직접원조를 실시했다는 해석을 낳아 복잡한 문제를 야기할 우려가 있다는 것이었다. 이것이 총사령부 측으로부터 제기되어, 결국 이 문제는 '유엔의 한국 구제부흥계획 실시를 위해', '조선 인민에 대한 식량원조'로서 기증되는 것으로 결론지어졌다.

한국 민중에 대한 구호품으로 유엔 가맹국으로부터 기증된 의약품은 일단 일본의 미 제8군 의약품 창고에 보관되었다. 그런데 1951년 6월 이후 미 제8군 측은 이들 물품을 한국으로 전달하기 전에 일본 정부(후생성)에 검정과 검사를 의뢰했다. 후생성은 이 의뢰를 받아 백신 등의 생물성 제품과 페니실린 등의 항균성 물질은 국립예방위생연구소에서, 기타 일반의약품은 국립위생시험소에서 검사한 뒤 그 결과를 미 제8군에 보고하도록 되어 있었다. 그러나 이러한 의뢰는 형식상 후생성을 통한 것이었으나 실제로는 미 제8군의 직접 의뢰였으며, 수수료 등 구체적인 부분에 대해서는 결정되지 않은 채 검정 및 검사 의뢰에 응하고 있었던 것이다.

그런 가운데 1951년 10월 말이 되어서야 총사령부는 수수료에 대해 후생성 약무국에 조회했다. 이때 총사령부는 "수수료를 징수할지 여부는 일본 측이 결정할 일이며, 이를 총사령부나 유엔 측이 지시할 사항이 아니라"라고 하면서도 '단, 일본 측이 무상으로 제공(서비스)할 의향이 있다고 유엔 측에 밝힌다면 이는 커다란 제스처로 비칠 것'이라고 조언했다. 후생성이 조사한 바에 따르면 의뢰를 받은 뒤 그 시점까지의 검정 검사 수수료는 국립예방위생연구소 관계가 18건으로 6만 2,500엔, 국립위생시험소 관계가 100건으로 20만 7,500엔이었으며, 시험 중인 것이 65건으로 19만 5,000엔에 달했다. 이에 더해 후생성 보고서는 참고 사례로서 농림수산성도 이와 같은 의뢰를 했었으며, 수수료 50만 엔을 무료로 처리했었다는 사실을 소개하고 있었다.[106]

미국 측의 의향을 배려하지 않을 수 없는 외무성은 후생성에 "귀 후생성이 미 제8군의 의뢰에 응해 조선 구휼용 의약품의 검정 및 검사를 행하고 그 수수료를 징수하지 않는다면, 이는 통일 사령부(연합군 사령부) 및 국제연합에 대해 상당한 협력을 제공하는 것이 된다"고 하여 총사령부의 요구를 받아들이도록 지시했다.[107]

1952년 9월 17일에는 킹슬리 유엔 한국부흥국 총재로부터 오카자키 외상 앞으로 '조선시민 긴급구제계획에 대한 협조 요청' 서한이 전해졌다. 1950년 12월 1일 유엔 제5회 총회에서는 이미 휴전성립을 예상하여 장기적인 부흥계획을 실시하기로 결정하고, 그 실시기관으로서 한국부흥국(UNKRA, UN Korea Reconstruction Agency)을 설치했다. 유엔은 이 계획의 제1차년도 사업분으로 2억 5,000달러의 지출을 예상하고 이에 대한 각국의 협조와 갹출을 요구했다. 한국부흥국은 약 2억 달러의 모금을 달성했으나 휴전성립이 지연되어 실시가 연기되고 있었다.

외무성이 작성한 「설명서」에 따르면 유엔군 발행의 자료에 기초해 일본은 유엔의 계획에 대해 3만 달러를 지원한 것으로 되어 있다. 그러

106 「厚生省薬務局発, 外務省国際協力局宛. 朝鮮人民の救恤品として国連加盟国が寄贈して来た医薬品の検定並びに検査手数料に関する件」, 昭和26(1951)年 11月 17日, 同上, 0025−0027.

107 「外務省事務次官発, 厚生省事務次官宛. 朝鮮人民の救恤品として国連加盟国が寄贈して来た医薬品の検定並びに検査手数料に関する件」, 昭和26(1951)年 11月 21日, 同上, 0028−0032.

나 이는 정식으로 예산 조치를 거친 것이 아니었다. 1951년 11월 유엔사무총장은 위의 계획에 입각해 처음으로 일본에 협조 요청을 보냈으나, 이 시점에 이르기까지 아직 일본 정부 차원에서는 정식으로 이에 응하지 않았다. 다만 전술한 대로 후생성과 농림성의 유엔군용 의약품의 검정과 검사료 면제 서비스, 일본 통조림협회의 통조림류 300상자분의 기증 등이 실시되었을 뿐이다. 유엔 측 자료에 따르면, 이를 합쳐 보면 일본은 이미 3만 9,000달러분의 협조를 한 셈이었다.

그러나 외무성의 입장은 이와 별도로 일본 정부로서 적극적인 협력 태도를 표명해야 한다는 것이었다. 즉, "이번 유엔 부흥국 총감으로부터의 요청은 우리나라가 독립국이 된 이래 최초의 요청이니만큼, 유엔협력을 외교정책 기조의 하나로 하고 있는 우리나라로서는 유엔이 중시하는 계획을 지지하는 의사를 표명하는 의미에서 적어도 5만 달러 상당의 갹출을 실시하는 것이 적당하다고 생각된다"는 입장이었다.[108] 이러한 입장은 일본 정부 안에서 관철된 것으로 보인다.

한편 1953년 4월 27일에는 레스터 피어슨(Lester B. Pearson) 유엔총회 의장이 일본 정부 앞으로 서한을 보내어 세균전 조사에서의 일본 협력을 요구했다. 4월 29일에는 일본 정부에 조사위원회의 자유로운 활동을 보장하기 위해 여행의 자유, 문서 열람의 자유, 증인 심문의 자유 등 3개 항목의 협조를 요청했다. 외무성은 "유엔 측의 요청을 그대로 받아들이게 되면 일본 정부가 법률적인 행동의 범위를 벗어나 개입한 것으로 해석, 논의를 야기할 우려가 없지 않다"고 하면서도 가능한 범위 내의 원조를 제공할 용의가 있음을 전달했다.

108 「国際協力局. 国連朝鮮市民緊急救済計画に対する拠出に関する件」, 昭和27(1952)年 10月 6, 9日, 同上, 0041-0070.

외무성은 특히 일본 국내법의 범위를 벗어나는 행동을 일본 정부가 용인하게 될 경우 대단히 불리한 입장에 처해질 가능성을 충분히 예상했다. 그러나 만일 이를 이유로 유엔의 요청을 거부할 경우 중국과 북한도 동일한 논리로서 유엔의 협조 요청을 거부할 가능성이 있다. 따라서 일본 정부에 대한 유엔 측의 요청을 받아들여 "문서상으로는 유엔의 결의문(협조요청 서한) 그대로 행동하겠다고 기술하지 말고, 유엔 결의에 따라 가능한 범위 내에서 원조할 뜻이 있음을 전한다"는 문장으로 이에 응했다. 일본 정부는 이 답신만으로도 유엔 측의 요청을 충분히 받아들인 것이 되리라 판단하고 있었다. 최종적으로는 "국제연합에 협력하기 위해 일본 정부는 유엔의 결의에서 예정된 위원회가 그 임무 수행상 필요한 일본 각 지역으로의 자유로운 여행, 위원회가 필요하다고 인정한 인물, 장소, 관계문서로의 자유로운 접근, 필요하다고 판단된 증인에 대한 조사 등에 대해 모든 실행 가능한 원조를 제공할 용의가 있다"고 하여 유엔의 요구를 받아들였다.[109]

2) 전쟁협력 외교의 최종 목적

일본 정부의 유엔협력 방침의 최종적인 목표는 갖가지 국제 문제, 특히 정전 이후 한국 문제에 대한 적극적인 발언권의 획득에 있었다고 할 수 있다. 공개된 일본 외무성 문서는, 한국에서의 정전교섭이 중국의 신제

109 「国際協力局, 細菌戦調査問題に関する国連総会議長への回答案について」, 昭和28(1953)年 5月 4日, 同上, 0211−0218; 「岡崎大臣発, 国連代表部武内公使宛. 細菌戦調査問題に関する国連総会議長への回答文提出の件」, 昭和28(1953)年 5月 16日, 同上, 0226−0228.

안을 계기로 구체화되고부터 정전에 이르기까지, 일본 외무성이 정전의 전망에 대한 정보수집과 그 이후 일본이 처하게 될 입장 등에 대한 분석에 분주해 하고 있었다는 사실을 보여 주고 있다.

정전성립을 목전에 둔 1953년 6월 18일 뉴욕 주재 사와다 렌조(澤田廉三) 유엔 대사는 정치회담에 대한 일본의 태도를 묻는 인도 대사에게 "정치회담이 넓은 의미의 한국전쟁 전후처리만으로 의제가 한정된다면 일본 스스로 이에 대한 참가를 요구할 수는 없겠지만, 회담의 협상 의제가 확대되어 일본의 장래에도 관계되는 광범위한 동아 문제가 논의되는 사태가 되면, 일본으로서도 생각을 바꾸지 않을 수 없다"는 취지의 대답을 했다.[110] 이는 일본 정부의 기본 입장이라고 보아도 무방한 것이다.

이미 6월 11일에 오카자키 외상이 그러한 의사를 미국 측에게 타진한 바 있다. 한국 문제를 둘러싼 정치회담 참가국에 관한 앨리슨(John M. Allison) 대사와의 회담에서 오카자키 외상은 "일본은 유엔군에 대해 상당한 협력을 제공했으며, 영국과 호주 군에 대해서도 시설 등을 제공하고 있다. 더구나 이웃 나라로서 조선의 장래 운명에 대해서는 다대한 관심을 두고 있다. 따라서 조선의 운명을 결정할 정치회의에 어떠한 형태로든 일본이 참가하는 것은 당연하다고 생각한다"고 밝혔다. 이에 대해 앨리슨 대사는 "과연 그렇다고 생각하나, 지금으로서는 참가국은 한반도에서 실제로 전투에 종사한 주요국과 북한, 중공 등에 한정된다. 다만 (일본 정부의 입장에 대해서는) 잘 연구해 본 뒤 (미국으로서의) 의견을 말하고 싶다"

110 「在ニューヨーク沢田大使発, 岡崎大臣宛. 第94号, 朝鮮休戦後の政治会議に関するインド大使の内話に関する件(暗·極秘)」, 昭和28(1953)年 6月 18日, 『外交記録第10回公開分』(A'7.1.0.5−2), 0008−0009.

고 대답했다.[111]

1953년 7월 23일 워싱턴 주재 아라키 에이키치(新木栄吉) 대사는 오카자키 외상 앞으로, 한국전쟁 휴전에 관한 로버트슨 국무차관보와의 회견 중에 극동 전반의 문제를 토의하는 과정에서 미일 간의 협력이 필요하다는 데에 양국 간 공감대가 형성되었다며, 다음과 같이 보고하고 있다. 로버트슨 차관보가 아라키 대사에게 "앞으로의 정치회담 등에 대해서는 아직 구체적인 것은 아무것도 결정되지 않았으나 소수 관계국만 교섭에 참가하게 될 것으로 생각하고 있으며, 극동 전반에 관한 문제가 토의될 경우에는 당연히 일본에도 협의할 것"이라고 전한 데 대해 아라키 대사는 "조선 문제는 일본으로서는 밀접한 관계를 갖는 문제이므로 앞으로의 (사태) 발전에 대해 정보를 제공받고 싶다"고 요구했다.[112]

7월 29일 자 『뉴욕 타임스』는 한국 문제를 둘러싼 정치회담에 일본이 참가하기를 희망하고 있다는 오카자키 외상의 발언을 전했다. 이 보도 내용과 관련한 각국 유엔대표의 조회에 대해 사와다 대사는 6월 18일의 인도 대사와의 회견에서 표명한 입장에 입각해 대응하고 있었다. 그러나 머피 전 주일 대사와의 회담을 앞두고 이 자리에서 다시 오카자키 외상의 발언이 화제가 될 것임을 예상한 사와다 대사는 일본 외무성에 그간의 경위와 진상을 알려 달라는 전신을 보내고 있다.[113]

---

111 「岡崎大臣発, 新木大使宛. 第557号, 朝鮮休戦政治会議参加国に関する件(暗)」, 昭和28(1953)年 6月 20日, 同上, 0010－0012.

112 「在ワシントン新木大使発, 岡崎大臣宛. 第823号, 朝鮮休戦に関するロバートソン国務次官補内話の件(暗·極秘)」, 昭和28(1953)年 7月 23日, 同上, 0103－0104.

113 「在ニューヨーク沢田大使発, 岡崎大臣宛. 第107号, 我国の朝鮮政治会議出席報道に関する件(暗·極秘)」, 昭和28(1953)年 7月 29日, 同上, 0014.

외무성은 이에 대해 다음과 같이 회신했다. 즉, 일본의 정치회담 참가 건과 관련해서는 “참가 여부와는 별도로 적어도 충분한 정보를 제공받을 수 있을 것으로 기대하고 있다. 다만 (정치회담) 참가에 대해서는 사실상 여러 가지 곤란이 예상되는바, 잠시 정세의 추이를 지켜보기로 하고 너무 강하게 이 문제를 제기하지는 않을 생각이다. 앞으로도 계속 정치회담과 관련한 정보가 있으면 수시로 알려 주기 바란다”고 일본 정부의 입장을 정리 전달했다.[114]

뉴욕의 유엔을 무대로 이러한 상황이 전개되는 가운데 『워싱턴 포스트』는 「일본은 정치회담 참가를 원하고 있다」는 제목의 기사를 게재, 일본 정부의 움직임을 다음과 같이 전했다.[115]

> 휴전 이틀 뒤에 일본의 모든 정당은 대 중공 무역의 촉진을 결의했다. 나아가 일본 정부 내부에는 한국 문제와 관련한 정치회담에 일본이 참가할 수 있도록 요구해야 한다는 의견이 강력히 존재한다. (중략) 일본은 재무장하여 극동에서의 ‘민주주의의 병기창’으로 변모하고 있다. 더구나 유엔을 전폭적으로 지지하고 있다. 도쿄의 정치가들은, 만일 이러한 이유가 있음에도 불구하고 일본이 극동 문제를 토의하는 정치회담에 참가할 수 없게 된다면, 일본이 할 수 있는 일은 무엇이 있냐며 의아해 하고 있다. (중략) 일본은 무장해제된 상태에서 위험에 직면해서도 결코 동요하지 않고 유엔을 지지했으며, 이는 일본인의 공적이다. 현재, 아시아의 평화 회복을 위한 노력이 개시되려 하는 지금, 이 사실은 당연히 고려되어 마땅하다.

---

114 「岡崎大臣発, 在ニューヨーク沢田大使宛. 弟90号, 我国の朝鮮政治会議参加に関する件(暗)」, 昭和28(1953)年 7月 31日, 同上, 0031－0032.

115 *The Washington Post*(1953. 8. 9).

8월 17일 유엔총회가 재개되어 8월 18일 롯지(Henry C. Lodge) 미국대표는 "광범한 아시아의 정치 문제를 (토의하기) 위해서는 한국 문제와 관련한 정치회담의 참가국과는 별도의 참가국들로 구성하는 별개의 회의가 필요하다"고 하여 일반적인 표현으로 일본의 참가 가능성을 시사했으며, 같은 날 윌리(Alexander Wiley) 미국대표는 성명서를 통해 제2차 정치회담의 필요성을 주장하고, 그 참가국으로서 일본과 인도 등을 거명했다. 한편 비신스키(Andrey Ya. Vishinsky) 소련대표도 20일의 연설에서 정치회담 참가국 구성의 문제는 한반도 주변국 모두의 관심사라고 하며, 관심을 표명했다. 이에 롯지 대표는 정치회담 참가국의 확대에는 반대하면서도 만일 비신스키 대표가 주장하듯 한반도 주변국이 참가하게 된다면 일본과 중화민국 정부가 포함되어야 할 것이라고 언급했다.[116]

일본의 정치회담 참가 문제는 각국 대표 사이에서 상당한 관심사가 되고 있었다. 이 문제에 대해서는 당연히 한국도 관심을 표명했으며, 일본대표와 접촉을 시도하고 있다. 한국 측은 만일 인도가 정치회담에 참가한다면 한국은 회의를 보이콧하는 것이 확정적이라고 명언했으나 일본에 대해서는 명확한 의향을 보이지 않았다고 한다.[117]

8월 27일에는 미 국무성의 영 국장이 일본의 다케우치 류지(武内竜次) 공사에게 "인도의 정치회담 참여를 둘러싸고 미국과 영국의 견해가 대립하고 있는데, 만일 인도가 참가한다면 한국과의 관계를 생각해 볼 때 일본 및 국민당 정부가 우선 초청되어야 할 것"이라고 전했다.[118]

---

116 「在ニューヨーク沢田大使発, 岡崎大臣宛. 第382号, 我国の政治会議参加問題論議に関する件」, 昭和28(1953)年 8月 26日, 同上, 0059-0060.

117 同上.

118 「在ワシントン荒木大使発, 岡崎大臣宛. 第1005号, 朝鮮問題討議に関する国務省

일본 외무성은 『크리스천 사이언스 모니터(Cristian Science Monitor)』의 도쿄 지국장 헤이워드의 기사에 주목하고 있었다. 8월 27일 자 기사는 "일본은 한국 문제에 대한 정치회담에 참석하기 위한 노력을 강력히 추진할 입장에 있지는 않지만, 여전히 극동 문제의 해결을 목적으로 하는 모든 회의에 대표를 보내야 한다는 입장에는 변함이 없다. 일본은 서구에 대해 자국을 완전한 국제사회의 일원으로 복귀시켜 주지 않고 있다는데 대해 실망하고 있다. 이러한 실망감이 일본의 재군비를 지체시키는 한 요인이 되고 있다"는 내용이었다.[119]

이런 가운데 도쿄의 외무성은 뉴욕 주재 유엔 대사를 비롯한 각국 주재 대사들이 수집한 정보와 스스로 분석한 자료를 토대로 입장을 정리했다. 이를 한국전쟁 휴전이 성립한 직후인 8월 4일 아시아국 제2과 작성의 대외비 자료인 「조선에 관한 고급정치회담의 전망에 대하여: 깨지기 쉬운 균형(朝鮮に関する高級政治会議の見通しについて—デリケートなバランス)」을 주요 관계 부서에 배포했다. 그 내용은 다음과 같다.

> 1. 외국의 군대가 타국을 정복하기 위해서가 아닌 한 다른 이유로 단순히 점령을 계속한다고 하는 데에는 한계가 있다. 또한 이와 마찬가지로 외국의 군대가 자국의 생명을 지키기 위해서가 아닌 다른 이유로 타국의 영토 내에서 내란과 같은 전투를 계속하는 데에도 한계가 있다. (중략) 조선에서의 휴전은 이러한 한계가 도래했다는 것을 의미한다. 이로부터 도출되는 결론은, 조선 문제의 평화적 해결은 필연이라는 점이다.

ヤング局長談に関する件(秘)」, 昭和28(1953)年 8月 8日, 同上, 0077－0078.

119 「在米荒木大使発, 岡崎大臣宛. 第1582号, 朝鮮平和会議と日本の態度」, 昭和28(1953)年 8月 28日, 同上, 0079－0081.

2. 한편, 내란만큼이나 편협하고 잔혹한 것은 없다. 상대방의 무조건 항복에 의하지 않고서는 끝나지 않는 것이 통례이며, 양 당사자가 대등한 상태에서 타협에 의해 내란이 통일로 결과한 예는 역사상 거의 없다. (중략) 이로부터 도출되는 결론은, 가령 조선 문제의 평화적인 해결이 가능하다 하더라도, 통일정권의 출현은 쉽게 가능하지 않을 것이라는 점이다.

3. 이러한 점들을 함께 생각하면 정치회담의 시말은 남북 양 정권 성립과 그 상태에서의 평화 보장이라는 식으로 전개될 것이다. 그 가능성은 대단히 높다.

4와 5. 생략

6. 국제관계가 원인이 되는 평화의 파괴는 당분간 다시는 일어나지 않을 것이다. 그 이유는 첫째, 전기한 바와 같이 외국의 무력에 의한 내란 간섭이 한계에 부딪혔기 때문이며 둘째, 미국과 소련 그리고 특히 중공이 내란 재발에서 이익을 찾을 수 없기 때문이다.[120]

이러한 정세인식을 기초로 외무성 아시아국 제2과가 작성한 또 다른 대외비 자료인 「조선 정치회의를 앞둔 국제정세—일본이 주의해야 할 점」(1953. 8. 21)은 "국제정국이 중공 및 독일 문제에 접하여 움직이기 시작했다는 것은 이와 동시에 과거 전후 8년간에 걸쳐 진행된 냉전에 한계가 드리워졌다는 것을 의미한다"고 결론짓고, 미소 양국 간 대립이라는 단순한 구도에서 독일과 중공의 등장으로 각각의 극 내부에서 분화가 이뤄져 향후 국제적 역학관계는 다각화, 복잡화되는 양상으로 변화할 것이

120 外務省アジア局第2課, 「朝鮮に関する高級政治会議の見通しについて—デリケートなバランス(秘)」, 昭和28(1953)年 8月 4日, 同上, 0148−0166.

라고 전망했다. 그러한 구도 안에서 일본의 지위는 상대적으로 이전보다는 자유로워지며 중요도 역시 증대될 것으로 예상하고 있다.

냉전 구도에 한계가 드러날 경우 그 전개는 국제정세의 완화 아니면 격화라는 두 가지 길 가운데 하나일 수밖에 없다. 그 어느 쪽이라 해도 과거와 같은 냉전으로 돌아갈 일은 없다. 따라서 극동의 경우 이러한 변화는 6개월 후, 즉 1954년 2월 이후에 나타날 것이라고 예상했다. 그 시점이 되면 정치회담의 결과가 판명될 것이며, 독일 문제의 향방이 명확해지리라는 것이 그 근거였다. 이미 일본을 중심으로 두 가지 징후가 나타나고 있었다. 그 하나는 말렌코프 외상이 일본과의 관계 조정 필요성을 언급한 데서 알 수 있듯이 소련이 일본과의 관계 정상화에 의욕을 보이고 있다는 것이며, 다른 하나는 유엔 특별총회에서 미국 대표가 일본의 정치회담 참가에 대해 언급했다는 것을 들고 있다. 어쨌든 일본 정부로서는 이러한 눈앞의 변화에 일희일비하지 말고, 6개월 후에 전개될 변화의 가능성을 염두에 두고 목표를 세워 대책을 강구할 필요가 있다는 것이 위 문건의 결론이었다.

제5장

재무장론의 등장

'보통국가'론의 원류

1. 한국전쟁의 발발과 구 우익/군인의 재등장

1) 전쟁 발발 직후 미군의 정보수집과 구 우익/군인

한국전쟁을 전후하여 전개된 구 군인들의 재군비 움직임에 대해서는 미국립 제2공문서관에 소장된 CIA 자료를 활용한 아리마 데쓰오(有馬哲夫)의 연구가 포괄적, 분석적이어서 참고할 만하다.[1]

아리마는 1949년 시점에서도 중국 대륙에 잔존해 있던 구 일본군 군인들이 '특무단'이라는 이름으로 중국공산당과 전투를 계속하고 있었다는 사실을 들어, 이를 전후 재군비 움직임의 기원으로 검토하고 있다. 그 중심에 오카무라 야스지(岡村寧次)가 있었다. 이들은 일본군 재건과 일본의 대륙 재진출이라는 '대동아공영권'의 미몽에 사로잡혀 있었다. 아리마는 이들의 움직임에 더해, 세 부류의 일본군 재건 움직임이 더 있었다고 하여 이를 추적하고 있다. 동아연맹론자 쓰지 마사노부(辻政信)는 일본의 패배로 오히려 그 이상을 실현할 기회가 열렸다고 하여 타이완의 국민당군에 접근하고 있었다. 일본 국내에서는 우가키 가즈시게(宇垣一成) 구 육군대장을 중심으로 한 이른바 '우가키 기관'이 정규 국방국가 재건을 목표로 조직화를 시도하고 있었고, 우익 활동가 고다마 요시오(児玉誉士夫)는 하토야마 이치로(鳩山一郎)에 대한 자금 지원을 통해 막후에서 전후 보수 정치인들의 재군비 움직임을 돕고 있었다.

아리마에 따르면 이들의 움직임은 서로 얽히고 수렴하면서 '우가키

1 有馬哲夫, 『1949年の大東亜共栄圏—自主防衛への終わらざる戦い』, 新潮新書, 2014年.

기관'의 핵심 참모였던 핫토리 다쿠시로(服部卓四郎)에게로 모여 맥아더의 정보장교였던 윌로비(Charles A. Willoughby)를 창구로 한 '자립자위'의 국방군 창설 공작으로 발전하고 있었다는 것이다. 그러나 맥아더가 해임되고, 이어서 윌로비가 소환되면서 이 공작은 실패로 끝났다는 것이 아리마의 결론이다.[2]

아리마의 연구는 그 제목에서 확인되듯이 구 우익/군인의 재군비 움직임이 전전의 구 군대의 부활을 의도했던 것으로, 그들의 의도에서 전전과 전후가 구분되지 않고 연속되고 있다는 입장을 취하고 있다. 그러나 한국전쟁 이후 본격화되는 구 우익/군인의 재군비 움직임은 변화된 현실에 대한 적응으로서의 재군비, 즉 '기지화하는 현실에 대응하는 군비론'으로서 특징이 있다. 이하에서는 구 우익과 군인의 재군비 움직임을 재구성해 보고자 한다. 우선 한국전쟁의 발발은 그들의 존재가 미국에 유용하다는 것을 확인시켜 주었고, 점령하 민주화 및 비군사화 조치로 공직에서 추방되었던 구 우익/군인이 일본 사회 전면에 다시 등장하는 계기가 되었다. 미국은 과거 구 우익/군인, 특히 한반도에서 암약했던 그들의 경험을 높이 사고 있었다. 한국전쟁이 발발하자 총사령부는 특별심사국(이하 특심국)을 통해 구 군인들에게 조언을 구했다.[3] 그 가운데

---

2 同上, 181頁.

3 이하 총사령부 조서에 등장하는 인물들은 계급이나 직위, 심지어는 이름도 부정확한 것들이 있는데, 이는 다음과 같은 이유 때문인 것으로 보인다. 총사령부 조서는 정보원이 되는 인물들을 영어로 표기하고 한자를 병기하고 있는데, 일본인의 성명이나 직위 등의 정보가 일단 영어로 옮겨졌다가 다시 일본어로 표기되는 과정에서 오류가 생겼을 가능성이 있다. 특히 군대에서의 계급이나 직위가 잘못 기록된 것은 일본과 미국의 계급구조, 직위 표기 방법의 차이 등으로 인한 혼란인 것으로 보인다. 한편 이름이 잘못 표기된 경우에는 정보원의 보호를 위해 가명으로 표기한 경우도 있겠으

구 동아연맹의 가가와(香川)현 지부장이며, 구 육군 중좌(중령)였던 다나카 히사시(田中久)의 진술이 총사령부 조서에 기록되어 있다.[4]

다나카는 "조선반도에서의 사태는 예상되었던 것"이라며, "소련이 군사력의 면에서 미국보다 뒤떨어진다는 점을 고려할 때 조선에서의 사태가 즉시 제3차 세계대전으로 발전할 것이라고는 생각되지 않는다"고 하여 전쟁 발발이라는 사태 자체에 대해서는 냉정하게 받아들이고 있다. 그러나 일본의 입장과 관련해서는 "올 연말을 전후해서 일본은 커다란 위기를 맞이할 것이다. 그것은 전동차를 달리게 하거나 기관차를 전복시키는 등의 어린애 장난 같은 것이 아니다. 나는 동족 간의 전쟁과 같은 사태가 일어나지 않을까 우려하고 있다. 어쩌면 이미 규슈(九州)나 홋카이도(北海道)에는 (게릴라—필자 주) 부대가 침투해 들어와 있을지도 모른다"고 하여 공산당이 내전을 일으킬 가능성이 있다고 암시했다. 나아가 그는 "미국은 일본의 자원병을 아직은 인정하지 않겠다는 태도를 취하고 있다. 그러나 머지않은 시기에 그 필요성은 현실화할 것"이라며 재군비와 일본인의 전쟁 참가를 전제로 한 정책수립을 조언했다. 일본공산당 문제와 관련해서는 "우리는 긴급사태 발생에 대비하고 있으며, 우리가 할 일이 있을 것"이라고 하여 의미 있는 발언을 했으며, 더 나아가 "문제는 60만의 재일조선인이다. 이 문제와 관련해서 우리는 모종의 대

나 대부분의 경우 일단 영어로 표기되었다가 나중에 한자를 적당히 찾아서 표기하다가 생긴 오류로 보인다.

4 하타 이쿠히코(秦郁彦)가 편집한 『일본육해군종합사전(日本陸海軍総合辞典)』에 따르면 다나카 히사시는 대좌(대령)으로 예편했으며, 1938년 3월부터 영흥만 요새 사령관을 역임한 바 있다. 秦郁彦(編), 『日本陸海軍総合辞典』, 東京大学出版会, 2005年, 85頁.

책을 세워 두어야 한다"며 조선인 대책을 강구하도록 강조했다.[5] 니시카와 도시모토(西川俊元) 구 일본군 소장도 당장의 한국전쟁에 대한 대비나 참전보다 냉전이라는 장기전에 대비하기 위해서라도 재군비가 필요하다는 생각을 피력했다.[6]

패전 이후 귀환한 조선총독부 관료들도 동원되어 한국전쟁 수행을 측면에서 보조했다. 전 총독부 관료들의 모임인 동화협회, 중앙일한협회가 발행한 『협회가 실시해 온 사업 개요(協会の実施して来た事業概要)』에 따르면 1950년과 1951년, 일본 정부와 미 점령군으로부터 유엔군의 작전에 협력할 것을 요청받고, 조선의 지리와 풍습 및 관습, 공장 등 시설 상황 등에 대한 조사 사업을 수주받아 전 총독부 관료 연 3,000여 명을 수배하여 10개월에 걸쳐 조사보고서를 완성하여 제출했다. 이러한 수고 덕에 협회는 1953년에 200만 엔, 1954년에 250만 엔의 국고보조금을 받았다고 한다.[7] 또한 지도 제작도 조선특수의 혜택을 받은 부문 가운데 하나였다.[8] 장진호가 '초신(Choshin)'호로, 흥남이 '코난(Konan)'으로 표기된 것은 미군이 일본에서 제작된 지도를 사용했기 때문이다.

한편 특심국은 한국전쟁 발발을 계기로 활발해진 구 군인들의 동향에도 주목하고 있었다. 천황의 패전 수락 방송을 방해하려 했던 '8.15 궁

---

5 "韓国問題に関する元軍人の助言と行為"(1950. 7. 19), *Korean War and Peace*, GS, GHQ/SCAP Records, Box no. 2275 BB, GS(B)-04251-04254.

6 Ibid. 니시카와는 일본 육군사관학교 30기 졸업생이며, 대령으로 예편했으며, 보병 234연대 대장을 역임한 바 있다. サクラタロウDB(일본 육군 인명 데이터베이스), http://sakurataro.org/db/メインページ(최종 검색일: 2015. 7. 11)

7 『協会の実施して来た事業概要』, 1958年 4月 1日, 10頁; 정병욱, 「일본인이 겪은 한국전쟁: 참전에서 반전까지」, 『역사비평』 91, 2010(여름), 220쪽에서 재인용.

8 위의 논문, 221쪽.

성사건'에 연루된 장교 가운데 한 명인 시라카와 기이치로(白川喜一郎) 구 일본 육군 소위는 "조선동란은 미소 양대 강국이 대립하고 있는 민주주의와 공산주의 사이의 정찰전으로서의 소규모 충돌의 의미가 있는 것이며, 제3차 세계대전으로의 도화선"이라고 주장했다. 그는 "미국은 당분간 조선을 포기하는 정책을 취할 가능성이 있으나 궁극적으로는 북부 규슈의 군사기지를 이용해 반격에 나설 것이다. 그럴 경우 북조선은 소련의 지원을 받아 규슈의 미군기지를 공격할 가능성도 있다. 만일 이것이 현실화되면 일본에서는 반소 국민감정이 고양될 것이다. 미국은 이러한 상황을 이용해 재군비와 자원병 모집을 요구해 올 것"이라고 예상했다. 일본은 미국에 이용당하는 꼴로 "조선에서의 전투에 말려들지 않도록 조심"해야 하나 "만일 전투에 참가한다면 그 조건으로 전쟁에서 승리할 경우 일본은 구 영토를 회복한다는 내용의 비밀협정을 미일 간에 체결해야 하며, 이러한 조건 없이는 재군비나 자원병 모집에 유능한 구 장교들은 참가하지 않을 것이다. 하지만 이 조건을 받아들인다면 일본인은 생명의 위험을 무릅써서라도 참가할 것"이라는 것이 그 주장의 핵심이었다.[9] 특심국은 한국전쟁 발발 직후 일련의 구 군인들의 언동을 조사한 결과로서 다음과 같은 결론을 내리고 있다.[10]

첫째, 전쟁 개전 책임과 관련하여 대다수 구 군인들은 한국전쟁이 소련의 지원으로 북한의 선제공격에 의해 발발한 것으로 보고 있으며, 이에 대응한 미국의 전쟁전략에 비상한 관심을 보이고 있다. 둘째, 전쟁의 전망과 관련해서는 훈련과 전략, 사기 등에서 앞선 북한이 빠르게 진

---

9 "朝鮮動乱に際しての元軍人の動向"(1950. 8. 3), *Korean War and Peace*, GS, GHQ/SCAP Records, Box no. 2275 BB, GS(B)-04251-04254.

10 "朝鮮戦争に関する元軍人たちの見解"(1950. 8. 8), Ibid.

격하고 있으나 미군을 주축으로 한 유엔군이 반격에 나서 북한을 38선 이북으로 구축한 뒤 전쟁은 종결될 것이며, 이 전쟁이 제3차 세계대전으로 전화하지는 않을 것으로 전망하고 있다. 다만 미소 간의 근본적인 대립으로 인해 조만간 전쟁이 일어날 가능성은 매우 높은 것으로 분석하고 있다. 셋째, 대다수 구 군인들은 헌법의 존재를 들어 중립을 지지하고 있으며, 중립의 유지를 불가능하게 하는 주일미군 기지 문제에 주목하고 있다. 다만 중립을 반대하는 의견도 있는데, '민주진영'에 가담하는 것만이 독립을 보장하는 것이기 때문이라는 점을 이유로 들고 있다. 넷째, 지원병에 대해서도 대부분은 참가를 부정하고 있지만, 일부에서는 미국에 대한 '보은'의 입장에서라도 개인적으로 지원병을 조직해야 한다는 의견이 있으며, 구 영토 회복이라는 조건을 전제로 지원병으로 참가할 용의가 있다는 의견도 있었다. 재군비에 대해서도 대다수 군인은 부정적이며, 이들은 군비에 필요한 비용을 미국으로부터 지원받을 경우 일본이 미국에 종속되는 결과를 낳을 것이라는 점에 주목하고 있다.

대다수 군인이 전쟁에서의 중립을 주장하거나 참전에 부정적이며, 재군비에 반대하고 있다는 내용이다. 그러나 이러한 결론은 현실을 그대로 반영하고 있는 것은 아니라고 생각된다. 특심국은 위에 인용한 조사보고서 말미에서 미우라 기이치(三浦義一) 전 대동숙 고문, 나베야마 사다치카(鍋山貞親), 이와쿠로 히데오(岩畔豪雄) 구 육군 소장 등이 독자적인 재군비 계획을 세우고 있다는 정보를 입수하고, 이들의 움직임을 예의주시하고 있다고 밝히고 있기 때문이다. 나아가 뒤에서 검토할 특심국의 보고서에는 오히려 재군비와 미일동맹을 주장하는 우익과 구 군인들의 활발한 움직임이 보고되고 있다. 따라서 위의 보고서는 모종의 의도하에서 작성된 것으로 볼 수 있다. 이 문건이 지적하고 있는 내용은 한국전쟁 발

발에 대한 일본 정부의 입장 및 협력의 당위성을 주장한 일본 외무성 성명이 「조선의 동란과 우리의 입장(朝鮮の動乱とわれらの立場)」의 현실인식과 매우 비슷하다. 이 문건이 작성된 것이 8월 8일이고, 외무성 성명이 발표된 것이 8월 19일인 것으로 보아 이 문서는 특심국이 요시다의 의도를 선취하여 만든 '작문'일 가능성이 있다. 상부로부터 이미 결론이 제시된 '눈칫밥' 정보분석 보고는 역사에서 종종 확인되는 일이다. 요시다는 그의 주장을 뒷받침할 만한 근거를 마련하고 싶었을 것이다. 이 문건은 그러한 문맥에서 읽어야 할 것으로 생각된다.

특심국의 취조 조사 작업은 이후로도 계속되는데, 그에 따르면 다수의 구 우익인사/군인이 한국전쟁 발발을 대일본제국 부활의 호기로 받아들이고 있었다. 도다 마사나오(戸田正直) 전일본개척자연맹 전 의장은 "일본은 패배하지 않았다. 당분간 휴전하고 있었을 뿐이다. 일본은 여전히 세계 일류국가다. 조선 문제와 관련하여 일본은 소비에트 제국의 노예가 되는 길로부터 일본을 지켜 낼 군을 재건하여 강화시켜야 한다"고 주장하며 적극 재군비를 촉구했다.[11] 대표적인 '전향우익'이었던 다나카 기요하루(田中清玄)는 "일본공산당은 식민지화 및 기지화에 반대한다고 떠들어대고 있으나 이는 소련의 침략전술이다. 이러한 음모와 소련의 침략행위를 분쇄하자"고 하여 동조 세력을 규합하려 했다. 이는 일본공산당의 움직임을 곧바로 소련의 침략행동으로 파악하고 있는 데 그 특징이 있다.

이시카와 고게츠(石川皇月) 구 일본 해군 중장은 "조선전쟁이 심각해지면 그만큼 일본이 재기할 기회는 확실해진다. 미국의 진지한 노력에 힘

11 戸田正直는 도야 요시지(戸谷義次)의 가명으로 보인다. 도다는 민간인이며, 정보원 보호의 필요성이 있었을 것으로 생각된다.

입어 일본은 곧 독립할 것이다. 현재 일본 전국을 통해 500만 명의 남자를 동원할 수 있다. 만일 이 가운데 100만 명만 일어서면 우리는 북조선에 지지 않을 자신이 있다. 더욱이 2개월만 훈련하면 우리는 전전 수준을 회복할 자신이 있다. 만일 미국이 철저히 싸우지 않는다면 미국은 아시아에서 고립하고 말 것"이라고 호언했다. 한국전쟁에서 미국이 애매한 태도를 보인다면 일본이 대신 나설 것이며, 그럴 경우 일본은 더 이상 미국을 신뢰하지 않을 것이라는 점을 지적하고 있다.[12]

나아가 고토 유키요시(後藤幸慶)라는 자는 "남북이 통일되면 유엔이 군사력을 동원해서 이를 지원 지배할 것이다. 그리고 장래에는 일본이 이를(한반도를—필자 주) 지배할 날이 올 것"이라고 하여 패전을 계기로 상실한 한반도에 대한 영향력을 한국전쟁이 되찾아 줄 것이라고 선전하며 우익진영을 규합하고 있었다.[13]

한편 소련의 말리크 외상이 정전을 제안한 이후 전쟁의 전망에 대해서는 구 우익/군인의 의견이 분화되는 경향을 보였다. 일부에서는 전쟁이 장기화되어 일본에 대해서는 강화조약 등과 관련하여 보다 장기적인 영향을 미칠 것으로 분석하고, 이에 대비하려는 움직임을 보였다. 전쟁의 전개에 대해 마사키 진자부로(眞崎甚三郎) 구 육군 대장과 같은 자는 순전히 전략적인 관점에서 "전략이나 정책에 관한 한 소련이 미국보다 우위에 있기 때문에 정전교섭이 시작되더라도 어려움은 계속될 것"이라며 전쟁의 장기화를 예상했다. 말리크 제안이 일본에 미칠 영향에 대해서는

12 石川皇月는 고즈키 요시오(上月良夫)의 가명으로 보인다. 고즈키 요시오는 패전 시 육군 중장으로 조선군관구 사령관이었다.

13 "朝鮮動乱と関連した右翼の言動"(1950. 9. 20), *Korean War and Peace*, GS, GHQ/SCAP Records, Box no. 2275 BB, GS(B)-04251-04254.

마쓰모토 노리아키(松本德明) 구 대일본동지회 회장, 전 성전관철동맹(聖戰貫徹同盟) 동맹원이자 아시아청년사의 간부인 오구로 마사나가(小黒将永) 등이 "말리크 제안은 거의 결론에 다다른 대일 강화조약에 심대한 영향을 미칠 것으로 본다. 소련의 전략은 대일강화를 연기시켜 시간을 벌겠다는 것이며, 결국 대일강화 참가를 요구해 올 것"이라거나 "소련이 대일강화에 참가하여 전면강화가 실현되면 국내 보수진영의 기반은 심각한 영향을 받게 되어" 악몽과 같은 상황이 연출될 수 있다며 부정적인 측면을 강조하여 주의를 환기했다. 반면에 쓰쿠모 구니토시(津雲国利) 전 중의원 의원과 같은 제도권 우익의 경우 "대일강화에 대한 미국의 태도는 강경하다. 따라서 소련이나 중국으로부터 어떠한 제안이 있다고 해도 미국은 현재의 원칙을 변경하지 않을 것이다. 또한 강화조약 체결이 조선정전으로 연기되는 일도, 일본이 불리한 조항을 강요받는 일도 없을 것"이라며 낙관하고 있었다.[14]

한국전쟁을 계기로 구 우익을 중심으로 조선인에 대한 배외주의적 발언도 공공연히 나타나기 시작했다. 구 명륜회(明倫会) 오카야마(岡山)현 지부장 도모사와 노보루(友沢昇)는 정전회담 개시와 함께 재일조선인에 대한 철저한 대책이 필요하다며 강제송환을 강행할 것을 촉구하고 나섰다. 그는 "공산군은 정전과 함께 일본에 대해서 제5열을 잠입시켜 국내질서의 혼란을 획책할 것"이며, "조선인들이 공산당의 지시를 받아 봉기할 것이며, 이 과정에서 일본인이 살해당하는 일도 있을 수 있다"고 하며, 모든 조선인을 강제송환시킬 것을 주장했다.[15]

14 "朝鮮休戦提案についての各グループの意見"(1951. 7. 9), Ibid.; "朝鮮停戦交渉の日本に対する影響他"(1951. 7. 11), Ibid.

15 Ibid.

제6장에서 서술하는 바와 같이 정전회담 개시와 함께 재일조선인은 일본 정부의 강제송환 정책에 맞서 광범위한 반대운동을 펼치고 있었다. 이에 대해 구 우익은 일본 정부의 정책에 원호사격을 가하고 있었던 것이다.

2) 구 우익/군인의 추방 해제

한국전쟁 발발 이후 일본의 정치지형에 나타난 가장 큰 변화는 점령개혁의 일환으로 공직에서 추방되었던 구 우익/군인들이 추방에서 해제되어 복귀한 것이었다. 추방된 구 우익과 군인 중에는 국가주의자와 우익의 범위에 대한 총사령부의 자의적인 판단에 의해 단지 점령정책에 비협조적이라는 이유로 추방된 자들도 섞여 있었다. 그러나 미 점령 당국의 입장에서 보면 이들이 패전 이후 일본에서 아무런 제약 없이 활동하고 있는 것은 매우 위험해 보였다.

패전과 함께 총사직한 스즈키 간타로(鈴木貫太郎) 내각의 뒤를 이어 히가시쿠니노미야(東久邇宮) 내각이 수립되었다. 이때 내각 수반 히가시쿠니노미야는 "해군 및 우익과 깊은 관계가 있었기 때문에 이들과의 연락업무를 위해" 우익의 거물 고다마 요시오를 내각참여(内閣参与)로 임명하고 상담 상대로 삼고 있었다. 히가시쿠니노미야는 이시하라 간지(石原莞爾)에게도 내각고문의 자격으로 정치적 상담 상대가 되어 줄 것을 요청했던 것으로 알려지고 있다.[16] 또한 시게미쓰 마모루(重光葵) 외상의 상담 상대였던 국수동맹(国粋同盟) 총재 사사카와 료이치(笹川良一)는 전전의 유명한 국가주의자 야스오카 마사히로(安岡正篤)와 연락을 취하여 일본근로

16 東久邇稔彦, 『一皇族の戦争日記』, 日本週報社, 1957年, 226頁.

동맹을 결성했으며, 이를 모체로 신당 결성을 기도하고 있었다.[17] 패전 직후의 이러한 모습을 볼 때 패전이라는 상황에 대해 구 지배층과 우익의 현실인식은 전혀 달라진 것이 없었으며, 이전의 관계를 계속 유지하고 있었음을 알 수 있다.

이러한 상황에서 총사령부는 광범위한 군국주의자, 국가주의자, 국수주의자, 군 고급 장교의 공직 추방을 단행했다. 9월 11일 도조 히데키(東条英機) 등 39명이 전범으로 체포되었으며, 11월 19일에는 아라키 사다오(荒木貞夫, 구 육군 대장), 구즈오 요시히사(葛生能久, 구 흑룡회 주간), 가노코기 가즈노부(鹿子木員信, 구 언론보국회[言論報国会] 이사장) 등 11명, 12월 2일에는 나시모토노미야 모리마사오(梨本宮守正王), 고다마 요시오, 사사카와 료이치, 오카와 슈메이(大川周明), 도쿠토미 소호(德富蘇峰, 본명 德富猪一郎), 히라누마 기이치로(平沼騏一郎), 고바야시 준이치로(小林順一郎) 등 59명, 12월 6일에는 고노에 후미마로(近衛文麿) 등 9명이 총사령부에 체포되는 등 전쟁책임 추궁이 본격화되었다. 다음 해인 1946년 1월 4일 총사령부는 일본 정부 앞으로 「공무종사에 적합하지 않은 자의 공직으로부터의 제거에 관한 건」 및 「일정 정당 및 협회, 기타 단체의 폐지에 관한 건」 등 두 건의 각서를 발송하여 구 우익의 공직 추방과 단체 해산을 본격화했다. 이로써 대일본일신회(大日本一新会)와 대일본흥아연맹(大日本興亜連盟) 등 27개의 우익단체에 대해 해산 명령이 내려졌다.[18] 일본 정부는 2월

---

17 粟室憲太郎(編集·解説), 『資料日本現代史3—敗戦直後の政治と社会2』, 大月書店, 1981年, 13-14頁.

18 총사령부는 해산되어야 할 위험 단체의 대상으로 다음의 우익단체를 지명했다(괄호 안은 대표자). 大日本一新会(구 大日本生産党, 吉田益三), 大日本興亜連盟(水野錬太郎), 大日本生産党(吉田益三), 大日本赤誠会(橋本欣五郎), 大東亜協会(井戸川辰三), 大東塾(影山正治), 言論報告会(鹿子木員信), 玄洋社(進藤一馬), 時局協議会

11일 추방 및 폐지령에 해당하는 자와 그 단체의 범위를 결정했으며, 이로써 대일본적성회(大日本赤誠会) 등 119개의 단체가 폐지되어야 할 단체에 해당되었다. 한편 2월 22일에는 칙령 101호「정당, 협회 및 기타 단체의 결사 금지에 관한 칙령」에 의해 45개 우익단체 해산과 75개 단체의 재결사 금지가 조처되었다.[19] 이러한 공직 추방 및 단체 해산은 1948년 5월에 일단락되었는데, 추방자에 대한 심사 대상자는 총 71만 7,415명에 달했으며, 이 중 21만 288명이 추방되었다. 우익 관계자의 공직 추방은 4만 9,340명(단, 법무총재 지정 단체원 317명은 제외)이었다. 우익단체 해산의 경우 독립 직전인 1951년 말까지 233개가 이에 해당되었으며, 이는 단체 해산 총 239건 가운데 좌익계 단체 6개를 제외한 숫자였다.[20] 그런데 이들 단체는 한국전쟁이 발발하자 부활의 조짐을 보이더니 1951년에 대규

(一条実孝), 鶴鳴荘(摺建一甫), 建国会(赤尾敏), 金鶏学院(安岡正篤), 黒竜会(葛生能久), 国際反共連盟(平沼騏一郎), 国際政経学会(増田正雄), 国粋大衆党(笹川良一), 国体擁護連合会(入江種矩), 明倫会(田中国重, 石原広一郎), 瑞穂倶楽部(大井成元), 尊攘同志会, 大化会(岩田富美夫), 天行会(頭山秀三), 東亜連盟(石原莞爾), 東方同志会(中野正剛), 東方会(中野正剛), やまとむすび(佐々井一晃, 全日本青年倶楽部(影山正治). 『朝日新聞』(1946. 1. 5).

19 칙령 101호는 1949년 4월에 「단체등규정령(団体等規正令)」으로 법령화되었으며, 이때 '극단적인 국가주의 단체'에 더해 '반민주주의적 단체'를 규제 대상으로 포함시켜 공산당을 단속 대상으로 할 수 있게 되었다.

20 공직에서 추방된 인사 가운데 우익 활동에 관련한 인사를 항목별로 살펴보면 각각 다음과 같다. A항(전쟁범죄인) 3,422명, C항(극단적인 국가주의 단체, 폭력주의적 단체, 비밀애국단체의 유력분자 및 그 단원) 3,381명+3,064명, G항(기타 군국주의자 및 극단적인 국가주의자) 46,276명, 기타 법무총재 지정 단체 및 C항의 유사 단체 단원 등을 포함한 합계 인원 21만 288명. 이 중에는 이후 추방제도가 좌익 추방의 유력한 수단으로 변질되어 법무총재 지정 단체 대상으로 공산당이 포함된 이래 공산당원으로 추방된 자가 포함됨. 堀幸雄, 『増補, 戦後の右翼勢力』, 勁草書房, 1997年, 6-9頁 및 46-47頁의 注14, 注16; 木下半治, 『日本右翼の研究』, 現代評論社, 1977年, 121頁.

모 추방 해제 조치가 실시되고 강화조약 체결과 함께 재군비 문제가 부상함과 동시에 재결집의 움직임을 활발히 보이기 시작했던 것이다. 이른바 레드 퍼지(red purge, 빨갱이 추방)가 진행되는 가운데 실시된 추방 해제는 민주화 정책으로부터 냉전정책으로의 역코스를 가장 상징적으로 보여 주는 사건이었다고 할 수 있다. 1950년 10월 13일에 1만 명에 이르는 대량의 추방 해제가 시작되어 1951년 연말까지 21만여 명의 공직 추방자 중 20만 1,507명이 추방 조치에서 풀려나와 대부분 복귀했다.[21] 1951년 10월 1일 현재 공직 추방 해제자 현황은 〈표 5-1〉과 같다.

구 우익들의 재집결 움직임 가운데 가장 빠른 것으로, 1951년 2월 8일 아라하라 보쿠스이(荒原朴水), 오무라 다다노리(大村忠則)가 중심이 되어 개

표 5-1. 공직 추방 해제자 현황(1951년 10월 1일)[22]

B항(직업군인)	5,267
(정규 육군 장교)	(2,362)
(정규 해군 장교)	(2,629)
(정규 육군 장교 및 타항 중복 해당자)	(230)
(정규 해군 장교 및 타항 중북 해당자)	(46)
C항(극단적인 국가주의 단체, 폭력주의적 단체, 비밀애국단체의 유력분자)	13
D항(대정익찬회 및 산하 단체의 유력분자)	54
G항(군국주의자 및 극단적인 국가주의자)	465
합계	5,799명

21 堀幸雄, 前掲書, 14頁.

22 同上, 15頁.

최한 제1회 애국자단체간친회(愛国者団体懇親会)를 들 수 있다. 이 모임에는 후쿠다 모토아키(福田素顕), 아카오 빈(赤尾敏), 쓰쿠이 다쓰오(津久井竜雄) 등이 참가했다. 5월 15일에는 혼마 겐이치로(本間憲一郎)를 중심으로 한 신생일본국민동맹이, 8월 15일에는 동아연맹의 계통을 이은 협화당(協和党)이 결성되었으며, 국민당(国民党)이 이에 합류했다. 10월 27일에는 아카오를 중심으로 대일본애국당이 결성되었다. 1952년에 들어서는 오카와 슈메이, 마에다 도라오(前田虎雄) 등을 중심으로 동풍회(東風会), 구리하라 미노루(栗原美能留), 간 다로(菅太郎)를 중심으로 일본신생협의회(日本新生協議会), 구 대일본생산당의 요시다 마스조(吉田益三)를 중심으로 은급부활촉진연맹(恩給復活促進連盟)이 결성되었다. 1953년에는 쓰쿠이가 국론사(国論社)를 결성했으며, 1954년에는 후지 요시오(藤吉男)의 국수대중당(国粋大衆党), 가게야마 마사하루(影山正治)의 대동숙(大東塾)이 재건되었다. 대일본생산당도 가와카미 도시하루(河上利治)를 당수로 하여 재건되었으며, 이노우에 닛쇼(井上日召)의 호국단(護国団)이, 1955년에는 후쿠다 스스무(福田進)의 방공정신대(防共挺身隊)가 각각 탄생했다.[23]

2. 우익의 재집결과 전후 우익의 형성

한국전쟁 중에 전개된 구 우익들의 이러한 재결집 움직임은 그 조직과 인물 면에서 전전의 동방회(東方会), 건국회(建国会), 대일본황도회(大日本皇道会), 동아연맹(東亜連盟) 등이 중심이 되고 있었다. 따라서 이들의 움직

23 同上, 14-15頁.

임에 주목할 필요가 있다.

1951년 8월 6일 구 동방회 주요 간부들에 대한 추방 해제 발표 이래 구 동방회 회원들 사이에서, 서로 연락을 취하면서 정보를 수집하는 등 재집결의 움직임이 활발해졌다. 이들은 동방회의 회장으로 그들의 정신적 지주였던 나카노 세이고(中野正剛)의 추도 모임을 통해 조직원을 재결집해 나갔다. 9월 23일에 열린 추도 집회에서는 전 국회의원 미타무라 다케오(三田村武夫)와 이소다 세이고(磯田正剛), 구 동방청년대(東方青年隊) 부대장 이노마타 게이타로(猪俣敬太郎) 등이 연설자로 나서, 약 300명의 청중을 모아 세를 과시했다.[24]

같은 해 10월 5일에는 나카노의 8주기를 계기로 전국적인 추도회가 열렸다. 이 가운데 구마모토(熊本)현에서 열린 한 추도 모임에서는 나가타 마사요시(永田正義)라는 자가 변사로 나와 다음과 같이 주장했다. "일본은 앞으로 경제의 합리적 순환을 기하기 위해 중국과 무역하는 것이 중요하며, 미국에 의존한 일본 경제에 진정한 자립을 바랄 수 없다. 미일안보조약에 대해서는 미군 주둔에 따른 비용이 재군비를 위한 비용보다 훨씬 크기 때문에 일본의 완전독립을 위해서는 강고한 군비에 의한 자위가 절대로 필요하다. 공산당의 마수로부터 방어를 위해 진정한 애국자가 정치를 이끌어 주기를 강력히 요망한다"는 것이었다.[25]

전후 우익으로 가장 유명한 사람은 아마 아카오 빈일 것이다. 추방 조치에서 해제된 뒤 재기를 도모하며 '대일본애국당'의 결성을 준비하던 구 '건국회' 및 구 '대일본황도회' 회장 아카오는 1951년 10월 중순 무

24 法務府特別審査局, 『特審資料』, 第2巻 第11号, 昭和26(1951)年 10月 1日, 45-46頁.

25 同上, 昭和26(1951)年 11月, 40-41頁.

렵 「입당선언(立党宣言)」과 「지원10개조(志願十カ条)」, 「대일본애국당 신생활운동 선언」이라는 제목의 인쇄물을 작성했다. 그리고 이를 여러 방면으로 송부하여 선전 활동을 전개하고 있었다. 11월 1일에는 전(全)일본반공연맹과 공동주최로 「요시다 내각 숙정(粛正), 재군비 촉진 대연설회」를 대일본애국당 결성준비회 이름으로 개최하기 위해 각 방면의 보수 우익 및 정치가들과 연락을 취하고 있었다. 「지원10개조」는 "'친미반공의 기치'를 선명히 하고, 미일방위협정의 취지를 실행에 옮긴다"는 목표하에 '아시아의 해방과 일본의 융성', '군민공치의 국풍(国風)', '일본적 민주주의', '외국 직역(直訳) 사상과 제도의 추종 반대', '조국의 전통 중시, 무비판적으로 신기함을 좇는 경향 반대' 등을 내걸었다. 이러한 문구에서도 알 수 있듯이 이들의 정치 지향은 지극히 복고적, 국수적이며, 전전과 같은 천황제의 부활을 노골적으로 주장하는 등 점령기 민주화를 총체적으로 부정하는 데 특징이 있었다.[26]

한편 구 동아연맹 이사장 기무라 다케오(木村武雄)는 1951년 8월 6일의 추방 해제 조치 직후인 8월 24일, 자유당 야마가타현 지부 총회에 모습을 나타내는 등 정계 표면에 등장하고 자유당에 복귀했다. 9월 5일에는 야마가타현에서 「구 동아연맹 및 구 농민동맹 동지의 사망자 위령제」를 거행하고, 이에 이어 추방 해제 축하회를 개최했다. 이후 10월 17일까지 거의 매일 10여 회의 강연회를 야마가타현 내에서 개최하면서 '반공제일주의의 재군비론'과 '헌법개정론', '중립불가론'을 설득하고 다녔다. 또한 10월 6일에는 구 동아연맹 시코쿠(四國) 지방책임자 다나카 히사시가 가가와(香川)현에서 시국강연회를 열고 이와 비슷한 내용의 주장을 펼

26 同上, 43-45頁.

쳤다.[27]

그 밖에도 구 대동숙 계열의 후지 가도회(不二歌道会)가 10월 들어 그 기관지인 『길벗(道の友)』 제37호에 "천조(天朝)를 유지하고 조국을 방위하기 위해 경찰예비대(National Police Reserve)를 갱생할 것"을 주장하면서, 그 내용으로 전전의 국가주의적인 정신주의를 강조하는 등 우익의 언동은 추방 해제를 계기로 갈수록 활발해지고 있었다.[28] 이들의 주장은 재군비를 통한 '자주방위국가(自衛国家)'의 실현에는 이견이 없었으나 전전의 내셔널리즘과는 다른 내용을 획득할 필요성에 직면하고 있었다. '미군에 의한 점령하'라는 조건에 맞춰 변용될 필요가 있었던 것이다. 반소반공과 동시에 반미를 그 내용으로 한 전전의 내셔널리즘 정통 적자임을 자칭하는 각종 우익단체는 반미의 입장을 어떻게 행동 방침 속에 처리하는가에 따라 차이를 보이게 되었다. 기쿠하타 동지회(菊旗同志会)의 시마즈(島津)파 및 대화당(大和党)은 1951년 10월을 전후로 각각 전국대회를 개최하여 강화조약 체결 이후 새로운 정세에 대응한 운동 방침을 결정했다.

우선 시마즈파가 주도한 기쿠하타 동지회는 9월 28일부터 30일까지 사흘 동안 규슈의 오이타(大分)현 나카즈(中津)시에서 제7회 전국대회를 개최했다. 참가인원은 45명 전후로 적었으나 소위 「1952년 기쿠하타 테제(이하 테제)」를 채택하고, 「강화 이후의 활동 방침」을 결정했다. 「테제」에는 다음과 같이 그들이 목표하는 바가 제시되었다. "(우리가) 나아갈 운동 방침은 반공에만 고집하는 것이 되어서는 안 된다. (그것은) 새로운 시대에 요구되는 국민대중의 통합이어야 하며, 새로운 내셔널리즘

---

27 同上, 45-46頁.

28 同上, 47頁.

의 육성이어야 한다. (중략) 동아에서의 객관정세는 새로운 내셔널리즘의 싹이 트고 있는데, 세계의 양대 세력에 짓눌려 육성이 저지되고 있다. (중략) 기쿠하타는 국민 저항의 선두에 서서 민족운동을 통일 전개하고자 한다(괄호 안은 필자)"는 것이었다. 또한 강화 이후의 행동 방침으로서는 '국토방위를 위한 자위군의 설치'가 긴급을 요하고 있다고 하면서도 "자위군은 기계화된 중장비가 필요하다는 점에서 당분간 미국에 의존할 필요가 있으며, 이러한 의미에서 반미적인 행동은 자제한다"고 하여, 전략적인 관점에서 도출된 것이긴 하지만, 친미의 태도를 '새로운 내셔널리즘'의 내용으로 제시하고 있었다.

반면 대화당은 반미주의를 전면에 내세우고 있었다. 그들의 선전 팸플릿에는 "10년 전, ABCD 라인을 통해 일본 경제를 봉쇄한 것은 누구였던가. 이 봉쇄를 분쇄하는 것은 군대를 가진 국가가 취할 당연한 행동이었다. 왜 요시다는 이를 주장하지 않나"라며 미국에 대한 저항과 선전포고가 정당한 것이었음을 주장하고 있었다. 그러나 대화당은 이러한 주장의 이면에 "국방군은 (중략) 그 자금을 외국의 부담으로 한다"고 하여 자기모순에 빠지고 말았다. 그 밖에 8월 15일 이시하라 간지(石原莞爾)의 사후 3주기를 계기로, 정치단체로서 결성된 협화당도 9월 31일과 10월 1일 제1회 전국당원대회를 개최하여 활동을 개시했다.[29]

이상과 같이 구 우익의 재집결 움직임이 활발해지면서 1951년 후반이 되면 강화조약의 조인, 추방의 대량 해제, 재군비 문제의 부상 등에 자극을 받은 구 군인의 움직임도 활발해졌다. 이 시기에 활발한 움직임을 보인 구 군인들은 크게 두 그룹으로 나눌 수 있다. 첫 번째 그룹은 일부

---

29 同上, 50-63頁.

정치적 야심을 가진 장성급 군인과 이들을 지지하는 청장년 장교 출신들로서, 이들은 그 목표를 '일본의 완전독립, 반미, 반영, 반소의 대아시아주의 실현과 국정의 일대 혁신'에 두고 공공연한 선전 활동에 나서고 있었다. 그 대표적 인물로 쓰지 마사노부(辻政信)와 고바야시 쇼자부로(小林省三郎)를 들 수 있다. 이들 가운데 일부는 극단적인 반미 및 반정부 감정을 전면에 내세우면서 공산당과 접근하는 태도를 보이기도 했다. 두 번째 그룹은 보다 온건한 사상을 지닌 자들로 오히려 미국의 점령정책에 동조하면서 반공을 주장하고 있었으며, 미국과 국제연합에 협조적인 태도를 보이고 있었다. 구 육군 중위 다지리 도시오(田尻利雄)와 해군 소장 마사키 쇼지(真崎勝治)가 대표적인 인물이었다.[30]

이들이 재군비 등 정치적인 문제에 관심이 있었던 데 반해 오카무라 야스지(岡村寧次) 구 육군 대장과 네모토 히로시(根本博) 구 육군 중장은 타이완의 장제스를 원조하기 위한 모병운동을 전개하고 있었다. 오카무라의 주변에 약 30명의 구 군인들이 활약하고 있는 것으로 파악한 특심국은 이 운동을 실패한 것으로 평가했다. 국민당 정부로부터 운동자금이 끊긴 뒤 이들의 태도가 일변하여 중공 중심의 대아시아주의를 주장하기 시작했다는 점이 그 이유로 분석되었다.[31]

특심국의 파악에 따르면, 이러한 대아시아주의 운동은 반공 반소와 동시에 반미를 주장하는 점이 특징이었는데, 이들은 이른바 '아시아 제3세력'의 결집을 구체적인 행동의 목표로 내걸고 있었다고 파악했다. 즉, "현재의 일본은 미소 어느 진영에도 가담해서는 안 된다. 이는 장래의 일

30 法務府特別審査局, 『特審資料』, 昭和26(1951)年 8月 15日, 51-54頁.

31 同上, 54頁.

본이 조선의 전철을 따라 밟게 된다는 것을 의미하며, 그 결과는 일본 민족의 자멸을 초래하는 것이 된다. 이를 회피하는 길은 단 하나, 즉 아시아 10억 민족이 단결하여 제3세력권을 확립하는 것이다. 이를 실현함으로써 제3차 세계대전의 발발을 회피하고, 또한 만일 세계대전이 발생하더라도 전쟁의 권외에 섬으로써 미소 양대세력이 전쟁의 소모로 인해 공도공멸할 경우에는 아시아 민족이 세계의 주도권을 쥐게 된다"는 것이었다. 반공을 주장하고 있는 반면 아시아주의를 중심에 놓게 될 경우 친중공을 표방할 가능성도 있었다. 1951년 후반 이러한 움직임은 활발해지는 경향을 보였다. 특심국은 이러한 움직임에 특히 주목하고 있었으며, 이들에 대한 접촉을 시도하고 있다는 중공 측으로부터의 정보에도 주목하고 있었다.[32]

구 군인과 우익의 활동이 활발해지는 가운데 각종 반공단체의 전선을 통일하려는 움직임이 전개되었다. 1951년 2월 도쿄의 우에노(上野)에서 도쿄를 중심으로 인근 간도(関東) 지방의 각종 반공단체 대표자 약 40명이 모여 조국방위간친회(祖国防衛懇親会)를 개최하고, 동부 일본을 중심으로 활동하는 반공단체의 대동단결을 협의했다. 그 뒤 대일본독립청년당 당수 시미즈 와타루(清水亘)와 아라하라 등을 중심으로 조국방위간친회를 애국단체연합회로 개조하고 조직을 강화했다. 한편 오사카에서는 대화당과 조국방위국민동맹 등이 중심이 되어 5월 9일 애국단체전국협의회를 결성했으며, 1951년 8월 현재 13개 단체가 참가를 표명했다.[33]

특심국이 입수해서 정리한 정보에 따르면, 1951년 9월 중순 사사카

32 同上, 82-83頁.

33 同上, 89-90頁.

와 료이치의 개인 사무소에서 오사와 요네키치(大沢米吉), 아카오 빈, 스즈키 기요시(鈴木喜代志) 등 거물급 우익이 회합을 갖고, 전국적인 전범석방 청원운동의 전개 등에 대한 협의가 진행되었다. 이 자리에서 연설 중 사사카와는 다음과 같이 주장했다고 한다. "이미, 홋카이도는 빨갱이의 침략 위험이 현실화되고 있다. 생각 있는 식자는 대단히 우려하고 있다. 우국지사가 있어도 지도자가 없는 게 현실이다. 우리와 함께하는 수많은 동지를 적중 침투시킬 수만 있다면 빨갱이 조직을 붕괴시켜 우리의 동지로 전향시키는 것은 그리 어려운 일이 아니다"라고 하는 등 격렬한 어조로 시국비판의 강도를 높여 갔다.[34]

추방 해제 직후인 1951년 9월 중순에 이미 활동을 개시했던 아카오 빈의 경우도 「반공원장(反共援蔣)을 격함」, 「아시아 반공정보협의회의 결성을 제창함」이라는 제목의 인쇄물과 「원장반공(援蔣反共)의 국민운동을 거세게 일으키자」는 제목의 삐라를 작성 배포하면서 존재를 과시하고 있었다. 그는 그 정치적 지역 기반인 도쿄 아라카와(荒川)구를 중심으로 추방 해제 후의 인사를 겸한 반공연설회를 수회에 걸쳐 개최하는 한편 대일본황국당(大日本皇国党)의 결성을 준비하고 있었다.[35]

구 육군 대장 오카무라와 구 육군 중장 아리스에 세이조(有末精三) 등은 "무엇보다도 위험한 사태는 진주군 철퇴 후 힘의 진공상태"라며 미일 안보조약 체결은 "당연히 체결되어야 할 이른바 필요조약"이며, "대단히 의미 있는 것"으로 받아들였다. 또한 구 해군 중장 마에다 미노루(前田稔)는 "우리는 현재를 세계전국시대(世界戦国時代)라고 보고 있다. 이러한 시

34 法務府特別審査局, 『特審資料』, 昭和26(1951)年 10月 1日, 11頁.

35 同上, 46頁.

대에 벌거벗고 길을 걷는다는 것은 너무나도 위험천만한 일이다. 이러한 의미에서 보더라도 무력을 갖지 않는 일본이 자신의 몸을 보호하기 위해 다른 나라에 의존하지 않을 수 없다는 것은 어쩔 수 없는 일이다. 그 상대가 미국이었다는 것은 당연한 선택이었다"고 하여, 미일안보조약에 전폭적인 찬성의 뜻을 나타내었다.[36]

이들 우익단체의 주장은 기본적으로 민족주의적인 것이었다. 그러나 아시아주의와 관련해서는 미묘한 차이가 있었기 때문에 그러한 차이가 점령하라는 조건에서 서로 다른 지향을 드러내게 하고 있었다. 첫째, 미소 어느 진영에도 속하지 않는 아시아 국가들의 결합에 의한, 이른바 아시아 제3세력의 결성을 통해 제3차 세계대전을 방지하고 전쟁의 권외에 서서 중립을 지키자고 주장하는 '아시아 제3세력 결성운동'이 있다. 둘째, 더 나아가 아시아 민족주의를 내걸고 아시아 민족의 대동단결로 구미세력을 구축하고, 아시아 민족의 자주독립을 수립하자고 주장하는 이른바 '대 아시아주의 운동'이 있다. 마지막으로 일본의 완전자주독립 회복과 국민의 민족정신을 고취 앙양하자고 주장하는 순수 '애국주의적 민족운동'이 있다.[37]

아시아 제3세력 결성을 목표로 하는 단체로는 구 동아연맹 계열에 속하는 협화당이 두드러졌다. 협화당은 명백히 "미군의 주둔과 군사기지화에 반대한다"는 슬로건을 내걸고 있었으며, '완전강화, 재군비 반대, 영세중립'이라는 3개 항목을 주장하는 점에서 당시의 좌파 사회당과 완전히 의견이 일치하고 있었다. 나아가 "동아 제국의 대동단결로 아시아의

36 同上, 56-57頁.

37 同上, 100頁.

제3세력을 결집할 것"을 주장하며 중공을 중시하는 입장에 서 있었다. 이 점에서도 사회당의 주장과 맥락을 같이하고 있었다. 기타 이러한 흐름에 속하는 단체로는 민족신생운동본부(民族新生運動本部), 일본건청회(日本建青會), 제3민주동맹 등이 있었다. 이들 단체가 주장하는 내용은 협화당의 주장과 대동소이하여 '조기 완전강화, 자주 자위, 외세 거부, 반미, 외국의 용병화 반대' 등 당시 일본의 진보적 지식인과 좌파 사회당의 주장과 비슷한 점이 발견되었다. 이러한 점에 주목하여 특심국은 이들 단체가 우익으로부터 좌익으로 서서히 선회하는 경향에 있다고 파악하고, 그 움직임에 주시하고 있었다.[38]

아시아주의의 또 다른 변형인 대아시아주의를 표방하는 운동단체들은 신생일본국민동맹을 중심으로 운동을 전개했다. 전전에 대아시아주의를 표방했던 혼마 게이치로와 나카무라 다케시(中村武) 등의 우익이 단체 결성에 주도적 역할을 하고 있었다. 그 주장은 아시아 제3세력 결집운동과 달리 중공에 반대하는 입장을 보이고 있었으며, 당면 과제로서 강화 문제와 중립, 재군비 문제에 대해서도 정반대의 입장을 보이고 있었다. 그러나 이론과 실천의 면에서 모순을 보이고 있었으며, 특심국에서도 아시아 제3세력 결집운동에 비해 발전가능성을 낮추어 보고 있었다. 그런 점에서도 대아시아주의는 일반의 관심을 크게 끌지 못했던 것으로 볼 수 있다.[39]

한편 애국주의적 민족주의 운동에 속한 단체로는 입헌양정회(立憲養正会), 일본국체학회(日本国体学会), 국주회(国柱会), 일본기쿠하타동지회(日

38 同上, 100-104頁.

39 同上, 104-106頁.

本菊旗同志会), 대일본구국청년회(大日本救国青年会), 우국동지회(憂国同志会), 혁신청년당(革新青年党), 조국방위동지회(祖国防衛同志会) 등이 있었다. 이들 단체는 대개 다음과 같은 점에 불만을 표시하는 것에서 서로 공감하며 접근하고 있었다. '첫째, 천황의 헌법상 지위의 약체화, 둘째, 일본의 민족적 전통을 무시한 점령기 개혁, 셋째, 미국에 대한 추종 이외에 유효한 정책을 펼쳐 보이지 못하는 일본 정부의 무력함, 넷째, 안전보장이라는 이름을 빌린 일본의 식민지화' 등이 그 주된 내용이었다. 이들은 점령하에서 억제된 이러한 감정과 불만이 강화 후에는 필연적으로 표면화할 것으로 생각하고, 이러한 자연발생적인 '국민적 민족감정'을 흡수하여 조직화하려 했다. '안전보장이라는 이름의 일본의 식민지화'란 다름 아닌 '기지화'를 지칭하는 것이었으며, 이들이 목표로 했던 것은 바로 '기지국가'의 해체였던 것이다. 또한 한국전쟁에 직면하여, 국내외 중대한 불안 앞에 노정되었다는 일본 국민의 현실인식이 각종 국수주의적 애국단체로 하여금 민족주의 운동에 나서게 하는 요인이 되고 있었다. 특히 이러한 단체가 대부분 천황제하의 민족 전통을 존중하는 헌법으로의 개정을 주장하고, 새로운 헌법하에서 일본의 완전한 자주독립을 회복하자고 주장하고 있는 점이 시선을 끈다.[40]

이처럼 한국전쟁을 계기로 부활의 조짐을 보이던 초국가주의 단체가 추방 해제라는 조건을 이용, 우후죽순처럼 부활하는 것과 궤를 같이 하면서 구 군인 그룹을 중심으로 한 횡적, 종적 조직화 움직임이 본격화되었다. 이들의 움직임은 샌프란시스코 강화회의를 전후로 표면화되었다.

40 同上, 106頁.

3. 우익 운동의 본격화와 자주국방론의 등장

한편 추방 해제 조치 후 전전의 구 정치가들의 정계복귀도 활발해졌다. 이들은 요시다의 '향미일변도 경제주의'를 비판하고, 좌익과는 다른 '자주독립'의 민족주의를 강조하며, 재군비를 위한 헌법개정을 적극 주장하고 나섰다. 1952년 10월 1일의 총선거와 1953년 4월 19일의 총선거, 그 1주일 후(4월 24일)에 실시된 참의원 선거에는 구 정치인뿐만 아니라 구 우익/군인이 다수 입후보했다. 1952년 10월의 총선거를 앞둔 9월 21일 당시의 정황을 『아사히신문』은 다음과 같이 전했다.

> 정치적 비판력이 미약한 농촌에 비록 적은 수이긴 하지만 구 우익 및 이와 관계된 구 관료들이 무소속으로 또는 각 정파의 이름을 내걸고 출마하고 있는 현실을 볼 수 있다. 이들 후보가 거의 일관해서 주장하고 있는 것은 현정당의 부패와 미국의 영향력으로부터의 해방과 독립, 그리고 헌법의 개정 내지 '진정국군(真正国軍)'의 건설 등 세 가지다. 후보자 대부분은 당선권 밖에 있는 것으로 생각되나, 이번 선거로는 안정된 정권이 탄생하지 않을 것이며, 따라서 다음 총선거가 가깝다는 판단하에 이번 선거에서 '사석(捨石)'을 던져 놓겠다는 것이 이들의 공통된 생각이다. 이러한 움직임은 장래 일본 정치가 안게 될 하나의 과제로 떠오를 가능성이 있다.[41]

대일본애국당 총재로서 도쿄 6구에서 입후보한 아카오는 정견 발표에서 다음과 같은 내용의 선거공약을 내걸었다. '헌법개정을 통한 자주헌

---

41 『朝日新聞』(1952. 9. 21).

법의 확보, 완전독립과 자위 확보를 위한 재군비, 국적(国賊) 일본공산당의 박멸, 망국적 좌우 사회당의 타도, 부패한 보수정당의 숙정, 반국가적 자본가의 응징, 일본의 전통에 입각한 일본적 민주주의의 육성, 도의 정신에 입각한 전면적 정치혁신, 미일동맹으로의 국론통일과 적화세력의 모략적 반미투쟁의 분쇄' 등이 그것이다. 그 선거 공보는 "붉은 깃발 아래의 혁명인가, 일장기 아래의 구세 운동인가"라고 하여 양자택일을 묻고 있었다.[42]

이러한 논법으로부터 도출되는 결론은, 필연적으로 헌법 옹호, 재군비 반대, 미일동맹 반대의 중립주의를 취하는 태도는 모두 '붉은 깃발 아래의 혁명' 진영에 속하게 되며, 이를 저지하기 위해 전통적 일본주의 아래 단결하자는 논리로 귀결된다. 1950년대 후반 이래 반핵운동가들이 던진 양자택일형 슬로건 가운데 유명한 것이 '적화냐 죽음이냐(red or dead)'다. 이 말은 소련에 대항하여 인류의 사멸을 의미하는 핵전쟁마저 불사하기보다는 차라리 소련의 지배를 받는 쪽이 낫다는 의미로 자주 사용되었다.[43] 이를 아카오의 논리에 접목시켜 보면 '적화냐 복고냐(red or past)'가 될 것이며, 그가 던진 말은 적화보다는 차라리 군국주의의 부활이 낫다는 함의를 지닌 것으로 이해된다. 그렇다면 전후민주주의의 성과는 모두 적화혁명의 과정 위에 있는 것으로 부정되어야 할 내용이 되고 만다. 이러한 논법의 역을 취하면, 전후민주주의의 성과를 옹호하는 입장은 공산주의자이거나 그 동조자임을 자임하지 않으면 안 되는 상황을 낳고 말았던 것이다.

---

42 堀幸雄, 前掲書, 19頁.

43 坂本義和, 『相対化の時代』, 岩波書店, 1997年, 67-68頁.

1952년 10월 1일의 총선거에서는 1,243명이 입후보한 가운데 26%에 해당하는 329명이 추방 해제자였다. 이들 가운데 우익 활동 전력자로는 쓰지를 비롯해 다다노 나오사부로(只野直三郎, 日本人民党 총재), 기무라 다케오(木村武雄, 구 東方会), 히라이 기이치(平井義一, 구 愛国学生連盟), 기타 레이키치(北玲吉, 구 祖国社), 고노 긴쇼(河野金昇, 東方同士会) 등 6명이 당선되었다. 이 중 쓰지, 기무라, 기타 등이 추방 해제자였다. 추방 해제자로서 비중 있는 인물들 가운데 아카오를 비롯한 소젠 기요시(宗前清, 新日本青年連盟 대표), 혼료 신지로(本領信治郎, 구 東方会), 다케모토 신이치(竹本信一, 구 維新同盟 위원장), 오다 도시요(小田俊与, 世界タイムズ 사장), 사쓰마 유지(薩摩雄次, 改進党), 미타무라 다케오(三田村武夫, 独立自由連盟 중앙위원, 구 東方会), 노요리 히데이치(野依秀市, 帝都日々新聞 사장), 나가타 마사요시(永田正義, 구 東方会) 등은 낙선했다. 아카오의 낙선에서 볼 수 있듯이 우익에 대한 국민의 지지가 광범위한 것은 아니었다고 해도 불과 반년 전 참의원 선거에서 나타난 결과에 비하면 우익의 '선전'은 주목할 만한 것이었다. 같은 해 4월 24일의 참의원 선거에서는 우익 후보자 가운데 전국구 당선자는 없었으며, 지역구에서 현역 보안청 장관이었던 기무라 도쿠타로(木村篤太郎)가 무소속으로 당선되었을 뿐이다.[44]

원래 전후파 우익이라 해도 전전 우익과 비슷하여 일인일당(一人一党)적 성격이 남아 있었기 때문에 선거를 치를 만한 조직력이 있었다고는 할 수 없었다. 따라서 이러한 결과는 당연하다고 할 수 있다. 그러나 결과 여하와 관계없이 우익이 선거에 입후보함으로써 전후의 정치마당에 전전 또는 전시 중의 국가주의 이데올로기가 재등장하는 계기가 되었던 것

44 堀幸雄, 前掲書, 18-24頁.

만은 분명하다.

이와 같이 전후 제도권 정치로의 복귀를 달성한 '전후 우익'의 활동 및 역할에 대해 호리 유키오(堀幸雄)는 패전이라는 현실로 인해 우익은 새로운 특징을 띠게 되었다고 했다. 그리고 다음의 네 가지를 들고 있다. 첫째, 반소친미를 슬로건으로 한 새로운 반공사상, 둘째, 천황제 부활의 첨병임을 자임하여 등장한 점, 셋째, 전전 천황제로의 복귀를 위한 방법으로서 쿠데타를 상정하고 이를 실천하는 과정에서 자위대를 주목하고 있었던 점, 넷째, 선거에서의 패배 결과 대중운동을 포기하고 이른바 흑막 정치를 통해 그 정치적 의도를 달성하려 했던 점 등이다. 이 가운데 주목할 특징으로는 '반공'을 가장 큰 정치적 목적으로 내 건 점을 들 수 있다.[45]

그 상징적 사건으로 반공발도대(反共拔刀隊) 결성 움직임을 들 수 있다. 한국전쟁의 와중에 강화조약이 체결된 1951년 가을, 미타무라, 쓰지 노부오(辻宣夫), 가시와기 이사무(柏木勇) 등은 '근대적 반공운동'을 추진하자는 데 합의하고, 아리마 요리야스(有馬頼寧, 전 농상), 마루야마 쓰루키치(丸山鶴吉, 전 경시총감), 아베 겐키(安倍源基, 전 내상), 고토 류노스케(後藤隆之助, 전 익찬회 조직부장), 가나이 노부타카(鹿内信隆, 닛케이렌 전무이사), 오타 고조(太田耕造, 전 문부상) 등을 상임준비위원(常任世話人)으로 하여, 일본청소년선도협회를 조직하기로 하고 활동에 들어갔다. 이는 다분히 행동주의를 표방하는 그룹이었다. 한편 이에 대한 협력 요청을 받은 기무라 도쿠타로 당시 법무총재는 당초 반공의 입장에서 공산당에 대항하는 '동지'의 결집에 주력할 것을 권고했다. 이에 대해 쓰지가 "생명을 걸고 공산당에

---

45 同上, 134-136頁.

돌진하는 특공대 조직"을 조직할 경우 "20만 명 정도를 모으는 것은 문제없다"고 답하자 기무라 총재는 태도를 바꿔 적극 협력할 뜻을 보였다고 한다. 그는 "목숨을 걸고 나설 사람을 20만 명이나 결집할 수 있다면 이것이야말로 천우라 하지 않을 수 없다"고 반겼으며, '황국 수호'를 위한 그 뜻을 천황에게 전할 것과 비용 면에서는 어려움을 겪지 않도록 배려하겠다는 약속을 했다고 한다.[46] 그러나 계획이 추진되는 과정에서 연간 3억 7,000만 엔의 소요 자금을 예산 처리해 주도록 기무라 법무총재를 통해 요시다 수상에게 요청했던바, 요시다는 이를 일축했으며, 결국 협잡꾼과 도박꾼의 재편 재조직에 불과한 결과를 낳고 말았다는 것이 실상이었다.[47]

비록 그 계획은 실패로 돌아갔으나 '정부-우익-폭력단'이라는 삼각 연계를 통해 '반공 행동부대'를 조직하려는 움직임은 그 후로도 계속되었다. 이러한 움직임이야말로 한국전쟁을 전후하여 국제공산주의 운동에 연동하는 형태로 보수 우익에 대해 선명한 투쟁 노선을 정식화했던 일본의 좌익세력을 자극하여, 그들로 하여금 더욱 과격한 무장투쟁 노선으로 치닫게 하는 요인이 되고 있었다.

1951년 8월 이후에는, 미국의 점령정책이 민주화와 비군사화에 중점이 주어졌던 점령 초기에 추방되었던 구 군인 가운데 좌관(영관)급 이하가 대량으로 추방 대상에서 해제되어 다수의 소좌(소령)급 인사가 경찰예비대 간부로 채용되는 등 이들 구 청년 장교들의 움직임이 활발해졌다. 특히 강화조약 조인 후 재군비 가부를 둘러싸고 활발한 논의가 전개되었

46 荒原朴水, 『大右翼史』, 大日本国民党, 1966年, 483頁; 堀幸雄, 前掲書, 137-138頁.

47 同上, 138頁.

다. 일본 전국 각지에서 육군사관학교 등의 동기생회와 같은 비공식 회합이 빈번해졌는데, 이러한 회합에서는 경찰예비대 참가와 재군비 구상 등을 둘러싼 논쟁이 벌어지기도 했다. 전범 석방 및 추방대상자의 즉시 전면 해제, 상이군인의 보호와 전몰 유가족 구제, '대동아전쟁'의 정당성 및 전범재판의 부당성 등을 주장하고, 미국의 점령관리 정책을 비난하는 등 미군 점령 당국과 일본 정부에 대해 조직적인 압력을 가하고 있었다.

웃지 못할 일은 이들 논의의 논리 전개가 필연적으로 반미로 귀결함으로써 극단적인 경우 반미라는 구호하에 공산당과의 공동투쟁도 가능하다는 의견이 나오기도 했다. 예컨대 나가노(長野)현에서는, 특심국의 정보에 의하면, 구 군인 측이 공산당에 "반미라는 점에서는 전술 및 의견이 일치하므로 공동으로 투쟁하자"는 제안을 하여 공산당 측이 대응을 둘러싸고 당혹해 했다고 한다.[48]

구 장관급 이상의 추방 미해제자의 경우는 이미 정치 활동에 나서려는 활력은 보이지 않았다. 그러나 재군비 문제에 관해서는 심각하게 생각하고 있었으며, 재군비 구상과 관련하여 의견을 교환하고 여러 경로를 통해 총사령부나 일본 정부에 의견을 전달하려 노력하고 있었다. 특심국은 이러한 구 군인 세력을 네 가지 부류로 나누어 다음과 같이 분석하고 있다.

첫째, 마사키 진자부로 대장을 중심으로 한 '구 육군 황도파(皇道派)'가 있다. 전전부터 이 그룹은 정신적 결속이 강했으며, 5.15 사건과 2.26 사건에 참가한 구 우익들과도 연계하여 천황 중심의 재군비—황군의 부활—와 국민의 애국심 환기를 위해 활동하고 있었다. 둘째, 시모무라 사다무

48 法務府特別審査局, 『特審月報』 第2巻 第11号, 昭和26(1951)年 11月, 5-6頁.

(下村定) 대장을 중심으로 한 '구 육군 정의파'가 있다. 이 그룹은 일본의 패전은 구 군인의 파벌대립과 정치관여의 결과였다고 주장하며, 이러한 폐단을 시정하고 유능한 사람을 선발하여 공산주의에 대비한 재군비의 완료를 목표로 움직이고 있었다. 이 그룹은 이미 구 장교 1만 명을 근간으로 한 20개 사단의 편성안을 수립하여 총사령부에 의견을 개진하고 있었다. 셋째, 이와구로 히데오 소장을 중심으로 한 '구 육군 통제파'가 있다. 이 그룹은 과거 도조 히데키의 비서까지 했으면서 패전 후 연합군에 접근하여 일자리를 구걸하는 등 무사로서의 절조를 상실한 자들이 모여 있다 하여 '구 육군 정의파'를 비판하고 이들과 대립하고 있었다. 마지막으로, 오카무라 야스지 대장을 중심으로 한 일파가 있다. 이들은 '반공원장(反共援蔣)'의 입장, 즉 일본은 장제스를 도와 공동전선을 펼쳐야 한다고 주장하여, 장제스를 지원하기 위한 모병 활동을 전개하고 있었다.[49] 구 해군 출신자들의 움직임으로서는 구 해군 대장 노무라 기치사부로(野村吉三郎)의 활동이 주목을 받았다. 그의 적극적인 재군비론은 "제해(制海), 제공권 없는 일본 방위는 불가능"하다는 것이었으며, 육군 병력을 본위로 한 구 육군 출신자들의 재군비론을 반박하고 독자적인 입장에서 총사령부에 재군비안을 제출했으며, 각지에서 강연회와 좌담회 등을 개최하고 적극적으로 의견을 개진하고 있었다.[50]

이상과 같이 구 군인들의 움직임은 주로 재군비의 주체가 누가 될 것인가를 중심으로 몇 갈래 있었으나, 이와 관련해서 특심국은 다음과 같은 움직임에 특별한 주의를 기울이고 있었다. 첫째, 구 청년 장교의 반

49 同上, 7-8頁.

50 同上, 10頁.

미 활동이 공산당 세력과 접근하고 있는 점, 둘째, 우익운동의 행동 부문을 담당하는 소장 군인 출신자들의 조직화가 활발해지고 있는 점, 셋째, 대륙파 구 군인들이 장제스 원조 공작에 나서 모병 활동을 전개하고 있는 점, 넷째, 구 고급군인들이 정당결성 움직임에 나서고 있는 점, 다섯째, 헌병 그룹의 동지적 결합이 활발해지고 있는 점 등이다.[51]

한편 경찰예비대의 창설과 관련해서는 다음과 같은 움직임이 주목되었다. 첫째, 구 군인들에 대한 추방 해제가 실시된 뒤 구 장교급 인사들에 대해 경찰예비대의 간부급으로 입대할 것을 권유하는 권고가 경찰예비대 이름으로 발표되었다. 이에 대한 응모자의 실상을 보면, 예상 밖으로 구 군인의 좌관급(영관급) 지망자가 의외로 소수였으며, 지망자의 대부분은 태평양전쟁 발발 이후에 육군사관학교를 졸업한 젊은 층으로, 특히 50기 전후가 압도적인 다수를 차지하여 당국의 기대에 못 미치는 결과를 보였다. 간부 요원의 응모가 부진했던 것은 경찰예비대의 성격이 불명확했던 데에도 원인이 있었지만, 그 밖에도 첫째, 상이군인과 유가족에 대한 구호 문제가 미해결인 채로 방치되고 있던 현실에 대한 불만이 불거져 나오고 있었으며, 둘째, 경찰예비대 내부에 정식으로 해제된 군인과 그렇지 못한 간부들 사이에 반목이 있을 수 있다는 우려가 있었으며, 셋째, 이것이 구 군인 상호 간의 서열 문제에 대한 불만으로 발전하고 있었다는 것이 원인으로 지적될 수 있다. 또한 총사령부에 의한 구 군인의 공직 추방에 대해서는 근본적인 반성과 명예회복이 필요하며, 이러한 과정을 거치지 않은 해제조치가 정책적 고려에서 이뤄져서는 안 된다는 비판이 우익을 중심으로 일부에서 제기되고 있던 것도 하나의 원인

51 同上.

이 되고 있었다.[52]

경찰예비대의 성격에 관해 구 육군 대장 오카무라 야스지는 다음과 같은 견해를 표명했는데, 특심국은 이를 구 육군 일반의 불만을 대변한 것으로 이해했다.

> (경찰예비대는—필자 주) 이미 창설 당초의 방침을 내던지고, 구 군인을 간부로 채용하고 있다. 그러나 최근 예비대로부터 간부로 지원하라는 권고를 받은 나의 옛 부하 가운데는 '경찰예비대가 어디까지나 경찰의 성격을 갖는 것이라면, 일부러 구 군인을 채용하지 않는다 해도, 임무수행상 지장이 있을 리가 없다. 이에 반해 군대의 성격을 갖게 할 생각이라면 이를 명료하게 밝혀야 하며, 지금과 같은 불명료한 상태에서는 이에 지원한다는 것이 옳은지 망설일 수밖에 없다'고 말하는 자도 있는데, 이는 지극히 당연하며, 이미 강화 및 안보 조약의 조인이 실현된 현재 그 목적과 임무를 명시하여 그 성격을 천하에 천명해야 한다.[53]

이처럼 구 군인의 장교급 간부 일부에서는 경찰예비대가 정규 군대가 아니라는 인식에 기반을 두어 이에 참가하지 않겠다는 의견이 강했다. 이러한 태도의 저변에는 '기지국가'의 문지기가 되고 싶지는 않다는 자존심과 군대창설에 거는 기대감이 깔려 있었으며, 위에 소개한 바와 같은 일련의 언동은 '자국의 안전은 자국의 군대로'라는 생각을 상식으로 받아들이고 이를 실천에 옮기려는 그룹이 여전히 강력히 존재하고 있었

52 同上, 18-19頁.

53 同上, 16-17頁.

다는 사실을 의미한다. 이들은 정치세력화를 시도하며, '기지국가'를 해체하고 정규 군대를 보유하는 '국방국가'를 창출하기 위해 이를 촉구하는 여론 만들기에 나서고 있었다.

이러한 움직임이 조직적으로 분출하기 시작한 것은 강화조약이 발효되어 일본이 '독립'하고 국제사회로의 복귀가 가시화되는 시기였다. 이를 전후하여 구 육군 장교들 사이에서는 동기생회, 구 해군 장교들 사이에서는 동창회(クラス会)의 형태로 각종 집회가 열리기 시작했다. 해군의 경우 1952년 9월 중순 노무라 기치사부로, 야마나시 가쓰노신(山梨勝之進, 해군 대장, 해군병학교 26기), 사콘지 세이조(左近司政三, 해군 중장, 28기, 패전 시 국무상) 등이 핵심이 되어, 사와모토 요리오(澤本頼雄, 해군 대장, 36기, 해군 차관)를 이사장으로 하고 고지마 히데오(小島秀雄, 해군 소장, 44기)를 이사로 하여 구 해군 장교들의 연합동창회 수교회(水交会)가 조직되었다.

육군의 경우는 전후에 대미협력을 주장하는 세력, 경찰예비대 참가를 주장하는 세력, 패전을 반성하는 세력, 전후 민주주의를 옹호하는 세력 등이 나타나 이를 둘러싼 대립과 항쟁이 전개되어 보다 복잡한 상황에 있었다. 하지만 그러한 상황에서도 1951년 말부터 각 기마다 동기생회의 결성 움직임이 구체화되어 금요회(1~15기 중심, 매주 금요일에 회합), 수요회(16~33기 중심, 매주 수요일에 회합, 대부분 소장 이상에 해당), 일수회(一水会, 34~39기 중심, 매달 첫째 주 수요일에 회합), 동창간담회(40~61기 중심) 등 횡적인 연합체가 결성되었다. 이러한 가운데 종적인 단체 결성 움직임이 활발해졌다. 1952년 8월 23일에는 15기생부터 61기생의 도쿄 지역 대표자 약 100명이 야스쿠니 신사에 모였고, 준비위원장 누마다 다카조(沼田多稼蔵, 중장, 24기)와 호리바 가즈오(堀場一雄, 대좌, 34기)가 중심이 되어 연합동창회로서 개행회(偕行会)가 발족되었다. 이러한 일련의 과정에서 쓰지 마사노

부 등 36기생이 속해 있던 일수회(一水会)가 중심이 되었다.[54]

쓰지는 구 군인들의 조직화에 나서는 한편 1952년 8월 15일 구 동아연맹의 장로급 인사들을 규합하여 동아연맹 동지회를 설립했다. 구 동아연맹 계열은 소장파(청년파)와 장로파가 대립하고 있었는데, 소장파의 경우 이미 소개한 대로 이시하라 간지의 유훈이 궁극적으로는 '전쟁 반대, 비무장'을 희구하는 내용이었다고 하여 그의 3주기인 1951년 8월에 협화당을 창립하여 활동하고 있었다.[55] 협화당은 재군비에 반대하며 '전쟁포기, 엄정중립, 향토방위'라는 3원칙을 주장하는 등 특이한 면을 보이기도 했으나 천황을 중심으로 한 국가건설을 이상으로 하고 있는 데서도 알 수 있듯이 전전의 초국가주의 운동의 흐름을 계승한 구태의연한 정치단체였다.[56]

소장파에 한 발 뒤처진 형태로 장로파는 쓰지가 중심이 되어 1952년 7월 20일과 21일 도쿄에서 준비회를 열고 재출발 문제를 협의했다. 그 결과 쓰지를 비롯한 와다 게이(和田勁), 다나카 히사시(田中久), 다나카 나오키치(田中直吉), 조영주(曺寧柱), 나카야마 스구루(中山優), 기무라 다케오(木村武雄), 스기우라 하루오(杉浦晴男) 등등 12명을 준비위원으로 임명하고 동아연맹 동지회를 결성했다.[57] '동지회'는 '자위 중립, 정치 독립, 경제 자립, 아시아 해방' 등 4개 항목을 중심강령으로 채택하고 헌법개정,

---

54 木下半治, 「再軍備論を挟む両陣営」, 『中央公論』, 1952年 11月号, 34-35頁.

55 木下半治, 前掲書, 157-158頁.

56 同上, 158頁.

57 조영주는 원래 협화당(協和党) 당원이었는데, 동아연맹 동지회에서도 활동하고 있었던 것으로 보인다. 또한 조영주는 신조선 건설동맹(건동, 1946년 1월 20일 결성, 위원장 박열)의 기획위원, 민단 청년부장, 민단 중앙집행부장을 역임했다. 木下半治, 前掲論文, 36頁; 民団大阪府地方支部, 前掲書, 62頁, 96頁.

신군비, 안보조약 파기, 얄타비밀협정 부인, 민족의식 앙양, 민족협화 실현 등등 11개 항목에 걸친 주장을 슬로건으로 내걸었다.[58] 그러나 '동지회' 결성의 중심인물이었던 쓰지 자신은 1953년 8월 15일의 제1회 전국대회에서 제명론이 일자 자주 방위와 중립을 주장하는 별도의 조직 '자위동맹(自衛同盟)'을 결성하고 '동지회'로부터 이탈했다.[59]

우익 및 구 군인들의 재군비 논의와는 별도로 현직 정치가가 중심이 되어 재군비를 정면으로 주장한 조직으로 오야마 이와오(大山岩雄)의 국토방위연구회가 있다. 오야마는 패전 후 자유당의 우쓰노미야 도쿠마(宇都宮徳馬), 나니와다 하루오(難波田春夫) 등과 함께 '자유경제연구회'를 결성한 바 있었으나, 한국전쟁의 발발을 계기로 국토방위연구회를 조직했다. 연구회의 목적은 '국토 자위의 국민적 의지 결집'에 있었으며, 이를 위해 국민운동을 추진한다는 것이다. 회원으로 포함되어 있던 사람 가운데는 자유당의 요시타케 게이치(吉武恵市), 에토 나쓰오(江藤夏雄), 에자키 마스미(江崎真澄)와 개진당(改進党)의 나카소네 야스히로(中曽根康弘), 참의원 호리키 겐조(堀木鎌三), 스기하라 고타(杉原荒太) 등의 이름을 확인할 수 있다.[60] 그 밖에 우가키 가즈시게의 신일본국책연구회, 후쿠다 모토아키의 『방공신문』 등이 재군비론의 선두에 서 있었다. 한편 대일본애국당의 아카오는 '친미반공'의 재군비론자로서 '재군비 촉진 국민연맹준비회'를 조직하고, '재군비 촉진 선언'을 발표하기도 했다.[61]

한편 해군 재건을 위한 움직임은 소해부대의 활동을 배경으로 보다

58 『東亜連盟』, 1953年 4月号; 木下半治, 前掲書, 186-187頁에서 재인용.

59 木下半治, 前掲書, 191-194頁.

60 木下半治, 前掲論文, 38頁.

61 同上, 38-39頁.

일찍 구체적으로 전개되고 있었다. 한국전쟁 발발과 함께 1950년부터 1951년까지 구 제국 해군 군인들을 중심으로 한 해군 재건 구상이 그것이다. 이 구상은 항공모함을 보유할 것을 포함한 본격적인 해군의 재건에 관한 것으로 요시다 수상에게도 제출되었지만, 결과적으로 일본 정부의 구상으로 실현되지는 않았다. 그 중심인물로 노무라 기치사부로, 호시나 젠시로(保科善四郎, 전 해군 중장), 야마모토 요시오(山本喜雄, 전 해군 소장) 등이 있었는데, 이들 그룹은 야마모토의 이름을 딴 'Y기관'이라고도 불리었다. 이들의 움직임은 1951년으로 해가 바뀌면서 본격화되었다.

1951년 1월 17일 호시나가 노무라를 방문하여 일본의 재군비 시에는 육해군이 동시에 발족할 필요성이 있음을 강조하고, 이러한 입장을 미 극동해군사령부와 덜레스에 제기할 것을 제언했다. 1월 19일 호시나가 중심이 되어 작성한 일본 재군비 구상은 '가상적국을 소련 및 중국'으로 한 내용이었다. 24일 노무라는 「신일본 해군 재건안」을 조이 극동해군사령관에 제출하는 한편 23일에는 호시나가 버크 극동해군 부참모장에게 '재건안'을 설명했다. 호시나는 버크의 조언을 받아 일본의 해군재건안 수정안에 전략적 공격력이 포함되지 않는다는 수정안을 작성하여 버크에게 제출했다.[62]

결과적으로 이 수정안은 요시다의 반대로 실현되지 않았다. 잘 알려진 대로 요시다의 반대는 '상황적'인 이유에서 나온 것으로, 경제부흥 우선주의, 재군비 시기상조론 등으로 이해할 수 있는 내용이었다. 그러나 이

62 保科善四郎, 「日本海軍の再建について」, 保科善四郎先生の白寿を祝う会(編), 『至誠動天』, 日本国防協会, 1988年, 157-169頁; 石田京吾, 「朝鮮戦争期(1950年, 1951年)における日本の海上防衛力再建構想—日本の海上防衛力再建の模索とアメリカの対日期待」, 『波涛』 205号, 2009年 11月, 25-29頁.

또한 잘 알려진 대로 정작 요시다는 궁극적으로 재군비에 대한 용의가 있었다. 1952년 8월 방미를 앞둔 이토추 상사 회장인 이토 추베이(伊藤忠兵衛)와 나눈 대화에서 그 진심이 엿보인다. 이토가 "구축함도 순양함도 하나 없는 상황에서는 일본의 어선 한 척 지켜 낼 수 없다"고 불평을 토로하자 요시다는 "물론이다. (중략) 총도 대포도 없는 국가가 되어서는 안 된다. 일본은 어느 때라도 자신을 스스로 지킬 수 있는 군비를 가질 필요가 있다. 자네가 방미해서 미국 군부와 은행 회장 등을 만날 때, 이것이 요시다의, 일본의 최고 정치책임자의 본심이라고 전해 주게나"라고 말했다. 이처럼 장래 일본의 본격적인 재군비를 염두에 둔 발언을 했음이 전해진다.[63]

1952년 8월 4일 요시다는 보안청장관을 겸하는 입장에서 보안청을 처음 방문했을 때 간부들을 앞에 두고 다음과 같이 훈시했다. 그는 "재군비를 하지 않는 것은 국력이 이를 허락하지 않기 때문이며, 하루라도 빨리 국민 스스로 국가를 지키게 하고 싶다. 안전보장조약만으로는 충분하지 않다. (중략) 보안청을 신설한 목적은 신국군의 건설에 있다. 제군은 그때까지 신국군 건설의 토대가 될 임무를 띠고 있다"며 1952년 8월 1일 갓 탄생한 보안청의 간부들을 격려했다.[64] 요시다의 재군비 반대는 '상황적'인 것이었으며, '원리적'인 것은 아니었다. 이후 평화헌법하에서 경무장에 머무르며 경제성장에 집중하는 요시다의 정책이 '요시다 독트린'이라는 이름을 얻으면서 전후 일본의 '원리적' 노선으로까지 정착하는 데에는, '기지국가'의 현실과 '평화론'의 이상 결합이 만들어 내는 '기묘한' 공

---

63 ジェームス·E·アワー, 『よみがえるに日本海軍』 上, 時事通信社, 1972, 156–157頁; 石田京吾, 前掲論文, 25–29頁, 35頁.

64 『毎日新聞』(1952. 8. 5); 石田京吾, 前掲論文, 35–36頁.

간이 일본에 마련되었기 때문이었다고 할 수 있다.

4. 보수 정치인과 사회주의자의 재군비론

한편 우익적 성향의 재군비론과는 구별되는 보수적 자유주의 성향의 정치가들에 의한 재군비론이 이 시기에 등장했다가 사라졌다는 데에도 주목할 필요가 있다. 이른바 '올드 리버럴'의 '적극적 재군비론'이라고 할 움직임이었다. 이는 아시다 히토시(芦田均), 하토야마 이치로(鳩山一郎), 이시바시 탄잔(石橋湛山) 등 당시 요시다 수상과 정치노선을 달리하는 '반(反)요시다 전선'에 모인 정치가들을 중심으로 전개되었다.

먼저 아시다 히토시의 재군비론에 대해 살펴보기로 한다. 그의 정치가로서의 일생은 자유주의적 현실주의자로서의 일면을 강하게 보여 주지만, 재군비론을 주장하면서 내셔널리스트로서의 면모를 비치기도 했다.[65] 한국전쟁 이후 나타난 아시다 국제정치 인식의 가장 큰 특징은 한국전쟁의 발발로 인해 제3차 세계대전의 발발이 현실 문제가 되었다는 인식에 있었다. 대외적 발언뿐만 아니라 그의 일기에서도 이 같은 인식이 발견된다. 따라서 그가 제3차 세계대전으로의 발전가능성을 우려했던 것은 재군비 실현을 위한 전략적 고려에서 나왔다기보다는 현실주의자로서의 진지한 고민의 결과였다고 생각된다. 그러한 그에게 '영세중립'이란 불가능할 뿐만 아니라 위험한 것이기도 했다.[66] 한편 아시다에게 요시

---

65 植村秀樹,『再軍備と55年体制』, 木鐸社, 1995年, 84頁 注8; 大嶽秀夫,『再軍備とナショナリズム—保守, リベラル, 社会民主主義者の防衛観』, 中公新書, 1988年, 127−137頁.

66 芦田均,「永世中立不可論」,『文芸春秋』増刊号, 1950年 7月, 34頁.

다 정부의 경찰예비대 창설은 명백한 재군비였으며, 그 과정이 마치 '불난 집에 들어가 도둑질하듯' 이뤄지고 있다는 데 아시다는 분개하고 있었다. 아시다에게는 요시다가 재군비라는 중대 사안을 국민에게 묻지 않고 밀실에서 추진하고 있는 것으로 보였던 것이다.

아시다는 재군비의 필요성을 국민에게 직접 호소하여 이해를 구하고, 국론의 통일 위에서 정정당당하게 추진해야 한다는 생각을 하고 있었다. 그가 속했던 민주당에는 소장 의원을 중심으로 전면강화와 영세중립을 지지하는 의견이 강했다. 그러나 이전부터 이에 불만을 품고 있던 아시다는 한국전쟁 발발을 계기로 이에 대한 반격에 나서 이윽고 당 외교위원회라는 공식석상에서 영세중립론을 압살하고 말았다.[67] 1950년 12월 16일의 일기에는 "내게 남겨진 문제는 자신의 주장을 더욱 적극 전면에 내세울 필요가 있느냐의 여부다. 원칙에 충실하자면 당적을 버릴 각오로 나의 주장에 매진해야 할 것이다"라고 하여 내면의 갈등을 표현하고 있다.[68] 아시다는 결국 1952년에 들어서서 '신군비촉진연맹'을 결성하고, 자신의 생각을 실천에 옮겼다. 그러나 이러한 아시다에게 구 군인과 우익이 접근하기 시작했으며, 아카오와는 실제로 함께 활동하기도 했다. 그 자신은 이들과 분명히 일선을 긋고자 했으나 대중은 그러한 구별 능력을 갖추지 못했다고 할 수 있다. 그의 생각은 선거에서 지지를 얻지 못하고 좌절하고 말았다.[69]

아시다의 재군비론이 세계대전의 가능성을 염두에 둔 '정당한 자주

---

67 芦田均, 『芦田均日記』 第3卷, 岩波書店, 1986, 315頁.

68 同上, 416頁.

69 同上, 88頁.

국방의 권리'였다면, 하토야마의 재군비론은 한편으로는 이데올로기적인 성격이 드러나는 것이었으며, 다른 한편으로는 정치적 라이벌인 요시다에 대한 과다한 적대의식이 작용한 것이었다고 평가할 수 있다. 하토야마는 1951년 8월의 추방 해제 조치로 정치무대로 복귀가 가능해진 시점에서 다음과 같이 말했다. "강화 이후 일본은 유사 이래의 위기에 직면하고 있다. 이전에는 천황이 일본의 중심이며 치안과 질서유지의 핵심이었는데, 신헌법이 천황과 국민의 정치적 관계를 단절시키고 말았다. 패전으로 인해 공산세력이 대두했고, 유라시아 대륙의 과반을 차지하는 적색세력에 호응하고 있는 것이 현실이다. 일본은 강화 후 민주국가군이 조직한 방위기구에 적극 참가하여 공동방위의 일익을 담당해야 한다"며 이를 위해 재군비가 필요하다는 것이었다.[70]

또한 하토야마는 다음과 같은 공산주의관을 피력하고 있어 그의 재군비론이 다분히 이데올로기적 적대의식에서 나온 것임을 알 수 있다. "현재의 침략자는 다름 아닌 공산주의 국가다. 모든 형태의 침략을 감행하여 일본인을 살육하고, 일본을 초토화해서라도 이 동양의 열도에 공산주의 혁명을 일으키려 하고 있다."[71] 이를 방지하기 위해서는 헌법을 개정해서라도 자위군이 필요하다는 것이었다. 하토야마는 경찰예비대에 대해서는 "예비대라는 것이 순사(巡査)는 아니지 않느냐. 엄연한 군대가 아니냐. 그렇다면 군비는 이미 시작된 것이다. 자위군이라 해도 그것이 군대인 한 헌법은 개정되어야 한다고 믿는다"고 하여 비록 목적은 내란대비용이라 해도 형식이 군대인 이상 군대로 인정해야 하며, 현실을 추인

70 『再建』(1951. 9); 大嶽秀夫, 前掲書, 164-165頁에서 재인용.

71 鳩山一郎, 『代議士の生活と意見』, 東京出版, 1952年, 281頁.

하는 의미에서 헌법개정이 필요하다고 주장했다.[72]

마지막으로 이시바시의 재군비론은 유엔이 기능부전에 빠진 이상 헌법의 전제가 무너지고 말았으며, 유엔이 제대로 기능할 때까지 시한적인 잠정조치로서 군대를 용인해야 한다는 것으로 다분히 '정세론'적인 의미가 강한 주장이었다. "일본에 신헌법이 탄생했을 때의 정세는 유엔이 성공하여 세계평화가 달성된다는 전제가 마련되어 있었다. 그러나 이후 국제정세는 변했다. 미소의 대립이 격화되고 있는 오늘날 일본만 군비를 지니지 않겠다는 것은 병에 대비하여 의사를 두지 않겠다는 것이나 다름없다. 일본을 방위하는 정도의 군비는 필요하다"는 것이었다.[73]

이러한 보수주의 정치가들과 구별되는 흐름으로 사회주의자 가운데서도 재군비에 적극적인 사람들이 있었다. 대표적으로 아라하타 간손(荒畑寒村)을 들 수 있다. 아라하타는 전후 일본사회당 결성에 참여하여 중의원 의원을 역임했으나 1949년 사회주의정당결성촉진협의회를 결성하고 독자 노선을 주장하며 사회당을 떠나 있었다. 그런데 재군비 문제를 둘러싸고 다시 사회당과 대립했다. 그의 재군비론은 '필연의 사족(蛇足)'론이라고 할 수 있는데, 독립국가에 군대는 당연한 부속물이며 '필연의 사족'이기 때문에 강화 독립 이후 일본은 당연히 군대를 두지 않을 수 없다는 것이었다.[74] 그의 재군비론의 핵심은 오히려 독립과 동시에 어쩔 수 없이 보유하게 될 군대를 어떻게 하면 '침략전쟁에 이용되지 않도록' 제도화할 것인가에 놓여 있었다. 특히 재군비가 이미 구체적으로 진행되고

72 『朝日新聞』(夕刊)(1952. 9. 12).

73 「湛山, 大いに語る」, 『週間朝日』, 1951年 7月 15日, 10頁.

74 荒畑寒村, 『荒畑寒村著作集』 第4卷, 平凡社, 1976年, 345-346頁.

있는 단계에서는 "단순히 반대론을 주장하기만 하는 태도는, 객관적으로는 군비 문제에서의 이니셔티브를 부르주아 정부와 그 고문인 구 군인들에게 맡기는 결과를 낳을 뿐"이라고 하여 필요한 것은 "이미 만들어지고 있는 군대를 민주주의화하기 위한 투쟁"이라고 정식화했다.[75]

아라하타와 함께 재군비 문제에 대해 적극 발언한 사회주의자로 고보리 진지(小堀甚二)가 있다. 그는 사회주의자의 입장에서 구체적으로 재군비 구상을 제시하고, 문민통제(civilian control)에 대해 논의를 전개했다. 고보리 스스로 '재군비 반대론에 대한 저항의 서'라고 명명한 자신의 저서 『재군비론(再軍備論)』에 따르면 "한국전쟁으로 이미 제3차 세계대전이 개시된 것"이며, 그러한 의미에서 이후의 과제는 "국지전쟁을 전면전쟁으로 발전시키지 않는 것"과 국내적으로는 "불가피하게 새로이 창설될 군대를 민주주의에 철저한 군대로 만들기 위해 스스로 이니셔티브를 장악하는 것"이라고 하여 문민통제에 역점을 두고 있었다.[76] 그 구체적인 방법으로는 "선전포고와 계엄령 발포의 권리를 국민대표의 수중(手中)에 확보하는 것"이며, 국민대표라 해도 내각 총리대신이 아니라 국회가 직접 감시하는 형태를 구상하고 있었다. 또한 군대제도는 "한정된 수의 상비군을 기간부대로 하는 국민 개병(皆兵)의 민병제"를 도입할 것을 주장하고, 그 규모로는 "상비군 20개 사단, 총수 6만이면 충분"하며, "전시 편성의 경우 각 사단을 1만 8,000으로 하면 20개 사단 36만의 정규군을 확보할 수 있다"고 주장했다.[77]

---

75 荒畑寒村, 「山川·向坂両君の誨えに請う」, 『自由の旗のもとに』, 1952年 11月, 12–16頁.

76 小堀甚二, 『再軍備論—再軍備の必要とありかた』, 国民教育社, 1951年.

77 小堀甚二, 「社会党の再軍備実践」, 『自由の旗のもとに』, 1952年 10月, 5頁.

고보리는 사회당이 '평화문제담화회적 프로페서 패시피즘(대학강단 평화주의)'의 정당으로 전락하고 말았으며, "사회당의 재군비 반대론은 요시다에게는 고맙기 그지없는 것"이라고 비판했다. 그는 또한 군사동맹에 대해서도 적극적이었는데, 그 판단 또한 현실적이었다. 그 이유는 일본의 재군비가 "경제적 한계로 인한 불완전한 군비"에 머물 수밖에 없으며 "국제적 제약 없는 일본의 군대는 또다시 군국주의화의 위험에 노출"되기 때문이었다.[78]

그러나 이들의 재군비론은 대중적인 지지를 이끌어 내지 못했으며, 활동도 부진했다. 재군비를 주장하는 또 다른 그룹인 '보수적 자유주의자'들과는 넘어설 수 없는 장벽에 가로막혀 통일전선을 형성하지 못했으며, 그렇다고 그들과의 차별성을 효과적으로 부각시키지도 못했다. 더구나 당시 이들이 대소 선전 활동의 전위로서 미국의 자금을 받아 활동하고 있다는 소문이 퍼졌던 것은 치명적인 약점이었다.[79]

---

78 小堀甚二, 「再軍備問題の結論」, 『自由の旗のもとに』, 1953年 11月, 21-23頁.

79 荒畑寒村, 『寒村自伝』 下巻, 466-467頁.

제6장

무장투쟁의 실패

'기지국가'에서의 혁명과 전쟁

1. 일본공산당과 한국전쟁

1) 코민포름 비판의 충격

전후 재건된 일본공산당의 노선은 두 가지 커다란 특징을 갖고 있다. 즉, 미국을 비롯한 연합국에 대한 '해방군' 규정과 혁명은 폭력에 의하지 않고도 가능하다는 '평화혁명론'이 그것이다. 전자는 도쿠다 규이치(徳田球一), 후자는 노사카 산조(野坂参三)가 정식화한 것이었다.

총사령부의 정치범 석방 지령에 따라 1945년 10월 10일 후추(府中) 형무소로부터 석방된 도쿠다는 일본공산당 재건운동의 중심이 되었다. 1945년 12월 1일부터 3일까지, 1927년의 제3회 당대회로부터, 실로 18년 만에 개최된 제4회 당대회에서 일반보고에 나선 도쿠다는 '연합군은 우리의 적이 아닐 뿐만 아니라 민주주의 혁명의 유력한 우군이며 우리에게는 진정 해방군 그 자체'라고 규정했다.[1] 일본공산당은 도쿠다의 일반보고를 받아들여 민주화(Democritization)와 비군사화(Demilitarization)라는 이른바 2D정책을 내건 미 점령 당국을 민주화 혁명의 우군으로 간주했다. 총사령부로서도 위로부터의 개혁을 추진하기 위해서는 아래로부터의 지원이 필요했으며, 점령 초기에는 일본공산당에 그러한 지원을 기대했다. 일본의 비군사화와 민주화가 요구되었던 점령 초기에는 비록 짧은 기간이나마 공산당과 총사령부는 밀월관계를 유지하고 있었다. 이러한 시대적 분위기는 노사카의 '평화혁명론'이 일본공산당의 공식입장으로서 받아들여

---

1 『赤旗』 第1巻 第6号, 1945年 12月 12日; 荒木義修, 『占領期における共産主義運動』, 芦書房, 1993年, 127頁.

지는 배경이 되었다.

1946년 1월 12일 소련 및 중국 대륙에서의 긴 망명생활 끝에 노사카가 귀국했다. '평화혁명론'은 노사카가 귀국한 뒤 2월 23일 자 『아카하타(アカハタ)』에 게재되어 일본공산당 제5회 당대회 선언 초안 가운데 정식화되었다.[2] 그 뒤 약간의 글귀 수정을 거쳐 제5회 당대회에서 채택된 「초안」은 이른바 '32년 테제'를 답습하여 '2단계 혁명'을 주장했는데, 그 특징은 부르주아 민주주의 혁명과 사회주의 혁명의 양 단계에서 '평화적 수단'에 의해서도 혁명이 가능하다고 주장하고 있는 점이다.[3] 즉, 제1단계에서는 민주주의 혁명을 '평화적이고 민주주의적인 방법으로 완성'하고, 나아가 제2의 사회주의 혁명의 단계에서는 '폭력과 독재를 배제하고 평화적 교육수단을 통해 이를 완수'한다는 것이었다.[4]

당시의 국제공산주의 흐름을 보면 이러한 노선은 노사카의 독자적인 판단만으로 제기할 수 있는 것은 아니었고, 이에 대해서는 당연히 국제적 권위의 승인이 있었을 것이다. 노사카는 일본의 패전이 확인되자마자 모스크바에 들러 소련 당국과 비밀회담을 가졌던 적이 있다.[5] 노사카는 1945년 말 한반도를 종단하여 남하한 뒤 일본으로 귀국했다. 이때 북한의 평양에서 김일성 또는 박헌영과 회담했던 것으로 전해진다. 이때의 중요 의제는 당시 국제정세를 감안하면 모스크바 결정에 대해 조선과 일본의 공산주의자가 취해야 할 입장에 관한 것이었을 것이다. 그리하여

2 『アカハタ』(1946. 2. 23).

3 同上(1946. 3. 26).

4 同上. 노사카 산조의 '평화혁명론'에 대해서는 아라키(荒木義修)의 앞의 책을 참조.

5 『諸君!』, 1993年 3月号; 小林峻一·加藤昭, 『闇の男—野坂参三の百年』, 文芸春秋, 1993年, 198頁.

모스크바 결정에 표명된 소련의 동아시아 정책, 즉 얄타협정에서 확인된 대미협력 정책을 지지하고 이에 따를 것을 논의, 확인했을 것으로 생각된다.[6]

소련이 미소협조의 기조를 유지하는 한 일본에서 노사카 산조의 '평화혁명론'은 유효했다. 그러나 1950년 1월을 전후하여 스탈린의 동아시아 정책은 크게 전환했다. 스탈린은 중국 대륙의 새로운 주인으로 등장한 중국공산당을 지지하고 그들이 세운 중화인민공화국을 승인했다. 이 과정에서 스탈린은 미소협조를 기조로 한 얄타 방식을 파기했던 것이다. 스탈린은 일본에서 먼저 행동을 개시했다. 코민포름으로 하여금 노사카 비판을 개시한 것이다.

1950년 1월 6일 코민포름 기관지『영구평화와 인민민주주의를 위하여(For Lasting Peace, For People's Democracy!)』에 옵서버의 서명으로「일본의 정세에 대하여」라는 논문이 게재되었다. 이른바「코민포름 비판」이다. 논문은 초중량 폭격기가 하루에 3,500회 출격할 수 있는 비행기지를 오키나와에만 25개를 보유하고, 일본의 전 국토를 미국의 군사모험을 위한 주요기지, 전진기지로 삼으려 하는 현재 노사카의 '평화혁명론'이란 '제국주의 점령자 미화의 이론이자 미 제국주의 칭송의 이론이며, 동시에 일본 인민대중에 대한 기만의 이론'에 다름 아니라고 비판했던 것이다. 나아가 논문은 현 조건에서 일본의 근로대중은 명확한 행동강령을 가질 필요가 있으며, 결정적인 투쟁에 나서지 않으면 안 된다고 질타했다. 스탈린은 일본공산당에 대해 '기지화'에 저항하라는 직접적인 메시지를 던

6 和田春樹,『歴史としての野坂参三』, 平凡社, 1996年, 144-157頁.

지고 철저한 대미투쟁을 요구했던 것이다.[7]

「코민포름 비판」을 받고 일본공산당 중앙은 분열되었다. 주류파의 노사카와 도쿠다는 종래의 입장에 서서 비판을 거절하는 '소감'을 발표했다. 이에 대해 주류파의 지도 방침에 불만을 품고 있던 시가 요시오(志賀義雄)와 미야모토 겐지(宮本顕治)가 당중앙에 국제비판을 받아들이라고 요구하고 나섬으로써 당은 '소감파(주류파)'와 '국제파'로 나뉘어 심각한 대립이 발생했다. 국제적 권위의 지지를 받고 있다고 확신했던 노사카는 갑작스러운 '비판'을 음모로 생각했었다. 그러나 1월 17일 자 『인민일보(人民日報)』 사설이 「코민포름 비판」을 재확인함으로써 국제공산주의 운동의 일본공산당에 대한 요구가 분명해졌다. 그 내용이 전해진 1월 19일 일본공산당 중앙위원회는 '국제적 권위'의 진의를 파악하고 난 뒤 겨우 대립을 수습할 수 있었을 뿐이었고, 구체적으로 어떠한 새로운 방침도 수립하지 못한 채 혼란은 계속되었다.

3월 22일이 되어서야 일본공산당 중앙위원회는 「민족의 독립을 위해 전 인민 제군에게 호소함」이라는 성명을 발표했다. 성명은 「코민포름 비판」 후 이를 받아들인 공산당이 처음으로 공식적인 궤도 수정 방침을 밝힌 것이었다.[8] 그러나 이러한 당중앙의 사태수습 노력에도 불구하고 지방에서는 여전히 분열상태가 계속되고 있었다. 그 분열상에 대해서는 일본공산당의 '치부'에 해당하는 만큼 일본공산당의 공식 당사에서 사라진 부분이다. 따라서 자료의 제약이 있는 부분인데, 「코민포름 비판」 후의 일본공산당 지방조직의 움직임을 추적해 온 법무부 산하에 만들어진

7 大嶽秀夫(編·解説), 『戦後日本防衛問題』 第1巻, 373頁.

8 和田春樹, 『朝鮮戦争』, 岩波書店, 1995年, 117－119頁.

특별심사국(이하 특심국) 자료가 사라진 역사를 재구성하는 데 유용하다.[9] 물론 과장과 날조가 있을 수 있으나 당시 일본공산당의 움직임을 총체적으로 재구성하는 데에는 필수적으로 검토해야 할 자료들이다. 다음에서는 특심국이 작성해서 총사령부에 보고했던 자료들을 참고로 한국전쟁 전후 일본공산당의 움직임을 추적해 보고자 한다.

특심국 자료들은 「코민포름 비판」이 나온 뒤 지방의 현장 활동가들이 이 비판을 환영하고 있는 모습을 전하고 있다. 1950년 1월 30일 도야마(富山)현의 한 노조 지도자는 "코민포름의 노사카 비판으로 공산당의 지도 방침이 분명해졌다. 지금까지 공산당의 평화혁명론과 노조운동 사이의 모순은 실제로 현장에서 지도하는 사람으로서 통절히 느끼고 있던 바였다"고 하여 코민포름 비판을 대환영했다. 2월 5일 돗토리(鳥取)현의 한 지방위원회 회의에서 현 위원장 다케모토 세쓰(竹本節)는 노사카 비판을 "국제 프롤레타리아의 기대에 부응하는 입장에서 활동할 수 있게 되었다"고 환영했다. 같은 날 오카야마(岡山)현 위원장 이토 유타(伊藤勇太)도 '코민포름 비판의 논법에 따라' 현내 각 지역에서의 쟁의 활동을 보다 강력히 전개해 나가야 한다고 하여 적극적인 투쟁을 예고했다.

이처럼 지방에서 코민포름 비판을 환영하는 분위기 속에 2월 14일 중앙당 정치국원이자 국제파의 중심이었던 미야모토는 하카타(博多) 지구위원회에서 '코민포름 논평에 대해서는 확대중앙위원회에서 그 적극적 의의를 인정한다는 데 견해가 일치했으므로, 각급 위원회 위원장들은 각 노동자 농민 사회 대중단체와 연계하여 민주주의 민족전선의 움직임을

9 法務府特別審査局, 『日本共産党の動向(自昭和24年8月至昭和25年8月)』, 昭和26(1951)年 8月, 64頁.

산하 말단 단체로까지 확대해 나가기 바란다'고 연설하여 기세를 올렸다. 3월 9일 군마(群馬)현 위원회에서는 "「코민포름 비판」으로 우리의 나아갈 길이 확실해졌고, 이로써 당원으로서는 크게 얻은 바가 있다. 당의 지령에 따라 노사카 문제가 가라앉을 때까지는 수세를 취할 것이지만, 조만간 오야마 이쿠오(大山郁夫)의 세력과 연합하여 공세로 나설 것이다"라는 발언이 나오기도 했다. 이 시기 공산당이 오야마 이쿠오와 연계 가능성을 모색하고 있었는지에 대해서는 의문이며, 따라서 약간의 과장이나 수식이 가미된 문장이라 생각되기도 하지만, 지방에서의 고양된 분위기를 전해 주는 발언이라고 할 수 있다.

교토(京都)와 시코쿠(四国)에서도 「코민포름 비판」에 대해서는 높이 평가하고 있었다. 교토 지방당원회의에서 중앙당 정치국원인 하세가와 히로시(長谷川浩)는 「코민포름 비판」에 대해 "노사카 동지는 이를 받아들이고 자기비판했다. 앞으로 운동 방침의 전환을 모색함과 함께 일본에서의 혁명을 지도할 책임과 중심은 우리 공산당이 져야 함을 명심하고 확대중앙집행위원회의 결의를 실천하지 않으면 안 된다"고 하여 적극 투쟁노선을 호소했다. 시코쿠 지방위원 고니시 마사오(小西正雄)는 제18확대중앙집행위원회에 대한 결과보고에서 '「코민포름 비판」의 의의는 국제적으로는 일본의 중요성을 강조한 데 있으며, 일본을 세계정세의 일환으로 위치 지우고 있다는 데 있다'고 하여 그 의의를 평가했다.

이렇듯 주고쿠, 시코쿠, 규슈 북부, 교토를 중심으로 한 간사이, 군마 등 간토 일부 광범위한 지역에서 「코민포름 비판」에 대한 호응이 일어나고 있는 와중에 한국전쟁이 발발했다. 소련의 의도는 먹혀들어 가고 있는 듯했다.

2) 한국전쟁 발발과 일본공산당

전쟁 발발 직후인 6월 26일 총사령부는 개전 상황에 대한 보도 내용을 문제 삼아 일본공산당 기관지 『아카하타』에 30일 동안의 정간 처분을 내렸다. 이미 일본공산당은 5월 30일 발생한 황거 앞 광장에서의 소요사건(인민광장사건) 책임을 추궁당하면서 궤멸상태에 빠져 있었다. 6월 6일 총사령부는 일본공산당 중앙위원회 24명과 『아카하타』 편집간부 17명을 공직에서 추방하고 집회와 데모를 금지하고 있었다. 이른바 레드 퍼지(red purge, 빨갱이 사냥)의 개시였다. 7월 15일에는 도쿠다와 노사카를 포함한 일본공산당 간부 9명에 대해 「단체등규정령(団体等規正令)」 위반 혐의로 체포명령이 내려졌다.

이에 대해 도쿠다와 노사카는 일본공산당의 비합법 투쟁 방침을 결정하고 지하로 잠행했다. 일본공산당은 「코민포름 비판」 이후의 혼돈에 대해 '치욕의 당사(党史)'로 간주하고, 이 시기의 지하운동에 대한 자세한 언급을 회피하고 있다. 특히 일본공산당의 주요 간부들이 잠행에 들어간 1950년 6월 이후의 역사는 공식문건으로 확인되는 움직임 이외에 중요한 결정들이 이뤄졌을 것으로 생각되는 지하 활동에 대한 정보가 빈약해 공백으로 남아 있다. 다음에서는 총사령부 자료를 통해 이 부분을 재구성해 보고자 한다.

총사령부가 한국전쟁 직후 일본공산당의 최초 움직임을 파악하는 것은 개전 후 5일이 지난 6월 30일 오전 0시부터 오전 8시까지 도쿄의 소련대표부에서 세계혁명협의회의 「제1회 아시아회의」가 개최되었다는 사실이다. 총사령부의 정보원이 파악한 바에 따르면 이 회의에 참가한 인물은 소련대표 폴랴센코(Polyashenko)와 콜리친(Kol'tsyn), 그 외 2명의 정치국원이었으며, 중국대표 2명, 조선대표 3명, 일본공산당 대표 호소카와 가로쿠(細川嘉六), 하세가와, 노사카, 와다 이치조(輪田一造) 외 10명, 민주주의옹호동맹 대표 호리 마코토(堀真琴), 귀환자동맹 대표 쓰무라 겐지(津村謙二) 등이었다. 의제는 '일본혁명에 대한 소련과 중공, 조선의 원조'였다.[10] 소련대표부에서 중국대표와 조선대표까지 참석한 가운데 일본혁명에 대한 논의가 있었다는 것이다.

주목할 만한 것은 노사카와 도쿠다의 해외 탈출에 관해 총사령부에서 파악하고 있다는 내용이다. 즉, 노사카의 경우 날짜는 불명이지만, 와카야마(和歌山)현의 시모쓰(下津)항에서 홍콩으로 밀항을 시도했다는 정보가 보고되어 있으며, 도쿠다의 경우 7월 8일부터 12일 동안에 고베(神戸)에서 톈진(天津)을 향해 출발했다는 정보가 보고되었다. 도쿠다는 7월 5일까지는 오사카와 고베에서 목격되었다는 정보도 함께 포함되어 있었다.[11] 노사카와 도쿠다의 기항지가 중국의 도시들이었다고 파악하고 있는데, 이후 두 사람이 베이징 지도부를 조직하는 데에서 확인되듯이 이러한 정보는 상당히 정확한 것이었다. 특심국과 총사령부의 정보 능력을 확인할 수 있는 대목이다.

한국전쟁이 발발하자 「코민포름 비판」에 호응하는 국제파의 움직임은 더욱 활발해졌다. 특심국의 조사 분석에 따르면 한국전쟁 발발 직후 분파 문제는 다음과 같은 전개를 보였다.[12] 1950년 7월 이후 '소감파', 즉 주류파가 우세했던 간토 지방에서도 '국제파'의 공세가 개시되고 있었다.

---

10 "世界革命会議アジア委員会, 第一回大会開催"(1950. 9. 12), *Japan Communist Party: General, A-100*, GS, GHQ/SCAP Records, Box no. 2275 AA, GS(B)-03906.

11 Ibid.

12 法務府特別審査局, 前掲書, 123-125頁, 129-132頁.

즉, 도쿄에 인접한 사이타마(埼玉)현에서 국제파를 지지하는 세력이 대두하여 현직 현위원 전원의 개선(改選)을 요구하는 등 주류파에 반기를 드는 움직임이 활발해지고 있었다. 이러한 국제파의 움직임에 대해 현위원회의 집행부를 장악하는 주류파는 이를 분파주의자로 몰아 배격하고, 8월 3일에는 가와고에(川越)시 위원장과 그 외 4명의 지구위원회 지도자를 제명했다. 그 밖에도 사이타마현에서는 북동지구, 남부지구에서 국제파의 움직임이 두드러지고 있었다.

주류파의 반격도 한국전쟁의 개시와 함께 개시되었다. 7월 11일에는 나가사키(長崎)현 지구위원회가 규슈(九州) 지방위원회의 해산명령을 받고 현위원장 등 현위원회 집행부 5명이 제명되었다. 이는 나가사키 현위원회가 국제파를 지지하는 동향에 대해 주류파가 숙청을 시도한 것이었다. 규슈에서는 이 밖에도 후쿠오카 지구 및 규슈 학생연맹(이하 학련) 등이 적극 국제파를 지지하고 나섰는데, 후쿠오카 현위원회는 7월 3일 규슈 지역 대학 당조직을 해산했으며, 규슈 학련위원장 등 집행부를 제명했다. 이렇듯 규슈에서도 국제파를 지지하는 세력이 적극적으로 활동을 전개했다. 그러나 지방위원회의 대세는 주류파에 의해 장악되고 있었으며, 국제파를 견제하고 있었다.

상황은 주고쿠, 간사이, 도호쿠 등의 지방위원회에서도 비슷하게 전개되고 있었다. 이들 지역에서도 한국전쟁 발발과 함께 국제파의 공공연한 반발이 조직적 차원에서 전개되었고, 이에 대한 당중앙, 즉 주류파의 반격과 숙청으로 대결 양상이 격화되고 있었다. 이렇듯 전국의 지방 당에서 분파주의자로서 제명 등의 처분을 받게 된 국제파는 중앙지도부에 반대하는 조직을 통일하여 9월 1일 「당의 혁명적 통일을 위한 성명(党の革命的統一のために声明する)」을 발표하고, 일본공산당 전국통일위원회의 이름

하에 조직 활동을 전개하기로 결정했다.[13]

한편 일본공산당은 경찰예비대(National Police Reserve) 문제에 대해 표면적으로는 경찰예비대 반대투쟁을 전개함과 동시에 이면에서는 예비대 잠입공작을 시도하고 있었다. 8월 14일 임시중앙지도부는 성명을 발표하고 예비대 설치에 대한 기본적인 입장을 표명했다. 성명은 "이제 공공연히 경찰국가의 재건이 시작되었다. (중략) 이를 저지하지 못한다면 조선에 대한 간섭전쟁에 일본을 끌어들이고 파시즘에 조국 일본을 팔아넘기는 꼴이 될 것이다"고 하여 경찰예비대 설치 반대 투쟁을 일상투쟁과 결합하여 구체적인 투쟁을 전개할 것을 촉구했다. 한편 특심국은 에히메(愛媛)현과 사이타마(埼玉)현 주재관의 보고를 통해 일본공산당이 경찰예비대 공작을 위한 지령을 내렸다는 정보를 입수했다. 그 정보에 따르면 '잠입의 목적은 예비대 편성과 실제 활동의 방해, 훈련 내용의 파악, 실전 능력의 삭감 공작 등'이었으며, 잠입에 성공하면 당분간은 내부에서의 공작 활동은 전혀 하지 않고, 내부 정보를 탐지 보고하는 것을 사명으로 하고 있다는 것이었다.[14] 이러한 정황 보고는 요시다가 재군비를 더욱 부정적으로 인식하게 했을 것이다.

1950년 10월 특심국은 '베이징 회담'에 관한 정보를 '조선(북한—필자 주)의 신문보도'라고 하여 다음과 같이 보고했다. "10월 2일 폐막된 세계민주청년연맹협의회(World Democratic Youth Federation Council)에 즈음하여 이에 관련한 회담이 베이징에서 있었다고 북한의 신문이 보도했다는 것이다. 회담에는 몰로토프와 마오쩌둥, 그리고 노사카와 도쿠다가 참석했

13 同上, 132頁.

14 同上, 127-129頁

다. 노사카와 도쿠다는 이 회담에서 일본공산당 재건을 위한 중소의 군사 원조를 요청했다고 하며, 이로써 노사카와 도쿠다는 베이징에 체류하고 있을 가능성이 있다"는 내용이었다.[15] 이 또한 매우 정확한 파악이었다.

일본공산당에 1950년은 코민테른 비판으로 시작되어 총사령부와 일본 정부의 탄압 속에서 분열과 혼란을 거듭하고 있었다. 그 와중에 당 지도부는 베이징으로 이동하여 중국공산당의 지도를 받고 있었으며, 일본의 혁명운동은 중공의 지도하에 베이징의 도쿠다와 노사카가 원격조정하는 형태가 되었다.

1951년도에 들어서자 일본공산당은 주류파와 국제파의 분열을 극복한 형태로 2월 23일부터 사흘간 비합법의 제4회 전국협의회를 개최했다. 일본공산당사에서 가장 '악명 높은' 이른바 '4전협'이다. 가장 주목할 것은 이 회의에서 중핵자위대의 조직, 평화옹호투사단, 애국투사단 등을 결성하여, 유격대 조직에 의한 무장투쟁과 노동자 및 농민 운동을 결합시킨다는 군사 방침이 정식으로 결정되었다는 점이다. 그것은 다음과 같은 정세파악에 따른 것이었다. 즉, "조선은 현재 '평화'와 '전쟁'이 대립하는 양 진영의 정책이 그 승패를 결정하는 세계적 계급투쟁의 쟁점"이 되었으며, 그 가운데 일본은 조선에 대한 간섭의 기재가 되어 전쟁에 관여하고 있다고 보고, 그 원인을 일국 민족의 독립이 희생된 식민지적 상황에 있다고 분석했다. "한국전쟁을 강 건너 불 보듯 하거나 또는 이에 협력하는 것은 '민족의 위기'를 심화시켜 '민족의 파멸'에 협력하는 결과를 낳는다"고 하여 일본은 양자택일의 기로에 놓여 있다며 독자적인 길을

15 "no title," *Korean War and Peace*, GS, GHQ/SCAP Records, Box no. 2275 BB, GS(B)-04251-04254.

부정했다. 즉, '전쟁의 노예'가 되느냐 '평화와 독립'을 되찾느냐의 선택이 있을 뿐이며, 그 외에 '결코 제3의 길은 없다'고 하여 중립의 길은 없다는 결론을 내렸던 것이다.[16]

일본공산당은 1951년 9월 8일의 강화, 안보 양 조약에 대한 조인으로 인한 정세변화에 대응하기 위해 10월 16일부터 17일까지 제5회 전국협의회, 이른바 '5전협'을 개최하여 「51년 강령(신강령)」을 채택했다. 강령은 자유당 정부를 타도하는 '민족해방민주혁명'이 피할 수 없게 되었다고 하여, 이는 '폭력혁명'에 의해서만 달성될 수 있다고 규정했다. 이 회의 이후 무기제조에 관한 교과서가 「영양분석표(栄養分析表)」라는 제목으로 위장된 책자로 발간 배포되었으며, 또 무장투쟁의 이론적 기초의 학습을 위해 군사 문제 논문집이 「구근재배법(球根栽培法)」이라는 제목의 표지로 위장되어 발표 배포되었다. 일본공산당은 중핵자위대, 저항자위대라는 군사조직을 중심으로 무장혁명을 시도하고 있었다.[17]

재일조선인연맹(이하 조련) 해산 후 어렵게 비합법 활동을 전개하던 조선인 당원들은 대체로 제4회 전국협의회에서의 방향전환과 제5회 전국협의회에서의 군사 방침 확정을 환영했다. 재일조선인의 입장에서 한국전쟁은 문자 그대로 '우리의 전쟁'이었으며, 조국 존망의 위기였던 것이다. 나아가 일본의 기지에서는 융단폭격을 가하는 미국의 폭격기들이 거의 매일같이 출격하고 있었으며,[18] 일본의 군수공장과 국철은 '조국'의

16 『日本共産党党性高揚文献』, 駿台社, 1952年; 和田春樹, 前掲書, 231-232頁에서 재인용.

17 同上, 242-243頁.

18 그 실상에 대해서는 김태우, 『폭격: 미공군의 공중폭격 기록으로 읽는 한국전쟁』(창비, 2013)을 참조.

형제들을 살육하는 포탄을 만들어 실어 나르고 있었다. 그런 의미에서 북한을 조국으로 받아들인 재일조선인 공산당원들에게는 그것이 '일본혁명'이든 '조국방위'이든 상관없이 그 목표가 미군기지의 기능을 무력화시키는 것이라면 무엇이든 행동으로 나서지 않을 수 없는 절박한 상황이었다. 다음에서는 일본공산당의 방침과 갈등하면서도 한편으로는 선두에서서 그 방침을 실현하고자 했던 재일조선인 운동의 전개에 대해 검토하고자 한다.

2. 한국전쟁 발발과 재일조선인 운동

1) 조련 해산 이후의 재일조선인 운동

중국에서의 내전이 공산당 측 승리로 확정되어 가던 1949년 일본에서는 공산당의 패배가 확정되어 가고 있었다. 미국은 중국에서의 정세변화에 따라 일본의 전략적 가치를 재검토했다. 미국의 입장에서 볼 때 약체화된 일본은 동아시아의 불안 요소가 될 수 있다고 판단되었으며, 대중 전략적 입장에서 재고된 미국의 동아시아 전략에서 일본은 아시아의 강력한 보루로서의 위치를 부여받았다. 일본에서의 점령정책은 크게 전환되어 민주화, 비군사화에 대신하여 급속한 경제 재건이 우선되는 정책이 추구되었다. 이를 위해 총사령부는 공산당과 노동조합을 탄압하기 시작했다. 일본 정부는 1949년 4월 4일 「단체등규정령」을 공포하여 이미 그 수단을 확보하고 있었다. 이 법령이 최초로 적용되어 해산당한 단체는 공산당 계열 단체 중에 가장 선두에서 활동을 전개하던 조련이었다.

조련은 일본의 패전이 확정된 뒤 일본인들이 이러한 상황을 받아들이지 못하고 우왕좌왕하는 사이에 가장 먼저 조직된 조선인 단체였다. 애초에는 동포들의 생활을 지원하고 귀환업무를 돕는 등 상호부조 단체로서의 성격이 짙었으나 조국의 민족국가 건설운동과 연동하여 서울의 혁신세력과 연결되면서 정치적인 색채를 띠게 되었다. 그와 동시에 반공적인 그룹이 탈퇴했으며, 이후 공산당원이 이를 지도하는 구도가 만들어졌다. 1948년 북한정권이 수립되었을 때에는 북한 지지의 입장을 선명히 했다.[19]

조련의 간부는 모두 공산주의자이며 동시에 일본공산당원이었다. 이러한 사정은 재일조선인 공산주의자와 일본공산당이 서로 친화적이었다는 점에 기인한다. 일 제국주의에 대해 끝까지 저항하여 싸워 왔다는 자부심이 서로를 연결해 주고 있었다. 조련의 최고 고문인 김천해는 일본공산당 정치국원이었다.

1949년 해산 당시 조련의 구성원은 36만 6,000명이었으며, 그 외곽 단체인 민주주의청년동맹(이하 민청)의 구성원은 3만 명이었다.[20] 1950년 통계상으로 재일조선인은 약 60만 명이었으니,[21] 절반 이상 대략 2/3가 조련이나 민청에 소속되어 있었다. 그 가운데 많은 사람이 조련의 해산 직

---

19 종전 직후의 재일 조선/한국인 운동에 대해서는 崔永鎬, 「戦後の在日朝鮮人コミュニティにおける民族主義運動研究—終戦直後南朝鮮の建国運動との連動を中心に」(東京大学大学院 博士學位論文, 1994年 6月)을 참조.

20 「朝連, 民青の解散について」(日共中央委員会組織活動指導部, 市民対策部から各府県地区委員会宛指令, 1949年 9月 8日); 朴慶植(編), 『朝鮮問題資料叢書』 第15巻(日本共産党と朝鮮問題), アジア問題研究所, 1991年.

21 総務庁統計局(監修)·東洋経済新報社(編集), 『国勢調査集大成—人口統計総覧(昭和60年)』, 1985年, 54頁.

전에 일본공산당원으로 입당하여 이른바 재일조선인의 '입당 바람'이 일었다.[22] 대량 입당이 실시되고 바로 직후에 조련이 해산당하자 많은 조련 구성원은 그들 자신의 아이덴티티를 일본공산당에서 찾았던 것이며, 이러한 사실이 이후에 결성되는 조국방위위원회(祖国防衛委員会, 이하 조방위)와 재일조선통일민주전선(在日朝鮮統一民主戰線, 이하 민전) 등의 조직이 일본공산당의 지도를 받는 구조를 형성하는 기초가 되었다. 이하에서는 조련 해산 후의 조선인 운동을 검토해 보고자 한다.

조련 해산에 즈음한 일본공산당의 대응은 조선인 당원에게는 불만을 느끼게 하는 것이었다. 조련이 해산되자 일본공산당은 "조일 양 국민의 이름하에 이러한 적계급(敵階級)의 음모를 폭로하고 철저히 항전한다"고 하여 당면 투쟁의 수준을 폭로전으로 설정함으로써 정면충돌을 피하고 있다는 인상을 주었다.[23] 재일조선인 공산주의자들은 일본공산당의 소극적인 태도에 불만을 품고 있으면서도 조련 해산 이후에는 조선인 운동보다 일본공산당의 일원으로 계급운동에 치중하는 모습을 보였다. 그 결과 재일조선인 운동은 소강상태에 있었다.

상황은 이듬해 5월 초와 말 사이에 변화했다. 1950년 5월 1일 제21회 노동절 기념식이 약 2만 명이 참가한 가운데 개최되었다. 특심국은 이에 참가한 재일조선인 단체 및 참가 인원을 재일본조선인 해방운동구원회(이하 해방구원회)에서 약 200명, 재일본조선인 민주여성동맹(이하 여성동맹)에서 약 150명, 재일본조선인 민주학생동맹에서 약 300명, 재일조선인 민주

---

22 『アカハタ』(1949. 6. 7/24/29, 7. 15/24/29).

23 朴慶植(編), 『朝鮮問題資料叢書』 第15巻(日本共産党と朝鮮問題), アジア問題研究所, 1991年, 117頁; 金太基, 『戦後日本政治と在日朝鮮人問題—SCAPの対在日朝鮮人政策, 1945~1952年』, 勁草書房, 1997年, 663頁.

상공회에서 약 100명, 재일조선인단체 협의회(이하 협의회)에서 약 100명, 그리고 아동이 약 100명인 것으로 파악했다. 특기할 것은 특심국이 이들의 동향을 "특별히 불온한 언동 없이, 평온하게 진행되었다"고 보고하고 있다는 점이다.[24] 노동절 기념식에서는 해방구원회의 간부 박원준(朴元俊, 전 조련 총무부장, 해방신문 편집국장)이 조선인 대표로 나와 축사를 통해 다음과 같이 호소했다.

> 지금 현재, 여러분의 공장에서 무엇이 만들어지고 있는지 생각해 보기 바랍니다. 여러분의 공장에서 군수품이 생산되고 있지는 않습니까. 그 군수품은 타이완과 조선에 보내어져, 현재 남조선에서는 그 군수품으로 인민에 대한 학살이 진행되고 있다는 사실을 상기하여 주시기 바랍니다.[25]

그러나 5월 30일 황거 앞 광장에서의 인민궐기대회에서는 상황이 급변했다. 데모 행렬대가 미군병사를 구타하는 사건이 발생하여 폭력적인 데모가 전개되었던 것이다. 이는 일본공산당 탄압의 계기가 되었다. 이에 대해서는 자연발생적인 사건이었다는 주장이 지배적이긴 하나 5월 1일의 노동절 집회와 5월 30일의 인민궐기대회 사이에 일본공산당 및 재일조선인 지도부에서 방침의 전환이 있었을 가능성도 배제할 수 없다.

한편 조련 해산 이후 좌익계 재일조선인들이 그 후계 단체의 조직에 나서 협의회를 건설한 것은 한국전쟁 발발 직전인 1950년 6월의 일이었다. 협의회는 제2의 조련이라고도 할 수 있는 전국적 규모의 운동단체

---

24 法務府特別審査局,『特審資料』, 1951, 45-46頁.

25 同上.

였다. 특심국의 파악에 의하면 '협의회'의 모체가 되었던 '중앙협의회'가 결성된 것은 5월 4일이었으며, 도쿄에 중앙협의회를 두고, 지역 또는 지구별로 지방 및 지구협의회를 두었다. '본부-지부-분회'와 같은 식의 단일조직이 아니라 각종 단체의 지구별 참가를 허용한 느슨한 조직이었다. 참가단체는 해방구원회, 여성동맹, 학생동맹, 실업자동맹, 조일친선협회, 기타 친목회 등 좌익 재일조선인단체 전반에 걸쳐 있었다.[26]

이와는 별도인 움직임으로 1950년 6월 16일 '조선인 각 단체 전국대표자회의'가 가와사키(川崎)시의 조선인학교에서 개최되었다. 각 지역 및 단체별 대표자 60여 명과 참관인 40여 명이 참가한 가운데 실행위원장 김충권(金忠權)의 개회사로 회의가 시작되었다. 회의결과 재일본 전 조선인 단체를 총망라하여 8월 15일까지 '재일조선민주민족전선'을 결성할 것을 결의하고 준비위원을 선출했다. 참가단체로는 해방구원회, 여성동맹, 상공회(商工会), 청년단체협의회, 학생동맹, 장학회, PTA, 반학회(反学会), 건청통일동지회(建青統一同志会), 소년단, 언론단체협의회, 월간집행위원회(月刊執行委員会), 교육자동맹, 과기(科技), 불교연맹, 언론인동맹(言論人同盟, 언동) 등이었으며, 위에 언급한 '재일조선인단체 협의회'도 합류하게 되었다. 중앙집행위원에는 가나가와(神奈川)현 대표 노재호가 취임했다.[27]

---

26 「在日本朝鮮人団体協議会(1950. 6)」, 同上, 49-51頁.

27 「同上, 55-52頁. 특심국이 파악한 내용은 조선인 활동가 측의 자료에 의거한 朴慶植, 『解放後在日朝鮮人運動史』(三一書房, 1989年)의 기술(270-271頁)과 거의 일치한다. 이 점에서 볼 때 한국전쟁 직전의 조선인 운동에 대해 특심국은 상당한 양의 정보를 확보하고 있었다고 생각된다.

이상이 조련 해산 후 한국전쟁 발발까지의 재일조선인들의 움직임에 대한 개관이다. 재일조선인들은 각 단체를 망라한 전국 규모의 조직 재건을 위해 움직이고 있었으며, 그 가운데 민전의 결성을 결정한 상태에서 한국전쟁을 맞이하게 되었다.

2) 한국전쟁 발발과 재일조선인

6월 25일 개전 이후 하루가 지난 26일 오후 가와사키(川崎)역 주변에 '조선민주민족전선준비회'의 이름으로 삐라가 나돌았다. 이는 총사령부가 특심국의 보고로 파악한 재일조선인의 특이한 행동 가운데 가장 빠른 것이었다.[28] 특심국의 보고에 따르면 조선민주민족전선준비회는 재일 조선인단체 협의회 후신으로 6월 20일에 발족한 것이었다. 가나가와현의 크고 작은 19개 좌익계 조직이 여기에 참가했으며, 회원은 1,000명 정도로 주로 일용 노동자들이 조직의 중핵이었다. 삐라의 내용은 다음과 같다.

"우리의 용감한 인민군이 드디어 일어섰다. 민족의 반역자들을 처단하라", "이승만의 앞잡이, 민족의 반역자들인 민단의 지도자를 처단하라. 양심 있는 동포여 모여라, 그리고 조선의 건설에 협력하라. 조선인민군 만세", "위대한 김일성 장군 만세, 조선인민군 만세", "애국자, 농민, 노동자를 학살한 남조선의 이승만을 무자비하게 때려 부수자, 세계평화의 전사, 조선인민군 만세, 조국통일 만세", "통일과 독립과 평화의 전사, 조선인민군 만세. 이승만과 그 협력자는 반역자들이다" 등의 구호가

---

28 "朝鮮内戦勃発後の左翼在日朝鮮人動向"(1950. 7. 10), *Korean War and Peace*, GS, GHQ/SCAP Records, Box no. 2275 BB, GS(B)-04251-04254.

가와사키 조선인청년회와 조선청년회의 이름으로 나붙었다. 역시 북한의 선제공격에 의한 개전이라는 보도에 대해 부정하지 않은데다 이를 환영하는 분위기마저 느끼게 하는 것이었다. 또한 전쟁 발발을 일본혁명과 결부시켜 사고하고 있지 않다는 점, 당면의 타도 대상을 이승만과 민단 지도부에 한정하고 있음에도 주목할 필요가 있다.

7월 들어 미국이 개입하자 재일조선인 운동은 조직적인 행동에 나서기 시작했다. 구 조련, 민청, 해방구원회, 여성동맹, 해방신문 등 좌익 재일조선인 조직은 통일과 해방의 기회가 도래했다며 공공연한 선전 활동에 나서기 시작했으며, 남한의 게릴라(빨치산) 부대 지원을 위해 3,000만 엔을 모은다는 목표 달성을 내걸고 모금 활동을 전개했다. 나아가 북한 정부가 남한에 대해 선전포고를 했다는 것은 반동세력이 만들어 낸 잘못된 보도이며, 목하의 내전은 남한 측이 월경하여 공격을 개시한 데 따른 것으로 북한 정부가 취한 행동은 3,000만 조선인민의 공적 의사에 기초한 합법적인 것이라고 선전하기 시작했다. 또 북한 지지의 대중집회 개최, 대중 동원 활동, 민단계가 전개하고 있던 자원군 모집에 대한 방해공작 등을 전개했다. 일본의 전국 규모로 보면 도쿄, 가나가와, 교토, 오사카, 고베, 후쿠오카 등의 순서로 활발한 활동이 전개되었다.[29]

전술한 바와 같이 한국전쟁 발발 직전인 1950년 6월 중순 가와사키(川崎)에서 각종 조선인 단체 대표가 집결하여 전국대표자회의를 개최하고, 독립기념일인 8월 15일을 목표로 민전 수립을 결정했다. 그런데 6월 25일의 개전으로 인해 민전 결성은 반년 가까이 연기되었다.[30] 6월 25일 한

---

29 "朝鮮内戦勃発後, 在日朝鮮人動向"(1950. 7. 11), *Korean War and Peace*, GS, GHQ/SCAP Records, Box no. 2275 BB, GS(B)-04251-04254.

30 李進熙(編), 『「在日」はいま―在日韓国·朝鮮人の戦後50年』, 青丘文化社, 1996年,

국전쟁이 발발하자 재일조선인 운동의 실질적인 지도부였던 일본공산당 민족대책부는 조국방위위원회(이하 조방위)를 비합법조직으로 수립하고, 7월에는 청년행동대, 조국방위대(祖国防衛隊) 등의 조직을 건설하기 위한 준비작업에 들어갔다. 이러한 방침에 따라 가나가와현의 다이와(大和)에서 최초의 조직이 만들어진 이후로 일본 전국 각지에서 이와 비슷한 조직이 건설되었다. 10월에는 교토에서 '조국방위 재일조선청년전선 결성대회(이하 청년전선)'가 개최되었는데, 이로써 전국 규모의 조직건설이 일단락된 것으로 볼 수 있다. '청년전선'은 이후 각종 조선인 청년조직이 조국방위원회와 조국방위대로 개편되는 과정에서 중심 역할을 수행했다.[31]

조련이 해산당한 뒤 일본공산당의 조선인 당원 지도부는 1949년 12월 당내 전문부서였던 소수민족부(최초의 명칭은 조선인부)를 정치국의 시가 요시오, 야마베 겐타로(山辺健太郎) 등의 승인하에 민족대책부로 확대 개편하여, 재일조선인 운동 전반에 관해 방침을 수립하고 조련 및 민청에 대신할 조직 재건을 위한 지도에 나섰다.[32] 한국전쟁 시기 조선인 운동은 이 민족대책부의 담당이었으며, 아키야마(秋山)라는 일본인과 박은철(朴恩哲)이 책임자였다.[33] 박은철은 1955년에 총련이 결성된 뒤 북한으로 건너갔으나 이후 소식이 단절되었다. 한편 총사령부 자료에 따르면 한국전쟁 발발을 전후하여 재일조선인 사회의 조직화 움직임이 중앙 수준에서 활발

185–186頁.

31 同上, 188頁.

32 梁永厚, 『戦後·大阪の朝鮮人運動, 1945–1965』, 未来社, 1994年, 105頁.

33 和田春樹, 『歴史としての野坂参三』, 平凡社, 1996, 「資料 4(RTsKhIDNI, f.17, op.128, d.623, ll.215–225)」에서 재인용. RTsKhIDNI는 러시아 현대사 자료 보존 및 연구센터의 영문 약칭.

해지고 있었던 것과는 달리 지방조직은 재정 문제와 간부 부족 등의 문제에 봉착하여 그 조직화 과정은 결코 원활한 것이 아니었다. 특심국이 입수한 조선인청년회 시즈오카(静岡)현 서부지부의 회의에 관한 정보는 한국전쟁 발발 직후의 지방에서의 조선인운동의 일단을 보여 주고 있다.

이 조직은 7월 16일에 조직되었다. 9월 3일 7시부터 고희선(高嬉善, 일본공산당원)의 집에서 지부회의가 열렸는데, 이 자리에는 전 민청 외교부장 류주권(柳周權), 지부장 김희열(金熙烈), 재정부장 한복선(韓福善), 여성부장 김인윤(金仁潤), 그 외 노흥석(盧興錫) 등 13명의 조선인 공산주의자들이 참석했다. 노흥석이 회의를 진행했고, 유주권이 보고했다. 이 사실로 보아 노흥석은 중앙에서 파견된 인물로 생각된다. 보고 내용은 민단계의 재일한국인들이 추진 중인 재일청년 의용군 파견을 위한 군사훈련에 대해 방해공작을 전개하는 문제와 8월 말에 나고야에서 개최되었다는 군사회의에 관한 것이었다. 군사훈련 방해공작과 관련해서는 공작을 위한 방대한 자금의 필요성이 강조되어 재정 확충을 위한 방책이 논의되었다. 이 논의는 재일조선인 사회에서 진행 중인 모금운동과 결부되어 자금을 '조국(북한)'에 대한 지원금으로 보내기보다는 군수품 생산 및 수송의 방해공작에 충당하는 것이 오히려 효과적이라는 의견이 제기되었다.

이는 북한에 대한 전비 지원 운동으로서 모금운동을 위치 지우려 하는 중앙조직의 방침과 일상투쟁의 자금 확충을 위해 모금운동을 전개하지 않을 수 없는 처지에 있는 지방조직의 일선 간부 사이에 의견 차이가 있었던 것을 반영하는 내용으로 생각된다. 나아가 이른바 '군사회의'에 대한 토의 보고 가운데 군사조직의 결성을 촉구하는 중앙의 방침에 대해서는 일용(日傭) 노동자를 조직 동원하여 공장에 침투시키고 태업이나 파업을 조직하는 것이 효과적이라는 의견을 제기하고 있다.[34] 이러한 모습은 재일조선인 운동이 결코 하나의 방침하에 통일되어 일사불란하게 전개되었던 것이 아니었음을 보여 주고 있다는 점에서 흥미롭다.

이상의 사실에서 볼 때 재일조선인 조직의 특징으로 상당한 범위에서 지방조직의 자립성이 용인되고 있었다는 점을 발견할 수 있다. 그 이유로는 우선 조련이 해산당한 뒤 중앙조직이 와해되어 버린 점을 들 수 있으나 조련 시대부터 지방조직이 상대적으로 강력했으며, 나아가 중앙지도부가 지방의 사정을 완전히 파악하지 못하고 있었다는 점 등을 들 수 있다. 이러한 지방-지방 관계의 특징은 다음에서 살펴보게 될 '조국방위'와 '일본혁명'을 둘러싼 논쟁에서 두드러지게 나타나고 있다.

3. 무장투쟁의 전위, 재일조선인 운동

1) '조국방위'와 '일본혁명'의 틈새에서

1950년 9월 3일 일본공산당 임시중앙지도부는 각 지방 및 부현 지구위원회 앞으로 지령 415호「재일조선인 운동에 대하여」를 발송했다. 이 지령에서 일본공산당은 우선 조선 문제를 '일본혁명이 당면하고 있는 투쟁의 주요 고리'로 규정하고, 구체적으로는 '국제 제국주의의 분쇄, 국내 반동세력의 타도, 평화옹호운동의 전개'를 강령으로 내걸었다.

지령은 한국전쟁 발발 직후에 전개된 재일조선인 운동에 대해 다음

34 "静岡県浜松市の朝鮮人青年会動向"(1950. 10. 12), *Korean War and Peace*, GS, GHQ/SCAP Records, Box no. 2275 BB, GS(B)-04251-04254.

과 같이 평가했다. 즉, 재일조선인들이 '외국의 조선 내전 간섭에 반대'하여 '조선으로부터 손을 떼라'는 슬로건 아래 일본발 무기의 생산과 수송에 반대하는 투쟁에 결집하는 한편 제1차 '조선통일 쟁취월간(爭取月間)'에서 '남조선 인민 학살 반대 서명운동'에 140만 명이 참가한 것을 긍정적으로 평가했다. 반면 운동의 전 과정에서 '조선인 운동을 조선인에게 일임'하고 있는 현상이 지적되었다. 적극적인 조선인 운동을 일본공산당이 올바로 지도하지 못한 결과 조선인 운동의 정치투쟁과 일상투쟁의 적절한 결합이 불충분하여 '일부 정예분자만의 청부투쟁이 되고 마는 경향'이 노정되었다. 그리고 '조선청년행동대'가 노동자들의 일상적 요구와는 관계없이 고도의 정치적 요구를 앞세워 이에 위축된 노동자들이 당기관과 노조로부터 이탈하는 현상이 생기고 있다 하여 조선인 운동에 대한 당의 지도력 강화를 요구했다. 나아가 일본과 조선 인민의 공동투쟁이 지니는 중요성과 '프롤레타리아 국제주의가 명하는 고귀한 의무'가 강조되었다.[35]

이처럼 지령 415호에서는 일상투쟁과 공동투쟁의 중요성이 강조되었고, 이와 동시에 조선인과 일본인의 민족 차이를 넘어선 행동통일을 위해 공동조직의 필요성이 지적되었다. 지령은 조선청년행동대와 일본의 청년조직과의 긴밀한 연계가 필요하다고 지적하고, 이를 위해 일본공산당의 청년조직인 청년조국전선행동대의 강화를 요구했다. 이는 조선인 청년조직에 비해 일본인 청년조직이 뒤처져 있는 현상을 드러내어 보여 주고 있다. '청년훈련소'에 조선인 청년만이 아니라 일본의 청년조직도 함께 입소시켜 훈련할 수 있도록 지도해야 한다고 지적되어 있는 점에서도 이러한 현상은 확인된다. 대중조직 차원에서는 '평화투표'에 동

35 「在日朝鮮人運動について」(1950. 9. 3, 日共臨時中央指導部より各地方, 府県地区委員会宛に発せられた指令 第415号), 『朝鮮問題資料叢書』 第15巻, 121頁.

원된 재일조선인을 일본인과 함께 '평화를 지키는 모임' 등의 조직에 참가시킬 것과 일상적으로 일조(日朝) 친선운동을 전개 강화할 것이 과제로 제시되었다.

물론 일본공산당이 분열되어 혼란을 겪었던 데 따른 현상으로 조선인 당원의 분파 문제도 큰 문제로 부각되고 있었다. 프롤레타리아 국제주의에 입각한다는 것은 '자신이 현재 서 있는 지점, 즉 일본에서 어떻게 실천할 것인가에 관한 입장'에 선다는 것으로 정리되었으며, 이를 망각할 때 '티토적 부르주아 민족주의'에 빠지게 된다고 경고했다. 그러나 오히려 "재일조선인의 특수한 입장이 국제파의 논리에 흡인될 소지가 있다"는 점에 신경질적으로 반응하여 그러한 경향을 보이는 당원 또는 조직원을 '반프롤레타리아적'으로 제거하는 등 반계급적 행동을 용인하는 태도를 보이는 조선인 당원이 문제가 되었다. 여기서도 거듭 일본공산당 민족대책부 전국회의의 결정, 다시 말해 "임시 중앙지도부의 지도하에 당 각급 기관과 협력하여 분파주의자를 분쇄하고, 이로부터 조선인 당원을 격리시켜 일본의 유일한 프롤레타리아 정당, 즉 일본공산당의 강화를 위해 전력을 다할 것"이 강조되었다. 그러나 그 내용은 오히려 문제의 심각성을 드러내어 보여 주는 것이었다.[36]

그런 가운데 1951년 1월 도쿄의 에도가와(江戸川)구에 약 80명이 소집되어 극비리에 민전(民戦)이 결성되었다. 그리고 이 자리에서 대회선언, 강령, 규약, 활동 방침 등이 결정되었다.[37] 그 직후인 1951년 3월 말에는 도쿄의 조선인 중고교 교사와 학생 70여 명이 후지산 기슭에 마련된

36 同上, 122頁.

37 李進熙(編), 前掲書, 185-186頁.

비밀훈련소에서 실시한 군사훈련에 참가했다는 내용이 보고되었다. 이 군사훈련은 조국방위대의 무장조직인 청년행동대를 위한 군사 프로그램의 일환이었다.[38]

한편 일본공산당에서는 조선인 조직으로 민전이 결성된 데 따른 조선인 운동노선의 재검토를 위해 1951년 5월 10일 민족대책부 전국대표자 회의가 개최되었다. 이 자리에서는 일본공산당의 일반 방침을 조선인 운동에 구체화하기 위한 결정으로 「재일조선인 운동 당면의 임무」가 채택되었다. 여기서는 '간부의 경험주의에 기초한 결정과 이에 대해 충실한 태도를 보이는 분파의 결합'이 문제가 되었다. 우선 청년공작대의 활동에 대해서는 전년도인 1950년에 실시된 '빨치산 원호투쟁'의 경험에만 의지하려는 경향이 드러났으며, 새로운 정세에 적응하여 새로운 방법을 모색하는 창의성이 결여되었다고 지적했다. 회의에서는 '빨치산 원호를 위한 월간투쟁 당시 일본의 노동자 계급은 아직 조선에서의 전선 본질에 대한 이해가 불충분했으며, 당 또한 미 제국주의의 조선 침략정책을 실패로 귀착시키기 위한 투쟁에 나서지 않고 있었다'고 자아비판했다.

이러한 상황에서 전개된 조선인 청년공작대의 '침략정책 폭로공작'과 '군수생산 및 수송 반대 선전공작' 등의 성과와 의의를 적극 평가하면서도, 공작대의 과격주의를 경계하여 일본의 대중 운동으로부터 고립되는 현상을 타파해야 하는 과제가 제시되었다. 특히 '소수 정예분자의 돌발 투쟁'이나 '일회성의 불꽃놀이식 투쟁'이 문제가 되었다. 재일조선인과 일본인을 막론하고 광범한 대중을 확신에 찬 주체로 하여 장기에 걸친 투쟁을 전개하기 위해서는 조선인 청년행동대(공작대)를 일본 노동자

38 "日本内, 朝鮮人組織の動向(4月)"(1951. 5. 17), op. cit.

계급의 통제 및 지도하에 두고, 대중에게 다가서는 문제를 제기하여 일상투쟁을 조직하는 데 주력해야 한다는 것이었다. 구체적으로는 '생활방위투쟁', '민족교육수호투쟁', '강제송환반대, 인권옹호투쟁' 등이 당면 과제로 제시되었다.[39]

또한 '조방위'의 위상이 확립되어 있지 않다는 점이 지적되었다. '조방위'는 '미 제국주의의 조국침략전쟁이 계속되는 동안 조국을 방위하기 위한 대중적 투쟁 기관'이며, '조국방위투쟁을 계획, 동원, 확산, 제고시키기 위한 행동위원회'로서 존재하는 조직이었다. 그러나 지역에 따라서는 민전 또는 일본공산당의 민족대책부가 조방위 업무를 대신하는 등 혼선이 빚어졌다. 회의에서는 이러한 지역에서 제기된 조방위 무용론을 일축하고, 특히 민족대책부와 조방위를 엄격히 구분해야 한다는 입장이 확인되었다. 민족대책부는 어디까지나 당기관인 데 반해 조방위는 당의 외부에 존재하는 기관이었다. 조방위에는 일본공산당이 강조하는 프롤레타리아 국제주의에 위화감을 느끼고 민족주의적 경향에 빠지는 분자가 분파주의적 행동에 나서지 않도록 하고, 그들을 흡수하는 조직으로서의 의의가 부여되어 있었다. 조방위의 당면 과제로는 기관지의 발행, 재정 확립, 민족방위대의 창설 등이 제시되었다.[40] 이어서 '악질 분파에 대한 무자비한 투쟁'을 계속 전개할 것과 나아가 '분파 활동을 조장하는 중도적 태도를 단호히 배격해야 한다'는 원칙이 강조되었다. 야마구치(山口)

39 「在日朝鮮人運動当面の任務」(1951年5月10日開かれた日共民対全国代表者会議において, 日共の一般方針をそのまま朝鮮人運動に具体化するために決定されたもの), 朴慶植(編), 『朝鮮問題資料叢書』 第15巻(日本共産党と朝鮮問題), アジア問題研究所, 1991年, 124-125頁.

40 同上, 126-127頁.

현, 후쿠시마(福島)현 등에서는 분파에 가맹했던 조선인 당원이 월간투쟁 기간에 복귀해 왔으며, 특히 야마구치현 민족대책부 책임자였던 간부를 비롯해 각 지구의 민족대책부 책임자들이 대부분 복귀했다고 하여, 그동안의 대분파투쟁 성과가 열거되었다. 그러나 이러한 내용은 오히려 그만큼 '분파주의자'가 많았다는 것을 암시하고 있다.[41]

한국전쟁 개전 1주년을 맞이해서 1951년 6월 25일, 일본공산당 임시지도부는 조선인 지도부에 대해 병존하던 '조방위'와 '협의회'를 6월 30일부로 통합하고, 통합 후의 새로운 단체로 '조선 조국전선방위위원회(이하 조방)'를 조직할 것을 지시했다. 이 조직은 민전 활동의 추진 모체로서 본국에서 전개되는 반제투쟁의 후위부대이자 일본공산당의 투쟁에 협력하는 혁명준비부대라는 위상과 임무가 주어졌다. 또한 '조선인 지도부'를 다시 당조직으로서 편입하는 조치가 취해졌다.[42] 그러나 이후에도 실질적으로 재일조선인 운동을 지도한 것은 '조방위'였으며, '조방'의 위상은 전혀 확립되지 못했던 것으로 보인다. 이러한 점에서도 일본공산당 지도부와 조선인 운동 사이의 미묘한 기류를 확인할 수 있다.

한편 같은 시기 북한은 미국 주도의 대일강화에 대한 견제에 나서고 있었다. 박헌영은 1951년 6월 30일 비신스키(Andrey Ya. Vishinsky) 앞으로 다음과 같은 요지의 각서를 보냈다. "북한 정부는 대일강화 문제, 특히 체결까지의 수속과 조약의 목표, 내용에 대해서 소련정부와 완전히 같은 의견임을 확인한다. 중화인민공화국이 참가하지 않은 채 대일 강화조약이 체결되어서는 안 된다. 조선민주주의인민공화국은 대일 강화조약의

41 同上, 128頁.

42 「朝鮮人指導部に対する指令」(1951年6月25日付日共臨時中央指導部より朝鮮人指導部に宛てたもの), 『朝鮮問題資料叢書』 第15巻, 128−129頁.

준비회의에 참가할 자격을 주어야 하며, 따라서 대일 강화조약안을 기초할 회의에 초대될 것을 기대한다"는 내용이었다.[43] 그러나 대일 강화조약으로의 과정은 한반도의 정전회담과 맞물려 진행되었다는 사실을 상기해야 할 것이다. 1951년 7월 10일 일본공산당 중앙은 「조선정전을 둘러싼 정세와 우리 당의 기본임무에 대하여」라는 제목의 성명문을 발표했다. 성명문은 현 단계 투쟁의 기본 방침으로 '조선 문제를 둘러싼 평화옹호운동'의 설정이 '정전의 쟁취', 즉 정전회담을 이끌어 내었다는 점을 통해 정당성이 증명되었다고 평가했다.

> 과거 1년간, 국제적인 계급투쟁의 중심과제는 평화의 옹호였으며, 그 초점은 조선이었다. (일본공산당은—필자 주) 세계적인 평화옹호투쟁과 일본에서의 계급투쟁의 연결고리는 전면강화 운동에 있다고 보고 투쟁해 왔다. 그 행동의 중심 슬로건은 '평화와 독립을 위해 조선에서의 제국주의자 침략을 물리치라'는 것이었다. 이는 기본적으로 옳았다. 정전을 쟁취해 내었다는 점이 이를 증명하고 있다.[44]

한편으로는 정전회담의 개시로 일본혁명을 둘러싼 정세는 새로운 단계로 발전하고 있었다. 일본 공산주의자의 입장에서 볼 때 아시아에서의 세계평화옹호투쟁은 그 초점이 한반도로부터 일본 열도로 이동하고

---

43 「対日講和条約に関する朝鮮人民共和國政府の意見」(1951. 7. 14), *Korean War and Peace*, GS, GHQ/SCAP Records, Box no. 2275 BB, GS(B)−04251−04254.

44 「朝鮮停戦をめぐる情勢とわが党の基本任務について(1951. 7. 10)」, 『内外評論』(党中央機関誌, 第2巻 第15号, 隔週刊通巻 第24号, 1951. 7. 26), 『朝鮮問題資料叢書』第15巻, 189頁.

있다고 비쳤다. 따라서 중심 슬로건은 '평화와 독립을 위해 일본에서 제국주의가 기도하는 모든 침략정책을 파탄시켜라', '조선에서 실패한 침략자를 일본에 머무르게 하지 마라'는 것으로 바뀌었다. 구체적으로는 '9월의 단독강화, 비밀군사협정 분쇄' 투쟁이 당면 과제로 제기되었다.[45]

한편 민전에서는 한국전쟁 발발 1주년을 맞이하여 전개된 조국방위월간투쟁 과정에서 5대국 강화조약 체결 서명운동을 전개하여 6월 25일까지 152만 6,500명분의 서명을 확보했다. 일본공산당은 이를 '재일조선인 운동의 힘찬 전진'이라 평가하면서도 "재일조선인 운동에서 중요한 것은 첫째, 올바른 민족적 입장에 서서 이를 조장 육성할 것과 둘째, 충분히 프롤레타리아 국제주의를 발휘할 것"이라고 하여 이 둘이 동시에 만족되어야 할 것임을 강조했다. 즉, "재일조선인 운동은 '민족적 형식'과 '계급적 내용'을 올바로 결합시켜 운용해야 한다"는 점을 과제로 지적했던 것이다.[46]

그럼에도 불구하고 현장의 운동은 '민족적 형식'에 소홀한 채 '계급적 내용'에 치중하는 경향을 보였다. 이는 '강화조약 분쇄'가 당면 목표로 제기되었기 때문이다. 그 예를 8월 30일에 조방 재일조선청년전선 서기국이라는 조직이 그 하부 조직에 하달했다는 것을 지령 5호에서 볼 수 있다. 지령 5호는 샌프란시스코 단독 평화조약 분쇄를 위한 투쟁을 긴급과제로 상정하고, 9월 4일의 체결 기일이 다가오는 만큼 총력을 동원한 투쟁을 전개할 필요가 있다고 역설하고 있다. 이를 위해 재일조선인 대중에 대한 선전공작이 가장 중요하다고 하여, 구체적으로는 다음과 같은

45 同上, 189-191頁.

46 「在日朝鮮人運動の力強い前進」, 『内外評論』(党中央機関誌, 第2巻 第19号, 隔週刊 通巻 第28号, 1951年 9月 20日), 同上, 193-195頁.

점을 중심으로 설득 작업에 나설 것을 요구하고 있다. 즉, "일본 문제가 단독강화로 해결되면, 현 세계정세에서 볼 때 조국의 독립과 자유가 실현되지 않을 뿐만 아니라 조국에 대한 일본의 군사기지 및 일본 군국주의의 위협도 계속된다는 점을 대중에 대한 구체적인 선전과 계몽으로 완전히 이해시켜야 한다"는 것이었다. 다음으로는 일본 인민, 특히 노동자에 대한 대대적인 선전선동공작의 필요성이 강조되었다. 이들을 대중운동에 동원하기 위해 파업과 태업, 데모행진 등으로 조직하고, 선전 팸플릿, 삐라, 포스터, 격문, 선전선동대 등의 모든 수단을 동원하여 일본 인민에 대한 대담한 공작이 필요하다는 점이 강조되었다.[47]

한편 1951년 10월 4일에 「출입국 관리령」이 발효되어 11월 1일에는 최초의 강제송환이 예정되어 있었다. 이러한 상황에서 민전 중앙위원회 위원장 김훈(金勳)이 10월 25일에는 히로시마에서, 그리고 26일에는 야마구치에서 구마모토로 이동하는 모습이 목격되었다. 물론 강제송환에 반대하는 실력투쟁을 조직하는 것을 목적으로 한 여행이었을 것이다. 구마모토현에서는 강제송환 반대투쟁을 위해 재일조선인 조직이 무장투쟁을 준비하고 있다는 소문이 퍼지기도 했다.[48]

10월 18일에는 박갑룡(민전 오사카부 위원회 위원장), 송문계(宋文季, 민전 오사카부 위원회 부위원장), 윤상철(동 서기국장) 등 약 200명이 참석한 가운데 나라현 이코마(生駒)에서 민전 오사카부 위원회 제1회 정기회의가 개최되어, 주로 강제송환 반대투쟁에 관한 토의가 진행되었다.[49] 10월 20일에

47 「朝鮮人組織の月間動向(9月)」(1951. 10. 13), op. cit.

48 「民戦中央委員会委員長ダンキンクン('金勳'의 오기—필자 주)が中国代表達に下した指示内容」(1951. 10. 29), Ibid.

49 Ibid.

는 박갑룡의 지도로 윤상철, 이달신(李達信) 등 민전 활동가 약 500명으로 구성된 강제송환 반대투쟁 위원회가 설치되어 그 자리에서 회의가 개최되었다.[50]

2) 일본공산당의 군사노선과 재일조선인 운동

이러한 분위기 속에서 1951년 10월 21일 효고현 가사이(加西)군에서 재일조선인과 일본 경찰 당국과의 충돌사건이 일어났다. 이는 생활방위 투쟁이라는 일상적, 자연발생적인 투쟁이 강제송환 반대라는 정치투쟁으로 발전한 사례로 주목된다. 집회에서는 생활개선과 강제송환 반대를 슬로건으로 어린 학생 약 80명을 포함한 200명 정도가 시위를 벌여 출동한 경관대와 충돌하여 15명의 재일조선인이 구속되었다. 24일에는 이에 항의하기 위해 효고현 각지로부터 약 800명이 동원될 것이라는 정보가 있었고, 이에 긴장한 경찰 당국이 구속된 재일조선인을 이송하는 데 350명의 경찰예비대를 동원하는 사태로 발전했다.[51]

이처럼 재일조선인 운동이 강제송환 반대투쟁을 내걸고 과격해진 데에는 1951년 10월 일본공산당의 제5회 전국협의회(5전협)에서의 군사 방침 결정이 그 배경으로 작용하고 있었다. 군사 방침을 내건 '신강령'에 기초하여 재일조선인 조직인 조방위와 일본공산당 중핵자위대가 조직적인 연계하에 일본 국내에서의 빨치산 투쟁을 준비하고 있었다. 이후 오

---

50 「朝鮮人組織の動向に関する月間報告(10月)」, Ibid.

51 「出入国管理令に対する新聞報道に触発された在日朝鮮人運動の傾向, 第4次報告」(1951. 11. 6), Ibid.; 이날 경찰당국에 의해 구속 체포된 인원은 30명이었다. 「出入国管理令に対する新聞報道に触発された在日朝鮮人運動の傾向, 第3次報告」, Ibid.

사카의 '스이타(吹田) 사건', 도쿄의 '궁성 앞 피의 메이데이 사건', 나고야의 '오스(大須) 사건' 등 격렬한 투쟁이 벌어졌고, 재일조선인과 그들의 '인공기'가 그 선두에 서 있었다.

일본공산당의 군사 방침 결정을 받아 1951년 10월 말 도치기(栃木)현의 모처에서 일본공산당 간토 지방위원회 조선인대책부 회의가 개최되었다. 회의에서는 ① 레드 퍼지에 대한 투쟁, ② 당내 교육 문제, ③ 조련과 민청 해산 이래 늘고 있는 기회주의자 문제, ④ 조국의 통일과 반미투쟁 등이 논의되었다. 이들 모든 의제에서 공통의 문제로 떠올랐던 것은 재일조선인 조직과 일본공산당 조직의 연계 공동투쟁이 취약하다는 것이었다. 그리고 일조(日朝) 인민의 공동투쟁과 조선인 당원에 대한 철저한 볼셰비키화를 위한 당원학습의 필요성이 강조되었다. 결론으로서 조국통일이라는 민족적 궁극의 목표를 달성하기 위해 가장 먼저 필요한 것은 대중조직을 기반으로 반미투쟁 속에서 일본과 조선의 공동전선을 재조직하는 것이라고 정리했다. 즉, 민족의 이익보다 계급의 이익이 우선한다는 결론이었다.[52]

그러나 실제 재일조선인 운동은 위에서 살펴본 바와 같이 민족 문제를 전면으로 내건 강제송환 반대투쟁으로 집중되었다. 11월 21일에는 후쿠오카 시내의 두 군데에서 강제송환 반대대회가 김성률의 지도로 개최되었다. 1시를 전후하여 후쿠오카시 니시공원(西公園)에서 인근 지역의 약 250명의 재일조선인이 집회를 개최한 데 이어 같은 시간에 오하마에서도 이곳 인근 지역의 재일조선인 약 900명이 집회를 열었다. 경찰 당

52 "共産党関東地方員会, 朝鮮人対策会議"(1951. 12. 18), *Korean Organizations: General*, GS, GHQ/SCAP Records, Box no. 2275 HH, GS(B)−04258−04261.

국은 2시 45분경에 해산을 명령했으나 이들 두 지역의 군중은 각각 별도의 장소로 이동하면서 항의 데모 행진을 계속했다. 이들 가운데 일부 청년행동대원들로 생각되는 이들은 죽창으로 무장하고 있었다. 해산 명령에 따른 충돌과 그 이후 데모 행진 과정에서 모두 21명이 공무집행방해 등의 혐의로 구속 체포되었다.[53]

이렇듯 민전과 조방의 지도로 재일조선인들은 1951년 10월부터 11월에 걸쳐 강제송환 반대투쟁을 집중적으로 전개했다. 이러한 방침은 11월 4일의 조방 제2회 전국대회 및 5일의 조방 중앙위원회 회의, 그리고 11월 5일과 6일 양일간에 걸친 민전 중앙집행위원회에서 토의 결정된 방침이었다. 또한 이러한 방침은 각 지방위원회에서의 토의를 거쳐 11월 25일에 개최될 민전 제2회 전국대회에서 채택될 예정이었으나, 정보 누출로 인해 대회는 12월 중순으로 연기되었다.[54] 민전 제2회 전국대회는 12월 12일 아카시(明石)시에서 전국에서 소집된 약 110명의 대표가 참가한 가운데 개최되었다.[55] 이 대회를 전후로 재일조선인 운동은 더욱 격화되어 이른바 '화염병 투쟁'이 각지에서 전개되었다.[56]

일본공산당의 군사 방침 채택에 동조한 재일조선인들은 1952년이 되면서 본격적인 무장투쟁 준비를 위해 조직을 정비하고 간부를 교육 양성하는 등 신강령에 따른 행동을 실천하고 있었다. 조방위 전국대회가 1월

---

53 "強制送還反対集会の開催"(1951. 11. 22), *Repatriation*, GS, GHQ/SCAP Records, Box no. 2275 HH, GS(B)-04258.

54 "朝鮮人組織の動向に関す一る月間報告(11月)"(1951. 12. 17), "共産党関東地方員会, 朝鮮人対策会議"(1951. 12. 18), *Korean Organizations: General*, GS, GHQ/SCAP Records, Box no. 2275 HH, GS(B)-04258-04261; "no title"(1952. 1. 12), Ibid.

55 "朝鮮人組織の動向に関する月間報告(12月)"(1952. 1. 17), Ibid.

56 Ibid.

17일부터 20일까지 나고야시의 구 조련 미즈호(瑞穗) 지부에서 개최되었다. 대회에서는 무엇보다 먼저 조방대의 '의무'와 '임무' 구별을 명확히 할 것이 문제가 되었다. 그다음으로 조방대를 저항자위대와 중핵자위대로 이원화하는 문제가 토의되었다. 그 밖에 조방대의 행동강령, 조방위와 조방대 청년위원회 성격의 명확화 문제, 군사기지와 군수물자 생산 및 수송 경로의 조사, 조방대의 군사훈련과 교육 프로그램의 개발 문제, 기관지와 선전선동의 문제 등이 토의되었다.[57]

대회에서는 다음과 같은 군사 활동의 원칙도 확인되었다. 조방대와 자위대의 지휘 계통은 무장투쟁 개시 이후 일체 비밀로 할 것, 3~7명의 대원으로 구성되는 분대는 정면공격을 피할 것, 적의 약점을 찌르는 기습공격 전술을 실행하고, 만일 우리 편의 희생이 커질 것이 예상되는 경우에는 공격을 중지할 것, 일반대중에게 손해를 입히는 활동, 예컨대 발전소와 철도 노선의 파괴는 일반대중의 불만을 사게 되므로 적에게만 피해를 입힐 수 있는 명확한 목표를 세워 활동을 개시할 것 등의 원칙이 강조되었다.

또한 대회에서는 나고야에서의 군사훈련기간을 2월 1일부터 7일까지로 정하고, 각 현에서 2명의 조방대원을 참가하도록 하여 전술훈련을 실시하는 결정을 채택했다. 이는 2월 15일부터 3월 15일까지로 계획된 '반식민지 월간투쟁 기간'에 무장봉기를 지휘할 간부의 사전교육 의미를 지니고 있었던 것으로 생각된다. 한편 월간투쟁 기간 중인 3월 1일에는 전국 규모의 '3.1절 기념투쟁'이 계획되었다. '3.1절 기념투쟁'의 3대 타격대상은 '미 제국주의', '반동 전향자', '요시다 내각'이었으며, 구체적으

57 Ibid.

로는 '한일교섭의 파기', '노동3법의 개악 저지', '강제송환반대'를 구호로 내걸었다. 이러한 과정을 통해 민전과 조방위의 투쟁은 일본공산당의 지도하에서 일본혁명운동의 중핵으로 포섭되어 갔다.[58] 그러나 실제로 재일조선인 일반이 자발적으로 대규모 대중투쟁을 조직 전개한 것은 대부분의 경우 생활방위를 위한 일상투쟁의 결과였다. 3.1절을 전후한 월간 투쟁 기간에 조직 동원된 재일조선인 조직을 와해시킬 목적으로 일본 경찰 당국은 3월 말에 행동을 개시했다. 그 과정에서 '다나가와(多奈川) 사건'이 발생했다.

와카야마(和歌山)현 다나가와는 전시 중 가와사키 조선(川崎造船) 다나가와 공장으로 강제연행되어 온 조선인들이 전후에 잔류하며 형성된 부락이었다. 한국전쟁을 전후한 당시에는 정규직을 갖지 못하는 다수의 재일조선인들이 생활고를 해결하기 위해 밀주를 만들어 팔고 있었다. 평소에 이를 단속하려고 벼르던 경찰 당국과, 민전과 조방위의 지도를 받으며 당국에 대한 저항을 조직화, 정치투쟁화하던 재일조선인들과의 충돌이 이른바 다나가와 사건의 진상이다.[59]

조방위와 일본공산당 측에서 볼 때 군사 방침 확정 후의 전개 과정에서 다나가와는 전략적으로 중요한 의미를 지니고 있었다. 다나가와의 전략적 가치에 대해 일본공산당은 다나가와가 이 일대에서 경찰예비대가 확보 건설하려고 하는 요새의 핵심에 위치하는 전략적 요충이라고 분석했다.[60] 조방위도 이 점에 착안하여 1952년 1월 이 지역에 조방대를 조

58 「朝鮮人組織の動向に関する月間報告(2月)」(1951. 3), Ibid.

59 李進熙(編), 前掲書, 190-191頁.

60 井上健治, 「軍事方針の討議のために—多奈川事件から何を学ぶか」, 『党建設者』(党中央機関誌, 1952. 8. 1); 『朝鮮問題資料叢書』 第15巻, 213頁.

직하고, 훈련을 통해 대중의 조직화에 나서고 있었다. 마침 전개된 '3.1절 기념투쟁'은 이 지역의 재일조선인을 조직적으로 동원한 첫 사업이었던 셈이다. 일본공산당이 정리한 바에 따르면 '3월 1일 다나가와의 조선인 부락에서 300명의 대중이 집결하여 인민대회를 조직했다. 이에 대해 경찰 측은 3월 26일 250명의 경관을 동원하여 조선인 부락을 습격했다. 일시적으로 습격을 물리쳤으나 3월 30일의 제2차 포위 기습으로 30명이 검거되고 1명이 사망했다. 두 번에 걸친 기습으로 대중은 완전히 위축되고 말았다. 그러나 오사카 조방대, 와카야마 조방대 등의 선전공작과 모금운동 등의 지원으로 확신을 회복하고, 4월 7일 사망한 조선인 박 모 씨를 위한 추도회를 인민장(人民葬)으로 조직하는 등 반격에 나섰다'는 것이 사건의 개요다.[61]

일본공산당 중앙은 '다나가와 투쟁'에서 군사 방침의 성공과 실패의 양면이 동시에 드러났다고 하여 주목하고 있다. 3월 26일의 투쟁은 '군사적 전술이 우위를 점하여, 유격전술이 통일전선의 입장에서 올바로 운용되었'기 때문에 승리할 수 있었으나, 30일의 실패는 '압도적 다수의 무장부대가 포위 공격해 오고 있음이 확인될 경우 아측은 퇴각 분산하여 희생을 최소한으로 줄인 뒤 적의 약한 고리를 기습공격하는 군사 방침상의 유격전술 원칙을 잊었'기 때문이라고 분석했다. 또한 경험주의와 경제주의에 일관하여 정치투쟁으로 발전시키지 못했던 점, 26일의 승리에 도취하여 대비하지 못했던 점도 실패의 원인으로 지적되었다.[62] 이처럼 제5회 전국협의회에서 확인된 군사 방침에 따라 일본공산당이 지도하는 시위는

61 同上, 214頁.

62 同上.

점차 과격 양상을 띠고 있었다. 그 대표적인 예로 1952년 6월 25일 전쟁 발발 2주년을 전후하여 발생한 스이타 사건과 히라카타(枚方) 사건을 들 수 있다. 히라카타에서는 구 육군 공창을 불하받은 고마쓰 제작소(小松製作所)가 미군 군납용 무기와 군수물자를 생산하고 있었는데, 일본인 공산당원 공작대와 조선인 조방대가 공동으로 고마쓰 제작소 히라카타 공장을 심야에 급습, 기계 일부를 폭파하고 인접한 사장 사택에 방화하는 사건이 일어났다.[63]

스이타 사건은 당시 북한 전역을 초토화시키고 있던 폭탄 생산을 저지할 것을 목표로 한 데모였다. 데모 행렬의 일부는 화염병과 죽창으로 무장하고 있었다. 시위진압을 위해 동원된 경관대가 권총을 수평으로 하여 군중을 겨냥하는 장면이 목격되기도 했다. 스이타의 군수공장에서는 이른바 '오야코(親子) 폭탄'이 생산되고 있었으며, 소규모 공장이 밀집한 작업장 마을에서는 크고 작은 부품이 생산되고 있었다. '오야코 폭탄'은 현재 '클러스터 폭탄'의 원조격으로 공중에서 폭발하여 다수의 작은 철제 파편을 산란시키는 장치가 있으며, 살상력이 배가된 폭탄이다.

그런데 이 폭탄이 다수의 조선인이 거주하는 이 작업장 마을에서 생산되고 있다는 것이 문제가 되었다. 대부분의 재일조선인은 이 폭탄의 생산을 저지하고 수송을 방해하는 것이 고향의 가족과 친척을 죽음으로부터 구해 내는, 가장 가까이에서 실천할 수 있는 투쟁이라는 소박한 믿음을 바탕으로 이 데모 행렬에 참가했다.[64] 그러나 이후에 일본공산당은 52년 신강령의 과격한 무장투쟁노선을 자아비판하며 노선전환을 시도하

63 李進熙(編), 前揭書, 193－194頁.

64 同上, 191－192頁.

는 과정에서 이 두 사건을 청산해야 할 과오로 평가했다. 나아가 소박한 믿음으로 이에 참가하여 적극 시위를 주도했던 재일조선인에게 그 책임을 전적으로 떠맡겨 버렸다.

4. 정전회담의 전개와 재일조선인 운동

1) 「백수봉 논문」과 재일조선인 운동의 노선 전환

'다나가와 사건' 직후인 1952년 4월 28일 이른바 「백수봉 논문」(이하 논문)이 발표되어 재일조선인 운동 내부에서 커다란 논쟁을 불러일으켰다. 백수봉은 한덕수의 필명으로, 논문의 원제목은 「애국진영의 순화와 강화를 위하여: 사회민주주의 노선과 경향을 배격하자」였다. 「논문」은 발표로부터 반년 전인 1951년 12월 민전 제2회 전국대회에서 토의 결정된 민전 강령에 대한 비판이라는 형식으로 제기되었다. 민전 강령에서는 공화국과 그 정부를 지지하지 않거나 반대하더라도 '미제'와 이승만 정부에 반대하고 투쟁하고자 한다면, 그러한 단체 혹은 개인에 대해 민전에 결집하도록 요구하는 통일전선 노선을 채택했었다. 따라서 '공화국과 중앙정부 지지'라는 문구는 민전 강령에서 삭제되었다. 「논문」은 무엇보다 이 점을 철저히 비판하고 나섰다. 구체적으로는 이강훈 등의 간부를 통렬히 비판했으며, 비판의 근거로 다음과 같이 김일성의 담화를 인용했다.

> 1948년 12월 김일성 장군은 조선민주주의인민공화국 경축 재일동포 사절단을 접견하시고, 대표들에 대해 대략 다음과 같이 말씀하셨다. '재일

조선 인민은 이미 망국의 노예민족이 아니며, 자주성을 지닌 신흥 민족으로서 선진국가 조선민주주의인민공화국과 그 정부를 갖는 민족이다. 그 영예와 긍지를 지니고, 민주주의적인 민족의 권리를 옹호하기 위해 단결투쟁하지 않으면 안 된다.'[65]

나아가 「논문」은 '애국적 인민은 물론 지도자는 거주지 여하와 관계없이 (조선민주주의인민공화국—필자 주) 헌법을 준수하지 않으면 안 된다'고까지 주장했다.[66] 이러한 과격한 주장은 당연히 격렬한 반론을 불러왔다. 「『애국 진영의 순화와 강화를 위하여: 사회민주주의 노선과 경향을 배격하자』라는 논문을 반박한다」(이하 반박문)에서 전개된 논지를 요약하면 다음과 같다. 무엇보다 먼저 문제가 된 것은 「논문」의 필자가 "이강훈과 공산당원을 한 데로 몰아 동류로 처리하여 이강훈 공격의 이름을 빌려 공산당과 공산당원을 공격하고 있는 점"이었다. 특히 「논문」의 필자는 "일본공산당 및 일본공산당원에 대해 불신하고 있다"고 하여 문제를 제기한 뒤 "부르주아 민족주의 사상에 의한 공산주의 및 공산당의 왜곡이야말로 이 논문에 일관된 사상적 근거"라고 반격했다.[67]

그러나 재일조선인 운동에 대한 북한의 권위는 이미 절대적인 의미를 지니고 있었다. 「반박문」이 비판하고 있는 것은 「논문」의 필자가 "김일성 장군 및 인민공화국의 권위를 형식적으로 빌려 쓰고 있는 점"이었으며, 그 권위가 "필자의 이기주의와 소부르주아 사상에 의해 더럽혀지고

65 同上, 154頁.

66 同上, 159頁.

67 「『愛国陣営の純化と強化のために—社会民主々義の路線と傾向を排撃しよう』の論文を駁す」, 『朝鮮問題資料叢書』 第15巻, 164頁.

말았다"는 점이었다. 「반박문」은 "김일성 장군과 인민공화국 정부를 자기 권위를 위해 남용하는 것이야말로 바로 더러운 기회주의자의 상투적 수단인 것이다. 우리는 올바른 정책—이에 대해서는 김일성 장군도 지지하고 있다—과 목숨을 건 실천으로 인민공화국을 인민과 함께 단호히 수호해 나갈 것"이라는 결론으로 맺고 있다.[68] 이와 같이 「반박문」에서는 '인민공화국'이라는 명칭을 수차례 사용하고 있다. 「논문」이 '조선민주주의인민공화국'을 재일조선인의 조국으로 명시하고 있는 점과 결정적으로 구별되는 점이다. 「논문」과 「반박문」의 대립점은 여기에 있었다고 할 수 있다. 즉, 「논문」은 재일조선인 운동과 남로당 계열의 연계를 끊고자 하는 데에 최대의 목적이 있었던 것이며, 「반박문」의 필자는 이 점을 감지하지 못했거나 의도적으로 저항했던 것이다. 이는 정전회담이 진행되는 한편 박헌영의 국내파 공산주의에 대해 의심의 시선이 점차 날카로워지고 있던 북한의 국내 정치 과정과 맞물리는 사태의 전개였다고 볼 수 있다.

「논문」이 발표되어 격렬한 논쟁이 벌어지는 가운데, 한편으로는 1952년 6월부터 조방대 조직과 행동을 확대 강화할 방침이 채택되었다. 그 배경에는 한반도에서의 전쟁확대 정책을 채택한 미국이 그 침략확대 정책을 일본을 중심으로 추진하고 있으며, 단독강화와 안전보장의 양 조약을 거쳐 더욱 적극화하고 있다는 인식이 깔려 있었다. 이러한 인식에 기초해 조방위 전국위원회는 「재일조선 인민의 조국방위투쟁을 강력히 발전시키기 위하여 조방대의 조직과 행동을 확대강화하라」는 제목의 지령을 통해 조방대의 의의를 다음과 같이 규정했다.

68 同上.

> 조방대는 조국을 방위하고, 조국의 통일독립과 자유와 영예를 위해 무기를 들고 적과 싸우는 부대이며, 재일 60만 동포의 무장력의 중핵이다. 따라서 조방대는 어떠한 작은 부대라 하더라도 군사행동을 임무로 하는 것이며 굳은 결의를 필요로 한다. (중략) 조방대를 조직하기 위해서는, 투쟁을 통해 어떠한 두려움도 없이 어떠한 곤란도 견디어 이겨내고 조국방위를 위해 무기를 들고 적과 싸울 결의와 능력을 소유한 애국전사 가운데, 특히 용감하며 군사행동을 견디어 낼 강인한 신체를 가진 자를 의식적으로 조직할 필요가 있다.[69]

조방대는 5~10명 이내를 1개 소대로 하여 2~3소대를 1중대로, 다시 2~3 중대를 1대대로 편성하게 되어 있었다. 소대장 등의 지휘 계통은 조방위의 군사 부문 중앙 지도부로 통하게 되어 있었으며, 각 부대에는 반드시 정치위원을 두게 되어 있었다. 대중투쟁과의 결합과 군사행동에 부수된 대중동원 조직은 주로 정치위원의 방침에 기초해서 실시되었다. 각 부대의 장과 정치위원은 임명제로 하여 상급 지휘관이 임명하게 되어 있었다.[70] 조방대의 무기와 자금은 기본적으로 적, 즉 총사령부와 일본 경찰예비대 등의 치안 당국으로부터 탈취하여 보급하는 것을 원칙으로 했다. 자금 면에서나 조직 노선상의 방침상 조방대를 정규의 군대조직으로 유지하고 무기를 공급한다는 것은 불가능한 일이었다. 결국 조방대는 미군을 비롯한 적의 무장기관으로부터 무기를 탈취한다는 것을 원칙으

---

69 「在日朝鮮人民の祖国防衛闘争を強力に発展させるために, 祖防隊の組織と行動を拡大強化せよ(祖国防衛全国委員会)」,『国民評論』(党中央機関誌, 第39号, 1952年 6月 1日 発行, 5·6月 合併号);『朝鮮問題資料叢書』第15巻, 199頁.

70 同上.

로 하게 되었던 것이다. 또한 재일조선인 대중으로부터의 기부금이 중요한 자금원이긴 했으나, 직접 무장 장비의 조달에 쓰였다기보다는 조방대의 의복비와 식비 등에 충당되었던 것으로 보인다. 그러나 파출소 등에 대한 소규모 습격이 몇 차례 시도되기는 했지만, 미군 혹은 일본 경찰예비대 등의 무장기관이 조방대의 습격을 받아 무기를 탈취당하는 일은 일어나지 않았다. 따라서 실제로 조방대의 실천력은 대단히 약했으며, 따라서 무장투쟁의 상징적인 의미를 지니고 있었음에 불과했던 것으로 보인다.[71]

이처럼 불리한 조건에서 조방대 조직은 개별 부대별로 전개하는 유격전술의 원칙에서 행동하기를 요구받았다. "유격전술은 현재 일본의 군사정세에 대한 분석에 기초한 것으로 적과 아의 조건, 즉 적측의 군사력이 강대하고 아측의 군사력이 약해 적에 대한 정면공격으로는 승리를 확보할 수 없는 조건으로부터 도출된 승리의 법칙"이라고 하여 유격전 사상으로 무장할 것이 강조되었다. 이는 "과거 조방대의 군사적 약점은 작전 속에서 이 유격전술의 원칙을 올바로 운용하지 못한 데 있다. 이 때문에 군사행동이 종종 수세에 몰렸으며, 나아가 행동이 노출된 결과 일시적인 승리가 다음 작전에서 패배의 원인이 되었다"는 반성의 결과였다. 또한 유격대 일반이 그렇듯 조방대원의 사기 앙양과 교육이 특히 중요시되었다. 조방대원의 사기 앙양을 위해 '조국'의 현실에 대한 올바른 이해와 애국적 행동의 고양과 국제주의 정신의 함양이 강조되었다. 그리고 마르크스 레닌주의 문헌과 군사과학에 대한 독서 연구와 토론 활동이 각 부대에서 조직되었다.[72]

---

71 同上, 200頁.

일본공산당은 신강령에 기초한 새로운 재일조선인 대책이 필요해짐에 따라 1952년 7월 「재일 조선민족의 당면 요구, 강령초안」(이하 강령초안)이라는 문건을 작성 배포했다. 「강령초안」은 '당면의 임무와 구체적 요구'와 관련하여 '전 조선민족이 경애하는 수령 김일성 장군'의 지시를 인용 "미제와 그 괴뢰 이승만 일당을 소탕하여 조국 조선의 독립 통일과 민주, 평화, 자유를 확보하고 미제의 전쟁정책을 분쇄하는 것은 전 조선민족에 부과된 임무"라고 하고, 재일 조선민족의 기본 임무는 "조국 조선으로부터 침략자를 내쫓고, 매국노 이승만 일당을 일소하여 조국 조선의 통일 독립과 자유, 평화를 쟁취하는 것"이라고 규정했다. 이 기본 임무를 수행하는 과정에서 구체적으로 요구되는 것은 재일조선인이라는 특수 상황에서 "요시다 반동정부를 타도하고, 일본민족해방의 국민정부를 수립하기 위해 또한 일본에서의 미국 점령정책을 철폐하기 위한 투쟁에 참가할 것"이 요구되었다. 즉, '조국 조선의 해방'이라는 민족적 요구가 기본적 임무이며, 일본혁명이 그 구체적 내용이라는 것이었다.[73]

이에 대해 8월에는 이른바 '조정위원회'라는 명의로 의견서가 제출되었다. 의견서는 전체적으로 「강령초안」의 정세인식과 투쟁노선을 인정하면서도 해방 이전의 일제와 일제하의 민족해방투쟁, 그리고 남한에서의 인민들의 투쟁에 대한 기술이 누락되었다고 지적하고, 또한 그 임무에 대해서도 '생활옹호투쟁'이 '민족적 요구'와 올바로 결합되어 있지 않다고 하여 이의를 달았다.[74]

---

72 同上, 200−202頁.

73 「在日朝鮮民族の当面する要求(綱領)草案」(祖防全国委員会機関誌, 『新朝鮮(새조선)』, 1952년 7월 23일 자 호외에 전문이 게재됨), 『朝鮮問題資料叢書』 第15巻, 133−134頁.

74 「意見書」(1952. 8), 『朝鮮問題資料叢書』 第15巻, 135頁.

8월 12일에는 오사카부 지방위원회 민족대책부가 각 지구 민족대책부 책임자와 주요 단체 책임자를 소집하여 확대위원회 회의를 열고 이 문제를 토론했다. 회의에서는 「강령초안」을 '민족주의적 조급함'에서 나온 것으로 보고 다음과 같이 비판했다. 「강령초안」에는 "재일 60만 동포가 적 후방에 투입된 낙하산부대라는 입장에서 재일조선인의 민족적 임무가 규정되어 있다. 따라서 이에 입각한다면 반드시 재일조선인 운동이 군사기지와 군수공장, 군사 수송 시설 등에 대한 투쟁에 경사(傾斜)되지 않을 수 없으며, 군사행동을 위주로 할 수밖에 없다. (중략) 현실적으로 보면 광범한 대중을 결집하는 데 실패할 뿐만 아니라 점점 더 소수 정예 분자만의 행동이 되어 전선의 폭이 좁아지지 않을 수 없는 모순을 안고 있다"는 것이었다.[75] 이는 장기적인 안목에서 일본 혁명을 생활의 터전에서 준비해 나아가자는 목소리였다. 총사령부 조서에서 확인할 수 있는바 간사이와 주고쿠의 재일조선인 조직에서 이러한 목소리가 강했던 것으로 보인다.

그러나 지방의 요구와 비판은 묵살되었다. 1953년 3월 12일 자 당 중앙 기관지 『평화와 독립을 위해서』는 일본공산당원이 "마오쩌둥 방식에 따라 매주 하루뿐인 휴일을 반납하고 산악등반 의료공작대를 조직하여 어린 조선인 소녀들에게 의료와 간호에 관한 지식을 교습했다"고 하며, 이 가운데 어린 소녀는 "조국에 돌아가고 싶지만, 김일성이 우리를 적 후방기지에 투하된 공정대(空挺隊)라고 불렀다는 사실을 명심하고, 일본에서 싸울 것"이라고 다짐했다는 기사를 실었다.[76] 이 기사에서 확인되

75 「在日朝鮮民族綱領草案に対する意見書」(大阪府拡大民対会議, 1952. 8. 10), 『朝鮮問題資料叢書』 第15巻, 143-144頁.

76 『平和と独立のために』(党中央機関誌, 1953. 3. 12), 『朝鮮問題資料叢書』 第15巻,

듯이 일본공산당은 군사노선 채택 이후 중국혁명 방식을 모델로 산악 유격투쟁을 준비하고 있었으며, 재일조선인 조직도 이러한 방침에 동원되고 있었다. 또한 '재일조선인=후방기지에 투입된 공정대'라는 공식이 여전히 일본공산당의 공식 입장이었으며, 그것은 김일성, 즉 북한지도부의 입장이기도 했다. 특기할 사항은 일본공산당 중앙기관지의 기사가 북한의 지도자를 '김일성'이라는 이름만으로 호칭하고 있다는 점이다. 일본공산당 지도부가 북한 지도부를 어떻게 보고 있었는지 짐작이 가는 대목이다. 이렇듯 북한지도부를 업신여기는 듯한 일본공산당의 태도는 재일조선인의 일부에서 반발을 사고 있었으며, 「백수봉 논문」이 나오게 되는 배경이 되고 있었다고 생각된다.

2) 휴전협정의 성립과 재일조선인

일본공산당 민족대책부는 휴전협정이 체결되자 「정전성립과 당면의 정세」(이하 정세)라는 문건을 기관지 『북극성』을 통해 발표했다. 「정세」는 휴전협정을 '조선인민의 위대한 승리'라고 환영했다. 그러나 조선에서의 휴전이 일본에서의 무장투쟁 종료를 의미하지는 않았다. '미제'가 "일본 재군비를 강행하고, 이를 통해 재침략을 기도하고 있"었기 때문이다. 오히려 "미제는 조선에서의 실패에 따른 보상을 일본 재군비의 촉진에서 구하려 하고 있"어 "일본에서의 우리 임무는 지극히 중대한 것이 되었다"고 분석하고, 정세의 변화에도 불구하고 노선의 변경은 없을 것이라는 점을 시사했다.

176頁.

재일조선인으로서의 입장과 관련해서는, 7월 28일의 평양시 정전축하대회에서 김일성이 연설을 통해 '국토완정, 조국의 평화적 통일'을 위해 남북의 조선인민은 각각의 입장에서 정치적·경제적 과제를 안고 있다고 규정했는데, 이로부터 "재일조선인이, 조국의 남북반부의 동포에 호응하여 일본에서 김(일성) 원수가 명시한 민족적 위업을 달성하기 위해 수행해야 할 주요 과제가 명백해졌다"고 하여 "그것은 반미, 반요시다, 반재군비를 위해 총력을 다해 투쟁하여, 이를 통해 미제의 조국 재침략의 기도를 분쇄하고 조국의 평화적 통일을 위해 중요한 조건을 보장하는 것"이고 규정했다.[77]

'반미, 반요시다, 반재군비'를 계속 유효한 슬로건으로 채택하고 있는데서 알 수 있듯이 휴전의 성립은 '신강령'의 노선에 어떠한 영향도 미치지 못했다. 오히려 당중앙은 7월 말 '신강령 2주년 기념 학습기간'을 설정하기로 결정하고 '학습 없이 지도 없다', '학습 없이 공작 없다', '학습 없이 복무 없다'는 3대 슬로건을 내걸고, '신강령'에 대한 학습과 그 충실한 실천을 강조했다. '신강령' 외에도 중국공산당원의 초급용 필독 문헌 중 하나인 『사회발전약사(社会発展略史)』가 학습 교재로 사용되기도 했다. 이러한 점에서도 중국공산당의 혁명노선이 일본혁명에 적용되고 있었음이 확인된다.

한편 '학급기간' 운동은 재일조선인이 조선민주주의인민공화국 국민으로서의 진정한 자각과 긍지를 고양시키는 운동으로서의 의미가 추가로 부여되어 '조선어' 학습이 강조되었다. 이는 '프롤레타리아 국제주의

77 「停戦成立と当面の情勢」, 『北極星』(党民対部機関誌, 第11号, 1953. 9. 15); 『朝鮮問題資料叢書』 第15巻, 237-240頁.

에 입각한 진정한 애국주의'의 고양을 위한 것이라고 설명되었다. 그러나 교재로 사용된 것은 김일성의 연설문이나 논문, 『로동신문』의 기사 등이었다는 점에서 명백히 조선민주주의인민공화국의 공민화 교육이 목적이었음을 알 수 있다.[78] 이처럼 '신강령'의 의의가 재확인되고, 오히려 더욱 강조되고 있는 것은 일본공산당 민족대책부의 정세분석상 일본이 미국의 '후방기지'에서 '전선기지'로 변화하고 있다는 인식의 전환이 그 배경으로 작용하고 있었다.

> 한국전쟁의 후방기지 역할을 담당했던 일본을 지금 전선기지로 편성하여 일본의 육해공군을 근대장비로 무장시켜, 조국과 중국, 소련 동맹에 대한 작전부대로 강화시키려는 미국과 일본 반동의 정책이야말로 평화적 통일 독립을 위해 추격전을 벌이고 있는 조선인민에게 중대한 위협이 되고 있다. (중략) 일본에서의 전면적 전선기지로서의 재군비 강행책은 미제가 일본을 조국과 아시아에서의 전쟁방화정책의 중핵으로 삼고 있음을 보여주는 것이다.[79]

한편 1953년 4월부터 도쿄에서 재개되었던 한일국교정상화 교섭 제2차 회담은 이승만 라인과 어업협정의 세부항목에 대한 이견을 노정한 채 다시 결렬되고 말았다. 민족대책부는 한일회담의 결렬에 대해 그 주된 원인을 요시다 정부의 조선에 대한 종래의 침략주의적·식민정책적 태도와 이승만 정부의 복수주의적 태도에 의한 것으로 분석했다. 한일

78 同上, 243頁; 『北極星』(党民対部機関誌, 第14号, 1953. 12. 5); 『朝鮮問題資料叢書』 第15巻, 263-266頁.

79 『北極星』(党民対部機関誌, 第13号, 1953. 11. 5); 『朝鮮問題資料叢書』 第15巻, 250頁.

간의 현안이 되고 있던 이승만 라인과 관련해서는 일조 양 인민의 평화적 우호친선관계를 파괴하고 일조 양국 간에 긴장을 조성하려는 것이라고 하여 '전쟁과 재군비를 불러오는 이승만 라인 분쟁에 반대한다', '이승만 라인과 일체의 군사경계선을 즉시 철폐하라'는 슬로건을 내건 투쟁을 전개했다.[80]

조선에서의 휴전성립 이후 북한에서 스파이 색출이 시작된 것과 마찬가지로 재일조선인 사회에서도 이른바 '머피시즘과의 투쟁'이라는 이름으로 스파이 색출의 광풍이 일었다. '머피시즘'이란 당시의 주일 미국대사 로버트 머피(Robert D. Murphy)의 이름을 딴 것으로, 일본을 발판으로 한 미국의 공격적 아시아정책 수행이 미국의 대일정책의 근간을 이루고 있다는 인식에 기반을 둔 것이었다. 스파이 색출이 시작되었다는 것은 이미 그간의 투쟁이 실패했음을 인정하고 있다는 것을 의미한다.

앞에서 지적한 바와 같이 일본공산당은 '신강령'의 노선 자체에는 문제가 없었다는 입장이었다. 결국 실패의 책임은 신강령을 실천에 옮겨야 할 주체 역량에서 찾아질 수밖에 없었으며, 조직 내부의 누군가가 적과 내통하고 있었다는 결론으로 귀결될 수밖에 없었다. 이미 북한에서는 박헌영이 지목되고 있었으며, 베이징에서는 이토 리쓰(伊藤律)가 의심을 받고 있었다. 이러한 일련의 '책임자 찾아내기'가 중국과 북한, 그리고 일본에서 동시에 '스파이 색출'이라는 이름으로 전개되고 있었던 것이다. 더욱이 평양, 베이징과 다르게 일본에서는 공산당과 조선인 조직에 미국이나 일본 정부의 스파이가 활동하고 있으리라는 의심은 사실에 대단히 근접한 것으로 생각되었다. 대부분의 비밀회의는 정보가 누출되고 있었으며,

80 同上, 253頁.

이는 특심국의 방대한 보고 자료가 증명하고 있다. 개중에는 일부 날조된 문건이 포함되어 있을 수 있겠지만, 반면에 그것 모두가 날조였다고 하는 것도 무리한 해석이라고 생각된다. 실제로 적발된 한 정보원의 증언에 따르면 "가족이 밀항한 뒤 오무라(大村) 수용소에 수감되었다. 구해 내기 위해 30만 엔을 썼으나 잘 되지 않아 마지막 수단으로 총사령부 CIC에 정보를 제공하겠다는 서약서에 서명했다"는 것이다.[81] 또한 교토 조방위 산하 조방대에 잠입하여 적발된 스파이 김 모(일본명 야마모토[山本])는 1952년 화염병투쟁으로 구속 체포되어 일본 경찰 당국의 고문과 협박에 이기지 못해 스파이가 되었다고 자백했다는 것이다. 또한 권 모(일본명 니시무라[西村])와 같이 '외국인등록위반 혐의로 강제송환하겠다'고 협박을 당해 스파이가 된 경우도 있었다.[82] 이렇듯 한국전쟁의 정전협정 성립 뒤에도 오히려 일본의 재일조선인 운동은 한편으로는 스파이 색출 투쟁을 전개하면서, 일본에서의 혁명 완수를 위해 투쟁의 강도를 높일 것을 요구받고 있었던 것이다.

이처럼 한국전쟁을 배경으로 일본에서 전개되었던 '무장투쟁'은 처절한 실패로 귀결되고 말았다. 그 전면에 재일조선인들이 나서고 있었다는 점, 따라서 일본 공안의 탄압에서 가장 큰 희생을 치르고 있었다는 점에서 운동을 전개했던 측이나 이를 탄압했던 측이나 이 시기의 역사를 가감 없이 복원하여 역사적 의의를 평가하는 문제는 매우 어려운 상황이다. 그 결과가 재일조선인에 대한 '무시'와 그들의 '흔적 지우기'라고 할 수 있다. 전 일본공산당 중앙위원회 의장인 후와 데쓰조(不破哲三)의 강연

81 「マーフィーシステムとの斗いで自由を守り, 戦線を強化」, 『勝利者』(祖国防衛東京委員会機関誌, 第1号, 1953. 8. 1), 『朝鮮問題資料叢書』 第15巻, 299頁.

82 『先鋒』(祖防隊機関誌, 第2号, 1953. 12. 15), 『朝鮮問題資料叢書』 第15巻.

록인 『일본공산당사를 말하다(日本共産党史を語る)』가 이러한 정황을 그대로 반영하고 있다. 강연록의 상권 제3장이 바로 한국전쟁 시기의 일본공산당에 대한 부분인데, 이를 '50년 문제'라는 제목으로 다루면서 한국전쟁 시기의 운동에 대해서는 물론 재일조선인 운동에 대해서도 일언반구 언급이 없다. '51년 강령'에 대해서도 이것이 일본공산당의 정규기관이 채택한 문서가 아니라는 이유로 '51년 문서'라고 부르면서, 그것이 이 시기 일부 분파의 부분적 오류인 것처럼 기술하는 태도를 보이고 있다.

무장투쟁 시기에 일어났던 가장 격렬한 대중투쟁인 '메이데이 사건'에 대해서도, 이것이 당시 당중앙의 지도 방침에 따라 일어났던 조직적·자발적 투쟁임을 부정하고 자연발생적인 우발적 사건으로 치부하고 있다. 오히려 이를 도쿠다와 노사카 '분파'가 '비합법 신문'에서 '무장투쟁의 성과'로 내세우고 있는 데 대해 이것이 경찰 등 '적'의 날조 공작에 좋은 먹잇감을 던져 주는 행위인지 모르는 것 같아 경악했다는 감상을 적어 놓고 있다.[83] 마치 이 시기의 반미 반기지 운동을 '강 건너 불' 보듯이 하는 태도라고 할 수 있다. 일본공산당의 공식 역사에는 한국전쟁에서 일본공산당이 싸운 기억과 기록이 사라진 것이다. 그 복원과 그에 대한 성찰적 평가는 '기지국가'가 지속되는 한 여간해서는 이뤄질 수 없을 것 같다.

83 不破哲三, 『日本共産党史を語る』 上巻, 新日本出版社, 2006年, 204-207頁.

제7장

'전후 평화주의'

'기지국가'의 평화론

1. 평화문제담화회의 결성

1) '전후 지식인'의 시대

일반적으로 일본에서는 '전후 평화론'의 원류를 한국전쟁을 전후한 시기에서 찾는다. 중국 대륙에서 중화인민공화국이 수립되고 아시아에서 냉전이 본격화되자 유럽에서 고조되던 전쟁의 위험이 아시아에도 파급되었다고 판단한 이른바 '전후 지식인'들이 전쟁의 징후들을 민감하게 간취하며 미소 간의 전쟁 방지와 일본에서의 평화 가능성을 이론화하려는 움직임이 나타났기 때문이다. 그 중심에 '평화문제담화회(이하 담화회)'라는 지식인 그룹이 있었다. 이들에게 '전후'는 단지 '전쟁 이후'라는 의미에 더해 '군국주의와 전쟁'을 부정하고 나온 '민주주의와 평화'의 시대라는 특별한 의미를 가진 것이었다. 한편 '전후'의 시대는 '사상'의 시대이며 '지식인'의 시대이기도 했다. '전후'를 사상적 영위의 대상으로 삼은 '지식인들'의 그룹 중심에 '담화회'가 있었던 것이다.

그렇다면 '전후'는 언제부터 언제까지를 가리키는 용어인가. 단순히 '전전', '전중'과 구별되는 시기 구분의 용어로 말하자면 '전후'는 1945년 8월 15일 일본의 패전으로 제2차 세계대전의 전투행위가 종결된 뒤 현재를 포함하여 미래로 열린 시대 개념이다. 그러나 '전후 개혁'이나 '전후 지식인' 등은 일본에서 과거 한 시기에 나타났던 일정한 사회현상을 가리키는 말로 이때 '전후'라는 개념은 역사성과 장소성을 가진 특수한 개념이 된다.[1]

1 아베 신조 수상의 구호가 된 '전후체제(戦後レジーム)로부터의 탈각'에서 그러한 용

일본인들은 이와 같은 의미를 지니는 용어로서 '전후'를 1945년 8월 15일로 인식하게 되었다. 이는 단순히 1945년 8월 15일 천황이 라디오 방송을 통해 포츠담선언을 받아들이고 항복을 선언했기 때문만은 아니었다. 이날을 전후의 출발점으로 의식하게 된 배경에는 이날 8월 15일에 종료가 확인된 '전쟁의 시대'가 '전전'이 되고, 이날 이후가 '전전'과는 확연히 다른 새로운 시대가 된다는 사실을 누구보다 먼저 감지하고 활자화한 마루야마 마사오(丸山真男)와 미야자와 도시요시(宮沢俊義)의 역할이 있었다.

마루야마는 유명한 논문 「초국가주의의 논리와 심리(超国家主義の論理と心理)」에서 일 제국주의에 종지부가 찍히고 초국가주의가 해체되어 '국체'의 주술과 속박에서 일본 국민이 해방된 날로서 8월 15일에 의미를 부여했다.[2] 또한 미야자와는 「8월혁명과 국민주권주의(八月革命と国民主権主義)」라는 논문에서 법적인 관점에서는 포츠담선언을 받아들인 시점에서 '일본정치의 근본적인 전제조건'이 혁명적으로 전환했다고 주장한다. 즉, 8월 15일의 시점에서 '신권주의'로부터 '국민주권주의'로의 근본적 전환이 이뤄졌다고 보고 이를 '8월혁명'이라고 부른 것이다.[3]

이처럼 마루야마와 미야자와는 전중과 전후의 단절을 8월 15일에서 찾았으며, 이것이 일본에서 전후의 기점을 8월 15일로 잡는 일반적인 인식의 원류가 되었다. 그러나 일본의 일반 국민이 전후를 의식하게 된

례를 확인할 수 있다.

2 米谷匡史, 「丸山真男と戦後日本ー戦後民主主義の『始まり』をめぐって」, 『情況』, 1997年 1/2月 合併本, 36頁; 丸山真男, 「超国家主義の論理と心理」, 『世界』, 1946年 5月号.

3 宮沢俊義, 「八月革命と国民主権主義」, 『世界文化』, 1946年 5月号.

것은 이들 마루야마와 미야자와의 논문이 발표된 뒤의 일이며, 그것은 1946년 5월을 전후한 시점이었다. 마루야마와 미야자와가 위의 논문을 쓴 시점은 1946년 3월의 신헌법 초안 발표와 때를 같이한 것이었으며, 이를 계기로 이들은 그동안 총사령부가 추진해 온 점령개혁의 성과를 추인함으로써 전후 민주주의를 체감했던 것이다. 결국 전중과 전후의 단절은 1946년의 신헌법 초안 발표가 상징하는 '민주화 개혁의 체감'에서 찾을 수 있으며, 여기서 바로 '전후'와 '민주화'가 불가분의 관계를 맺게 되었던 것이다.

그렇다면 전후의 종언은 언제인가? 일본인이 전후의 종언을 '체감'한 것은 1956년을 전후한 시기였다고 할 수 있다. 1956년에는 두 개의 '전후의 종언' 선언이 있었다. 하나는 1956년 출판된 『경제백서(経済白書)』의 「일본 경제의 성장과 근대화(日本経済の成長と近代化)」 편이었으며, 다른 하나는 같은 해 2월에 출판된 『문예춘추(文芸春秋)』에 실린 나카노 요시오(中野好夫)의 「이제 더 이상 '전후'가 아니다(もはや『戦後』ではない)」라는 논설이었다. 한 시대는 그 시대가 종언을 맞이하고 있다고 감지하는 가운데 그 의미와 특징이 인식된다. '전후'가 '민주주의'의 시대였다는 의식도 1950년대 중반에 나오기 시작했다.

'전후 민주주의'가 처음으로 학술적 용어로 등장한 것은 마쓰시타 게이이치(松下圭一)의 「잊어버린 저항권(忘れられた抵抗権)」이라는 논설이 『중앙공론(中央公論)』에 발표된 1958년을 전후한 시기다. 그가 전후의 시대가 가고 '대중사회의 시대'라는 새로운 시대에 돌입했다는 인식을 표명한 「대중국가의 성립과 그 문제점(大衆国家の成立とその問題点)」을 『사상(思想)』에 게재한 것이 1956년 11월이었으니, 그에게 전후의 종언이 감지되기 시작한 것은 1956년 즈음이었다고 할 수 있다. 그런 의미에서 '군국주

의와 전쟁'에 대비해서 '민주주의와 평화'의 새로운 시대가 시작되었다는 것을 일본 국민이 감지한 '전후'의 시대는 1946년부터 1956년까지의 10년이었던 것으로 볼 수 있다. 한국전쟁은 그 기간에 발발했고, 이웃 국가의 전쟁에 깊이 관여한 일본에서는 전쟁의 시대에로 회귀를 막고 전후의 시대적 가치를 지켜 내는 일이 '전후 지식인'들에게 부과된 시대적 임무였던 것이다.

'지식인'에 대해서는 여러 정의가 있지만, 그중에서도 쥘리앵 방다(Julien Benda)의 정의는 '담화회'의 성격과 의미를 파악하는 데 참고가 될 수 있다. 반다의 정의에 따르면 지식인은 특별한 재능을 가졌으며, 도덕적으로도 탁월하여 인류의 양심이라고 할 철인왕(哲人王)이며, 그리고 자신들의 가치를 수호 전승하기 위해 일정한 소규모 집단을 형성하는 사람들이다. 반다는 원래 '성직자'라는 의미를 지니는 'clerics'라는 용어를 지식인이라는 의미로 쓰고 있는데, 그런 의미에서 지식인들이 형성하는 소규모 집단은 '성직자 집단'이라고 할 수 있다. '담화회'야말로 일종의 '성직자 집단'이었다고 할 수 있다.

『새로운 중세(新しい中世)』로 익숙한 일본의 창의적인 국제정치학자 다나카 아키히코(田中明彦)는 전후 일본의 안전보장 논의가 헌법 제9조의 존재로 인해 거의 '신학' 논쟁의 수준에서 전개되었다고 지적하고 있는데,[4] 그 안보 신학 논쟁의 일익을 담당했던 것이 이들 '담화회'에 모여든 '전후 지식인'들이었다.

4 田中明彦, 『安全保障』, 読売新聞社, 1998年, 1-6頁.

2) '담화회'와 '전후 평화주의'

'담화회'의 평화주의에 대해서는 종래 '일본의 국가적 존립을 위한 이념의 확립을 설파'한 의의에 대해 긍정적인 평가가 이뤄져 왔으나,[5] 동시에 다음과 같은 한계 또는 문제점이 지적되어 왔다.[6] 즉, 구체적 안보정책의 결여, 유엔에 대한 환상, 가해책임에 대한 인식의 결여 등이다.[7] 한편 이른바 일본의 '양심적 지식인'과 '평화주의 진영'에서도 '담화회'는 비판의 대상이 되고 있었다. 1990년대 중반 이래 점차 가속도가 붙기 시작한 보수화, 우경화의 경향에 대한 적절한 제동장치로서 기능하지 못하는 평화주의 진영에 대해 비판과 반성론이 제기되었다. 이 가운데 '담화회'가 지향한 절대평화주의에는 '분쟁연루를 거부하는 평화주의'[8]나 '제국주의의 몸체를 감추는 하오리(두루마기)로서의 평화주의'[9] 등 냉소적인 수식어가 따라붙기 시작했다. 한편 사카모토 요시카즈는 주변 국가가 군사화되는 가

---

5 五十嵐武士, 『対日講和と冷戦一戦後日米関係の形成』, 東京大学出版会, 1986年, 243頁. 대체로 1990년대 중반 구미권에서 발표된 연구들이 평화문제담화회의 평화주의에 대해 긍정적이다. Rikki Kersten, *Democracy in Postwar Japan: Maruyama Masao and the Search for Autonomy*, London: Routledge, 1996; Glenn D. Hook, *Militarization and Demilitarization in Contemporary Japan*, London: Routledge, 1996.

6 필자는 '담화회'의 평화주의에 대해 박사학위논문에서 정리 검토한 내용을 발전시켜 『일본연구』(중앙대학교 일본연구소) 24집에 게재한 바 있다. 이하는 이 논문을 대폭 수정 보완한 것임을 밝혀 둔다.

7 김준섭, 「전후 일본의 평화주의에 대한 고찰」, 『국제정치논총』 40집 4호, 2000, 168-177쪽.

8 和田進, 『戦後日本の平和意識』, 青木書店, 1997年.

9 서승, 「현대 동아시아의 국가폭력과 일본평화주의의 회귀」, 『한국사회학회 2004년도 특별심포지엄』, 2004. 5.

운데 일본이 이를 간접적으로 지원하는 동아시아의 국제체제 속에서 평화주의가 가능했다고 분석하고, 그러한 일본에 정착했던 것은 평화주의가 아니라 오히려 '도너츠형 대체 군국주의'였다고 불렀다.[10] 그런 가운데 일본의 평화주의는 현실에 개입하지 않는 원리 지향의 교조적 평화주의, '유토피아적 평화주의'로서 존재해 왔던 것이다.[11]

실제로 '담화회'의 성명은 애초부터 지나치게 원리적·교조적 평화주의를 주장하고 있으며, '담화회'의 회원들이 주된 활동의 장으로 삼았던 진보적 논단지『세계(世界)』는 기지화와 한국전쟁의 현실에 눈을 감은 듯한 논설이 주를 이루었다. 한국전쟁이 발발했음을 의식해서 편집되었을 것으로 생각되는 1950년 9월호『세계』에는 마루야마의 유명한 논문「어느 자유주의자에게 보내는 편지(ある自由主義者への手紙)」와 미야기 오토야(宮城音弥)의「강화에 대한 태도(講和に対する態度)」가 실렸으나 한국에서의 전쟁 발발을 의식한 글은 눈에 띄지 않는다. 10월호에도 유엔의 보고서에서 따온「조선에서의 평화유지(朝鮮に於ける平和維持)」라는 일반적 보고가 실렸을 뿐 한국전쟁에 대한 반응은 보이지 않는다. 한국전쟁 발발에 대한 특집이 마련되는 것은 12월호에서였다. 12월호 지면을 통해 평화문제 담화회의「제3성명」인「세 번 다시 평화에 대하여(三たび平和について)」가 발표되었던 것이다. 그 외에 12월호는「정당은 어떻게 움직이나: 조선 동란 이후의 각 정당의 동향」이라는 특집을 마련하여 자유당과 민주당, 사회당 등의 동향을 다룬 글을 포함했다.『세계』를 논단으로 삼아 '담화

---

10 坂本義和,『地球時代の国際政治』, 岩波書店, 1990年, 221頁; 기미지마 아키히코,「동아시아의 평화와 일본국헌법—시행 60주년을 맞이한 재검토」,『역사비평』78호, 2007(봄), 282쪽.

11 和田春樹,『朝鮮戦争全史』, 岩波書店, 2002年, 189-190頁.

회'에 참가했던 '세계 그룹'은 그 후로도 여전히 한국전쟁에 무관심했다. 1951년 4월호에서는 '강화, 안전보장, 재무장에 관한 주장', 10월호에서는 '강화 문제'를 특집으로 다루고 있으나, 한국전쟁을 직접 다룬 의견개진은 찾아볼 수 없다.

다음에서는 '담화회'가 결성된 경위와 그 이후의 활동을 통해 그들이 한국전쟁의 현실에 어떠한 태도로 임했으며, 그 결과 제시된 '평화주의'의 내용이 무엇인지를 고찰하고, 이에 대해 평가하고자 한다.

3) '담화회'의 결성

'담화회'의 결성은 『세계』의 편집장이던 요시노 겐자부로(吉野源三郎)가 1948년 9월 총사령부 민간정보교육국(CIE, Civil Information and Education Section)이 배급한 문서 중에서 「유네스코 사회과학자 성명」을 발견하게 된 것이 그 출발점이 되었다.[12]

이 성명은 1948년 7월 13일에 발표된 것으로 미국에서 3명, 브라질, 프랑스, 캐나다, 영국, 헝가리에서 각 1명씩 총 8명의 사회과학자가 참가한 가운데 개최된 토론회를 기초로 작성되었다. 오진곤에 따르면 '핵시대의 평화'에 관한 지식인들의 최초 반응은 같은 해 4월 폴란드의 우로크라우에서 개최된 '평화옹호를 위한 세계지식인회의'를 통해서였다.[13] 그러나 유네스코에 의한 토론회가 개최된 1948년 7월이라는 시점은 바로 직전인 6월에 소련의 베를린 봉쇄가 단행된 시기였으며, 또한 유럽에서

12 吉野源三郎, 『世界』, 1985年 7月, 19頁.

13 오진곤, 「전쟁과 과학자의 평화운동」, 『계간 과학사상』 15호, 1995.

미소 간의 대립이 격화되고 있던 시점으로 폴란드 회의보다 냉전의 긴박성을 더욱 의식한 내용이 될 수밖에 없었다. 일본 지식인들이 유네스코 회의에 관심을 둔 이유는 그것만은 아니었을 것이다. 예컨대 참가자의 면모를 살펴보면 폴란드 회의는 자연과학자들이 중심을 이루었다. 반면 유네스코 회의는 인문사회과학자들이 중심이 되었으며, 더구나 사회경제적인 문제, 즉 경제환원론적 마르크스주의보다는 오히려 인간의 주관적인 면에 관심을 둔 사람들의 모임이었다. '담화회' 결성 초기에 조직을 이끌었던 보수적 자유주의자들에게는 훨씬 낯이 익고 덜 부담스러운 내용이었을 것이다.

「평화를 위해 사회과학자는 다음과 같이 호소함: 전쟁을 유발하는 긴박한 원인에 관한 유네스코의 8인 사회과학자의 성명(平和のために社会科学者はかく訴える, 일반적으로 '유네스코 성명'이라고 불림)」이라는 긴 제목의 유네스코 성명은 다음과 같은 상황 인식을 스스로 존립의 근거로 삼고 있었다.[14]

> 현재 인류는 전쟁을 유발할 가능성이 있는 긴박한 제반 원인에 대해 이를 과학적으로 연구할 수 있는 역사적인 단계에 도달했다. 이 작은 모임은 각국의 국민이 그들 자신의 창조물인 국제조직을 통해 현대의 중요 과제를 사회과학자에게 제기하여 그들의 지식을 실제로 적용할 것을 요구한 최초의 기회이며, 그러한 의미에서 그 자체가 현 시대 상황을 상징하는 것이다.

14 『世界』, 1949年 1月, 99-102頁.

토론회를 통해 8명의 사회과학자는 12항목으로 구성된 성명문을 발표했다. 성명은 전쟁이 '인간성' 그 자체가 필연적으로 불가피하게 만들어 낸 결과라는 생각을 부정하고, 전쟁의 원인에는 경제적 불평등과 불안정, 실망 등이 있지만 문제는 이러한 사실이 잘못된 이미지를 믿게 만들거나 선동가들에게 이용당하거나 하는 데 있음을 자각할 필요가 있다고 강조했다. 나아가 국가적 자부심을 갖게 하는 신화와 전통, 상징 등이 국가주의적 색채를 띠지 못하도록 국경을 넘어선 사상의 자유로운 교류가 필요하며, 교육과 통신 등을 활용하여 평화의 기회를 늘리는 데 유엔 등의 국제기구가 특별한 책임을 져야 한다는 것을 강조였다. 그리고 국가적·이데올로기적·계급적 차이로 인해 세계의 사회과학자들이 격리되어 있는 현실을 타개하여 국제적 규모에서 사회과학자들의 협력과 이를 통한 국제적 교육기관의 설립이 전쟁 원인의 해소에 크게 기여할 것이라는 전망을 제시했다.

성명이 발표된 뒤 참가자들의 출신지인 유럽과 미국에서의 반응은 냉담한 것이었다. 1948년 11월호와 12월호 『뉴요커(New Yorker)』는 '8명의 저명한 국제적 과학자가 서명한 놀라운 내용의 유네스코 보고서는 전쟁을 초래하는 제반 사회적 긴장의 원인을 밝혀 내었다. 그러나 이 세상의 그 어느 나라의 군 수뇌도 정치인도 전혀 이에 대해서 관심을 나타내려 하지는 않았다'고 하여, 그 냉담한 반응에 대해 불만을 나타내었다. 그런데 유럽에서 멀리 떨어진 일본에서는 이 성명이 열렬한 환대를 받게 되었다.

요시노는 유네스코 성명에 호응하여 일본에서도 지식인들에 의한 담화 또는 성명이 필요하다고 느꼈다. 요시노의 권유로 성명을 읽어 본 시미즈 이쿠타로(清水幾太郎)와 구노 오사무(久野収)는 요시노의 문제 제기에 호응하여 각각 도쿄와 간사이(關西) 지방에서 사무연락 역할을 담당하며 평화 문제에 적극적인 일본의 지식인들을 규합하여 조직화에 나서게 되었다.[15] 한편 요시노는 정당의 입장에 구속될 수밖에 없는 정치인을 배제하여 학자들만의 조직으로 평화 문제를 토의하는 장을 만들기로 하고, 당시 학계에 폭넓은 지지를 얻고 있던 아베 요시시게(安倍能成)에게 발기인 대표 역할을 맡기기로 했다. 아베는 이를 쾌히 승락했고, 그를 의장으로 하여 1948년 12월 최초의 모임인 평화문제토의회가 개최되기에 이르렀다. 이 단계에서는 아직 모임의 이름이 평화문제토의회였다.[16]

2. 전후 평화주의의 정식화

1) '유네스코 성명'에 대한 토의

이상에서 살펴본 바와 같이 평화문제토의회의 성명은 그 출발점이 외부에서 주어졌다는 면에서, 일본 헌법이 총사령부에 의해 주도되어 일본 정부에 강요된 타율적인 측면이 강했던 것과 비슷했다. 그러나 '타율적'인 전후 일본 헌법이 국민 일반에 내재화하여 '일본화'된 것과 마찬가지로 유네스코 성명 또한 그대로 받아들여진 것이 아니라 '일본화'의 과정을 밟았다.

15 都築勉, 『戦後日本の知識人—丸山真男とその時代』, 世織書房, 1995年, 151–152頁; 久野収, 『市民として哲学者として』, 毎日新聞社, 1995年, 165–166頁; 丸山真男, 『世界』, 1995年 11月, 37頁.

16 丸山真男·吉野源三郎, 『世界』, 1966年 8月, 124–125頁.

전술한 대로 유네스코 성명에 대해서는 이후에 '담화회'에 모인 참가자 모두가 일치된 견해를 처음부터 공유하고 있었던 것은 아니었다. 우선 이 성명이 유엔의 제안에 의한 것이라는 점에서부터 이를 받아들이는 입장에 온도 차가 있었다. 참가자들 사이의 이러한 견해 차이는 도쿄와 간사이에서 조직화 작업이 일단락된 뒤 처음으로 개최된 동서 연구모임의 합동토론회에서 표출되었으며, 여기서 수렴하는 과정을 거치게 되었다. 다음에서는 1948년 12월 12일에 개최된 최초의 평화문제토의회 의사록을 텍스트로 삼아 그 과정을 살펴보기로 한다.

'담화회'가 '절대평화주의'의 입장에 서겠다는 의지는 의장으로 선출된 아베의 개회사에서 이미 표출되었다. 아베는 '과거 우리가 평화와 문명의 입장에 서서 행동하지 못했다고 하는 것은 우리가 마땅히 감수하지 않으면 안 될 비난인 것'이라고 하여, 과거 군국주의에 유효한 저항을 조직해 오지 못한 지식인으로서 이에 반성한다는 뜻을 밝혔다. 이어서 그러한 전철을 밟지 않기 위해서라도 '절대평화주의'의 입장을 관철해야 할 것이라며 다음과 같이 강조했다.

> 우리 몸에 철 조각 하나 걸치지 않고 검극(劍戟)의 수풀 속으로 들어간다고 하는 것은 어찌 보면 소설 속에서나 있을 수 있는 황당한 영웅주의와도 같이 들릴 수 있겠으나, 그럼에도 불구하고 이러한 태도는 오늘날 우리에게 결코 공상이 아닐 뿐만 아니라, 오히려 가장 현실적인 생존의 길이라고 믿는 바입니다.[17]

---

17 『世界』, 1949年 3月.

'철 조각 하나 걸치지 않고 검극의 수풀 속으로 들어간다'고 한 데에 절대평화주의 사상이 농축되어 표현되어 있으며, 또한 일본의 '전후 평화주의'의 근간이 되는 입장이 여기에 표명되어 있는 것이다.

개회사에 이어 오후의 토론 시간에는 아베 의장의 요청에 따라 도쿄와 교토에서 각각 진행되어 온 연구회에 모두 참가하여 모임의 전체상을 파악하고 있는 시미즈의 보고를 기초로 회의가 진행되었다. 그러나 회의에서 하니 고로(羽仁五郎)가 '일본 학자로서의 자기비판' 문제에 대한 소감을 피력하면서 '토의회'는 평화의 문제에 앞서 일본의 지식인에게 보다 근본적인 문제, 즉 전쟁책임 문제에 대한 정면돌파를 요구받게 되었다. 하니는 본 의제를 토의하기에 앞서 그 전제로서 전쟁을 저지하지 못한 일본의 지식인으로서 반성 표명이 먼저 이뤄져야 한다고 주장하여 이에 대한 공방이 벌어졌다.[18]

이 문제에 대한 토론의 과정에서, 이후에 '전후 평화주의'의 이론적 기틀을 마련한 것으로 평가되는 마루야마는 이른바 '지난 전쟁(先の戦争)'의 성격을 명확히 밝혀야 한다는 입장을 피력했다. 마루야마는 토론 과정에서 분명히 '침략전쟁'이라는 용어를 사용했으며, 토의에 참가한 다른 회원들로부터 이에 대해 특별히 이의를 제기하는 사람도 없었다. 마루야마로서는 패전과 식민지의 이탈이 일본적 근대에 기초한 일본적 근대 국민 창출의 새롭고도 진정한 기회로 비쳤다. 그러기 위해서는 과거 일본의 행동이 근린 국가들에 대한 '침략'이었다는 점을 명확히 해 둘 필요가 있었다. 이로부터 알 수 있는 사실은 이른바 '올드 리버럴'이라고 불리는 보수적 자유주의자들도 이러한 성격 규정을 받아들이고 있었다는 것이

18 同上, 1985年 7月, 261-262頁.

며, 이 점이야말로 당시 일본의 지식인 전체가 전쟁 중의 일본의 행동이 '침략'이었다는 것을 어떠한 이론의 여지도 없는 것으로 인정하고 있었다는 중요한 근거를 제공해 주고 있다.

이어서 '토의회'에서는 본 의제인 평화의 문제와 관련해서 몇 가지 중요한 문제 제기와 이에 대한 토의가 진행되었다. 의제는 대략 다음과 같은 것들이었다. '인민은 때때로 전쟁을 선택하고 지지하는가', '만일 그렇다면 지식인은 이러한 인민의 선택에 대해 책임을 져야 하는가', '이른바 양 체제 간 대립과 협력의 가능성은 어느 정도인가', '국민적 자부의 상징, 전통, 신화는 전쟁의 원인과 관련하여 어떠한 의미가 있는가', '인종 및 민족은 과연 평등한가, 인종 간 민족 간 평등으로 전쟁은 회피될 수 있는가' 등의 문제를 둘러싼 격렬한 토의가 진행되었다.

'국민적 자부의 상징, 전통, 신화'에 관한 토의 과정에서는 당연히 '천황제'에 관한 논의가 진행될 것이 기대되었으나 그 기대는 충족되지 않았다. 당대 일류의 지식인들이 모인 자리인 만큼 '토의회'에서는 이 문제에 대해 어떠한 형식으로든 모범 답안지를 만들어 놓았어야 했으며, 이를 위해 가장 좋은 기회였을 것으로 생각된다. 그러나 누구도 '천황제'를 문제로 제기하는 사람은 없었으며, 유네스코 성명의 의미를 확인하는 선에서 논의는 더 이상 확대되지 않았다. 이 점은 일본 지식인의 태생적 한계를 보여 주고 있는 듯하다.

토의 결과 「전쟁과 평화에 관한 일본의 과학자 성명」이 발표되기에 이르렀다.[19] 그 전문에는 유네스코 성명이 "일본의 사회과학자 및 자연과학자로 하여금 전쟁의 원인 및 평화의 기초 구명을 위해 상호협력할 절

19 同上, 1949年 3月; 同上, 1985年 7月, 103-107頁.

호의 기회를 제공하였고" 이에 대해 일본의 과학자들이 "평화에 대한 의지를 함께하는 자들이 모여 이 성명을 상세히 검토한 결과 이에 대해 근본적인 동의를 표명함과 동시에 이와 관련하여 약간의 문제에 대해 공통의 견해를 덧붙이는 데 일치하기에 이르렀다"고 그 경위를 밝혔다. 그리고 전술한 바와 같이 과거 일본이 '침략전쟁을 개시하는 과정에서' 일본의 과학자들이 "미약한 저항을 시도하는 데 그치고 말았으며, 적극 이를 방지할 용기와 노력을 결여하고 있었다"고 반성하고, 그 원인의 하나로 언론의 자유를 박탈당한 상태에서 지식인들의 견해를 널리 일본 국민에게 침투시키지 못한 점, 그로 인해 평화 확보의 힘을 국민 안에서 키우지 못한 점이라고 지적했다.

이후 그러한 과거의 잘못을 반복하지 않기 위해서는 첫째, 지식인 사회에 성실한 협력과 확고한 조직을 구축하는 것, 둘째, 그 지식을 광범위하게 그리고 자유로이 국민에게 전달하고, 평화에 대한 강렬한 관심을 국민생활 구석구석에 자리 잡게 하는 것, 셋째, 언론의 자유를 확보하는 것이 필요하다고 결론지었다. 이와 관련하여 성명에는 "우리 과학자들은 국민을 신뢰하고 그들과 함께 걸어갈 때에 비로소 처음으로 무언가를 이룰 수 있는 것이다"라는 문장이 포함되었는데, 이는 전전의 지식인들이 국민 일반과 유리되어 고립된 결과 군부에 의해 각개 격파당했다는 인식이 반영된 것이었다.

2) '담화회' 성명과 절대평화주의

'토의회'라는 이름으로 평화 문제에 대한 토의와 성명이 발표된 뒤 1949년 초에는 먼저 간사이 지방의 참가자들을 구성원으로 하여 '교토 평화문제담화회'가 조직되었으며, 이어서 도쿄 지방에서도 '도쿄 평화문제담화회'가 조직되었다.[20] 이들 조직은 각각 정기적인 모임을 갖는 연구단체로서 최초의 성명 취지에 따라 연구 활동을 전개하고 있었다. 그러던 와중에 1949년 후반 국제적으로 대일강화 문제가 부상했으며, 일본 국내에서도 이를 둘러싸고 논쟁이 벌어지고 있었다. 문제는 미소 간 대립이 냉전의 양상을 띠면서 대일 강화조약에 미국과 소련이 동시에 참가하는 문제는 어려워졌다는 상황 인식에 있었다. 교토와 도쿄의 두 '담화회'는 이 문제에 대한 전체 토의의 필요성에 동의하고, 12월 초순 각각의 개별 예비토의를 한 뒤 12월 21일 도쿄에서 연합총회를 개최했다. '토의회'의 합동토론회로부터 만 1년 만의 일이었다. 의장은 '도쿄 담화회'의 아베가 계속 담당했으며, 부의장으로 '교토 담화회'의 오우치 효에(大内兵衛)가 선출되었다. 총회에는 회원 이외에 국제법 전문가 요코타 기사부로(横田喜三郎)와 외교사 및 국제정치가 전문인 이리에 게이시로(入江啓四郎)가 옵서버로 출석하여 당시의 국제관계에 대해 개괄했으며, 직접 토론에도 참석했다.[21]

성명은 12월 21일의 토의 결과를 기초위원이 정리 기록한 것을 1950년 1월 15일 도쿄와 교토에서 각각 열린 총회에서 검토 수정한 뒤 발표되었다. 여기서 일부 회원의 지지를 얻지 못한 내용을 성명문에서는 제외하여 보족으로 달기로 결정되었다. 「제2성명」, 즉 「강화 문제에 대한 평화문제담화회 성명(講和問題についての平和問題談話会声明)」은 "강화가 진실로 의미를 지니기 위해서는 형식과 내용 모두 완전해야 하며, 그렇

20 同上, 1985年 7月, 62頁.

21 同上, 1985年 7月, 108頁.

지 않을 경우, 가령 명목은 강화였다고 하더라도 실질적인 내용은 오히려 새로운 전쟁의 위기를 증대시키고 만다"는 인식에 따라서 "강화는 필연적으로 전면강화이어야 한다"고 결론지었다. 나아가 "헌법의 평화적 정신을 충실히 지키고자 한다면, 우리는 국제정국의 동요를 그저 수동적인 태도로 받아들여 강화에 임할 것이 아니라 스스로 두 개의 세계 조화를 도모한다는 적극적인 태도로 이에 나설 것이 요구된다"고 하여 '헌법 평화주의'와 '적극적 평화주의'를 처음으로 주창했다.[22] 이후의 평화주의 전개를 추적해 볼 때 그 의의는 작지 않았다고 평가할 수도 있다. 그러나 '적극적 평화주의'의 구체적인 방법이 제시되지 못한 점은 한계로 지적하지 않을 수 없다. 성명은 그 결어 부분에 다음과 같은 네 가지의 요구를 내걸었다.

> 첫째, 강화 문제에 대해, 우리 일본인이 희망하는 바는 전면강화 이외에 어떠한 것도 있을 수 없다.
>
> 둘째, 일본의 경제적 자립은 단독강화로는 달성되지 않는다.
>
> 셋째, 강화 이후의 (안전—필자 주) 보장에 대해서는 중립 불가침을 희망하며, 이와 동시에 유엔에 가입할 것을 요망한다.
>
> 넷째, 이유 여하를 불문하고, 어떠한 국가에 대해서도 군사기지를 제공하는 데 대해서는 절대 반대한다.

이 「제2성명」은 전쟁과 평화의 일반 문제를 취급한 「제1성명」과 달리 강화 문제가 정치 일정에 오른 상태에서 구체적인 안건을 취급할 수

22 同上, 1950年 4月.

밖에 없었으며, 그러한 의미에서 당국의 주목을 받게 되었다. 즉각 점령 군사령부에서 사람이 급파되는 등 민감하게 반응했으며, 그 뒤로도 경시청과 법무부 특별심사국(이하 특심국) 등에서 사람이 나와 '담화회' 참가 회원들에 대한 취조 과정이 계속되었다. 경시청과 특심국은 '담화회'를 정치단체로 인정하고 「단체등규정령(団体等規正令)」을 적용하여 정식으로 신고하라고 압력을 가했다. 그러나 요시노와 아베 등은 이 '담화회'가 순수 연구단체임을 주장하며 입장을 관철시켰다.[23] 만일 '담화회'가 정치단체로 규정되면 책임자는 세부사항에 대해 신고해야 하는 의무를 지게 되며, 회원 대부분이 국립대학 교수로서 공무원 신분에 있었던 관계로 활동은 정지될 수밖에 없었다. 결국 이러한 태도는 '내용'을 위장하기 위한 전술로 구사된 것이 아니라 사실 그 자체를 반영한 것이 되고 말았다. 즉, '담화회'는 바야흐로 생성되고 있던 일본의 '전후 평화주의' 세력을 주도적으로 조직해 내야 하는 입장에 서자마자 스스로 그러한 지위에서 내려오고 말았던 것이며, 여기서 그 한계를 발견할 수 있다.

그러나 이러한 평가가 '담화회'의 의의를 총체적으로 부정한다는 것을 뜻하는 것은 아니다. 특히 「제2성명」은 일반적으로 잘 알려진 「제3성명」보다 의미 있는 것으로 생각된다. 「제3성명」은 전후 일본의 평화주의를 이론적으로 정식화했다는 점에서 그 의미를 충분히 인정한다 하더라도 그 내용에 있어서는 고도의 추상화로 인해 현실적인 실천 강령으로서의 의의를 상실하고 말았다. 반면 「제2성명」은 간결하면서도 실천의 목표를 내걸고 있다는 측면에서 중요한 의의를 지닌다. 물론 그러한 이유로 인해 사법 당국의 시선을 끌었던 것이며, 이 사실이 역설적으로 그 의

23 同上, 1985年 7月, 261頁.

의를 높여 주고 있다고 생각된다. 「제2성명」에서 가장 주목해야 할 부분은 '기지반대'의 입장을 명확히 제시하고 이를 슬로건으로 내걸었다는 점이다. 이는 앞에서 서술한 바와 같이 결어에서 표명되었으며, 보족에서도 제5항에서 단독강화에 의의를 부여하는 회원들을 포함하여 모두 군사기지 반대에 대해서는 절대반대의 의지를 표시했다는 데서도 확인된다. 「제2성명」에 서명한 회원으로서 「제3성명」에 참가한 사람들은 기지반대의 입장을 분명히 공유하고 있었을 것으로 생각된다. 그러나 「제3성명」에 가서는 '기지화의 문제'는 현실적인 의미가 있는 문제로 취급되지 못하고 원칙론을 확인하는 데 그치고 말았다. 이는 한국전쟁이 발발함으로써 일본이 실제로 '기지국가'가 되고 말았다는 현실로 인해 행동의 범위가 좁아졌다는 데 그 원인이 있다. 다음에서는 이른바 '담화회'의 「제3성명」으로 잘 알려진 「세 번 다시 평화에 대하여(三たび平和について)」를 검토해 보기로 한다.

3. 한국전쟁의 영향과 의도된 결함

1) 「제3성명」과 한국전쟁의 영향

'담화회'는 「제2성명」을 발표한 뒤 일부 자유주의자를 포함하여 보수적 현실주의자들의 비판에 직면하게 되었다. 따라서 '담화회'로서는 이러한 비판에 대응하여 한 차원 높은 논리적 정당성을 획득해야 하는 과제를 안게 되었다. 이러한 상황에서 발발한 한국전쟁은 '담화회' 회원들로 하여금 그 책무를 더욱 긴급한 것으로 느끼게 했다. 이러한 상황에서 기존의 입장을 재검토하고 연구를 거듭한 결과 발표된 것이 「세 번 다시 평화에 대하여」라는 제목의 「제3성명」이었다.[24]

한국전쟁이 발발하자 '담화회'는 도쿄와 교토에서 각각 별개로 총회를 개최했을 정도로 한국전쟁의 발발을 큰 사건으로 받아들였다. 문제는 이 전쟁이 북한의 전면전쟁 개시로 시작되었다는 점이었다. 당시 마루야마는 북침론을 주장하는 공산당과 남침론을 주장하는 총사령부의 사이에서 둘 다 의심스럽다는 '불가지론'의 입장에 서 있었다. 그런 입장에 서 있었기에 마루야마와 '담화회'는 남한이나 북한, 미국, 소련 등 한 국가의 책임 소재를 따지는 것은 의미가 없었다. 마루야마는 도쿄의 총회에서 "어느 쪽이 먼저 주먹을 내밀었느냐는 것은 그다지 중요한 것이 아니다. 일방이 다른 일방을 침략했다는 사실보다 어느 쪽에서든 싸움을 걸 만한 상황이 있었다는 것이 중요하므로 누가 먼저 주먹을 내밀었는가를 결정하는 것 자체는 의미가 없다"는 취지에서 발언하고 그 방향으로 회의를 끌어가려 했다. 「제3성명」에는 이러한 생각이 반영되어 '군사적 대립의 긴박한 상황 자체'가 제거되어야 한다는 생각을 배경으로 하여 국제정치학 전반에 대한 철저한 재검토 끝에 문장이 작성되었다.[25] 그 과정은 마루야마를 매개로 한 국제정치학의 일본적 섭취 과정이었다.

마루야마는 자신과 '담화회'의 중립론이 우파로부터는 북한을 위한 세련된 변호론이라고 공격당하고, 좌파로부터는 평화세력과 전쟁세력

24 同上, 1985年 7月, 118-151頁. 한국전쟁을 계기로 일본의 '전후 평화주의'가 분화하는 양상에 대해서는 다음을 참조. Nam, Kijeong, "The Reality of Military Base and the Evolution of Pacifism: Japan's Korean War and Peace," *The Review of Korean Studies*, Vol. 17, No. 2, December 2014.

25 同上, 1995年 11月, 38-41頁.

사이에 중립론이란 있을 수 없다는 식으로 공격당할 것이라는 점을 애초에 염두에 두었었다. 중립의 논거로서 유엔을 끌어들이지 못하게 된 현실에서 마루야마는 오히려 양쪽으로부터 공격을 당하는 현실이야말로 '담화회'의 중립론이 그 어느 쪽에도 속하지 않는 진정한 중립론이라는 점을 반증하는 논거로 삼았다. 논리적으로 충분히 성립될 수 있어 보였다. 문제는 중립론이 '두 개의 진영'론 사이에서 과연 생존할 수 있느냐 하는 현실 문제였다. 마루야마에게는 전술적인 고려가 필요해 보였고, 그는 전술적인 선택을 했다.

그것은 다음과 같은 논리의 개발이었다. 즉, 양 진영이 각각 한 덩어리 바위로 하나가 되어 있다는 인식을 거부하고, 양 진영 안에 잉태된 다양한 계기를 인정하고, 나아가서는 이 다양한 계기가 확산 확대되어 가는 과정에서 진영의 와해와 공존이 가능할 것이라는 전망을 제시하는 것이었다. '담화회'의 입장이 바로 이러한 다양한 계기의 하나라는 것을 주장함으로써 스스로 존재 가치를 확보하고자 했던 것이다.[26] 이 시점에 마루야마에게 중요했던 것은 '평화주의'의 생존 그 자체였던 것이다. 그 전략은 대립하는 양 진영의 어느 한 쪽에도 치우치지 않는 제3의 가능성을 주장하고 그 위에 올라타는 것이었다.

마루야마가 중립론의 이론적 기초를 잡기 위해 새로 국제정치학 전반에 대한 학습을 진행하는 한편에서, '담화회'에서는 「제3성명」의 발표에 앞서 회원들에게 미리 배포된 토의 자료를 중심으로 토론이 진행되었다. 그중 「문제점: 안전보장의 문제를 중심으로(問題点一安全保障の問題を中心に)」라는 제목의 문건은 한국전쟁 발발 뒤에 준비된 것으로 한국전쟁

26 丸山真男, 『世界』, 1995年 11月, 42頁.

이 '담화회'의 토의 과정에 미친 영향을 가늠해 볼 수 있는 자료다. 문건은 "한국동란을 계기로 안전보장 문제가 초점이 되고 있다"는 인식에서 출발하여 '중립불가침', '기지제공', '단독강화', '공산당의 무장혁명노선', '두 개의 세계' 등의 문제에 대한 일반 국민의 인식 변화와 이에 대한 논리적 대응의 가능성을 묻는 내용으로 구성되어 있다.

한국전쟁의 발발로 조성된 당시의 분위기는 덜레스가 말한 이른바 '진공론'에 크게 영향을 받고 있었다. 즉, 진공상태에 있는 곳으로 공기가 흘러들어 가는 것이 필연적인 것처럼 비무장 상태는 오히려 침략을 유발하기 쉽다고 하여 재무장론이 득세하고 있었다. 한국 주둔 미군의 철수가 북한의 침략을 유발했다고 하는 것이 그 근거였다. 또한 공산주의와의 평화공존이 불가능하다는 것은 선제공격을 가한 쪽이 공산주의 진영 북한이었다는 점에서 충분히 증명되고 있다고 하는 주장이 설득력을 얻고 있었다. 이러한 상황에서 '담화회'는 한국전쟁 이후 발표된 외무성 성명「조선의 동란과 우리의 입장」에 표명된 '유엔협력, 즉 대 서방협력'이라는 도식에 대한 비판을 하기 위해 자신의 논리를 더욱 고도화하지 않으면 안 되었다.

앞에서 살펴본 바와 같이 강화 문제를 둘러싸고「제2성명」을 전후해서 '담화회' 회원들 사이에서는 입장을 달리하는 그룹이 나타나고 있었다. 최초의 성명에 참가했던 다나카 고타로(田中耕太郎)의 경우 단독강화를 지지하는 주장을 독자적으로 전개하고 있었다.『세계』의 강화 문제 특집호에는 '담화회'의 전면강화론과 함께 단독강화를 주장하는 고이즈미 신조(小泉晋三), 쓰다 소키치(津田左右吉), 다나카 미치타로(田中美知太郎) 등의 논설이 함께 실렸다. 강화에 관한「제2성명」이 발표된 후에도 토론회에 참가했던 요시카와 고지로(吉川幸次郎)는「비서명자의 소감(非署名者の

所感)」을 발표하여 다음과 같이 주장했다. 현실 정치의 방향에 대해 직접 정책적인 발언을 행하는 것은 '담화회'의 임무가 아니라는 것이 일차적인 이유였다. 나아가 '성명'은 전쟁을 용인했던 일본 국민으로서의 책임을 강조하는 데에 중점을 두어야 한다는 입장을 표명했다.

> (담화회의) 보고의 취지는 일본인이 이미 전쟁을 포기한 국민으로서 그 뜻을 관철하고자 하는 것, 그리고 그 전제로서 연합국의 국민에게 바라는 바를 호소함에 있다. (중략) 그 취지에 대해서는 서명하지 않는 나를 포함하여 모두가 찬성할 것이다. (중략) 다만, 그것이 너무나 절실한 희망인 나머지 그 문장에서 강요와도 같은 메스꺼움이 느껴진다면, 이는 절실한 희망이 너무 앞선 나머지 그런 문장을 낳고 말았던 것으로 널리 이해해 주기만을 바랄 뿐이다. 더욱이 중국과 한국, 필리핀, 태국, 버마 등 바로 어제까지 일본의 폭거 앞에서 신산(辛酸)을 겪으며 참고 견디어야 했던 이웃 국가들에 대해서는 더욱 정중한 태도로 이해와 용서를 구해야 할 것이다.[27]

'토의회'의 최초 합동 토론회부터 줄곧 참가자들을 지배해 온 구미 지향적 사고방식을 생각해 볼 때 이러한 자기비판은 도리어 신선한 느낌을 들게 하는 것이었다. 그러나 평화를 논하기에 앞서 반성을 촉구하는 그의 목소리는 강화와 전쟁이라는 긴급한 과제 앞에 묻혀 버리고 말았다. 그의 비판을 받아들이지 못한 '담화회'가 한국에서 전쟁이 발발했음에도 불구하고 '한국 문제와 일본', 즉 자기반성을 요구하는 주제에 대해 진지한 토론 한 번 가지지 못했다는 것은 어쩌면 당연한 결과였다고 할

27 吉川幸次郎, 「非署名者의の所感」, 『世界』, 1951年 1月; 『世界』, 臨時增刊, 1985年, 68頁.

수 있다.

이제 「세 번 다시 평화에 대하여」에 대해 논할 것이다. 이 성명은 앞서의 성명과 달리 네 개의 장으로 구성되어 있으며, 대단히 긴 내용이다. 그 가운데 '담화회'의 평화주의를 논할 때 중요한 것은 제1, 2장이다. 「세 번 다시 평화에 대하여」에 표현된 평화주의를 제1, 2장을 중심으로 추출해 보고자 한다.

마루야마가 집필한 제1장은 평화주의에 대한 '담화회'의 기본적인 입장을 정리하고 있다. 전후 일본사상계의 혜성이자 카리스마로서의 입지를 굳히게 한 이들 문장 중에서 마루야마는 먼저 현실주의적인 담론이 지배하는 가운데 '전쟁의 무의미성과 사고방식의 전환이야말로 전쟁을 회피하기 위해 요구되는 가장 현실적인 방법'이라는 주장을 전면에 내세우고 있다. 핵무기의 출현이 그러한 주장의 근거였다. 핵전쟁의 시대에 들어와서 "전쟁은 본래 수단으로서의 의미를 지니고 있었음에도 이미 수단으로서의 의미를 상실하여 (중략) 전쟁이야말로 지상 최대의 악으로 화하고 말았다"는 것이다. 이러한 상황에서 "가장 현실적이기 위해서는 가장 이상주의적이어야 한다는 역설적 진리"가 도출된다고 주장했다. 이 역설적 진리를 정착시키기는 과정에서 가장 어려운 문제로 남게 된 것이 '현실'이라는 말이었다. 다음의 짧은 문장 속에는 '현실'이라는 말이 세 번이나 나오는데, 그만큼 그 단어와 힘겨운 씨름을 벌이고 있었음을 알 수 있다.

> 이것이 우리가 당면하고 있는 생생한 현실이다. 이 현실에 함축된 의미를 항상 염두에 두고, 구체적인 국제적·국내적 문제에 대해 판단을 내리는 것만이 가장 현실적인 태도라는 점을 우리는 주장한다.

즉, 현실에 대해 즉자적인 판단을 내리는 것이 아니라 현실에 포함된 의미를 생각하는 것이 현실적인 태도라고 주장했던 것이다. 제1장은 이미 현실적으로 전개되고 있는 한국전쟁에 의해 일본의 제반 문제 영역이 구속되고 있다는 생각에 대한 반론의 출발점을 제시하고자 하는 의도에서 마련된 것이었다. 나아가 '사고방식 그 자체가 평화 문제에 중대한 관계를 지닌다는 사실', 그리고 그 사고의 결과로서 '문제의 제출 방식에 의해 그 처리 방식도 변화한다는 점'이 강조되었다. '사고 방법의 전환'과 '문제 설정 방법의 중요성'을 새로이 제기하고 이를 주장한 것은 최근 유행하는 구성주의적 국제정치학의 효시라고 할 만한 의의를 지닌다고 할 수 있다. 그러나 '담화회' 성명의 문제점은 그 현실인식이 한국에서의 '전쟁'이 아니라 두 개의 세계 '대립'으로부터 출발하고 있는 데 있었다.

성명의 제2장은 '이른바 "두 개의 세계"의 대립과 그 조정의 문제'에 관한 내용이었다. 여기서는 '두 개의 세계 대립'이라는 말에 내포된 의미를 분석함으로써 '담화회'의 입장에 대한 구체적인 근거가 제시되었다. 「제3성명」은 일반적으로 '두 개의 세계 대립'을 말할 때 거기에는 세 개의 서로 다른 의미가 내포되어 있다고 하여 이를 구별할 것을 주장했다. 첫째, 이데올로기로서의 자유민주주의와 공산주의의 대립, 둘째, 영미를 중심으로 하는 서구 국가군과 소련을 중심으로 하는 공산주의 국가군의 대립, 셋째, 이 가운데서도 특히 세계 최대 강국으로서의 미소의 대립 등이다.

이러한 구분 위에 다음과 같은 점이 고려되어야 한다는 것이 「제3성명」의 주장이었다. 첫째, 이데올로기의 대립이 곧바로 전쟁을 의미하는 것은 아니라는 점, 둘째, 이데올로기와 무장한 권력으로서의 현실 국가 사이에는 틈이 존재한다는 점, 셋째, 자유민주주의와 공산주의라는 도식

이외에 다른 차원의 대립이 교차하고 있다는 점, 넷째, 세계의 유력 국가들이 반드시 미소의 대립과 같은 폭과 깊이로 대립하고 있는 것은 아니라는 점, 다섯째, 미소 양국 모두 전면적 충돌을 회피하려 하고 있다는 점 등이었다. 결국 그 결론은 '두 개의 세계'를 어떻게 이해하든 상관없이 이로부터 무력 충돌의 필연성은 도출되지 않는다'는 것이었다.

이는 또한 소련에 대한 다음과 같은 인식으로부터 가능한 결론이었다. 「제3성명」은 이상과 같은 이론화 작업을 기초로 '담화회'가 주장하는 중립이란 '일반적인 근거로부터 필연적으로 도출되는 원리적 태도인 것이며, 시시각각의 객관 정세에 좌우되는 편의적 정책의 문제가 아니'라고 주장했다. 이에 대해서는 한발 더 나아가 '원리적 태도로서의 중립'이란 ① 이데올로기적 대립에 대한 정태적 이해에 대해 반대하는 태도이며, ② 이데올로기의 문제와 현실의 무장국가 권력 간의 대치라는 문제 사이에 존재하는 틈을 인식하는 것이며, ③ 본래부터 고립을 의미하는 것이 아니며, ④ 일체의 국제 분쟁에 대해 일본이 스스로 이에 개입하거나 참가하는 것을 절대로 피하겠다는 입장을 견지하는 태도를 의미하는 것으로 정의되었다. 그러나 이러한 원리적 태도의 강조는 마루야마의 술회와 고백에서 알 수 있듯이 '평화주의'의 생존 그 자체를 위해 내려졌던 전술적 판단에 위장막(camouflage)을 치기 위한 레토릭이었다.

2) 의도된 결함

'담화회'의 평화주의는 당시의 정치세력 가운데 좌파 사회당에 대해 또한 노동운동의 대중조직인 총평(일본노동조합총평의회)에 대해 커다란 영향력을 행사했다. 좌파 사회당은 '담화회'의 이론적 활동에 호응하여 '전면강화, 비동맹중립, 군사기지화 반대'라는 '평화3원칙'(이후 '재군비 반대'를 추가하여 '평화4원칙')을 슬로건으로 내걸었으며, 1950년 7월 결성된 '총평'에서도 다카노 미노루(高野実) 사무국장 체제하에서 좌파 사회당과 연계하여 '평화4원칙'을 강령으로 운동을 전개하기에 이르렀다. '담화회'의 평화주의가 지식인들의 추상적 이론화와 그들만의 연대를 확인하는 고리의 의미를 넘어서 일본 국민 일반에게 다가가게 된 것은 이러한 대중적 노조운동 단체가 노조원의 교육을 목적으로 '담화회'의 '성명'들을 교재로 삼기 시작하면서부터였다.[28]

특히 「제3성명」은 이후 일본의 이른바 '전후 평화주의'의 이념적·이론적 기초를 제공한 것으로 높이 평가받고 있다. 그럼에도 불구하고 '담화회'가 지식인의 입장에서 원리적인 문제로 제기한 중립외교와 전면강화론은 실제 결정권을 갖는 정치세력에 매개되어 실제의 정책으로 수립될 필요가 있었다는 점에서 한계가 분명했다.[29] 반면 '국가이념으로서의 평화주의'를 헌법 제9조, 무기수출금지3원칙, 비핵3원칙, 방위비의 GNP 대비 1% 미만 유지원칙, 전수방위원칙 등 일본 국가가 실시하는 정책 또는 시책에서 확인되는 원칙으로 간주한다면,[30] 평화주의는 현실정책으로 채택되었던 것으로 평가할 수도 있다.

이와 같은 두 상반된 평가의 간극에서 글렌 훅은 다음과 같은 관점을 제시했다. 즉, '담화회'의 평화주의는 일본 정부의 정책에 직접적인 영향을 미치지는 못했다 하더라도 오히려 그랬기 때문에 군사안보정책에

---

28 久野収, 『平和の論理と戦争の論理』, 岩波書店, 1972年, 63頁.

29 五十嵐武士, 前掲書, 245頁.

30 김지연, 「전후 일본 국가이념의 변용: 국시논쟁과 평화주의를 중심으로」, 『동양정치사상사』 3권 2호, 2004, 69쪽.

대한 비판적 담론에 힘을 실어 주고 비군사적 수단을 선호하는 일본의 국가적 아이덴티티에 기초를 제공했다는 것이다.[31] 이와 비슷한 입장에서 카첸스타인(Peter J. Katzenstein)과 같은 구성주의자들은 일본의 안보정책에서 규범적 요인이 국가행동에 미치는 영향을 분석하면서, 이러한 규범적 요인의 기초를 제공했던 '평화주의' 이념의 역할을 중시한다.[32] 이에 대해 미야시타는 그 역할을 인정하면서, 미국과의 동맹이 일본에 평화의 기회를 증진시켰다는 현실을 함께 인정할 것을 주장한다.[33]

그렇다면 과연 전후 일본 평화주의의 원류로 평가되는 '담화회'의 세 개의 성명, 특히 「제3성명」의 의의와 한계를 어떻게 평가할 것인가. 이 성명은 이미 거듭해서 지적해 왔듯이 현실인식의 측면에서 치명적인 결함을 지니고 있었다. 그것은 '두 개의 세계'가 아직 완전히 분열되지 않았으며, 일본은 그 어느 한 쪽에도 가담하지 않았으며, 양자택일의 강요를 거부할 수 있는 위치에 있다는 인식이었다. 그러나 현실은 일본이 이미 '두 개의 세계' 가운데 한 진영에 '기지국가'의 형태로 포섭되어 있었으며, 그러한 의미에서 실제로 전개되고 있는 전쟁, 즉 한국전쟁의 당사자가 되고 말았던 것이다. 그러한 형태로 전쟁을 수행한다는 것을 역사적으로 경험하지 못했던 것뿐이며, 이는 전쟁에서 전투행위만 배제한 특수하고도 구체성이 제거된 전쟁의 한 방법이었던 것이다. '담화회'의 평화주의가 복합적 현실의 발견과 인정 위에 성립한 진짜 '현실주의'였다고

31 Glenn D. Hook, op. cit., p. 41.

32 Peter J. Katzenstein, *Cultural Norms and National Security: Police and Military in Postwar Japan*, New York: Cornell Univ. Press. 1996.

33 Akitoshi Miyashita, "Where Do Norms Come From?: Foundations of Japan's Postwar Pacifism," *International Relations of the Asia-Pacific*, Vol. 7, 2008, p. 116.

하더라도,[34] 복합적 현실의 한 단면을 외면함으로써 성립되었다면 이를 어떻게 평가할 것인가. 또한 이러한 현실인식의 결함은 어떻게 설명할 것인가.

이를 여기서는 '의도된 결함'으로 해석하고자 한다. 비록 「제3성명」 자체에는 한국전쟁에 관한 내용이 문장화되어 명백하게 표현되지는 않았다 해도 토론의 참가자들은 모두 '한국전쟁'이라는 현실과 씨름하고 있었다고 보아야 할 것이다. 「제3성명」의 토의 과정에 들어가기 전 참가자들에게 배포된 토의 자료가 이를 증명해 주고 있다. 물론 그 현실은 전략적인 선택에 따라서는 회피될 수도 있다. 상대하기 어려운 현실의 적을 향해 정면 승부를 시도하여 운명을 다하는 것보다는 당장은 이를 회피함으로써 현재와는 다른 현실을 미래에 실현하기 위한 씨앗을 보존해 두는 것도 상황에 따라서는 현실적인 선택이라고 할 수 있다. 이 점이 한편으로는 '전후 평화주의'가 현실적 대안을 제시하지 못한 '최대강령주의'의 유토피아적 평화주의라고 비판받는 이유가 되기도 했다.[35]

그러나 그러한 비판은 상황 논리였던 「제3성명」의 평화주의를 언제 어디서나 보편적으로 적용 가능한 평화주의로 해석하여 '도그마화'를 추진해 온 그 뒤의 평화운동 측을 향해 이뤄져야 할 것이다. 요시다의 경무장 미일동맹 노선의 채택을 '담화회'의 정치적 패배일 뿐 사상적 패배라고 인정할 수 없다고 항변하고, 그 이후의 정치 과정이 정치적 패배의 원인을 캐고 이를 극복하여 정치적 승리를 담보할 강인한 추동력으로서 '평화

34 Rikki Kersten, op. cit., pp. 186-190.

35 和田春樹, 『朝鮮戦争』, 岩波書店, 1995年, 235-239頁.

주의'의 존재를 증명해 왔다고 아무리 강변한다고 해도,[36] 1990년대 중반 이래의 현실은 담화회의 정치적 패배가 사상적 패배에로 귀착하는 과정이었을 뿐임을 웅변해 주고 있는 것은 아닌지 의문이다.

3) '전후 평화주의'의 사제: 마루야마 마사오

일본의 '전후 평화주의'는 '평화문제담화회'라는 '성직자 집단'이 탄생한 뒤 이를 결집시키는 '성전'이 되기에 이르렀다. 그리고 그 속에 구현된 절대평화주의 사상은 안전보장의 현실과 헌법 제9조 이념 사이의 공백을 해석하는 기준이 되었고, 급기야 그 논쟁은 '신학'적 영역으로까지 격상했다. 그 과정에서 마루야마 마사오라는 '사제'의 고뇌와 노력을 간과하지 않을 수 없다. 마루야마는 전후 사상계에 '혜성'처럼 나타나 '전후'의 사상 공간을 지배했던 '카리스마'였지만,[37] 그의 글은 어딘가 고뇌하는 '사제'의 모습을 담고 있다. 전후 민주주의가 허망(虛妄), 즉 거짓이나 위선이었다고 해도 이에 일본의 미래를 걸겠다던 결의에서도 그 모습을 볼 수 있다.[38] 마루야마에게 전후 민주주의는 '미완성의 현실'이었으며,[39] '미완성의 현실'에 미래를 걸겠다는 태도는 마치 예수나 미륵불의 존재를 부정하는 듯한 고통스러운 현실 속에서도 '예수의 재림'이나 '미륵불

---

36 並河啓后, 「平和問題談話会の思想と行動」, 田畑忍(編), 『近現代日本の平和主義—平和憲法の思想的源流と発展』, ミネルヴァ書房, 1993年, 205頁.

37 田中浩, 『日本リベラリズムの系譜—福沢諭吉·長谷川如是閑·丸山真男』, 朝日新聞社, 2000年, 246頁, 322頁.

38 丸山真男, 「後記」, 『増補版, 現代政治の思想と行動』, 未来社, 1964年.

39 田中浩, 前掲書, 325頁.

의 출현'에 대한 믿음을 버리지 않고 고난의 길을 선택하여 걸어 나아가는 성직자의 간증이나 승려의 용맹한 정진과도 같은 것이었다. 다음에서는 '담화회'의 중심에서 이를 결집시키고 그 나아갈 방향을 조타(操舵)했던 실천적 정치학자로서의 마루야마에 주목하여 그의 사상을 분석해 보기로 한다.

먼저 마루야마의 지적 편력에 관해 간단히 소개해 두고자 한다. 그는 학생 시절 막스 베버의 『정치논집(Gesammelte Politische Schriften)』을 읽고 '압도적인 감명을 받았다'고 하여 그의 영향을 인정했다.[40] 또한 『일본정치사상사연구(日本政治思想史研究)』에서 소라이학(徂徠学)의 획기적인 의의를 발견하는 과정에서 마키아벨리의 『군주론』을 원용하기도 했다. 마키아벨리의 정치인식은 '가치로부터의 자유'를 출발점으로 한 것이었으며, 그러한 의미에서 베버는 분명히 그의 정신적 후예였다. 마루야마는 정치에 대한 마키아벨리의 인식 태도에 대해 '과학으로서의 정치학'이라는 용어를 사용하고 있는데, 여기서 알 수 있듯이 마루야마는 정치적 현실주의에 대해 긍정적으로 이해하고 있었다고 할 수 있다. 제2차 세계대전 기간 중에 마루야마는 마키아벨리와 베버에 관통하는 정치적 현실주의의 관점을 확보하면서 일본의 패전을 맞이하고 있었다고 할 수 있다.

마루야마가 패전 직후 자신에게 던진 과제는 두 가지였다. 하나는 일본 파시즘론이었으며, 다른 하나는 후쿠자와 유키치(福沢諭吉)의 연구였다. 이들 두 주제는 '일본의 근대를 어떻게 볼 것인가'라는 문제의식의 역사와 이론, 즉 종횡의 두 축을 이루는 것이었다. 특히 그는 패전 직후 미

40 丸山真男·安藤英治, 「ウェーバー研究の夜明け」, 『マックス·ウェーバー(人類の知的遺産)』 第62巻, 講談社, 1979年, 2頁.

국에 의한 제2의 개국이라는 현실 앞에서 후쿠자와가 직면했던 '개국'으로 돌아가서 일본의 근대를 재해석하고자 했던 것이다. 또한 '개국'에 처한 지식인으로서 자신의 역할을 후쿠자와를 통해 발견하고자 했던 것이다. 마루야마가 자임한 그 역할은 '계몽'이었다. 그가 "우리나라에서 '계몽'을 이야기한다는 것은 곧 후쿠자와를 논하는 것이라고 해도 과언이 아니다"[41]라고 단언하고 있음을 생각하면 그의 후쿠자와 연구는 대단히 실용적이며 실천적인 측면이 강했다고 할 수 있다. 그런 의미에서 마루야마는 후쿠자와를 통해 자신의 존재 의의를 확인하고자 했던 것으로 이해할 수 있다. 그것은 '계몽 지식인'으로서의 역할이었으며, 민중을 계몽하는 것이야말로 그에게는 지식인으로서의 정치적인 실천이었다. 그런 의미에서 마루야마에게서는 '자발적이고 능동적인 국민적 연대의식을 창출하고자 하는 교양주의의 겉모습 속에 가부장제의 갑옷을 숨겨 입은 고전적인 자유주의적 국민주의자'의 모습이 발견되며, 그 모습은 거의 '우국의 지사'를 방불케 하는 측면이 있었다.[42]

그러한 마루야마도 냉전의 격화와 그에 따른 미국의 대일점령 정책 전환에 직면하면서부터는 '계몽적 실천'에서 '정치적 실천'으로 지식인으로서의 무게중심을 옮기기 시작했다. 그 자신은 이러한 태도의 변화가 현실정치에 대한 개입임을 자각하고 있었다.[43] 정치학자로서는 마키아벨리와 베버에 정통한, 그런 의미에서 정치적 현실주의자이기도 했던 마루야마는 강화 문제를 전후하여 현실정치에 관여하면서 낭만적 계몽주의

41 丸山真男, 「福沢に於ける『実学』の転回ー福沢諭吉の哲学研究序説」, 前掲書, 563頁.

42 酒井直樹, 「丸山真男と戦後日本」, 『世界』, 1995年 11月号, 60-61頁.

43 丸山真男·鶴見俊輔, 「普遍的原理の立場」, 鶴見俊輔対談編集, 『語りつぐ戦後史』 上巻, 講談社文庫, 1975年, 87頁.

자로서의 지식인 성향과 갈등하게 되었다. 그 자신이 '도덕적 감상주의와 정치적 마키아벨리즘 사이에 난 좁은 길'을 찾아 걸어갈 수밖에 없다는 표현으로, 이 둘 사이의 지양을 모색하는 과정에서 느끼는 고뇌를 토로했다.[44] 그러나 그는 요시다 및 일본공산당의 현실주의와 대결하지 않으면 안 되었으며, 자신이 선택한 길이야말로 '현실적'인 타당성을 지닌다는 점을 증명하지 않으면 안 되었다. 결국 그는 마키아벨리의 현실주의와 다른 현실주의가 존재 가능하다는 논리를 전개하게 되었다. 그러한 문제의식하에서 그는 「『현실』주의의 함정: 어느 편집자에게 드림(『現実』主義の陥穽―ある編集者へ)」에서 당대의 자칭 현실주의자들을 '현실'주의자로 규정, 새로운 시대의 '현실주의'를 구성해 보고자 시도했던 것이다.[45]

재군비 문제에 대한 새로운 현실주의의 입장을 마루야마는 다음과 같이 정리하고 있다. 그는 요시다 정부가 추진하는 '구렁이 담 넘어가는 식'의 재군비이든 개진당(改進党)이 주장하는 '헌법개정 후의 당당한' 재군비이든 이에 대한 원칙적인 반대의 입장을 변경해야 할 근거를 발견하지 못했다고 주장하며, '재군비 논쟁의 구체적 내용보다는 그러한 논의의 저변에 흐르는 사유 방법 또는 태도의 문제'에 주목했다. 결국 그는 '재군비'를 주장하게 하는 '현실'이 아니라 '현실'주의자의 사유방식 속에 존재하는 '현실'을 문제 삼았던 것이다.[46] 그가 싸워야 했던 것은 '전면강화, 재군비 반대'의 입장에 대해 가해지는 '비현실적'이라는 비난이었다. 여기서 마루야마는 '현실'이라는 말의 구조와 내용을 밝혀 내고자 했다. 그는

44 丸山真男, 「『スターリン批判』における政治の論理」, 『増補版, 現代政治の思想と行動』, 未来社, 1964年, 335-336頁.

45 『世界』, 1952年 5月号. 丸山真男, 同上에 재수록(「追記及び補註」), 513頁.

46 丸山真男, 「『現実』主義の陥穽―ある編集者へ」, 同上, 171-172頁.

우선 '현실'이라는 말 속에서 '현실의 소여성(所与性)', '현실의 일차원성', '현실의 권력성' 등 세 가지의 계기를 발견했다. 나아가 이러한 '현실'관을 상대로 싸움의 전선조차 만들어 보지 못한 채 굴복해 버린 과거를 다음과 같이 반성하고 있다.

> '국체(国体)'라고 하는 현실, 군부라고 하는 현실, 통수권이라고 하는 현실, 만주국이라고 하는 현실, 국제연맹 탈퇴라고 하는 현실, 일화사변(만주사변—필자 주)이라고 하는 현실, 일독이 군사동맹이라고 하는 현실, 대정익찬회라고 하는 현실, 그리고 마지막으로 태평양전쟁이라고 하는 현실, (중략) 그러고는 어쩔 수 없이 받아들인 전쟁포기에서 이번에는 다시 어쩔 수 없이 받아들여야 하는 재군비까지. 도대체 어디까지 가야 우리는 기성사실에 대한 굴복이라고 하는 무궁동(無窮動, perpetuum mobile)에 종지부를 찍을 수 있을 것인가.[47]

마루야마는 도쿄 재판에서 기도 고이치(木戸幸一), 고이소 구니아키(小磯國昭) 등 일 군국주의 지도자들이 보여 준 태도에서 일본 파시즘의 본질을 파악하고자 노력하는 가운데 그 특징으로서 '왜소성'을 추출해 내었다. 그리고 그렇게 된 원인의 하나로 '현실'에 대한 그들의 인식 방법이 문제임을 지적한 바 있다. 마루야마는 여기서 이미 일본에서의 '현실주의'가 지닌 문제에 직면했던 것이다. 마루야마의 파악에 따르면, 일본에서 '현실주의'란 '기성사실에 대한 굴복'에 불과했으며, 그것이 왜소한 파시즘의 원인이 되었던 것이다. 그렇다면 '기성사실에 대한 굴복'이란 또

47 同上, 173頁.

무엇인가. 마루야마에 의하면 그것은 '이미 현실이 형성되어 있다는 인식이 결국 그 현실을 시인하는 근거가 되고 마는 것'[48]을 의미한다. 그런 상황에서 '현실'이라고 하는 것은 '늘 만들어지고 있거나 또는 만들어 가는 것으로 생각하지 않고, 만들어지고 만 것, 아니 더 정확히 말하자면 어딘가 다른 곳에서 생겨 나와 여기에 와 있는 것으로 생각되고 있는 것을 말한다. '현실적'으로 행동한다고 하는 것은 따라서 과거에 묶이고 속박되어 산다는 것을 의미한다. 따라서 또한 현실은 항상 미래로의 주체적 형성으로서가 아니라 과거로부터 흘러온 맹목적 필연성으로서 파악된다.'[49]

마루야마가 「제3성명」 가운데 새로운 현실인식의 방법을 제창한 것이 국제정치 상황과 대외정책에 대한 숙고와 발언이었다면, 「어느 자유주의자에게 보내는 편지(ある自由主義者への手紙)」는 국내체제에 대한 인식을 표현하고 있었다. 그는 자유주의자를 자칭하는 한 논객으로부터의 비판을 다음과 같이 받아들이고 있다.

> 요컨대 결론적으로 당신이나 나와 같은 리버럴한 지식인은 더욱 격화하는 정치적·사상적 대립 가운데 단순히 추상적으로 사상이나 학문의 자유를 염불 외듯 주장만 하고 있는 것은 무의미하며, 더욱 적극적으로 사상의 자유를 부정하는 폭력에 대해서는 좌우를 불문하고 적극적으로 투쟁할 필요가 있다는 것으로, 그러기 위해서는 우리들이 파쇼에 대해서와 마찬가지로 좌익 전체주의인 공산주의에 대해서도 확연히 일선을 긋고 자기의 주체적 입

48 丸山真男, 「軍国支配者の精神形態」, 『潮流』, 1949年 5月号; 丸山真男, 同上, 106頁.
49 同上, 109頁.

장을 견지하지 않으면 안 된다는 주장인 것으로 생각된다. 나아가 당신은 나와 같은, 학문적 입장에서도 마르크스주의자가 아니며, 성격적으로는 오히려 굳은 신념의 '개인주의자'가 현재의 전형적인 전체주의라고 할 공산주의에 대해 더욱 결연히 투쟁하지 않는다는 데 대해 불만을 토로하고 있다.[50]

사상과 실천의 문제 등을 포함한 넓은 의미에서의 정치학을 공부하면서도 당면의 정치 및 사회 문제에 대해서는 신문이나 잡지에 자신의 생각을 정리 발표하는 것을 삼가고 있는 마루야마는 1949년 가을경부터 변화하는 모습을 보였다. 그것은 "더 이상 이러한 문제에 대해 침묵하는 것이 견딜 수 없게 되었"[51]기 때문인데, "자유인임이 전제되는 무당파적 지식인도 그 주체성을 잃지 않기 위해서는 무당파적 지식인의 입장에서 현실정치에 대한 근본 태도의 결정과 이에 기초한 전략전술을 자각하지 않으면 안 되는 단계에 와 있다는 것"[52]을 인정한 결과였다. 그의 전략전술론이 어디에 근거하는지에 대해서는 아래와 같이 서술하고 있다.

우선 마루야마는 다음과 같이 경고하고 있다. 편지를 보낸 'K군'을 포함하여 이른바 자유'주의자'들이 빠져 있는 위험한 경향은 "추상적인 이데올로기와 도식으로부터 곧바로 수직하강하듯(天降り的に) 현실을 고찰하려는 태도의 위험성"[53]에 있다는 것이다. 그리고 그러한 '도식화에 빠진 태도'에 의해 얻게 된 인식은 실천의 단계에 들어서면 "사회적·정치적 문제가 언제나 최선(ベスト)과 최악(ウォースト) 사이의 선택이 아니라 보

50 丸山真男, 「ある自由主義者への手紙」, 『世界』, 1950年 9月号, 133-134頁.

51 同上, 132-133頁.

52 同上, 135頁.

53 同上, 136頁.

다 나은(ベター) 것의 선택이었다는 사실(괄호는 마루야마 자신의 것)"[54]을 잊은 채 결국은 '자유토론의 장의 사수'라고 하는, 자유주의자에게 맡겨진 가장 무거운 임무를 포기하고 마는 결과를 가져올 것이라고 경고했다. 그리고 그는 다음과 같이 선언하고 있다. "나는 적어도 정치적 판단의 세계에서는 고도의 프래그머티스트(실용주의자)이고자 한다(괄호는 필자)"[55]고 하여 정치적 실용주의의 효용을 인정했던 것이다. 바로 그러한 정치적 실용주의 노선에 서서 "이데올로기를 불문하고 그 도그마화의 경향에 대해서는 거의 체질적으로 저항(プロテスト)"하며 "좌우를 불문하고 열광주의에 대해서는 본능적으로 반발"해 왔던 마루야마였다. 하지만 "공산당에 대해 부당한 관용을 보이는 것은 이해할 수 없다"는 비판에 대해서는 '절반의 진실이자 절반의 오류 또는 부정확'이라 하여 다음과 같이 반론하고 있다.

> 나는 일본과 같은 사회의 현재 정황에서 공산당이 사회당과 함께 민주화－서구적 의미에서의 민주화 과정에서 수행할 역할을 인정하고 있기 때문에, 이를 권력으로 탄압하고 약화하는 방향이야말로 실질적으로 전체주의화의 위험을 안고 있다는 점을 강력히 지적하고자 하는 것이다. 나는 정치적 프래그머티즘의 입장에 서 있다는 바로 그 점 때문에 한편으로는 밑으로부터의 집단적 폭력의 위험성과 다른 한편으로는 지배층이 위선 내지 자기 기만에 빠져 사이비 민주주의를 내걸고 실질적 탄압기구를 강화할 위험성을 비교하고, 또한 한편으로는 대중의 민주적 해방이 '과잉하여 범람할'

54 同上, 147頁.

55 同上, 149頁.

위험성과 다른 한편으로는 그것이 산달을 못 채우고 유산될 위험성을 비교하여, 전자보다도 후자가 더 크다는 판단을 내린 것이다.[56]

그런 다음 마루야마는 '질서와 정의(order or justice)' 사이의 양자택일을 강요하는 시어도어 루스벨트(Theodore Roosevelt, Jr.)에 대립하여 '주저 없이 정의를 선택했던 메리엄(Charles E. Merriam)'을 옹호함으로써 자신의 입장을 밝히고 있다. "인류가 그 역사상 수없이 많은 이 양자택일 앞에 서지 않을 수 없었다는 것은 가슴 아픈 비극이다. 우리는 어떠한 노력을 경주해서라도 이러한 상황의 도래를 막지 않으면 안 된다. 그러나 만일 불행히도 이 선택 앞에 서지 않을 수 없는 상황이 온다면, 그때 나는 역시 메리엄과 입장을 같이한다"는 것이다.[57] 그런데 문제는 마루야마가 '영미 민주주의 대 소련 전체주의'의 대립구도를 제시한 '한 자유주의자'의 선택지를 '질서와 정의' 사이의 선택 문제로 바꿔 사고하고 있다는 점이다. 나아가 마루야마는 그 '자유주의자'가 제시한 대립구도를 세계적 규모에서 확인되는 여러 대립구도 중의 하나에 불과한 것으로 파악하고 있다.[58] 결국 그러한 대립구도가 일본 사회를 규정하는 유일한 요인이 아니라는 것이며, 이를 상대화시킴으로써 그러한 대립구도에 말려드는 것을 회피하고자 했던 것이다.

마루야마의 언설 체계에서는 다음의 중요한 문제에 대해서는 교묘한 형태로 이를 언급하지 않고—이미 주어진 사실로서, 필요한 검증을 거

---

56 同上.

57 同上.

58 同上, 150頁.

치지 않고—지나치고 있다는 점을 발견할 수 있다. 그것은 마루야마가 자신이 쓴 글의 독자를 처음부터 '일본인'—'일본 국민' 또는 '일국 민족'—인 것으로 의도적으로 설정해 놓고 있으면서 정작 이에 대한 단서 없이 글을 전개하고 있다는 점이다. 다시 말해 '일본인'이 '일본인으로 태어나는 것이 아니라 일본인으로 만들어진다'는 인식이 결여되어 있다고 할 수 있다.

이러한 인식상의 좌표 불완전성으로 인해 마루야마는 개인적으로 '조선'을 체험하고 있었음에도 불구하고[59] 한국-조선인(한-조선민족)에 대한 인식을 결여하게 되었다. 이는 나아가 한반도에서 일어나고 있는 사태를 그의 인식 틀의 내부에 한 구성요인으로 위치 지우지 못하는 한계를 낳는 원인이 되었다. 이는 담화회의 「제3성명」인 「세 번 다시 평화에 대하여」의 한국전쟁 인식의 결여가 담화회 자체가 채택한 피전(避戰)의 태도에 따른 것이기도 하지만, 이와 동시에 마루야마 개인의 한계에 따른 것이기도 하다는 점을 시사해 주고 있다.

한편 마루야마는 평화문제담화회 활동의 전 과정을 통해 그러한 활동이 '학자'로서의 '정치참가'를 의미하고 있다는 점을 의식하고 있었다. 즉, '정치'와 '학술연구' 사이의 긴장관계에 대해 의식하기를 자각적으로 자신의 임무로서 받아들이고 있었음을 의미한다. 이는 다시 말하면 어느 한 쪽에 치우침을 견제하고자 의식적으로 노력하고 있었다는 것을 의미

---

59 마루야마는 적어도 세 가지의 계기를 통해 조선(한국)과 인연을 맺고 있다. 첫째, 그의 부친 마루야마 간지(丸山幹治)는 한때 『京城日報』에 적은 두고 일했던 저널리스트였다. 둘째, 마루야마는 유소년기에 관동대지진에서의 조선인 학살을 간접적으로나마 목격한 바 있으며, 이를 일기에 적고 있다. 셋째, 마루야마는 군에 소집되어 한때 평양에서 근무한 적이 있다.

하는데, 그러한 태도는 그가 "현실의 정치적 탁류에 몸을 맡긴 채 자신의 학문을 특정 정치세력의 수단으로서 '이데올로기'로 전락하게 하는" 것을 원하지도 않으며, 또한 "일체의 구체적인 정치상황에 대해 눈을 감고, 추상적인 서재 정치학으로 돌아가는" 것도 거부하고자 한 태도에서 확인된다.[60]

한편으로 보면 장 주네(Jean Genet)는 "자신이 쓴 글이 활자화되어 사회성을 획득한 순간, 그는 정치적 생활에 참가하게 된다"고 했으며, 이를 인용하면서 사이드는 "정치적 의미가 있게 됨을 원하지 않는다면 (지식인은) 글을 쓰거나, 의견을 내놓아서는 안 된다"고 경고했다.[61] 마루야마가 지식인으로서 스스로의 존재를 자각하고 있었다면 마루야마의 내적 긴장관계는 오히려 의미를 상실하고 만다. 그에게 필요한 것은 그가 어떠한 정치적 입장에 서 있는가에 대한 선언이지 정치 상황에 대한 평론이 아닐 것이다. 특정 정치세력이 스스로의 '학문함'을 이용한다면 이용당하는 것 또한 정치적 행동에 불과한 것이다.

지식인의 '발언'이 정치라면 마루야마의 '침묵'도 정치일 수밖에 없다. 그의 '고민'에 비추어 볼 때 마루야마는 지식인으로서의 발언이 정치적 행위에 다름 아니라는 사실에 대해서는 충분히 의식 자각하고 있었을 것으로 생각된다. 그러한 그가 어떤 특정한 사실, 즉 한반도에서 전개되는 현실에 대해 침묵하고 있었다는 것은 어떻게 설명할 수 있을까. 제임스 조이스(James A. A. Joyce)는 『젊은 예술가의 초상』의 주인공 스티븐에게 자유의 신념을 굽히지 않고 스스로 시중들지 않을 지식인이 지녀야 할

---

60 陳平原, 「＜楽譜＞としての丸山真男」, 『世界』, 1995年 11月号, 74頁.

61 エドワード·W·サイード(大橋洋一訳), 『知識人とは何か』, 平凡社, 1995年 169頁.

세 가지 무기로서 '침묵과 망명과 교지(狡智)'를 부여했다. 망명할 용기를 지니지 못한 마루야마는 과연 침묵과 교지로서 자유의 언덕을 수호하고자 했던 것인가.[62]

62 同上, 40–42頁.

제8장

한국전쟁의 발발과 일본 국민

'기지국가'의 선택

1. 신문 논조와 피전(避戰)의 사상

한국전쟁이 발발한 다음 날 『아사히신문』이 발표한 사설에는 한반도에서 일어난 사태를 '전쟁'으로 받아들이기 어렵다는 의식이 작용하고 있었다. 사설은 한반도에서 일어난 '사건'이 '전혀 있을 수 없는 일은 아니'지만 '이해할 수 없는 일'이며, '우려할 만한 사태'라고 규정했다. '사건'의 성격에 대해서는 국제법상으로는 '내전'이며, '국제적 분쟁'으로 보기는 어려우나 유엔이 이를 어떻게 해석하는가에 따라 문제의 해결 방향이 달라지며, 국제법적 해결보다는 사건에 대한 '정치적 해석'에 따라 해결될 것으로 예측하고 있었다. 사설은 또한 이 '사건'을 '비문명적' 행위로 규정하고 있었다. 이러한 규정은 패전 이후 '문명국가'로의 재건을 다짐한 일본 국민이 어떠한 형태로든 '사건'에 개입하지 말고 거리를 유지할 것을 암묵적으로 호소하는 효과를 지니고 있었다. 이는 '피전(避戰)'의 사상이었으며, 한국전쟁 시기 일본 신문의 논조를 지배하고 있었다.[1]

'피전'의 사상은 미국의 개입으로 한반도에서의 '사건'이 국제전의 양상을 띠기 시작한 7월 1일의 사설에서 보다 분명히 드러났다. "전쟁은 가까운 곳에서 일어났으나 일본이 관여할 수 없는 곳에 있다"는 문장에 사설의 주장이 압축적으로 표현되어 있었다. 사정이 허락하는 범위 내에서 일본이 할 수 있는 일이란 기껏해야 "적십자 활동을 강화하여 참화를 줄이기 위해 노력하는" 것에 불과하다는 것이 그 결론이었다. 여기에는 "어떻게 해서든 전쟁에 말려드는 것은 피해야 한다"는 '피전'의 태도가 극명하게 드러나 있었다. 이러한 입장은 '염전(厭戰)'의 태도보다는 다소 적극

1 『朝日新聞』(1950. 6. 26).

성을 띠는 것으로 인정할 수는 있으나 '비전(非戰)'의 입장에서 명확한 '반전'의 행동을 제시하는 데에는 이르지 못하는 것이었다.[2]

이처럼 소극적인 태도는 전쟁의 전개와 함께 전진기지화, 전투기지화의 양상을 띠기 시작한 규슈의 지방신문 『니시닛폰신문(西日本新聞)』에서 더욱 명확한 논리 전개를 보였다. 다음은 7월 4일 자 사설 「조선동란의 교훈(朝鮮動乱の教えるもの)」의 내용이다.

> 조선동란의 본질은 계급투쟁에 있다. (중략) 다만 이 계급투쟁은 선진국의 그것과는 달리 공공연한 무력항쟁이며 동족상잔의 비극을 연출하고 있다. 이상의 특징은 그대로 중국혁명에도 해당된다. (중략) 중국과 같이 자본축적이 낮은 나라에서는 (중략) 결국 농민 측의 커다란 희생 없이 사회주의 건설은 완성되지 못할 것이다. 하물며 조선처럼 중국보다 훨씬 뒤처진 농업국에서는 (중략) 가일층의 곤란이 예상된다. (중략) 민주주의와 자유를 지주로 하여 부흥과 자립을 도모하고자 하는 우리는, 무력에 의한 국내항쟁과 같은 불행한 사건은 절대로 피해야 한다. 또한 그럴 정도로 일본이 후진국이라고는 생각되지 않는다.[3]

사설에서 보듯이 혁명의 문제는 새로운 사회로의 진입을 희구하는 운동이 아니라 후진국의 특징이 되어 버렸다. 이 사설에서는 한국전쟁이 계급투쟁=혁명의 연장이라는 인식이 전쟁 초기부터 일본에 퍼져 있었다는 점, 그리고 아시아의 후진국들과 선진국 일본을 대비하는 논법을 동원

2 同上(1950. 7. 1).

3 『西日本新聞』(1950. 7. 4).

하여 혁명의 기운이 아시아 대륙에서 일본으로 전파되는 것을 두려워하는 일본 지배층의 모습을 엿볼 수 있다. 그런데 이 사설이 게재된 지 사흘 뒤인 7월 7일 자의 같은 신문 사설은 "국민은 예상 이상으로 냉정하다"고 평가하고 있다. 이러한 평가의 이면에는 한국전쟁 발발 직후 표현된 일본 지배층의 우려가 '전쟁 또는 혁명의 즉각적인 전파'라는 피해망상으로부터 나온 것이었음을 읽어 낼 수 있다. 그러나 상황은 그리 평온하지는 않았을 것으로 생각되며, 거꾸로 이러한 문장들에는 위기감이 고조되는 가운데 국민 일반에 냉정을 호소하기 위한 고도의 레토릭이 구사되어 표현된 것이라는 분석도 가능하다. 그 내심은 "인민혁명이 조선까지 밀려왔으니, 이제 일본의 운명도 결정되었다"는 생각이 의외로 일부에서 강력하게 존재한다고 하여 일부 움직임에 경계심을 나타내고, 이러한 생각이 "기회주의적이고 자주적이지 못한 태도"라며 비난하는 대목에 드러나 있다.

나아가 7월 7일 자 사설은 '일의대수(一衣帶水) 조선'에서 가까운 서일본 지방에서 국민들이 냉정한 태도를 유지하고 있는 데에는 "미군이 출동하여 전화(戰火)가 남조선 전체에 파급되지 않고 있다는 것, 전란 자체가 제3차 세계대전으로 발전할 가능성이 거의 없다는 것, 이러한 예상이 강하게 작용하고 있다"고 분석했다. 사설은 사상 표현의 자유를 인정하면서도 그것이 행동으로 나타날 경우에는 "점령군과 점령정책을 비난하거나 방해하는 결과가 되는 것은 용서되지 않는다"고 경고하여 한국전쟁 발발이라는 사태 속에서 사실상 사상 표현의 자유가 제한될 수 있다는 점을 받아들이고 있다. 중요한 것은 "전란 자체에 대한 일본의 개입 여부 문제가 아니라 전란의 교훈을 일본이 어떻게 살리는가" 여부의 문제라는 것이 그 결론이었다.[4]

자제를 바라는 일본 신문들의 논조에도 불구하고 일본 사회는 한국전쟁 발발 이후 엇갈리는 정보 속에서 혼란에 빠져 있었다. 한국전쟁이 발발한 지 한 달 반이 지난 8월 7일 자 『마이니치신문』 사설은 총사령부와 정부의 공식 발표, 언론보도 등에 대한 일본 국민의 불신에 대해 언급하고 있었다.[5] 「뉴스와 유언비어(ニュースとデマ)」라는 제목의 이 사설은 일본에서 한국전쟁과 관련한 유언비어가 유포되고 있는 당시 사회 분위기에 대해, 전전의 신문과 방송의 습성에 대한 국민의 불신이 여전히 남아 있는 현실을 그 이유로 지목했다. 그러나 전전과는 상황이 달라졌다고 하여 신문보도와 다른 내용의 뉴스를 흘리는 사람은 유언비어를 퍼뜨리고 있는 것으로 보아도 무방하다고 강조하고 있었다. "조선동란이 시작된 뒤에도 일본의 신문은 어떠한 형태로든 특수한 제한을 받지 않고 있으며, 미군은 일본의 군부와는 달리 전황이 불리한 데 대해서는 불리하다고 숨기는 것 없이 보도하게 하고 있다. (중략) 현재 신문에 나오지 않는 중대한 사건을 뉴스로 전하는 자는 유언비어를 방송하고 있는 것이라 보아도 틀림없다"는 것이다.

이러한 논설의 배경에는 전쟁 발발 이후 활발해진 반미 반요시다 운동에 대한 경계심이 깔려 있었다. 사설에서는 미군의 점령하라는 조건 속에서 일본의 신문이 "어떠한 형태로든 특수한 제한을 받지 않고 있다"고 강조하고 있지만, 이는 사실에 반하는 것이었다. 한국전쟁 발발 시점

---

4 『西日本新聞』(1950. 7. 7).

5 『한국전쟁 시기의 신문 사설을 분석한 연구로 鈴木健二, 『戦争と新聞』(毎日新聞社, 1995)이 있다. 이하는 이 연구를 가이드로 삼았다. 또한 『아사히신문』의 사설을 통해 일본의 방위론을 추적한 연구로는 水野均의 일련의 연구들이 있는데, 그 첫 번째 연구로 한국전쟁 시기를 다룬 「日米安保条約の締結と朝日新聞—社説にみる日本防衛論」, 『千葉商大論叢』 41(3)(通号, 142), 2003年 12月을 참고할 만하다.

에서 비록 검열제도가 폐지되었다고는 하지만, 총사령부에 의한 '내면지도'는 계속되고 있었으며, 실제로 일본공산당 기관지 『아카하타』는 반점령군에 관한 보도를 개시했다는 것을 이유로 폐간 조치되었다. 이러한 상황에서 신문의 자기규제는 여전히 심각할 정도로 계속되고 있었다고 할 수 있다.[6] 그 일단이 전쟁의 전개에 대한 태도 변화에서 나타나고 있다.

『마이니치신문』은 1950년 6월 29일 자 사설에서 미국이 '현상의 복귀'와 '평화의 확보'를 목표로 참전한 것이며, "38선 이북으로의 군사행동을 시도하지 않을 것"이라는 점을 분명히 했기 때문에 일본은 미국의 행동을 지지하며 협력해야 한다는 논리를 펼쳤다. 그런데 한국군에 이어 미군이 38선을 돌파한 1950년 10월 10일 자 사설에서는 "38선 돌파의 문제는 통일을 위한 방법론에 지나지 않는다. (중략) 현재 조선 문제의 해결을 불완전, 불철저한 상태로 두게 되면 평화의 위협은 끝없이 반복될 것"이라 하여 북진을 용인하는 태도로 변화하여 미군의 행동을 사후 추인하는 모습을 보였다. 유엔이 추구하는 평화에 대한 이해와 이에 입각한 협력이 필요하다는 것이 그 이유였다.

> 유엔이 안보이사회에서 당초부터 북한군의 철수뿐만 아니라 조선의 평화 회복과 통일의 실현을 결의했던 데 의의가 있다고 인정한다면 이를 위한 방법도 이해를 얻을 수 있다. 다만 일본에서는 애초에 북한군의 철수 문제만 신경 쓴 나머지 (유엔 안보리 결의가—필자 주) 평화와 통일을 위한 결의라는 점이 충분히 이해를 얻지 못하고 있었다. 이를 잘 이해하게 되면 38선 돌파가 결행되더라도 일본인의 생각에서, 유엔에 대해 협력하는 태도에 대

6 鈴木健二, 前掲書, 189頁.

해 오해가 일어나는 것은 당연히 피할 수 있을 것이다.[7]

『요미우리신문』도 “6월 말의 유엔 결의는 38선 회복을 목적으로 하고 있을 뿐이지만, 북한군이 여전히 맥아더 원수의 요구에 응하지 않는 이상 38선 돌파를 결의하는 것은 당연한 전개”라고 하여 38선 이북으로의 진격을 정당화하고 이해한다는 태도를 보였다. 이어서 “당면한 문제는 이에 대해 북한과 소련, 중공이 어떻게 나올 것인가”인데, 저항력이 저하한 북한은 소련과 중공에 의지할 수밖에 없지만, “소련과 중공도 현재 상황에서 동란에 개입하게 되면, 유엔군과 정면으로 충돌하여 지극히 중대한 사태를 야기할 것을 각오해야 한다”는 것을 잘 알고 있기에 두 나라 모두 “아마도 그만큼의 결의는 아직 굳히지 못하고 있을 것”이라 예상하고 있었다. “소련이 이러저러한 수단을 강구할 것이라는 점은 예상하기 어렵지 않으나 중공은 아마도 움직이지 않으리라는 것이 일반적인 관측”이라는 결론을 제기하고 있다.[8] 이는 맥아더와 총사령부의 낙관론을 그대로 옮겨 놓은 것이라고 할 수 있으며, 당시 신문의 논조가 여전히 점령군의 영향력 안에 있었음을 알 수 있는 대목이다.

‘빨갱이 추방(red purge)’이라는 이름으로 진행된 혁신진영에 대한 탄압과 관련해서도 일본의 신문들은 정부와 총사령부가 추진하는 ‘공산주의자 및 동조자의 추방’에 적극 옹호하는 모습을 보였다. 『요미우리신문』은 8월 8일 자 사설에서 신문 및 방송 관련 업계에서는 이미 자발적으로 공산당과 동조자를 해고하고 있으며, 주요 산업의 동력이라 할 수 있는

7 『毎日新聞』(1950. 10. 10).

8 『読売新聞』(1950. 10. 9).

전기산업에서는 2,000명의 정리해고를 단행하는 와중에 '빨갱이 추방'에서 관청이 민간기업에 뒤처져 있는 것 자체가 국민의 비난을 피할 수 없는 일이라고 비난하며, "관청으로부터 공산당 프락치를 일소하라"고 주장했다. 결론은 공산주의자들의 예상되는 '암약'에 경찰예비대(National Police Reserve)를 충분히 활용하여 대처하라는 주문이었다. 이러한 사설들에서는 공산당에 대한 대단히 전투적인 자세가 엿보인다.

> 만일 일본혁명의 제2전선이 결성되어 조선(朝鮮)의 노동당(공산당)과 같이 게릴라전을 펼치며 적군을 유도하기 위한 첨병의 역할을 자처하는 사태에 이르게 된다면, 현재 편성되고 있는 경찰예비대의 임무는 지극히 중요하게 된다. 각지에서 속속 일어나고 있는 열차 전복, 댐 파괴, 통신시설 방해 등은 가공할 그 무엇인가가 임박했음을 암시하고 있는 것이 아닌가.[9]

『요미우리신문』보다 덜 격한 논조이지만, 『아사히신문』도 '빨갱이 추방'에 대해, 무분별한 적용에 의한 비민주주의적 폐해에 대해서는 경고하면서도 그 자체에 대해서는 어쩔 수 없는 조치로 받아들였다. 『아사히신문』 9월 4일 자 사설은 공산주의자와 그에 대한 '명백한 동조자'의 배제는 일본이 "민주주의 체제를 유지하기 위해 취할 수밖에 없는 조치"였다고 인정하고, 공산주의자가 조선 사건의 발발 이래 취하고 있는 행동들이 그 근거라고 주장하고 있다. 다만 『아사히신문』은 "빨갱이의 추방은 명백한 공산당원에 관한 한 당연한 조치라고 할 수밖에 없지만, 그것이 이른바 동조자에 적용되는 경우에는 여러 문제가 일어난다"고 하여 문제

9 同上(1950. 8. 8).

점을 지적하고 있다. 나아가 "이번 조치는 정상적인 조합운동에 대한 압박이 아니기에 분명한 동조자가 아닌 자를 위해 조합이 합법적으로 싸울 수 있어야 한다"고 하여 최소한의 저항을 시도하고 있다.[10] 그럼에도 이 시기 일본 신문의 사설 논조에서 한국전쟁 발발 직후 일본에도 불어닥친 '빨갱이 추방'의 광풍을 미루어 짐작할 수 있다.

8월 8일 자 『요미우리신문』 사설은 '빨갱이 추방'의 과정에서 경찰예비대의 역할을 기대하고 있기도 하다. 그러나 애초에 경찰예비대가 발족하는 시점에서는 이에 대한 우려도 없지 않았다. 『마이니치신문』은 7월 9일 자 사설에서 "경찰예비대가 일본 군대의 재건을 위한 맹아가 될 수 있다"는 여론을 전하며, 모든 것이 '포츠담 정령'에 의해 진행되는 것에 대해서는 의문의 여지가 있다고 하여 총사령부가 주도하는 경찰예비대 창설에 이의를 제기했다.[11] 또한 경찰예비대의 성격에 대해서도 여론 일반의 의심을 불식하기 위해 '조속히 국경(国警, 국가지방경찰)과의 통합이 실현되어 경찰법에 기초한 경찰력이 될 것을 기대한다'고 요망하기도 했다.[12]

이처럼 각 신문은 총사령부의 눈치를 보며 세심한 주의를 기울이면서도 재군비 문제와 관련해서는 일본 정부를 상대로 반대의 입장을 펼치고 있었다. 8월 1일 자 『마이니치신문』 사설은 요시다 수상의 독선적 외교를 비난하고 있는데, 특히 그의 지나친 유엔 의존을 비판하고 있다. 요시다 수상은 "조선 사건에서 유엔이 군사행동을 일으킨 데 고무되어 일본의 안전에 대해서도 이를 전례 삼아 여차하면 유엔이 나서 줄 것처럼

10 『朝日新聞』(1950. 9. 4).

11 『每日新聞』(1950. 7. 20; 8. 9).

12 同上(1950. 7. 9).

흘리고 다니는데, 그럼에도 미국에 일본의 안전을 보장받는 것 말고는 일본이 살 길은 없다고 강변해 온 지금까지의 인상을 변화시키는 데 이르지는 못했다"고 하여 요시다의 지론인 '유엔에 의한 안보'가 실질적으로는 '미국에 의한 안보'라는 사실을 지적하고 있다.[13] 그러면서도 『마이니치신문』은 8월 29일 자 사설에서 신뢰할 만한 외교통 정보라며 미국이 구상 중인 대일 강화조약 초안에 일본의 재군비에 대한 금지 조항이 빠져 있다고 전해진다고 하며, 재군비 문제에 대해 주의를 환기했다. 다음의 내용으로 미루어 보건대 재군비 찬반의 입장을 불문하고 한국전쟁이 발발하기까지 일본 국민 사이에서 재군비 문제는 거의 터부시 되어 왔던 현실임을 알 수 있다.

> 재군비 금지를 지상명령으로 하고, 군비 문제에 언급하는 것이 터부시 되어 왔던 상황에서 일본의 장래 모습에 대한 논의는 무력 없는 일본을 전제로 할 수밖에 없었다. 군비 포기를 진심으로 찬성하는 일본인도 이에 의문을 가진 일본인도 이 문제에 대한 생각은 이미 처음부터 결정되어 있었던 것이다. 그런 조건 속에서, (군비 문제를—필자 주) 어떻게 할 것인가에 관해 결정하는 책임을 면할 수 있었던 것이다. 따라서 재군비 문제는 찬반을 떠나 일본인 사이에서 아직 심각하게 고려되지 못했다. 이를 진지하게 생각해야 할 시점이 임박했다.[14]

위 사설은 "헌법 제9조를 부동의 것으로 만들지 말고, 이 문제를 모든

---

13 同上(1950. 8. 1).

14 同上(1950. 8. 29).

각도에서 생각해 둘 필요가 있다"고 하여 개헌까지도 시야에 넣은 재군비 논쟁을 적극 실시할 것을 요구하기도 했다. 그럼에도 사설의 주된 논조는 경찰예비대 창설 이후 법적·제도적 장치 없이 그리고 물론 국민의 동의 없이 밀실에서 진행되는 비공식적 재군비에 대한 경계와 비판에 놓여 있었다. 1951년 1월 17일과 18일 양일에 걸친 『마이니치신문』의 연속 사설에서는 "내외로부터의 위험을 예방하기 위해 어떠한 태세를 취할 필요가 있는가, 강력히 무장하면 안전한가"라는 질문으로 논점을 제시하고, "방어에 충분하고 공격이 불가능한 무장"이 가장 이상적이지만, 이조차 결국 재군비를 결과할 수 있기에 신중해야 하며, "현 단계에서 조급한 재군비의 추진은 고려 검토할 문제가 대단히 많다"고 하여 재군비에 비판적인 자세를 견지했다.[15]

그런데 1951년 3월 3일에 발표된 여론조사에서 일본 국민 다수가 재군비 지지 입장을 보이면서 재군비에 대한 『마이니치신문』의 비판적 논조는 미묘하게 변하기 시작했다. 여론조사에서 일본 국민의 77%가 강화 후에도 미군의 주둔을 희망하고 있었으며, 63%가 재군비를 지지하고 있었다.[16] 이러한 분위기를 반영하듯이 『마이니치신문』은 재군비에 대해서는 명확한 비판을 피하면서 유보적 자세를 취하기 시작했으며, 소련 등 사회주의 진영을 배제한 자유민주주의 진영과의 다수강화에 대해서는 지지하는 입장을 명확히 표명했다.[17] 다수강화에 대한 지지와 재군비에 대

15 同上(1951. 1. 17/18).

16 同上(1951. 3. 3). 일본신문협회는 1951년 1월 시점에서 가맹 각사의 사설을 분석하고 있다. 이에 따르면 사설의 70%가 다수강화설이었으며, 전면강화는 16%에 불과했다. 鈴木健二, 前揭書, 196頁.

17 『每日新聞』(1951. 4. 2/7).

한 유보적 입장은 대일강화에 대한 덜레스 연설을 언급한 4월 2일 자 사설에서 처음 표명되었다. 덜레스 연설은 재군비한 일본이 집단안보의 일각을 담당해 줄 것을 희망하는 내용이었는데, 사설은 재군비 문제와 관련해서 "강화 후의 일본이 독자적인 입장에서 잘 생각해야 할" 문제이며 "지금 일본이 결론을 내리는 것은 시기상조"라고 하여 결론을 유보하고 있다. 그러나 강화 문제에 대해서는 다음과 같이 분명한 입장을 표명했다.

> 일본이 지금 직면하고 있는 강화 문제는 구체적인 내용을 가진 문제다. 일본이 편협한 자기주장만으로 희망론을 펴는 것은 허락되지 않는다. (중략) 희망론의 입장에서 (강화 문제를—필자 주) 비판하기는 쉽지만, 과연 일본에 이익이 되는지 현실적으로 생각해야 한다. 우리는 미국의 대일강화 초안을 전체적으로 보아 받아들여야 한다고 생각한다.

이처럼 "재군비 논의는 일단 유보하고 당장은 비무장의 입장을 견지한다"는 입장이나 "전면강화론은 희망론이며, 미국과의 다수강화(단독강화)를 받아들인다"는 입장이야말로 다름 아닌 요시다 노선의 기본이며, 따라서 『마이니치신문』은 결과적으로는 요시다를 측면에서 지원하고 있었다고 할 수 있다. 같은 신문 4월 7일 자 사설은 더욱 분명한 입장을 표명했다. "결론적으로 우리는 거듭 주장한다. 미국의 강화 초안을, 비록 그것이 단독강화라고 해도 받아들여야 한다"는 것이었다.

강화조약과 함께 미일안보조약이 조인되고, 그 내용이 분명해진 이후 안보조약에 대한 신문 논조는 저조했다. 즉, 찬반 여부를 불문하고 미군에 대한 기지제공에 대해 적극적 입장을 전개한 신문은 그리 많지 않았던 것이다. 『일본신문협회보(日本新聞協会報)』에 따르면 지방지를 포함해서 190개 일간지 가운데 안보조약 문제를 사설로 다룬 일간지는 34개에 불과했다. 이 중 26개 일간지는 안보조약 지지의 입장을 전개하여 다수를 차지하고 있었다. 6개 일간지는 비판적 입장을 나타내고 있었으며, 2개 일간지는 찬반 논지가 불명확한 내용이었다.[18] 이 가운데 확실한 지지 입장을 표명한 것은 『요미우리신문』이었는데, 안보조약은 "우리의 국가적 타산이 미국의 타산과 합치한 것으로, 여기에 일본의 노예화나 불명예라 할 만한 그 어떠한 것도 없다. (중략) 교통권이나 훈련권, 재판관할권 등과 관련하여 앞으로 세세한 논의가 있겠지만, 우리는 큰 목적을 위해 작은 희생을 각오하지 않으면 안 된다"고 결론짓고 있다.[19]

『요미우리신문』과 같은 예외가 있긴 하지만, 안보조약을 둘러싼 신문 논조는 전체적으로 저조했다. 이와 대조적으로 재군비 문제는 비교적 빈번하게 사설에 등장했다. 『일본신문협회보』에 따르면 1951년으로 넘어가 해가 바뀌면서 재군비 문제는 가장 뜨거운 이슈가 되었다. 1월 1일부터 25일까지 98개사 일간지 사설 가운데 강화 문제를 다룬 것이 302건이었다. 그 가운데 강화 그 자체가 86건, 안보조약의 가부 문제가 26건, 안보조약 문제 중 특히 기지제공 문제를 언급한 것이 14건, 영토 문제를 다룬 것이 4건 등이었다. 그리고 재군비 문제를 언급한 것이 172건으로 가장 많았으며, 60%에 이르고 있었다. 그 가운데 재군비를 지지하는 내용이 약 70%, 반대 및 기타가 약 30%였다. 4월이라는 시점에서의 태도 표명이라 비교가 조심스럽긴 하지만, 앞서 언급한 『마이니치신문』 사설과 같이 유보적 입장은 소수에 속해 있었다. 『일본신문협회보』는 이 시기 안

---

18 鈴木健二, 前掲書, 198頁.

19 『読売新聞』(1951. 9. 10).

보조약과 재군비 문제에 대한 신문 사설들이 "대부분 문제를 망라하는 내용이었고, 더 깊이 파고들어야 하는 점에 대해서는 언급하지 못했다"고 분석했다.[20]

스즈키 겐지(鈴木健二) 또한 이 시기 사설을 통독한 결과 이들 신문 논조에서 박력을 찾아보기 어렵다고 결론짓고 있다. 그 이유로 언론계에 군사 문제를 전면에서 정정당당하게 취급하지 못하는 전전의 습성이 계속되고 있었고, 안보조약의 교섭상대인 미국을 의식하고 배려했을 가능성이 있었던 데 더해 안보조약과 재군비 문제가 표리일체의 관계가 되어 논쟁의 폭이 좁아진 점 등을 들고 있다. 즉, 재군비 논쟁이 안보조약과 관련한 문제로 이어지고 안보 논쟁이 헌법개정 문제로 비화될 수밖에 없는 논리구조가 만들어진 상황에서, 재군비 문제를 건드림으로써 구 군인과 우익이 주도하는 개헌 논쟁을 촉발할 가능성을 경계했던 것이다.[21]

이후 1951년을 통틀어 신문 지면에서, 한국전쟁이 강화조약과 안보조약, 재군비 문제와 일본 경제 등에 미치는 영향을 언급하는 것 말고, 한국전쟁과 일본의 관계를 직접 언급한 사설은 찾아볼 수 없게 되었다. 한국전쟁은 일본인 일반에게 '강 건너 불'과 같은 존재가 되어 갔다. 그러나 일본이 강화를 통해 국제사회에 복귀하여 한국의 전선에 독자적으로 특파원을 보내기 시작하면서 상황은 미묘하게 변했다. 전선에 파견된 일본 특파원들의 눈에 비친 한국전쟁은 그들 자신의 전쟁, 즉 '일본의 전쟁'이었던 것이다. 8명의 최초 일본인 특파원 중 『아사히신문』의 나카무라(中村) 특파원의 보고는 "이것은 '강 건너 불'이 아니다"라는 문장으

---

20 鈴木健二, 前揭書, 199頁.

21 同上, 200頁.

로 시작되고 있었다. 전선에는 일본제 무기와 탄약으로 넘쳐났고, 전선을 오가는 '지프' 등의 수송 차량은 일본에서 조립, 수리되고 있었다. 특히 미군이 아닌 한국군이 담당하고 있는 전선에서는 이스즈(いすゞ), 닛산(日産), 도요타(トヨタ) 등의 차량만 있을 뿐 미제는 거의 찾아볼 수 없었으며, 미군이 지키는 전선에서도 미군 병사가 착용한 피복류는 모두 일제였던 것이다.

특파원 나카무라의 눈에 비친 현실은 다음과 같은 것이었다. "일본의 군수회사들은 이 전선에서의 전투에 실질적으로 참가"하고 있었고, "일본과 한반도 사이에 이제는 바다가 없다고 할 정도로 밀접해진 현실"을 외국인 기자들은 '재팬 코리아 지구(Japan Korea Area)라는 지명'에 담아 부르고 있었던 것이다.[22] 교착상태가 장기화하면서 한반도와 일본이 하나의 전선이라는 인식은 더 명확해지고 있었다. 동해안에서 서해안으로 한반도의 산야를 횡단하는 250km의 전선에 세워진 철조망이 일본산이라는 것과 1952년 1년 동안 약 5,000만 달러 분량이 투하되었다는 포탄이 일본의 크고 작은 공장에서 제조되었다는 것은 전선과 후방기지로 연결된 한일관계를 상징하고 있었다.

2. 한국전쟁의 발발과 여론

한국전쟁의 발발이 재군비 및 기지제공 문제와 관련한 여론에 미친 영향을 분석하기 위해서는 먼저 전쟁 발발 직전의 여론조사를 살펴볼 필요가 있

22 『朝日新聞』(1952. 11. 16).

다. 1949년 8월 1일부터 3일까지 실시된 『요미우리신문』의 여론조사(8월 15일 자 신문에 발표)는 일본 국민이 세계정세의 발전에 불안을 느끼면서도 ① 절대로 전쟁에 말려들고 싶지 않다는 의견이 압도적인 다수를 차지했으며(88.3%), ② 강화회의 이후에는 영세중립의 자주독립을 바라는 의견이 다수였으며(영세중립: 73.4%, 집단안전보장: 16.6%), ③ 강화가 이뤄진 뒤로도 당분간은 연합국 군대의 주둔을 희망하는 의견이 그렇지 않은 의견보다 다수(주둔 희망: 46.4%, 철수 희망: 35.8%)를 차지하는 결과를 보였다.[23] 전쟁을 부인한 평화헌법을 지지하고 영세중립을 희망하면서도 이를 위해 기지를 제공하는 것은 당분간 감당할 수밖에 없다는 현실적인 판단을 하고 있었던 것이다.

한국전쟁 발발 직후의 최초 여론조사는 『요미우리신문』이 1950년 8월 3일부터 사흘간 실시하여 패전일인 8월 15일에 발표되었다. 이 가운데 제6항이 군사기지에 관한 질문이었다. 강화 이후의 군사기지 유지 여부를 묻는 질문에 찬성이 28.5%, 반대가 37.8%로 나타나서 반대 의견이 약간 우위를 차지하고 있었다. 이것은 전년도 조사와는 역전된 내용이었다. 이는 실제로 전쟁이 발발하면서 곧바로 일본의 미군기지가 전쟁에 직접 연계되는 현실을 목격하면서, 주일미군 기지의 존재가 전쟁에 말려들 가능성을 키우고 있다는 인식이 일본 국민 사이에 팽배한 결과라고 할 수 있다.

한편 재군비 문제에 대해서는 전체적으로 찬성하는 의견이 근소하나마 반대 의견보다 다수를 차지하고 있었다. 전쟁에 대한 일본의 협력

23 한편 회답자의 36.6%가 가까운 장래에 세계전쟁의 발발 가능성이 있다고 생각하고 있었으며(28.1%는 이에 대해 부정적), 이 중 52.9%가 세계대전이 발발할 경우 일본이 전쟁에 말려들 가능성이 있다고 답했다.

여부를 묻는 질문에 대해서는 모종의 협력을 실시해야 한다는 대답이 30.8%였으며, 협력에 대해 부정적인 대답이 56.8%였다. 협력하지 말아야 한다고 대답한 사람 가운데, 그 이유를 묻는 질문에 대해서는 '전쟁을 혐오한다'는 대답이 39.7%로 압도적인 다수를 차지했다. '협력해야 한다'고 대답한 사람에게 다시 그 구체적인 방법을 물었다. '군수물자 등 생산면에서의 협력'이 18.1%, '의용군을 파견한다'가 5.5%, '국방군을 편성해서 파견한다'가 4.6%였다.[24] 일본 정부가 발표한 공식 성명「조선의 동란과 우리의 입장」이 8월 19일이라는 시점에 발표된 것은 이러한 국민의 정서를 반영한 것이었다.

다음으로『마이니치신문』이 전쟁 발발 후 2개월이 지난 8월 말에 실시한 조사가 있다. 조사결과 안전보장 문제에 대해 국민 일반의 불안이 상당히 증대되었다는 것과 미국 또는 유엔의 안전보장에 거는 기대가 압도적으로 크다는 사실이 드러났다. 일본의 안보 불안에 대해서 '느낀다'가 38.8%, '다소 느낀다'가 40.7%로 이 둘을 합쳐 80%에 가까운 사람들이 일본의 안보에 대해 불안감을 갖고 있었다. 안보 수단에 대한 질문에 대해서는 미국 또는 일본에 기지도 제공하며 자위력도 갖춰 간다는 생각이 다수를 차지하고 있었다. 구체적으로 보면 '미국에 의존하면서 자위력을 증대시킨다'가 32.7%, '모두 미국에 맡긴다'가 10.9%, '유엔에 의존하면서 자위력을 증대시킨다'가 26%, '모두 유엔에 맡긴다'가 9.6%였으며, '타국에 의존하지 않는 자위력을 갖춘다'는 7.4%에 불과했다. 미국 또는 유엔에 의존한 안보, 즉 외국 군대에 대한 기지의 제공을 의미하는 선택지에 대한 지지를 모두 합치면 80%에 육박한다. 또한 '자위력 증대',

24『読売新聞』(1950. 8. 15).

즉 재군비를 의미하는 선택지를 지지하는 의견은 58.7%로 절반을 넘었다. 이러한 결과는 일본 국민 일반의 관심이 한국전쟁 발발로 인해 전쟁을 현실적인 위협으로 느끼고, 이에 대한 구체적인 방책을 절실히 요구하는 쪽으로 바뀌고 있음을 보여 주고 있다. 그런 만큼 평화헌법하에 군비를 지니지 않는다는 조건에서 미국과 유엔에 거는 기대감의 상승을 가져온 것이라고 할 수 있다. 특히 유엔의 집단안전보장에 기대한다는 회답은 이전에 비해 3배로 증가했다.

한편 더욱 직접적으로 '미국에 대한 군사기지 제공'을 묻는 질문에 대해서는 '반대'가 40.4%로, '찬성'(31.1%) 혹은 '잘 모르겠다'(22.9%)에 비해 여전히 다수를 차지하고 있었다. 그러나 이 결과는 적극적인 반대가 40%에 불과하며, '기지제공 반대'에 회의적인 태도가 오히려 증가하고 있었던 반증으로 해석해야 할 것이다. 또한 '일본인 의용군 파견을 용납하라는 의견에 대해 어떻게 생각하느냐'는 질문에 대해서는 '일본 방위만을 위한 의용군이라면 찬성'이 42.7%, '해외에 파견하는 경우에도 찬성'이 14.8%, '해외 파견에 한해 찬성'이 2.7%, '국내에 한정된 의용군에 대해서도 반대'가 19.1%로 나타났다. 앞선 설문에서 '자위력을 증대시킨다'가 과반수를 넘어 58.7%라는 점을 아울러 고려하면, 재군비 찬성 의견이 '일본 방위만을 위한 의용군이라면 찬성'한다는 42.7%에 반영되었음을 알 수 있다.[25]

『아사히신문』이 1950년 9월 21일부터 나흘간 전국적으로 실시한 '국제 문제에 관한 여론조사'가 있다. 전면강화인가 혹은 단독강화인가를 묻는 설문조사로, 같은 신문에서 전년도인 1949년 11월에 실시한 '유식

25 『每日新聞』(1950. 9. 3).

자 조사'에서는 전체 86명 가운데 51명(59%)이 전면강화를 찬성했다. 이에 비해 단독강화를 지지한 사람은 18명(21%)으로 소수파에 속했다. 일반인을 대상으로 1950년 9월에 실시한 조사에서는 전면강화에 대한 찬성이 21.4%, 단독강화에 대한 찬성이 45.6%로 나타나 거의 역전되는 현상을 보였다. 또한 '강화 후 미국이 일본에 군사기지를 보유하는 데 대해 어떻게 생각하느냐'는 질문에 대해서는 반대가 37.5%로 찬성 29.9%보다 다수 의견이었다. 그 내용을 살펴보면 전면강화론자 가운데 반대는 57%로 찬성의 2배에 가까운 비율을 보였으며, 단독강화론자 가운데 기지제공에 찬성하는 의견은 44%로 반대하는 의견보다 근소하나마 다수를 차지했다.

재군비를 묻는 질문에 대해서는 찬성이 53.8%, 반대가 27.6%로 찬성이 2배 가까이 웃돌았다. 질문이 '군대 창설'이라는 점을 명확히 하고 있음에도 불구하고 찬성 의견이 절반을 넘었다는 것에서 한국전쟁의 영향과 충격을 짐작할 수 있다. 나아가 군대 창설 반대론자에 대해, 창설될 군대가 '일본 방위에 전념할 경우에도 반대할 것인가'라고 다시 그 입장을 확인하자 59%는 찬성 의견으로 돌아섰으며, 29%만 여전히 반대한다는 입장이었다. 여기서 29%는 전체로 보면 8.1%에 해당하는데, 어떠한 형태의 군대에도 반대한다는 확고한 입장을 표명한 사람이 10%에도 못 미치고 있다는 사실을 반증하고 있다.[26]

한편 한국전쟁에 중국이 개입하자 『요미우리신문』은 12월 16일과 17일 양일간 여론조사를 실시하고 이를 22일 자 신문에 발표했다. 중공군 개입으로 일본에 대한 위협 요소가 증가했다고 느끼고 있는 사람이 과

---

26 『朝日新聞』(1950. 11. 15).

반수(55.8%)를 차지하는 가운데 군대 창설에 대한 찬반을 묻는 질문에서 43.8%가 찬성하고 있으며, 38.7%가 반대, 17.5%가 잘 모르겠다고 했다. 찬성하는 이유 중 가장 많은 의견이 '자신의 국가는 자신이 지켜야 하기 때문'이라는 자위론의 입장이 68.1%를 차지한 반면, 반대하는 이유 중 '전쟁에 말려들기 때문'이 42.9%를 차지했다. 이어서 '전쟁을 포기한 헌법을 지지하기 때문'이 30.9%를 나타내었다. 이는 『요미우리신문』의 4개월 전 조사(1950년 8월)와 비교하면 '잘 모르겠다'는 사람이 줄어든 반면 찬성론과 반대론이 각각 약 5%씩 동시에 증가한 것이다. 중국의 참전으로 국제정세가 다시 급변하여 위기감이 더욱 고조되었으며, 이러한 위기감이 태도를 유보하던 사람들에게 찬반의 양자택일을 강요했던 것으로 해석된다. 즉, 자위론에 입각한 재군비 찬성론이 고조됨과 동시에 중국의 참전으로 미중 대립이 현실화되면서 '전쟁에 말려들 가능성'도 더불어 높아짐으로써 재군비 반대의 여론도 같은 폭으로 증가하고 있었던 것으로 생각된다.

이에 이어 『요미우리신문』은 중공의 참전과 강화 문제의 관계를 중심으로 별도의 특집을 마련하여 이를 1951년 1월 3일 자에 발표했다. 조사에서는 중공의 참전으로 강화가 '늦춰질 것'으로 예상한 사람이 31.5%, '앞당겨질 것'으로 예상한 사람이 28.2%로 나타났다. 또한 중공의 참전으로 인해 전면강화는 '불가능해졌다'고 생각한 사람이 64.5%인 데 반해 아직도 '가능하다'고 생각한 사람은 7.1%에 불과했다. 그런 가운데 미군에 기지를 제공하는 문제와 관련해서는 41.2%가 기지제공에 반대한다는 의견을 표명한 데 반해 11.3%가 적극적인 찬성 의견을 표시했으며, 31.2%는 '어쩔 수 없이 찬성'하는 입장이었다. 이러한 소극적인 찬성 의견과 적극적인 찬성 의견을 합치면 기지제공에 찬성하는 사람은 42.5%가 된다.

따라서 찬반 의견이 백중지세를 보였다. 이를 1950년 8월 시점의 조사와 비교해 보면 찬성이 14% 증가한 데 비해 반대는 3.4% 증가하는 데 그쳐 기지제공에 대한 긍정적인 의견이 증가하는 경향을 보이고 있음을 알 수 있다.

1951년 2월 16일부터 사흘간 덜레스의 방일 직후에 실시된 『마이니치신문』의 여론조사에서는 미군의 계속 주둔을 희망하는 의견, 즉 기지제공을 찬성하는 의견이 77%를 넘어섰으며, 재군비에 대해 찬성하는 의견이 비로소 반대 의견을 압도하는 결과를 보였다.

제1문항인 '강화 이후 점령군이 철수하면 일본은 공산주의 세력으로부터 공격당할 가능성이 있다고 생각하느냐'는 질문에 대해 '그렇다'가 64.9%를 차지하여 '그렇지 않다'고 한 13.7%를 압도했다. '그렇다'고 답한 가운데 76.2%는 재군비 찬성론자였으며, 89.3%는 강화 후의 미군 주둔 계속을 희망하고 있었다.

제2문항은 '강화 이후 일본은 방위력으로서의 군비를 보유할 필요가 있다는 의견이 있는데, 당신의 의견은 어떤가'라는 질문이었다. 이에 대해서는 찬성이 63%, 반대가 19.5%였다. 이는 덜레스 방일 직전인 1950년 12월, 역시 마이니치신문사가 실시한 전국 여론조사에서 같은 질문을 던졌을 때 찬성이 65.8%, 반대가 16.5%였던 것을 생각해 보면 이미 재군비 찬성 의견은 고정적으로 60%를 넘고 있었다는 이야기가 된다. 찬성의 이유로는 '자위력 없는 완전독립은 불가능하다'는 것이 47.3%로 가장 많았으며, '공산주의로부터의 침략을 방지한다'가 16.5%, '타국으로부터의 침략을 방지한다'가 11.6%, '내란을 방지한다'가 6.9% 등 모두 35%에 해당하는 사람이 구체적인 안보 문제를 거론했다. 반면 재군비에 반대론자 가운데 '헌법에 위배'된다는 점을 이유로 든 경우는 겨우 8.1%에 불과했으며, '전쟁에 말려들 위험이 있기 때문에'가 39.4%, '세금 지출이 늘기 때문에'가 17.9%, '영세중립을 희망하기 때문에'가 10.8% 등이었다. 나아가 재군비 찬성론자의 89.2%는 미군의 계속 주둔을 희망했으며, 재군비 반대론자 중에도 69.2%가 미군의 주둔에 대해서는 용인하는 입장이었다.

제3문항은 '재군비의 시기'를 묻고 있었다. 이에 대해서는 '강화 이후, 경제적인 자립을 이루고 난 뒤'가 32.9%로 가장 많았는데, 요시다 수상의 생각이 국민 일반에게 침투해 있었음을 확인할 수 있다. 기타 '강화 이후, 곧바로'가 24.3%, '유엔에 가입한 뒤'가 9.1% 등이었다. 재군비를 '영원히 반대한다'는 14.3%에 불과하여 제2문항에서 재군비에 반대한 19.5%보다 적은 수치를 보였다.

기지제공의 가부를 묻는 제4문항은 '강화 이후, 미국은 일본이 희망한다면 미군을 일본 국내에 주둔시켜도 좋다는 입장을 밝힌 바 있는데, 이에 대해 어떻게 생각하느냐'는 질문이었다. 이에 대해 '가능한 한 오래'가 17.7%, '일정 시기에 한해'가 59.5%로 나타나 주둔에 대해 찬성하고 있었다. 이를 합치면 무려 77.2%가 미군에 대한 군사기지의 제공에 찬성하고 있었다. '군사기지 제공에 대해 어떻게 생각하느냐'고 하여, 단도직입적으로 묻고 있는 1950년 12월의 조사에서는 찬성이 41.2%, 반대가 38.4%였다. 각각의 설문조사에서 질문의 문장이 서로 다른 뉘앙스를 띠고 있기는 하지만, 미군의 계속 주둔을 희망하는 사람이 급증하고 있었음은 분명하다.

그 밖에 '강화 이후의 태평양방위동맹 참가에 대해' 찬반을 묻는 질문이 있었다. 찬성이 70.4%로 반대 7.7%를 압도하고 있었다. 적어도 이 시기에는 일본 국민의 대다수가 집단안전보장에 대해 긍정적이었던 모

습을 확인할 수 있다.[27]

3. 강화 문제와 여론

1951년 3월 10일부터 사흘간 『요미우리신문』은 재군비 문제에 대한 여론조사를 실시하여 3월 26일 자 신문에 발표했다. 재군비 문제에 관해 "일본에 국방군을 재건하라는 요구가 있는 데 대해 어떻게 생각하느냐"는 질문에 대한 대답으로 '찬성'이 47.3%, '반대'가 23.6%, '잘 모르겠다'가 29.1%로 나타났다. 이를 전년도, 즉 한국전쟁 발발 직후인 1950년 8월의 조사와 비교해 보면 '찬성'은 8.4% 증가한 데 비해 '반대'는 9.1% 감소했다. '잘 모르겠다'는 대답은 거의 비슷했는데, 이는 반대론자 중에서 약 35%가 찬성하는 쪽으로 바뀌었음을 의미하는 것이다. 또 재군비 찬성론자에게 "재군비를 위한 헌법개정" 문제에 대한 찬반 질문을 했는데, 68.4%가 찬성했으며 겨우 8.3%만 반대하고 있었다. '강화 이후 미군의 일본 주둔'에 대해서는 18.5%가 적극 희망했으며, 45.2%는 일정한 기간 주둔의 필요성이 있다고 인정했다. 그리고 '반대'가 16.7%, '잘 모르겠다'가 19.6%로 나타났다. 적극 희망한다는 의견과 일정한 기간 필요하다는 의견을 합친 63.7%에 해당하는 사람이 미군의 계속 주둔에 대해 찬성하고 있었다. 즉, 일본 국민의 60% 이상이 미국에 대한 기지제공을 용인하고 있었던 것이다.[28]

---

27 『毎日新聞』(1951. 3. 3).

28 『読売新聞』(1951. 3. 26).

한편 1951년 2월 특별심사국(이하 특심국)은 독자적으로 대중의 여론 동향을 조사하여 총사령부에 보고하고 있었다. 보고서는 중국군의 참전 이후 한국전쟁에 대한 일반 대중의 관심이 고조되고 있다고 보고 있으며, 이를 다음과 같이 분석했다. “공산 중국과 소비에트 러시아의 극동에서의 최종적인 목표는 일본을 향해 있다. 경찰예비대로서는 도저히 이에 대항할 수 없으며, 일본공산당이 호응하여 봉기하게 되면 혁명을 피할 수 없을 것이다. 맥아더의 일본 재군비에 관한 신년사는 재평가되어야 한다. 전쟁을 혐오하고 재군비를 바람직하지 않다고 생각하고 있지만, 현 상황에서는 달리 방법이 없다”는 것이 국민 일반의 생각이라는 것이다. 또한 강화 이후의 안전보장에 대해서는 “미국의 지원하에 강력한 방위력을 유지해야 한다”는 생각이 증대되는 경향이라고 보고했다. 조사 직전인 1월 22일에 실시된 히로시마현 지사선거에서는 ‘당초 3만 내지 4만의 득표가 예상되었던’ 공산당 소속 후보의 득표수가 1만 6,000표에 그치는 결과를 나타내었는데, 이를 근거로 특심국 보고서는 “일반 대중 사이에서 뿌리 깊은 반공 감정이 형성되고 있다. 그들은 일본공산당이 조선전쟁을 이용하려 한다 생각하고, 이 점을 우려하고 있다”고 결론짓고 있다.[29]

같은 시기 민간의 여론조사 결과를 주목해 살펴보면 4월 22일 자 『요미우리신문』이 맥아더 해임 직후 강화 문제 해결의 방향이 구체화한 것을 계기로 실시한 여론조사를 발표했다(4월 18~19일 실시). 이 조사에 따르면 강화 문제에 대해서는 전면강화를 ‘희망’하는 사람이 57.1%로 여전히 다수를 차지하고 있었다. 하지만 현실적으로 이것이 ‘가능하다’고 생각

29 “大衆感情の最近の動向”(1951. 2. 17), *Korean War and Peace*, GS, GHQ/SCAP Records, Box no. 2275 BB, GS(B)-04251-04254.

하는 사람은 5.5%에 불과했다. 현실적으로 '불가능하다'고 생각하는 사람이 66.8%에 달해 압도적 다수가 단독강화를 받아들이는 태도를 보이고 있었다. 기지 문제와 관련해서는 미군 주둔을 '희망한다'가 19%, '당분간 필요하다'가 52.9%, '희망하지 않는다'가 17.6%, '잘 모르겠다'가 10.5%였다. 즉, 기지제공을 용인하는 입장은 71.9%에 달했다. 재군비 문제에 대해서는 '찬성'이 53.1%, '반대'가 30.4%, '잘 모르겠다'가 16.5%로 나타났다.[30]

『요미우리신문』은 8월 15일 해마다 실시하는 전국여론조사(1951년 8월 3~5일 실시) 결과를 발표했다. 미군 주둔과 관련해서는 두 종류의 질문이 준비되었다. 우선 제6문항에서는 "강화 이후로도 미국이 미일 쌍무협정의 규정에 따라 일본에 주둔하는 데 대해" 찬반을 물었다. 이에 대해 '기꺼이 찬성'이 28%, '할 수 없이 찬성'이 34.8%, '반대'가 18.5%, '잘 모르겠다'가 18.7%였다. 이어서 제7문항에서는 "당신은 강화 이후에도 미국이 일본에 군사기지를 유지하는 데 대해"라고 하여 제6문항과 같은 전제 없이 찬반을 물어 본 결과 '기꺼이 찬성'이 18.3%, '할 수 없이 찬성'이 33.6%, '반대'가 29%, '잘 모르겠다'가 19.1%였다. 적극적인 찬성과 소극적인 찬성을 합친 찬성 의견을 볼 때 제6문항에 대한 '찬성'은 62.8%로, 제7문항에 대한 '찬성' 51.9%보다 10.9% 증가한 결과였다. 이는 물론 '미일 쌍무협정'이라는 조건이 붙은 것을 전제로 한 찬성이 그만큼 많다는 것을 의미했다. 또한 '기꺼이'라는 수식어가 붙어 있는 찬성 의견이 각각 28%, 18.3%를 차지했다는 것은 기지제공에 적극적인 의미를 부여하고 있는 사람이 적어도 2할은 된다는 것을 의미한다. 그리고 재군비 문제와 관련

30 『読売新聞』(1951. 4. 22).

해서는 '찬성'이 50.8%, '반대'가 31.5%, '잘 모르겠다'가 17.7%였다. 따라서 재군비에 대해 점차 '찬성' 의견이 증가하는 경향을 읽을 수 있다.[31]

재군비에 대해 용인하는 국민 여론은 강화와 더불어 더욱 확고해졌다. 강화조약 조인 직후인 9월 20일 자 『아사히신문』은 조약 체결과 관련한 여론조사(9월 12~14일 실시) 결과를 발표했다. 조사결과 "강화조약의 결과 일본은 독립국이 되었으며, 자주 및 자위를 위해 군대를 창설해야 한다"는 의견에 대해 '찬성'이 71%, '반대'가 16%, '잘 모르겠다'가 13%를 차지하여, 일본 국민의 압도적 다수가 재군비에 대해 찬성하고 있음을 명백히 보여 주었다. 『마이니치신문』도 같은 시기(9월 13~14일)에 여론조사를 실시했다. 조사결과 79.9%가 미일안보조약을 찬성하고 있었다. "미일안보조약은 장래 일본이 군사적으로 자립할 때까지 계속되는데, 재군비에 대해 어떻게 생각하느냐"는 문항에 대해 '신속한 재군비가 필요하다'는 의견이 24.9%, '경제적으로 회복한 뒤에 재군비하는 것이 바람직하다'는 의견이 51.4%로 나타났다. 이를 합친 76.3%가 재군비에 원칙적으로 찬성하고 있어 '반대' 의견인 12.1%를 압도하고 있었다. 다만 원칙적으로는 찬성한다 해도 '경제적 회복'이라는 조건부 찬성이 '신속한 재군비'를 주장하는 의견을 2배 이상 웃돌고 있었다. 재군비의 형식에 관련한 질문에서는 '징병 제도'에 대한 찬성이 18.5%인 데 비해 '지원병 제도'에 대한 찬성은 69.2%로 다수를 차지하고 있었다.[32]

『요미우리신문』도 9월 29일부터 닷새 동안 실시한 여론조사 결과를 발표했다. 그에 따르면 재군비에 대한 '찬성'이 58%였던 데 비해 '반대'

31 同上(1951. 8. 15).

32 『毎日新聞』(1951. 9. 16).

는 24.9%까지 감소했다. 시기에 대해서는 '즉각 실시해야 한다는 의견'이 28.4%였으며, '장래에 점진적으로 실시하는 것이 바람직하다'가 63.5%로 다수 의견이었다. 흥미로운 점은 제8문항에서 재군비에 찬성하는 사람들에게 "재군비가 실시되면 증세가 예상되는데, 그럼에도 불구하고 재군비에 찬성하느냐"며 다시 그 의지를 확인했는데, 그 결과 '기꺼이 찬성'한다가 14.4%, '할 수 없이 찬성'한다가 68.3%인 반면 그럴 경우에는 '반대'한다는 의견이 14.7%, '잘 모르겠다'고 대답을 회피한 사람이 2.6%였다. 이러한 조사결과에 대해 『요미우리신문』은 사설에서 "세금이 늘어난다고 해도 이를 받아들이겠다는 사람이 압도적으로 많다는 것은 국민 일반이 이미 각오하고 있었음을 의미하는데, 세금 문제는 생활과 밀접한 절실한 문제인 만큼 재군비에 기꺼이 찬성한 41% 가운데 26.6%가 탈락하고, 어쩔 수 없지만 찬성한다는 의견은 10.7% 증가했으며, 입장을 번복하여 반대로 돌아선 사람이 14.7%나 있었다는 사실은 주목된다"고 분석했다.[33]

4. 기지국가로서의 독립

해가 바뀌어 1952년 2월 8일에는 강화조약의 발효를 눈앞에 두고 일본의 독립이 현실로 다가오자 『요미우리신문』이 재군비 문제를 집중적으로 다룬 여론조사(1월 19~20일 실시) 결과를 발표했다. 조사결과에 따르면 재군비 '찬성'이 56.9%, '반대'가 23.8%, '잘 모르겠다'가 19.3%였다. '찬성'

33 『読売新聞』(1951. 10. 8).

의 이유로는 '자위력으로서'가 50.3%로 가장 많았으며, 다음으로 '독립국으로서 당연하다'는 입장에서의 '찬성'이 16%, '침략의 위험이 있기 때문'이 6.8%로 나타났다. 한편 반대의 이유로는 '전쟁을 혐오한다'가 26.6%, '전쟁에 말려들기 쉽다'가 13.4%, '증세를 초래하기 때문'이 11.7%였으며, '헌법에 위배되기 때문'이라는 것은 2.8%에 불과했다. 헌법개정 문제와 관련해서는 '찬성'이 47.3%, '반대'가 17.4%였으며, '잘 모르겠다'는 35.3%에 달했다. 따라서 헌법 문제에 대해서는 상당수가 아직도 태도를 결정하지 못하고 있음을 알 수 있다.[34]

3월 2일 자 『아사히신문』은 2월 23일부터 사흘간 실시한 여론조사 결과를 발표했다. 조사결과 정부가 구상 중인 보안대 또는 방위대에 대해서는, 이를 군대로 생각하는 사람이 55%로 군대로 생각하지 않는다는 19%를 훨씬 웃돌았다. 요시다 수상이 "재군비는 하지 않는다"고 공약하고 있는 데 대해서는, 이를 믿고 있는 사람은 12%에 불과했으며, 공허한 말장난에 불과하다고 생각하는 사람이 48%에 달했다. 재군비에 관해서는, '조건부 찬성론'자를 합친 '재군비 찬성론'자는 56%, '반대론'자는 26%, '잘 모르겠다'는 18%였다. 찬성론자 56% 가운데 재군비를 위한 증세에도 불구하고 찬성하겠다는 의견이 35%로서 증세는 곤란하다고 대답한 19%를 2배가량 상회했다. 또한 "가족이 징집되는 데 대해서는 어떻게 생각하느냐"는 질문에 대해서는 '당연하다(15%)'와 '어쩔 수 없다(25%)'를 합쳐 40%가 응하겠다는 태도를 보였으나 징병제(17%)보다는 지원병제(64%)를 선호했다. 1951년의 조사에서는 징병제가 24%, 지원병제가 55%

---

34 同上(1952. 2. 8).

였다.[35] 한편 재군비와 헌법 제9조의 정합성과 관련하여 "일본은 헌법에서 전쟁을 포기하고 군대를 보유하지 않는다고 선언했는데, 이러한 결정에 대해서는 어떻게 생각하느냐"고 질문한 데 대해서는 '잘못된 결정이었다'가 16%, '할 수 없었다'가 27%, '바른 결정이었다'가 27%였다. '할 수 없었다'고 대답한 사람은 대부분 재군비에 대해 찬성하고 있었으며, '바른 결정이었다'는 입장에 서 있는 사람 가운데는 '장래에는 재군비가 필요하다'는 입장도 동시에 포함되어 있었다. 따라서 실제로 헌법에 비추어 재군비는 불가능하다고 생각하는 사람은 27%보다 더 적었을 것으로 생각된다.[36]

이에 이어 4월 16일 자 『요미우리신문』은 헌법개정 문제에 대해 4월 5일과 6일에 실시한 여론조사를 발표했다. 조사결과는 헌법개정 '찬성'이 42.2%, '반대'가 17.1%였으며, '잘 모르겠다'가 40.7%였다. 또한 재군비에 대해서는 '찬성'이 47.5%, '반대'가 39%였으며, '잘 모르겠다'가 13.5%였다. 이 결과를 놓고 보면 헌법개정에는 반대해도 재군비는 찬성한다는, 즉 현행 헌법을 유지하면서도 재군비가 가능하다고 보는 의견도 있었으며, 재군비에 대해서는 명백히 반대하지만 헌법개정 문제에 대해서는 태도를 유보하는 사람이 적지 않았다는 사실을 알 수 있다.[37]

이와 비슷한 시기에 실시되어 4월 14일 자 『마이니치신문』에 발표된 여론조사는 이와 다른 결과를 보이고 있어 관심을 끈다. 제1문항에서는 단도직입적으로 "당신은 일본이 군대를 갖는다는 데 대해 찬성하느

35 『朝日新聞』(1952. 3. 2).

36 同上(1952. 3. 3).

37 『読売新聞』(1952. 4. 16).

냐"고 물었다. 이에 대해 찬성이 38.3%, 반대가 38%로 거의 같은 비율을 보였다. 전년도 3월의 조사에서 재군비 찬성이 63%, 반대가 19.5%였던 것에 비하면 재군비 찬성론자가 격감했음을 알 수 있다. 그러나 이는 질문 내용에 명확히 '군대'라는 표현이 들어 있다는 점과 관련이 있는 것으로 생각된다. 이와 동시에 다른 한편으로는 미군에 대한 군사기지 제공을 확정한 미일안보조약의 체결로 인해 당면한 안보 문제는 해결된 것으로 생각하여, 이에 더해 재군비까지는 필요 없다는 입장으로 바뀐 사람이 많다는 것을 의미한다. 그러나 이 결과를 거꾸로 생각하면 일본 국민의 40% 이상이 여전히 재군비의 필요성을 생각하고 있었다는 결론을 얻을 수 있다.

한편 조사결과에 따르면 회답자의 41.8%가 경찰예비대의 보안대로의 개편에 찬성(반대는 30.2%)이었으며, 30.5%는 보안대가 개편될 경우 이를 군대로 인정하고 있었다. 회답자의 21%는 보안대는 여전히 군대가 아니라고 생각한다고 답했으며, '잘 모르겠다'는 23.7%였다. 또한 제4문항에서 "군대를 보유하기 위해서는 헌법을 개정해야 하는데, 그럴 경우 국민투표가 실시된다면 당신은 어느 의견에 찬성하느냐"는 질문에 대해서는 '개정 찬성'이 43.2%, '개정 반대'가 26.8%, '잘 모르겠다'가 25.1%였다. 제5문항인 "일본을 방위하기 위해 어떠한 조직이 필요하다고 생각하느냐"는 질문에 대해서는 '육해공군, 즉 3군 체제를 갖출 필요가 있다'는 의견이 30.1%로 가장 많았으며, '예비대와 해상보안대를 강화하는 정도로 충분하다'는 의견이 20.9%, '경찰예비대 수준으로 족하다'는 의견이 18.2%였다. 즉, 기왕에 군대를 창설한다면 완전한 모습으로 갖출 필요가 있다는 의견이 다수였다. 지원병제와 징병제의 선택을 묻는 질문에 대해서는 '지원병제 찬성'이 60.6%로 '징병제 찬성'의 10.4%를 압도하고 있었다. 특히 학생들만 표본추출할 경우 '징병제 찬성'은 1.8%에 불과했는데, '징집'은 바로 자신들의 문제였던 만큼 당연한 결과였다. 이 여론조사에서는 특히 제7문항이 관심을 끌었는데, "미국은 일본이 충분한 군비를 갖추게 되면, 주둔군을 철수하겠다는 입장이다. 이에 대안 당신의 생각은 어떠한가"라는 질문이었다. 재군비와 기지제공을 선택지로 제시한 데 대한 답변은 다음과 같은 것이었다.[38] 즉, '가정 경제에 영향을 주지 않는 한도에서', 점진적으로 재군비를 추진하며, 그 결과 미군 주둔이 장기화하는 것은 어쩔 수 없다는 의견이 24%로 가장 많았다. 이것이 요시다가 제시한 노선이었다. 다른 한편 기지제공 여부와 관계없이 '재군비에 반대한다'는 의견은 12%에 못 미치는 결과를 보였다. 반대로 경무장을 포함하여 '재군비를 용인'하는 의견은 모두 합쳐 60.5%였다. 재군비 여부와 관계없이 '미군에 대한 기지제공'을 기준으로 보면, 이를 용인하는 의견은 29.5%로 '기지 철수'를 희망하는 의견 42.5%에 비해 소수 의견이었다. 그러나 철수를 희망하는 의견 대부분은 경무장 또는 재군비를 조건으로 한 것이었으며, 겨우 6.1%만 '비무장 중립주의(재군비 반대, 기지제공 반대)'에 철저한 평화주의의 지지자였음을 알 수 있다.

한편 기지제공과 관련해서는 1952년 5월 『아사히신문』의 여론조사를 함께 참고할 필요가 있다. "미군이 일본에 잔류하는 것을 희망하느냐"는 질문에 대해 '찬성'이 48%, '반대'가 20%, '상관없다'가 16%, '잘 모르겠다'가 16%였다. 이 가운데 '상관없다'는 의견은 일본에 선택권이 없으며, 그런 의미에서 어떠한 결과라도 받아들이겠다는 태도였다. 따라서 '잔류 찬성' 의견과 합친 64%가 '기지제공'을 용인하는 태도를 보이고 있

38 『每日新聞』(1952. 4. 14)에서 작성.

었다.[39]

일본 국민은 결과적으로 요시다의 현실노선, 즉 '경무장, 기지제공' 노선을 용인했다. 그러나 그 내용은 그렇게 단순하지 않았다. 오히려 국민의 일본 '재무장' 요구는 요시다의 완만한 재무장 노선을 압박할 정도로 고조되고 있었다. 한국전쟁을 계기로 고조되던 '재무장' 요구가 강화조약이 발효된 시점인 1952년 중반에는 반대 의견을 압도하고 있었던 것이다. 다만 그것은 '기지제공' 용인의 태도에는 못 미치는 것이었으며, 그러한 의미에서 국민 여론은 요시다에게 불리하지 않은 것이었다.

한편 재무장 요구의 고조가 이를 적극 주장했던 '반요시다 전선'에 힘을 실어 주는 방향으로 작용하지 않았다는 점은, 일본 국민 일반이 '재군비 문제와 초국가주의 운동의 결합'에 대해 의구심을 표현하고 이를 견제하고 있었음을 의미한다. 이 의구심이야말로 전후 일본의 본격적인 재무장을 내부적으로 억제하는 힘으로 작용해 왔다고 할 수 있다. 이러한 국내 환경은 요시다 정권을 둘러싼 것이기도 했지만, 다른 한편으로는 미국의 대일 '재군비' 요구의 최저 한도와 최고 한도를 설정하는 것이기도 했다.

---

39 『朝日新聞』(1952. 5. 17).

종장

'기지국가'의 탄생과 그 함의

1. 요약

1) 동아시아 냉전에서 일본의 위치

한국전쟁은 동북아시아 차원에서 보면 일본을 둘러싼 미소 간의 힘겨루기로서의 의미를 지니기도 했다.[1] 이른바 극동 코민포름이라는 기관의 존재 유무를 둘러싼 논쟁은 일본을 둘러싼 미소 대결의 구도를 밝히는 과정에서 소련 측의 의도를 파악하기 위한 노력의 일환으로 전개되어 왔다. 결국 '극동 코민포름'이라는 명칭의 기관은 존재하지 않았다는 것이 확인되었으나, 그렇다고 이 점이 스탈린의 동북아시아 정책이 적극적이지 않았다고 주장할 논거는 되지 못한다. 스탈린은 1950년 1월 6일 코민포름을 통해 일본공산당을 비난하며 적극적인 대미투쟁을 촉구했다. 그는 미국이 '일본을 자국의 기초적인 군사 산업기지, 극동에서의 군사적 모험을 위한 거점으로 만들고, 일본 인민을 미 제국주의자의 육탄으로 삼으려' 한다고 비난했다. 스탈린에게 1949년 말 일본에서의 사태 전개는 미국에 의한 일본의 '기지국가화'로 비쳤으며, 이를 저지하기 위한 역할을 일본공산당에 기대했던 것이다.

한편 동북아시아는 1948년의 남북 분단정권 수립, 1949년의 중화인민공화국 수립 등의 사태 전개와 이에 대응한 일본점령 정책의 '역코스'로의 전환이 맞물리면서 한반도의 '분단국가'를 사이에 두고 '혁명국가'와 '기지국가'가 대치하고 있었다. '혁명국가' 중국은 '기지국가' 일본을 발판

1 饗庭孝典·NHK取材班, 『朝鮮戦争—分断38度線の真実を追う』, 日本放送出版協会, 1991年, 214頁.

으로 한 미국의 간섭에 신경을 곤두세우고 있었으며, 미국은 '혁명국가' 중국으로부터 전파되는 혁명의 물결을 '기지국가' 일본이 막아 주기를 기대했다. 동아시아에서의 미소 간 힘겨루기는 타이완의 국민당 정부를 포함하여 한층 더 복잡한 양상으로 전개되고 있었다. 1950년 1월부터 일단의 구 일본군 장교들이 타이완으로 건너가 장제스(蔣介石)의 '대륙반공(大陸反攻)'을 지원하기 위해 '백단(白團)'이라는 이름으로 비밀공작을 전개하고 있었다. 이들 백단이 일본에서 타이완으로 건너간 것과 때를 같이하여 중국 대륙에서는 중국인민해방군의 조선족 부대의 파견을 둘러싸고 조중 간에 교섭이 벌어지고 있었다. 마오쩌둥(毛泽东)이 이를 허락하여, 4월과 6월 2회에 걸쳐 중국 대륙으로부터 북한으로 조선족 부대가 대거 이동했다. 대륙의 조선인들이 전투 태세를 정비하고 있는 동안 일본의 조선인들은 「코민포름 비판」에 힘입어 적극적인 혁명운동의 선두에 나서려 하고 있었다.

이로써 과거 중국 대륙에서 치열한 전투를 전개해 온 일본, 중국, 조선의 3개 민족 병사와 장교들은 이제 한국전쟁 발발을 앞두고 한편에서는 일본에서 타이완으로, 다른 한편에서는 대륙에서 한반도로 건너가 또다시 서로 대치하게 되었다. 한편은 '대륙반공'을, 다른 한편은 '혁명의 완수'를 목표로 하고 있었다. 한국전쟁이 미중전쟁으로 전화되기 전에 동북아시아에서는 중일전쟁의 대립구도가 부활하고 있었던 것이다. 이 과정에서 소련의 스탈린은 일본 재주 조선인의 존재에 주목하고 있었다. 그러나 가장 전투적이었던 일본의 재일조선인 조직인 조련이 일본 정부 당국에 의해 해산되면서 스탈린은 직접 일본공산당에 주목하기 시작했다. 스탈린의 눈에는 일본공산당이 이러한 사태 변화에 능동적으로 유효한 저항을 조직해 내지 못하고 있는 것으로 보였다. 코민포름의 일본공산당 비판은 이러한 시점에서 나온 것이었다.

2) '기지국가'의 전쟁

일본은 한국전쟁 전 기간을 통해 미국의 전쟁 수행을 위한 후방기지가 되었다. 그 결과 1953년 1월 31일 현재 일본 국내 733곳에 미군기지가 전개되는 상황에 이르렀다.[2] 그 면적은 14만 560정보로 일본 전 국토 면적의 약 0.378%에 해당하는 것이었으며, 샌프란시스코 평화조약으로 일본이 국제사회에 복귀한 후에 오히려 미군이 직접 소유한 군사기지는 증가했다. 또한 해상 훈련장이 일본 열도를 둘러싸고 산재해 있었다. 일본 수산청 조사에 따르면 1953년 2월 현재 방잠망과 해저 장애물까지 포함하면 항만과 해안의 미군 시설은 총 76개, 수역 면적으로 4만 8,000km² 에 달했다. 이는 규슈에 필적하는 면적이었다. 이들 기지는 원칙적으로 무기한 접수였으며, 더욱이 미국의 요구에 따라 무한 확대가 가능했었다. 미일시설구역협정은 1952년 7월 26일에 종합협정을 체결한 뒤 1년 동안 11회나 개정되었으며, 그 기간에 접수한 건수는 14건, 훈련장과 비행장 등을 합쳐 47개소가 확장되었다. 이러한 현상은 미일행정협정에서 '전토기지방식'이 채택되어 있는 데 따른 결과였다.

주일미군 기지는 한국전쟁의 전 기간을 통해 첫째, 출격기점으로서의 전진기지로서, 둘째, 물자 및 병사 수송을 위한 중계기지로서, 셋째, 수리 및 조달을 위한 보급기지로서, 넷째, 훈련과 휴양을 위한 후방기지

2 木村禧八郎(他), 「朝鮮戦争と日本経済の軍事化」, 『講話からMSAへ』(日本資本主義講座—戦後日本の政治と経済, 第2巻), 岩波書店, 1953年, 149頁, 167頁.

로서의 역할이 주어졌으며, 총체적으로 전 국토가 그대로 '전투기지'가 되었다.

일본의 기지로부터 한반도로의 미군기 출격 횟수는 공군이 72만 980회, 해병대 공군이 10만 7,303회, 해군의 항공모함 발진이 16만 7,552회로 이를 모두 합치면 약 100만 회에 이르렀으며, 이들이 투하한 폭탄, 네이펌탄, 로켓탄의 총량은 공군이 47만 6,000톤, 해병대와 해군기가 22만 톤 등으로 모두 합쳐 약 70만 톤에 이르는 것이었다.[3] 또한 개전 당초 주일미군은 약 12만 5,000명이었으나 최대 시 연인원은 35만 명에 달했었다. 이들은 모두 일본을 통과해서 한반도의 전선에 투입되었다. 전력과 교통, 통신 부문 등 일본의 각종 공공시설과 민수사업의 군사 이용이 증가했으며, 특히 수송 부문이 비약적으로 강화되었다. 전국 각지의 벽지에까지 닿아 있는 일본의 국철은 일본이 수송 중계기지가 되기 위한 기초 조건이었다. 이들 철도가 실어 나른 것은 병력만이 아니었다.

1950년 8월 요코하마(横浜)에 병참사령부가 설치되면서 한반도의 전선에서 사용되는 탄약을 비롯한 대량의 전쟁물자는 모두 미 본토와 기타 각국으로부터 일단 일본의 주일미군 탄약고 및 보급창에 납품, 보관된 뒤 작전에 응한 계획적인 보급이 행해졌다. 한국전쟁 발발과 함께 일본에 대한 자동차, 중기갑차, 중차량, 철도 차량 등의 서비스, 선박수리 관계 서비스 등 이 방면의 군수생산 요구가 급증했으며, 기타 탄약고의 운영, 무기(특히 소총과 박격포 탄약)의 포장 및 수송 보관, 드럼통 수리 등과 관련한 수요가 활발해졌다. 또한 하역작업 등 항만 관계 서비스업의 수요가 급증했으며, 작전용 지도와 전단의 인쇄, 항공사진의 복제 서비스,

3 林茂夫·畑穣,『1970年と日本の軍事基地』, 新日本出版社, 1969年, 25頁.

전선을 향한 방송 서비스 등도 달러 계약으로 수요가 급증했다. 이러한 수요의 급증이 이른바 '조선특수'를 낳게 했던 것이다.

후방기지는 그 다양한 역할 가운데 전투행위에 직접 관련되는 보급 훈련기지의 역할보다는 휴양과 위안소의 역할을 수행하는 과정에서 전쟁의 그림자를 선명하게 드러내었다. 기지 주변에는 환락가가 형성되었다. 물론 이러한 위안시설은 민간이 운영하는 것이었으나, 미군이 공인한 휴양시설이 기지 주변의 민간인 부지에 RR센터라는 명칭으로 설치되었다. 따라서 미군기지는 전투기지이자 동시에 '귀휴(帰休)기지'의 역할을 수행하고 있었던 것이다. 일반의 일본 국민은 이러한 '기지촌'화의 문제를 통해 미군기지를 피부로 느끼며 문제의식을 공유하게 되었으며, 나아가 '기지'라는 현실이 일본이라는 국가 성격을 규정하고 있다는 인식에 도달하게 되었다. 강화 독립의 과정은 '기지 일본'이라는 국민정체성(내셔널 아이덴티티) 형성의 과정이기도 했던 것이다. 이러한 '기지국가화'의 현실과 현상을 마루야마 마사오(丸山真男)의 어법으로 표현하면 '기지화'는 '잇달아 전개되는 관성(つぎつぎとなっていくいきほい)'과도 같은 것이었으며, 전후 일본의 '집요저음(執拗低音, basso ostinato)'이었다.[4]

결국 일본은 미국의 전쟁전략이라는 순수 군사적인 관점에서 볼 때 한국전쟁 전 기간을 통틀어 중계기지로부터 주력기지, 그리고 일부 후방 전투구역에서 전진기지의 역할을 담당하고 있었다. 한국전쟁은 유엔이 참전을 결정한 최초의 전쟁이었으며, 처음으로 제트 전투기가 공중전을 벌인 전쟁이었다. 또 철두철미한 후방지원의 전쟁(a war of logistics)이었다. 미국의 공식 전사는 한국전쟁에 대해 '미국이 수행한 전쟁 가운데 군수

4 大澤真幸, 『戦後の思想空間』(筑摩新書, 1998年, 82-83頁)의 용어법에서 시사 받음.

물자의 동원이 사실상 처음으로 강조된 전쟁'이었다고 평가하고 있으며, 특히 일본이 수행한 '후방지원의 요새(a logistic fortress)'로서의 역할을 높이 평가했다. 이렇듯 전쟁의 성격 자체가 변화하면서 전쟁에 관한 협력의 내용도 변화했다. 전투부대와 전투원을 내보내어 직접 전투행위에 참가하여 협력하기보다는 오히려 후방지원 협력이 훨씬 더 효과적이고, 따라서 중요해졌으며, 한국전쟁이 그러한 경우에 해당되었다. 한국전쟁에서 일본의 존재는 거의 전투의 향방과 전쟁의 승패를 결정짓는 요인이었던 것이다.

또한 일본은 '전투기지'이자 '생산기지'였다. 한국전쟁의 발발은 불황에 허덕이던 일본의 산업계에 '특별수요'라는 새로운 시장과 세계적인 비축물자 매입에 힘입은 수출시장 확대를 가져다주었다. 이를 계기로 일본의 산업계는 심각한 디플레이션하에 누적되어 왔던 체화(滯貨)를 상당량 처리할 수 있었다. 그뿐만 아니라 생산과 물가가 동시에 급격하게 상승하는 이른바 '동란 붐(특수 붐)'을 창출하기에 이르렀다. 나아가 무기산업의 부활과 이를 매개로 한 미일 간의 경제협력 관계 강화는 한국전쟁이 일본에 미친 영향 가운데 가장 주목할 만한 것이었다.

일본의 재계에서 한국전쟁 발발은 '천우(天佑)'였다. 이른바 '조선특수'는 객관적인 수치에 나타나는 경제 효과가 어느 정도인지를 논하는 것과는 다른 차원에서, 현장에서 실무 경제를 지휘하는 경영자들에게는 하늘에서 내려온 동아줄이었다. 노동자들은 혁명을 부르짖기보다는 벌이가 좋은 일자리에 만족하며 회사를 위해 묵묵히 일하는 쪽을 선택했다. 한편 정전이 가시화되면서 일본 정부는 정전의 전망과 그것이 미칠 일본 경제에 대한 영향을 연구하기 시작했으며, '특별수요'의 소멸에 따른 타격을 최소한으로 억제하기 위한 경제협력을 끌어내기 위해 미국 정부에 대한 설득 작업에 분주했다. 미국은 일본의 이러한 입장에 이해를 표명했으며, 일본 정부에 대한 협력을 약속했다.

한국전쟁 기간에 일본이 수행한 전쟁협력의 구체적인 사례들은 '기지국가'의 유엔협력 가능성과 한계를 동시에 드러내고 있으며, 전쟁협력의 새로운 내용과 방식을 이해하는 데 중요한 사례가 될 수 있다. 일본은 전선에서의 전투행위를 제외하고, 후방지원의 모든 방면에서 미국의 전쟁에 협력하고 있었다. 해상 수송에 동원된 선원과 부두 노동자를 비롯한 일본 적십자사 간호사의 동원, 그리고 해상보안청 소속의 소해정 대원의 한국수역 파견 등이 대표적이다. 특히 일본의 소해작업 참가는 특기할 만한 것이다. 소해작업 개시일인 1950년 10월 10일부터 12월 4일까지 약 두 달에 걸쳐 연 44척의 소해정과 10척의 순시선으로 구성된 '일본 특별 소해대'가 원산, 군산, 인천, 해주, 진남포 등의 연안에서 연 327km에 달하는 수로(水路)의 소해작업에 종사하여 607km²의 안전수역을 확보했으며, 27개의 기뢰를 처분했다. 소해작전에 동원된 인원은 당시 모두 공무원 신분이었으며, 현지에서 소해작업에 종사한 인원이 연 1,200명(이 가운데 구 해군 사관급은 50명), 일본 국내에서 연락·보급·수리 작업에 종사한 인원이 연 250명(이 가운데 구 해군 사관급은 42명)으로, 모두 합쳐 연인원 1,450명이 동원된 준 군사작전이었다.[5]

일본 정부의 유엔협력 방침은 단기적으로는 조기 강화의 실현에 목표를 둔 것이었지만, 최종적으로는 강화 이후 국제무대에서의 발언력 획득을 노린 것이라고 할 수 있다. 특히 일본은 정전회담 이후에 설치될 한

5 大久保武雄,『海鳴りの日々ーかくされた戦後史の断層』, 海洋問題研究会, 1978年, 259-260頁.

반도 문제 처리를 위한 정치회담에 참가하려는 의사가 있었으며, 이러한 자리에서 독자적인 발언의 획득을 모색하고 있었다. 일본 정부의 대미 전쟁협력 방침은 이를 위한 장기적인 포석이었다.

3) '기지국가' 해체 시도: '국방국가'의 재건과 '무장투쟁'의 실천

한국전쟁이 발발하자 총사령부는 법무부(法務府) 산하의 특별심사국(이하 특심국)을 통해 구 군인 및 우익들의 움직임에 주시하며 이들에게 조언을 구했다. 특심국의 조사 보고에 따르면 대부분의 구 우익 및 군인들은 한국전쟁의 발발이 대일본제국 부활의 기회가 될 것으로 생각하고 있었다. 특히 구 군인 장교급 간부 가운데 일부에서는 갓 출발한 경찰예비대(National Police Reserve)가 정규 군대가 아니라는 인식하에 참가를 거부하겠다는 의견이 강력히 표출되었다. 이들의 의견에서 '기지국가'의 문지기로 만족할 수는 없다는 자존심과 정규 일본국 군대 창설에 대한 기대감을 읽을 수 있다. 이들의 언동은 군사력과 교전권을 포기한 전후 헌법이 공표된 지 이미 4년이 지났는데도 '자국의 안전은 자국의 군대로'라는 전통적인 국방국가의 사상을 상식으로 받아들이고 이의 실천을 자연스럽게 생각하는 세력이 여전히 강력하게 존재하고 있었음을 확인해 주고 있다. 이들은 한국전쟁을 계기로 정치세력화하여 '기지국가'를 해체하고 정식 군대를 보유하는 '국방국가' 창출을 위해 여론몰이에 나서고 있었다.

한국전쟁 발발로 부활하여 공공연한 활동을 개시한 이들 구 우익 및 군인들은 1951년 가을의 대규모 추방 해제를 계기로 재결집 움직임을 가시화하여, 강화조약 체결 논쟁과 동시에 등장한 안보 및 재군비 이슈를 선점하면서 이러한 논쟁을 이끌어 가기 위한 조직동원에 나서고 있었다.

이른바 '레드 퍼지(red purge, 빨갱이 추방)'가 진행되는 과정에서 실시된 추방 해제는 역코스(reversed course)의 가장 상징적인 사건이었다. 1950년 10월에 이미 1만 명 규모의 추방 해제가 실시된 바 있으나, 이후 1951년 연말까지 21만여 명의 공직 추방자 중 그 대부분인 20만 1,507명이 추방 해제되어 복귀하게 되었다.[6] 이들 추방 해제자들을 중심으로 한 '전후 우익'은 '반공발도대(反共拔刀隊)' 결성 등의 움직임에서 드러나는 바와 같이 과격한 반공주의를 특징으로 하고 있었다. 이러한 반공 행동대의 조직화 움직임은 국제공산주의 운동에 연동하여 선명하고 적극적인 대미 투쟁 노선을 채택했던 좌익을 자극하여 조직화를 가속시켰고, 이들에게 무장 투쟁의 명분을 제공했다.

한편 일본공산당은 한국전쟁의 후방기지 일본에서 '기지국가'화에 저항하며 절망적인 대미 무장투쟁을 전개하고 있었다. 이는 전후 직후 일본공산당이 내건 '평화혁명론'으로부터 급격히 선회하는 것이어서 커다란 혼란 속에서 전개되었다. 전후 재건된 일본공산당 신노선의 두드러진 특징은 미국을 비롯한 연합군을 '해방군'으로 규정하고, 혁명은 폭력에 의지하지 않고도 선거와 의회 정치를 통해 가능하다는 '평화혁명론'을 주장하고 있다는 것이었다. 소련이 대미협력의 태도를 유지하는 한 일본공산당의 '평화혁명' 노선은 소련의 세계정책과 모순되지 않고 유효할 수 있었다. 그러나 1950년 1월을 전후하여 스탈린의 동북아시아 정책은 크게 전환했다. 중국공산당을 중국 대륙의 새로운 주인으로 인정하고, 마오쩌둥의 중국과 외교관계를 새로이 조정하는 과정에서 스탈린은 미소 협조의 현상유지를 전제로 한 얄타 방식을 파기하기에 이르렀다. 스탈린

6 堀幸雄, 『增補, 戦後の右翼勢力』, 勁草書房, 1997年, 14頁.

의 적극적인 정책은 일본에서 먼저 실행에 옮겨졌다. 갑자기 스탈린은 그동안 양해해 왔던 일본공산당의 평화혁명 노선을 공공연히 비판하고 나섰다.

1월 6일 코민포름 기관지 『영구평화와 인민민주주의를 위하여(For Lasting Peace, For People's Democracy!)』에 옵서버 명의로 「일본의 정세에 대하여」라는 논문이 게재되었다. '초중량급 폭격기가 하루에 3,500회나 출격할 수 있는' 비행기지가 오키나와만 해도 25개가 있으며, 나아가 일본 전국을 '미국의 군사모험 주요 기지, 전진기지'로 삼으려는 현재 노사카 산조(野坂参三)의 '평화혁명론'은 '일본의 제국주의 점령자를 미화하는 이론이자 아메리카 제국주의를 칭송하는 이론이며, 일본 인민 대중을 기만하는 이론'에 다름 아니라고 비판하고 나선 것이다. 현 조건에서 일본의 근로 대중은 명확한 행동강령을 가지고, 미국에 대한 결정적인 투쟁에 일어서야 한다고 호소했다. 스탈린은 기존 방침에서 돌변하여 일본공산당에 철저한 대미투쟁을 요구했던 것이다.[7]

「코민포름 비판」 이후 일본공산당 중앙은 분열되었다. 당중앙의 사태수습 노력에도 불구하고 지방에서는 여전히 분열과 대립이 지속되고 있었다. 그 사이에 당의 최고위 간부들은 베이징(北京)에서 지도부를 재건, 일본 국내의 혁명운동을 베이징의 도쿠다 규이치(徳田球一)와 노사카가 중국공산당의 지도를 받으며 원격조정하고 있었다. 1951년 들어 일본공산당은 2월 23일부터 사흘간 비합법적으로 제4회 전국협의회를 개최하여 중핵자위대, 평화옹호투사단, 애국투사단 등의 조직을 결성했다. 그리고 유격대 투쟁을 전개할 것과 이러한 유격대 투쟁과 노동운동을 결

7 大嶽秀夫(編·解説), 『戦後日本防衛問題』 第1巻, 373頁.

합시킬 것을 주장하는 군사 방침을 공식적으로 결정했다. 이는 일본 정부의 현실주의 노선에 대한 공산당으로서의 현실주의적 대응이었다. 일본공산당은 그해 9월 8일의 강화조약 및 미일안보조약 조인을 계기로 대미투쟁을 격화시키는 가운데 10월 16일부터 이틀간 제5회 전국협의회를 개최하여 이른바 '51년 강령(신강령)'을 채택했다. 강령은 요시다(吉田) 자유당 정부의 타도를 목표로 한 '민족해방 민주혁명'을 더는 미룰 수 없다고 하여, 그 수단으로서 '폭력혁명'을 주장했다.

재일조선인연맹(이하 조련) 해산 후 비합법 활동 이외의 활동 공간을 가져보지 못했던 재일조선인들은 일본공산당의 방향전환과 군사 방침 채택을 기꺼이 받아들였다. 재일조선인들에게 한국전쟁은 그 자신들의 전쟁이었으며, 조국 존망의 위기였다. 특히 재일조선인 공산당원들에게 운동의 목표가 '일본혁명'에 있는지 '조국방위'에 있는지 그것은 큰 문제가 아니었다. 그들이 직면한 물음은 행동할 것인가 침묵할 것인가의 양자택일이었으며 그들에게 답은 하나일 수밖에 없었다. 당시 일부 재일조선인 운동의 과격한 행동주의가 무리였다는 비판이 있을 수 있으나, 당시 그들이 처한 객관적인 상황과 그들이 공산당원이라는 존재 이유로 본다면 그러한 오류는 어쩌면 피할 수 없는 것으로 애초부터 각인되어 있었던 것이라고 할 수 있다. 그 행동에 대한 평가와 관련해서는, 일본의 한국-조선인 차별의 기초가 되고 있는 조선인 배척과 조선인 무시라는 양 극단에 빠지는 일 없이, 전후 일본정치사에서 재일조선인들이 담당하고자 했던 적극적인 역할을 가감 없이 평가하는 일이 절실히 요구되고 있다. 그들의 입장에서 볼 때 '기지국가' 일본의 해체는 개인적으로는 생존권을 확보하고, 민족적으로는 조국을 방위하고, 계급적으로는 일본 인민을 해방시키는 유일하고도 확실한 방법이었던 것이다.

4) '기지국가'의 평화

일본에서 이른바 '전후' 시대는 '사상'의 시대였으며, '지식인'의 시대였다. 일본의 동서에 산재하고 사상적으로도 편차가 컸던 '전후 지식인'들의 중심에서 이들을 묶어 주는 구심점 역할을 하던 것이 '평화문제담화회(이하 담화회)'였다. 지식인이란 예사롭지 않은 재능을 소유하고 도덕적으로 탁월하여 '인류의 양심'을 대변하는 철인왕들이며, 이들은 시대와 장소를 불문하고 소규모 집단으로 존재한다. 지식인들은 이른바 '성직자 집단'을 형성하는 경향이 있다.[8] 담화회는 이러한 의미의 성직자 집단이었다. 전후 일본의 안전보장 논의는 헌법 제9조 문제에 저촉하여 '신학' 논쟁에 가까운 모습을 보여 왔다.[9] 그러한 신학 논쟁의 일익을 담당했던 것이 성직자 집단으로서의 담화회였던 것이다. 그리고 담화회라는 성직자 집단의 성전으로서 '전후 평화주의'가 내용을 갖추고 이것이 안보정책과 헌법 사이에서 '신학'적 해석의 기준이 되기에 이르는 데에는 마루야마 마사오라는 '사제'의 역할이 결정적으로 컸다. 그는 담화회 내부에 잠재한 신구 세대 간 갈등 및 다양한 소집단 간 의견의 차이를 조정하며, 이들 간의 최대공약수와 최소공배수를 찾아 이른바 '전후 평화주의'의 원형을 만들었다.

이들 사이에 최대공약수가 되었던 것은 전전에 지식인 집단이 각개

---

8 Julien Benda (trans. Richard Aldington), *The Treason of the Intellectuals* , London: Norton, 1980. (1928; rprt. New York: Norton, 1969), p. 43 [ジュリアン·バンダ(宇京頼三[訳]),『知識人の裏切り』, ポイエーシス叢書 5, 未来社, 1990, 146−147頁]. エドワード·W·サイード(大橋洋一[訳]),『知識人とは何か』(平凡社, 1995年), 25頁에서 재인용.

9 田中明彦,『安全保障』, 読売新聞社, 1998年, 1−6頁.

격파당함으로써 군부의 독주를 효과적으로 견제하지 못했다고 하는 '회한'의 감정이었다. 마루야마의 표현을 빌리자면 담화회는 '회한공동체'이기도 했던 것이다. 한편으로 '절대평화주의'는 그들 사이의 최소공배수가 되었다. 담화회는 '몸에 철 조각 하나 걸치지 않고 검극의 수풀 속으로 들어간다'는 절대평화주의 사상을 채택했고, 이것이 이후 일본의 전후 평화주의의 근간이 되었다.

담화회의 「제2성명」은 "강화가 진실된 의의를 지니기 위해서는 형식과 내용이 함께 완전한 것이 되어야 하며, 그렇지 않은 한 가령 명목은 강화라고 해도 실질은 오히려 새로운 전쟁의 위기를 증대시킨다"는 인식하에 "강화는 필연적으로 전면강화이어야 한다"는 결론에 이르렀으며, 이는 "우리 헌법의 평화적 정신을 충실히 지키고자 한다면, 국제정국이 동요하는 대로 흔들리는 수동적인 태도로 강화 문제에 임할 것이 아니라 스스로 나아가 두 세계의 조화를 도모한다는 입장에서 적극적인 태도로 임할 것이 요구되는" 현실에 대응하고자 하는 것이었다. 그러나 이를 위한 구체적인 방법은 제시되지 않았으며, 결어에서 담화회로서의 입장을 표명하는 데 머물고 말았다. 결어에서는 전면강화를 요구하며 중립 불가침을 희구하고, 유엔가입을 요망하며 기지에 반대한다는 네 가지 입장을 천명했다.

일본의 전후 평화주의에 대한 일반의 인식 속에서 「제2성명」이 그리 큰 주목을 받아 오지 못한 점은 의외라고 할 수 있다. 「제2성명」은 「제3성명」, 즉 「세 번 다시 평화에 대하여」와 달리 기지반대라고 하는 입장을 명확히 내걸고 있었다. 그러나 「제3성명」에서는 기지화의 문제가 구체적인 현실의 문제로 취급되지 않았으며, 추상적인 차원에서 처리되었다. 이는 한국전쟁 발발로 인해 실제로 일본의 '기지국가'화가 현실이 되어 버렸다는 사실이 그들의 행동과 사유의 폭을 제약했기 때문인 것으로 생각된다. 「제3성명」은 그 후 일본의 이른바 '전후 평화주의'의 이념적·이론적 기초를 제공한 것으로서, 그 의의는 대단히 높은 평가를 받아 왔다. 그러나 이 성명의 현실인식은 치명적인 결함을 안고 있었다. 예컨대 '두 세계'는 아직 완전히 갈라져 있는 것이 아니었으며, 일본은 아직 그 어느 한쪽에도 속해 있지 않았으며 선택이 강요된다 해도 이를 거부할 수 있는 위치에 있었다는 점 등이다. 그러나 현실은 이와 달랐다. '두 세계'는 결정적으로 갈라섰으며, 일본은 이미 그 가운데 하나의 진영 속에서 '기지국가'의 역할을 수행하면서 전쟁의 일방 당사자가 되어 있었다. 그러한 형태, 즉 '기지국가'로서의 전쟁 수행 방식이 역사적으로 유례가 없었을 뿐 일본은 전투행위라는 구체성을 드러내지 않는 새로운 종류의 전쟁을 역사적으로 가장 먼저 경험했던 것이다. 그러나 전쟁은 역시 전쟁이다.

이러한 의미에서 담화회 「제3성명」의 현실인식은 문제의 본질을 회피하고 있다는 면에서 비판받아 마땅하다고 생각된다. 그러나 이 결함은 의도적이었을 가능성이 있다. 성명서에는 구체적인 문장으로 표현되어 있지 않지만, 성명을 내기까지 토론에 참가한 사람들이 한국전쟁과 관련한 정세인식에 대해 의견을 교환하고 있었다는 흔적을 발견할 수 있다. 이로부터 판단하건대 토론 참가자들은 당연히 한국전쟁이 몰고 온 변화된 새로운 현실에 대해 명확하게 인식하고 있었다고 보는 것이 자연스럽다. 따라서 현실의 (기지) 문제가 추상론으로 처리된 것은 전략적 사고가 작용한 결과였다고 볼 수 있다. 현실에 정면으로 도전하여 부서져 사라지기보다는 당분간 직접 대결을 회피하면서 미래에서의 맞대결을 준비하기 위해 씨앗과 터를 온존한다는 전략도 상황에 따라서는 보다 '현실적'인 선택이 될 수 있다. 바로 이러한 점이 한편으로는 전후 평화주의가 현실적 대안을 제시하지 못하고 '최대강령주의'의 유토피아적 평화주의에 머물고 말았다는 비판이 제기되는 이유이기도 하다.[10] 그러나 그 비판은 상황 논리였던 「제3성명」의 평화주의를 언제 어떠한 상황에서도 적용 가능한 평화주의로 해석하고, 도그마화를 진행시켜 온 후세대의 평화운동 측에 향해야 할 것으로 생각된다. 일본의 전후 평화주의는 최초의 임무를 다한 그 어느 시점 또는 단계에서 이러한 '의도적 결함'을 메우고, 개정판을 내놓았어야 했다고 생각된다. 이를 회피한 채 이대로 나간다면 일본의 평화주의는 '화석으로서의 생존'에 불과한 운명을 받아들여야 할 것이다.

한편 한국전쟁의 발발에 직면하여 일본의 각 신문이 사설을 통해 일본 국민에게 제시한 논리는 '피전(避戰)'의 태도에서 나온 것이었다. 특히 전쟁 발발과 함께 가장 직접적으로 전쟁의 영향을 받았던 규슈의 지방지 『니시닛폰신문(西日本新聞)』의 사설에서 이러한 태도는 분명히 나타났다. 그러나 개전으로부터 점차 시간이 흐르면서 일본의 신문에서 한국전쟁과 일본의 관계에 대한 논의를 정면에서 다루는 논설은 자취를 감추고 말았다. 특별수요와 같이 일본 경제에 영향을 미치는 문제를 제외하고는 한국전쟁에 대한 일본 또는 일본 국민이 취해야 할 입장의 논의 자체가 금기시되기 시작했던 것이다. 한국전쟁은 일반 국민에게 '강 건너 불'처럼 인식되었다. 그러나 일본이 강화조약을 통해 국제사회에 복귀하고, 독자적인 특파원을 한국 전선에 파견하게 되면서 일본인들은 처음으로 한국전쟁을 직접 체험하게 되었다. 그들의 눈에 비친 한국전쟁은 바

10 和田春樹, 『朝鮮戦争』, 岩波書店, 1995年, 235-239頁.

로 '일본의 전쟁'이었다.

한국전쟁 시기에 실시된 여론조사에서 확인되는바, 일본 국민 일반은 '경무장, 기지제공의 미일안보'로 요약되는 요시다 정부의 현실주의적 안보정책을 지지하고 있었다. 대다수 국민은 '국방국가'도 '무장투쟁'도 거부하였고, '기지국가'를 현실로서 용인하고 있었던 것이다.

2. 현재적 함의

1) 2012년 겨울에서 2013년 여름으로

2012년 12월에 실시된 일본 중의원 선거에서 자민당은 정원 480명 중 294석을 얻어 과반수를 차지했으며, 헌법개정에 적극적인 일본유신회와 다함께당(みんなの党)의 의석수를 합칠 경우 개헌 발의가 가능한 2/3 의석을 넘기는 결과를 낳았다. 이어서 2013년 여름 일본 참의원 선거에서 다시 아베 신조(安倍晋三) 수상이 이끄는 자민당이 대승했다. 반면 자민당에 대항할 민주당은 참패하여 다른 꼬마 야당들과 비슷한 소수 정당으로 전락할 위기에 처했다. 2012년 겨울에서 2013년 여름에 이르는 반년 사이에 일본 정치에서 일강다약(一强多弱) 구조가 출현한 것이다.

그러나 2013년 참의원 선거에서 일본 국민은 절묘한 균형감각을 발휘했다. 자민당은 단독 과반이 가능한 71석에서는 6석이 모자란 65석을 차지했고, 공명당(公明党)과 함께 연립 여당의 과반에 만족해야 했다. 게다가 일본유신회와 다함께당의 의석수를 합쳐도 2/3 의석에 미치지 못함에 따라 참의원에서의 개헌 발의는 어렵게 되었다.

일본 국민은 이번 참의원 선거를 통해 헌법개정에 대해서는 아직 허락할 의사가 없다는 것을 보여 주었다. 낮은 투표율은 일본 국민의 균형감각이 발휘된 결과라고 할 수 있다. 더구나 연립여당인 공명당은 자민당이 주장하는 제9조의 평화 조항 개정에 반대하고 있으며, 자민당 내에도 개헌의 속도에 대해 신중한 의원들이 있어 아베 수상이 참의원에서의 승리를 기반으로 개헌 정국으로 치달을 것이라는 일각의 예상은 빗나간 것이 되었다.

그렇다고 해서 아베 수상이 개헌이라는 과제를 포기하지는 않을 것이다. 우선 아베 수상은 2014년 7월 1일 각의(閣議) 결정이라는 형식으로 일본이 집단적 자위권을 보유하고 있으며, 종래 위헌이라 해석되어 온 집단적 자위권의 행사가 가능하다는 새로운 해석을 확정했다. 이어서 아베 수상은 2015년 4월 말 미국을 방문하여 오바마 대통령과 회담하고 집단적 자위권 행사를 가능하게 하는 '안보법제'의 정비를 약속했다. 그리고 2015년 7월 15일 일본 국민의 다수가 석연치 않게 바라보는 가운데 야당 의원들의 거센 반발을 뚫고 중의원 안보법제 특별위원회에서 '안보법제'의 중의원 상정을 강행 채택하고, 이어서 16일 중의원에서 이를 가결시켰다. 나아가 9월 19일에는 참의원에서 안보관련법들이 가결되어 성립했다. 특징적인 것은 많은 국민이 의문을 제기하는 가운데 일본의 대중 매체에는 아베 수상의 선택과 강경한 행보를 지지하는 의견들이 공공연히 등장하고 있다는 것이었다. 이는 평화주의의 감성이 대중 매체 일반을 지배하던 과거와는 다른 풍경이다.

2012년 연말 이후 일본 사회의 변화는 급진적이라고 할 수 있다. 이는 개헌에 대한 신념이 유난히 강한 아베 수상의 등장에만 기인한 것은 아닌 것 같다. 국가의 군대, 즉 국방군을 갖지 않겠다고 선언한 평화헌법하에서 전개되어 온 전후 일본의 국가 그 자체가 근대국가의 상식에서 볼 때는 불완전한 것이며, 영토성과 폭력성을 핵심 속성인 근대국가의 맨살이 두드러지게 드러나는 최근의 동아시아 국제정세 속에서 일본 국민이 이를 더욱 민감하게 받아들이기 시작했기 때문이다. 불완전한 전후 국가, 그것이 바로 '기지국가'였다.

아베 수상이 주장하는 '평화헌법 개정을 통한 "전후체제(戦後レジーム)"로부터의 탈각'이 일본 국민에게 먹혀들어 가는 것은 '평화국가'의 유효 기간이 끝나 가고 있다는 인식이 일반에 퍼지고 있는 것과 궤를 같이 하고 있다.[11] 서장에서 언급했듯이 일본이 '평화국가'였다는 인식은 오랫동안 일본의 좌와 우를 떠나 국민적 공감대를 형성하고 있었다. 전후 일본이 평화헌법의 이상을 존중하고 '평화국가'의 길을 걸어왔기에 일본의 성공이 가능했다는 것이다. 이는 냉전기의 일본에 대해 말하자면 옳아 보인다. 반면 탈냉전 이후 일본의 국제적 위상 저하를 '평화국가' 외교의 실패에서 원인을 찾는 일본인들은 '평화국가'의 부정적인 유산에 주목한다.

어쨌든 좌우를 막론하고 일본인에게 전후 일본은 '평화국가'인 것이다. 한편이 '평화국가'를 계승해야 할 자산으로 보고 있는 반면 다른 한편은 그것을 부정해야 할 유산으로 보고 있는 차이는 있을지언정, 거듭 말하지만 일본인에게 전후 국가는 '평화국가'로 존재해 왔다. 과연 이러한 인식은 현실을 있는 그대로 반영하고 있는 것일까?

---

11 아베 수상의 '전후 레짐으로부터의 탈각'에 대해서는 다음을 참조. 大下英治, 「安倍晋三, スペシャルインタビュー, 安倍晋三が語る日本の課題と将来, 真の保守とは」, 『安倍晋三と岸信介』, 角川新書, 2013年, 16−50頁.

2) 『코쿠리코 언덕에서』: '전후사'의 은유

2011년에 개봉한 일본 애니메이션 『코쿠리코 언덕에서(コクリコ坂から)』는 1960년대의 일본을 배경으로 소년 소녀의 풋풋한 사랑을 그리고 있다. 이야기의 배경과 설정에서 일본 전후사에 각인되어 있는 한국전쟁의 그림자를 확인할 수 있다. 애니메이션은 여주인공인 소녀의 아버지가 한국전쟁과 관련된 모종의 해상 활동에서 희생되는 이야기를 배경으로 깔고 있다.

한국인의 입장에서 보면 '피해자로서의 일본' 이미지를 한일관계에까지 확대 적용한 것 같아 불편하고 불쾌할 수 있는 이야기 전개이지만, 제작자인 미야자키 하야오(宮崎駿)의 의도는 다른 데 있어 보인다. 그의 진의를 확인하지는 못했지만, 그는 일본 전후사에 각인되어 있는 한국전쟁을 소환함으로써 평화헌법을 내세운 '전후' 일본이 결코 '전쟁'의 현실에서 비켜 서 있지 않았다는 사실을 전하고 싶었던 것 같다. 그리고 이는 21세기 초 동아시아의 현실에 대한 나름의 의견 제시인 듯하다. 마침 21세기에 들어 동아시아에서는 영토성과 폭력성을 본질적 속성으로 하는 근대국가의 맨살이 드러나고 있으며, '전쟁과 국가'의 문제에 대한 성찰을 요구하고 있다.

근대국가는 전쟁 속에서 태어났다. 국가는 전쟁의 부산물이면서 전쟁의 주체로서 전쟁에 대응하기 위한 자원동원체제로 스스로를 최적화해 왔다. 제2차 세계대전 말기 일본의 전쟁 지도자들이 목표로 삼았던 '고도국방국가'는 그 극단적 표현이었다.[12] '고도국방국가'는 패전 후 연

12 '고도국방국가'에 대해서는 다음을 참조. 川西正鑑, 『東亜地政学の構想』, 実業之日

합국에 의한 점령 개혁을 거치면서 해체되었고, 신헌법 제정을 계기로 일본은 전쟁과 군비를 부인하는 '평화국가'로 거듭났다. 그러나 한국전쟁이 발발하면서 일본의 미군기지와 생산시설이 전쟁의 현실에 깊숙이 말려들어 갔고, 일본은 '평화국가'의 이상과는 괴리된 '기지국가'의 현실을 수용하고 강화와 독립을 달성하게 되었다. '기지국가'의 모습으로 변형된 전후 국가 또한 '전후의 전쟁들'에 대응하여 형성된 자원동원체제의 기본 속성을 내재화시키고 있었던 것이다. '코쿠리코 언덕' 위에서 먼바다를 내다보는 소녀의 아버지는 이를 상징하는 존재였으며, 일부 정치인들이 '전후의 탈각'을 대놓고 외치기 시작한 일본에서 미야자키 하야오는 이에 대한 성찰의 메시지를 넌지시 던지고 있다.

그렇다면 일본에서 '전후'의 시대는 과연 어떠한 시대였는가? 일본에서 '전후'는 포츠담선언 수락에서부터 시작되었다. 1945년 7월 26일 미영중 3국의 공동선언으로 제시된 포츠담선언에는 군대의 무조건 항복과 민주화, 전범 처벌 등이 항복의 조건으로 포함되어 있었다. 일단 이를 무시했던 일본 정부는 히로시마와 나가사키에 대한 원폭 투하와 소련의 참전을 계기로 포츠담선언의 수락을 결정 통보했다. 이후 일본은 미국이 중심이 된 연합국의 점령 통치를 받게 되는데, 포츠담선언에 제시된 두 가지 목표가 일본점령 개혁의 중심축이 되었다. 비군사화(demilitarization)와 민주화(democratization)의 영문 첫 글자를 따서 2D정책이라고도 일컬어지는 연합국 정부의 점령하 개혁 정책을 통해 일본은 '평화'와 '민주주의'를 핵심 가치로 하는 '전후 국가'로 거듭나게 되었다. 이를 상징하는 것이 1946년 11월 3일에 공포, 1947년 5월 3일에 시행된 전후 헌법이었다. 대

本社, 1942年.

표적 '전후 지식인'인 마루야마 마사오가 전후 헌법을 읽고 '전전(戰前)'과의 단절을 체감했다고 한 것처럼, 많은 일본인이 전후 헌법의 탄생에서 비로소 '전후'의 시대가 새로 열린 것을 실감했다.

전후 헌법에서 특히 주목할 내용은 두 가지였다. 하나는 제1장 제1조부터 제8조까지의 상징천황제 조항이고, 다른 하나는 제2장 제9조의 전쟁포기 조항이었다. 상징천황제 조항에서 메이지 천황의 권위는 부정되었다. 천황은 실체적 권력을 갖지 못하고 "일본국의 상징이고 일본 국민통합의 상징"의 존재로 내려왔다. 그리고 "그 지위는 주권을 지니는 일본국민의 총의에 기초한다"고 하여 주권재민의 원칙이 확인되었다. 그러나 이에 대해서는 천황의 전쟁책임을 엄격히 물으라고 요구하는 아시아 국가들의 반발이 예상되었다. 천황의 존재가 군국주의의 부활을 야기할 수 있다는 비판이었다. 이를 설득하기 위해 삽입된 것이 전쟁포기 조항이었던 것이다. 일본국 헌법 제9조는 2개항으로 구성되어 있다. 제1항에서는 일본은 전쟁과 무력에 의한 위협 또는 무력의 행사를 '영구히' 포기한다고 하였으며, 제2항에서는 이러한 목적을 달성하기 위해 '육해공군 기타 군사력'을 보유하거나 유지하지 않는다고 선언했다. 이 2개항이 이른바 '평화헌법'의 핵심 조항이 되는 것이며, '평화국가' 일본의 바탕을 이루고 있다.

그런데 한국전쟁의 현실을 목전에 두고 '평화국가' 일본의 존립이 위기를 맞이했다. 그리고 한국전쟁을 통해 일본은 '기지국가'로 재탄생했던 것이다. 한국전쟁 그 자체는 '통일도 없고, 전쟁도 없는' 애매한 형태로 종결되었으며, 그것이 '기지국가'라는 어정쩡한 형태로 일본이 전후사를 헤쳐 나오고 있는 전제가 되었다.

3) 전후의 전쟁들(post-war wars)과 '기지국가' 일본

베트남전쟁은 '기지국가' 일본의 유용성을 재확인하는 사건이었다. 일본 국민의 재군비에 대한 거부반응은 1960년 안보투쟁을 거치면서 재확인되었다. 국민들의 격렬한 반대가 조직적으로 분출된 안보투쟁에도 불구하고 미일안보조약은 개정 성립되었다. 그러나 이를 강행한 기시 노부스케(岸信介) 수상은 퇴진하지 않을 수 없었으며, 이와 동시에 그가 추진하고자 했던 헌법개정과 재군비는 저지되었다. 기시에 이어 등장한 이케다 하야토(池田勇人) 수상은 1960년 10월 수상 취임 후 처음 가진 시정 방침 연설에서, 개헌 논쟁은 '본래 문제의 본질이 국민 각층에서 충분히 논의되어 상당한 세월을 거치면서 국민 여론이 자연스럽게 하나의 방향을 향해 성숙할 때 비로소 결론 내릴 수 있을 것'이라고 했다. 이는 사실상의 헌법개정 포기 선언이었다. 그런 의미에서 1960년 안보투쟁은 일본 국민의 입장에서 볼 때 절반의 실패, 절반의 성공이었다. 그러나 베트남전쟁은 일본 국민이 '기지국가' 일본의 현실과 직면하게 만들었다.

1965년 2월 미국이 통킹만 사건을 구실로 북베트남에 전면적 폭격을 개시하자 사토(佐藤) 내각은 이를 '불가피한 조치'라 하여 이해하는 입장을 표명하고, '안보조약의 형식에 따라 가능하다'는 입장에서 본토의 미군기지를 베트남전쟁의 후방기지로서 미국에 제공했다.[13] 4월 14일에는 시나 에쓰사부로(椎名悦三郎) 외상이 안보조약 상의 '극동'의 범위에 대해 재해석함으로써 사토 내각의 행동을 정당화했다. 1960년에 개정된 안

---

13 『朝日新聞』(1965. 8. 8); 白井洋子, 「日本のなかのベトナム戦争―月刊紙『世界』からの概観」, 『応用社会学研究』 17号, 2007年 2月, 7頁.

보조약의 '극동 조항'이 베트남전쟁에서 현실화한 것이다. '북폭(북베트남 폭격)' 이후 오키나와는 물론 요코스카(横須賀)와 이와쿠니(岩国) 등의 미군 기지가 베트남전쟁으로 향하는 항모와 폭격기의 출격기지로 변모했으며, 사가미(相模) 보급창은 수리 및 조달 기지가 되었다. 오지(王子)와 네리마(練馬)의 미군 병원은 야전병원이 되었으며, 베트남전쟁 특별수요가 창출되기도 했다.[14] 이 모든 것이 한국전쟁 시기의 일본을 방불케 했다. 그러나 일본 국민은 '북폭'에 대해 매우 비판적이었다. 1965년 8월 24일자 『아사히신문』 여론조사에서는 '북폭'에 찬성하는 국민이 겨우 4%에 불과했고, 75%의 국민이 반대하는 입장이었다. 당연히 미국의 기지가 되어 베트남전쟁에 협력하고 있는 일본의 현실에 대한 비판과 반대운동이 일어났다. 특히 '베트남에 평화를! 시민연합(베평련)'이 전개한 반전운동은 광범위한 시민운동으로 전개되었다.[15] 그러나 국민 일반은 현실적이었다. 이번에도 일본 국민은 '기지국가'의 현실을 추인했다.

신문 논조가 '확전 반대'(특히 『마이니치신문』)를 주된 기조로 전개되는 가운데 일본 국민은 미일안보조약에서 약속한 기지제공의 현실과 전후 헌법하에서 자위대의 현상유지를 지지했다. 1969년과 1972년에 실시된 여론조사 결과를 보면 국민의 41%가 '현상을 유지하여 미일안보체제와 자위대로 일본의 안전을 지킨다'는 수단을 지지하고 있다. '안보조약을 해소하고 자위력을 강화하자'는 주장은 1969년에 13%였다가 1972년에는 11%로 줄어든 반면 '안보조약을 해소하고 자위대도 축소 또는 폐

---

14 「ベトナム戦争と日本の基地(日本の潮, 2)」, 『世界』, 1967年 6月, 190頁.

15 이하 베트남전쟁과 일본에서의 시민운동에 대해서는 다음을 참조. 남기정, 「베트남 '반전탈주' 미군병사와 일본의 시민운동: 생활세계의 전쟁과 평화」, 『일본학연구』 36, 2012.

지하자'는 주장은 1969년에 10%에서 1972년에는 16%로 증가하고 있다. 즉, '기지국가'를 해체하자는 데 찬성하는 입장은 여전히 소수 의견이며, 그중 '기지국가 해체 이후 자주적 국방국가로의 변화'를 지지하는 국민은 더욱 감소하고, '미군에 대한 기지제공도 자위대도 필요 없다'는 '절대평화주의'의 입장은 근소하나마 증가했다. 이는 베트남 반전운동의 미약한 성과였다. 그동안 오키나와는 일본에 '반환'되었고, 본토에서 미군기지가 축소된 만큼 오키나와에서는 미군기지가 확충되었다. 이에 따라 '기지국가'의 속성이 '기지의 섬'에 집중하여 표현되기 시작했다.

냉전이 붕괴되고 미일안보조약이 재조정의 운명에 처해질 즈음인 1990년 동아시아로부터 멀리 떨어진 중동 지역에서 발발한 걸프전쟁은 일본의 미군기지가 여전히 전쟁의 후방기지로서 유용함을 보여 주었다. 걸프전쟁이 발발하자 일본 본토와 오키나와의 미군기지는 중동을 향한 출격·중계·보급 기지가 되었다. 오키나와의 가데나(嘉手納), 후텐마(普天間), 그리고 본토의 이와쿠니(岩国) 등에서는 항공부대가 출격했으며, 요코스카와 사세보(佐世保) 등의 해군기지에서는 제7함대 소속 함정들이 추격해 나갔다.

미군의 출격은 지역적으로 주일미군의 동원을 극동의 안전보장에 한정한 '극동조항'에 위배되는 내용이었지만, 일본 국회에서는 외무성 조약국장이 '주일 함대가 출동하는 것은 전투작전 행동을 위한 것이 아니라 단순한 이동에 불과하다'는 궤변으로 이를 용인했다. 걸프전쟁을 계기로 주일미군은 일본의 기지로부터 어디로든 출격이 가능한 태세가 만들어졌다.[16] 나아가 가이후 도시키(海部俊樹) 수상은 담화를 발표하여 다국적

16 佐藤裕二, 「湾岸戦争と在日米軍基地―日米安保体制の変容」, 『日本の科学者』 26巻

군의 투입에 대해 '확고한 지지를 표명'하고, 다국적군에 대한 후방지원을 위해 자위대 파견을 고려하고 있다고 밝혔다. 이를 위해 '유엔평화협력법안'을 마련하기도 했지만, 헌법에 위배될 소지가 있다는 반대에 부딪혀 폐기되었다. 그 대신 일본은 다국적군에 대해 130억 달러의 재정을 지원했다. 이를 미국은 긍정적으로 평가했지만, 국제사회에서는 매정한 평가가 내려졌다. '피를 흘리지 않는 이기적인 국가', '평화에 대한 무임승차 국가'라는 부정적인 이미지가 일본에 각인되었다.

한편 1990년대 초는 한국에 의한 흡수통일 가능성이 회자되는 반면 다른 한편으로는 북한 당국의 '불바다' 발언으로 전쟁의 위기가 고조되던 시점이었다. 한반도에서 '통일도 없고 전쟁도 없다'는 '기지국가' 외교의 전제가 무너지고 있었던 것이다. 이는 보통국가론의 등장 배경이 되었다. 이후 일련의 법안 정비를 거쳐 1999년에는 주변사태법이 성립되기에 이르렀다.

2001년 9월 11일에 일어난 동시다발 테러와 이에 이은 미국의 아프간전쟁은 일본의 보통국가화가 '자위대의 해외파견'이라는 형태로 일선을 넘게 되는 계기가 되었다. 9월 11일 심야에 일본 정부는 국제긴급원조대를 편성하고 국내 미군 시설에 대한 경비 강화를 지시했다. 아프간전쟁이 개시된 후에는 아미티지(Richard L. Armitage) 국무부 부장관이 일본의 적극적인 공헌을 요구하고 나섰고, 이에 대해 일본 정부는 미군의 지원협력 활동을 전개하기 위한 법제를 마련하고 자위대를 파견했다.

10월 5일 테러대책 특별조치법이 국회에 제출되었고, 18일에 중의원, 29일에 참의원을 통과해서 가결되었다. 이어서 11월 9일에는 이지스

8号, 1991年, 13-14頁.

함을 포함한 자위대 함정이 인도양을 향해 사세보에서 출항했다. 이 모든 과정이 일본으로서는 이례적인 속도로 진행되었다. 11월 25일에는 추가로 자위대 함정 3척이 사세보를 출항했으며, 전체적으로 1,200명 규모의 지원이 이뤄졌다.[17] 이는 '기지국가' 이후 미일안보조약 아래 진행되어 온 현실이 기정사실로 되는 과정이었다. 특히 걸프전쟁 이후 '유사법제(有事法制)'가 마련되어 있었던 것이 신속한 대응을 가능하게 했다.

때마침 북한의 핵개발과 중국의 급격한 부상이 맞물리면서 일본에서는 안보불안이 고조되기 시작했다. 그런 가운데 고이즈미(小泉) 내각의 자위대 파견 결정을 '어쩔 수 없는 선택'으로 받아들이고 있었다. 그러나 9.11 직후부터 11월 중순 사이에 일본 여론에 변화가 나타났다. 〈TV 아사히〉의 '뉴스 스테이션'이 실시한 여론조사에 따르면, 시간이 지나면서 미국 주도의 아프간 보복 공격에 대한 반감이 커지고, 일본의 자위대 파견에 대해서도 지지하지 않는 여론이 지지하는 여론을 웃돌기 시작한 것이다.[18]

미국의 아프가니스탄 보복공격 직후인 10월 13/14일에 실시된 〈TV 아사히〉의 조사에서는 공격에 대한 '지지'가 51%, '지지하지 않음'이 37%, 자위대 파견에 대한 '지지'가 55%, '지지하지 않음'이 35%로 현실을 받아들이는 의견이 우세했다. 그런데 그로부터 한 달 후인 11월 17/18일의 여론조사에서는 '영미의 군사공격'에 대해 '지지'가 40%, '지지하지 않음'이 47%로 역전되었으며, '일본 해상자위대 함정의 인도양 파견'에 대

17 『朝日新聞』(2001. 11. 26).

18 加藤哲郎, 「現代日本社会における『平和』—情報戦時代の国境を越えた『非戦』」, 『歴史学研究』 769号, 2002年 11月, 35頁; 『ニュース·ステーション世論調査』, http://www.tv-asahi.co.jp/nstation/research/researchs.html(최종 검색일: 2013. 12. 12)

해서도 '지지하지 않음'이 53%인 데 반해 '지지'가 38%로 역전되는 모습을 보였다. 일본 국민은 '기지국가'의 효용한계를 실감하는 한편 자위대가 '기지'의 방위를 넘어선 활동에 참가하여 군사적 '보통국가'로 탈바꿈하려는 데 대해서는 여전히 저항감을 표현하고 있었던 것이다.

4) '기지국가'에서 '정상국가'로: '헌법개정'의 향방

대테러전쟁이라는 이름의 새로운 전쟁을 '세계 내전'이라 명명한 국제정치학자들이 있었다.[19] '세계 내전'의 시대에 '기지국가'는 유효기간이 종료된 것으로 감지되었다. '세계 내전'의 시대에는 '극동'의 지정학적 구분도 전선과 후방의 군사작전상의 구분도 의미가 없기 때문이다. '기지국가'로부터의 탈각이 '전후체제로부터의 탈각'이라는 구호로 표현되기 시작한 것이 이즈음이었다.

이 상황에서 표출된 일본 국민의 여론은 양가적이다. 우선 일본 국민 사이에는 2000년대에 들어 '자위대와 방위 문제'에 대한 관심이 증가하고 있다. 2000년까지 이 문제에 관심을 나타내는 국민은 걸프전쟁 시기를 예외로 하면 50~60%에서 점증하고 있었다. 2000년 이후부터 오름세가 뚜렷해졌으며 2003년 이후에는 60%를 넘어 70%에 육박하고 있었다.[20] 이러한 관심의 고조에도 불구하고 일본이 '외국으로부터 침략을 당했을 때' 선택하는 방법으로 '자주방위'보다는 '미일안보와 자위대'에의 의지를 최선의 수단으로 생각하는 국민의 수가 더 증가하고 있다는 것이

19 土佐弘之, 「脱領土的テロリズム, ポストモダン帝国体系と世界内戦」, 『現代思想』 29(13), 2001年 10月, 151-155頁.

20 「自衛隊·防衛問題に関する世論調査」, 『月刊世論調査』, 2006年 9月, 3頁.

다. '자주방위'를 선택한 국민이 10% 내외에서 평행하고 있는 데 비해 '미일안보와 자위대'의 현상유지를 선택한 국민은 2000년대 들어 70%를 넘어서고 있었다.[21] 즉, 방위정책에 관한 한 현행 헌법하의 현상유지에 대한 선호가 더욱 커지고 있다는 것이다.

이는 일본 국민 사이에서 헌법개정론이 호헌(護憲) 여론을 앞서기 시작했다는 조사에서도 확인되고 있다. 일례로 NHK 조사를 들 수 있는데, 1992년부터 10년 만인 2002년에 실시한 조사에서 헌법개정 찬성론자가 반대론자를 앞선 결과를 보였다. 그런데 그 내용을 들여다보면 제9조의 개정이 '필요하다'는 응답이 30%, '필요 없다'는 응답이 52%로 방위 문제와 관련해서는 여전히 평화헌법의 유용성을 지지하고 있는 것으로 확인되었다.[22]

2013년의 조사는 더욱 복잡하다. 개정 찬성론자(약 40%)가 반대론자(약 20%)보다 2배 많은 결과를 보였으며, 제9조의 개정에 대해서도 그 필요성을 주장하는 의견이 33%, 반대 의견이 30%로 나타났다. 이렇게 보면 이제 헌법개정을 통한 군대 보유에 대해 일본 국민의 긍정적인 의견이 많아지고 있음을 알 수 있다. 그런데 보다 구체적으로 의견을 묻는 항목에서는 미묘하게 상반된 결과를 보였다. '자위대를 국방군으로 변경하자는 의견'에 대해서는 반대가 45%, 찬성이 20%로 나타나 헌법개정이 곧바로 본격적인 군대 보유에 대한 적극적 지지는 아님을 알 수 있다.[23]

---

21 「自衛隊·防衛問題に関する世論調査」, 『月刊世論調査』, 2006年 9月, 68頁.

22 http://www.nhk.or.jp/bunken/summary/yoron/social/pdf/020501.pdf(최종 검색일: 2013. 12. 12)

23 http://www.nhk.or.jp/bunken/summary/yoron/social/pdf/130503.pdf(최종 검색일: 2013. 12. 12)

최근 논란이 된 집단적 자위권에 대한 찬반 여론은 더욱 이러한 경향을 농후하게 보여 준다. 2013년 8월에 실시된 『아사히신문』의 여론조사에 따르면 집단적 자위권 행사에 찬성하는 국민이 27%인 반면 59%의 국민이 반대하고 있었다. 아베 내각 지지층 중에서도 37%가 찬성, 49%가 반대하고 있었다. 일본이 현행 헌법 해석의 틀에서 벗어나려는 데 대한 비판적인 의견이 다수를 차지하고 있다.[24]

5) 동아시아적 문제로서의 일본의 '정상국가화'

이처럼 전후 동아시아에는 미소 간에 전개되는 지구적 냉전체제하에 '한국전쟁 휴전체제'라고 하는 지역 수준의 준전시체제가 형성되어 있었고, 일본은 '기지국가'가 되어 '동아시아 휴전체제'에 편입되었던 것이다. '동아시아 휴전체제'란 '한국과 북한을 전위로 한 미국–일본–한국과 소련–중국–북한 사이의 집단적 대결 상태 속에서 어느 일방이 상대방에 대한 승리를 담보해 내지 못하고 군사적 긴장 관계를 유지하는 체제'라고 정의할 수 있다.[25]

냉전은 분명 전쟁은 아니었지만, 휴전 또한 전쟁이 아닌 상태였으며, 또한 동시에 휴전은 냉전도 아닌 상태였다. 결국 한국전쟁과 그 종결 과

---

24 『朝日新聞』(2013. 8. 26); http://www.asahi.com/politics/update/0825/TKY201308250232.html(최종 검색일: 2013. 12. 12)

25 남기정, 「동아시아 냉전체제하 냉전국가의 탄생과 변형」, 『세계정치』 26호, 2005. 참고로 박명림은 '한반도 정전체제'라는 개념으로 한국현대사를 관통하는 기본구조를 드러내 보이고 있는데, 여기서 이 개념은 한국전쟁의 종결로 산생된 '한국전쟁 이후 체제(the post–Korean War system)'라는 의미로 사용되고 있다. 박명림, 「한반도 정전체제: 등장, 구조, 특성, 변환」, 『한국과 국제정치』 22권 1호, 2006(봄).

정을 통해 동아시아의 냉전체제는 휴전체제로 전화되었으며, 그 위에 지구적 차원에서 전개되는 미소 간의 냉전체제가 덧씌워진 상태였다. 다시 말해 동아시아의 냉전체제는 그 이면에 한국전쟁 휴전체제를 숨겨 놓고 있었다. 지구적 차원의 냉전체제가 전개되는 동안 휴전체제는 동아시아에서 전개되는 냉전체제의 하위체제로서 그 모습을 드러내지 않고 있다가 냉전의 그림자가 씻겨지자 전면으로 나오게 된 것이다. 냉전체제가 동아시아 국가들의 삶의 조건을 결정하는 지구적 차원의 규정력이라면 휴전체제는 지역적 차원의 규정력이었다고 할 수 있다. '기지국가'는 이러한 휴전체제에 조응하여 일본에서 형성된 국가체제라고 할 수 있다. '코쿠리코 언덕에서' 1963년을 배경으로 하여 전개되는 소년 소녀의 풋풋한 사랑 이야기 속에 미야자키 하야오는 이러한 일본의 현실을 녹여 배치시키고 있었던 것이다.

아시아태평양전쟁을 거치면서 총력전 체제를 갖추고 '고도국방국가'가 되어 있던 일본은 전후 평화헌법하에서 '평화국가'로의 재기를 다짐했다. 하지만 한국전쟁을 거치면서 '기지국가'가 되어 국제사회에 복귀했다. 전후 일본인들의 의식 속에 계승되어야 할 자산이거나 부정되어야 할 유산으로 자리 잡은 평화국가의 실상은 기지국가였던 것이다. 일본에서 '정상국가'화 논의가 대두된 1990년대는 지구적 수준에서 냉전체제가 붕괴되는 이면에서 동아시아의 휴전체제가 전면에 모습을 드러내기 시작한 시점이었다. 일본의 개헌 논의는 이러한 '불편한 진실'과의 마주 대하기로서의 의미를 지니고 있는 것이었다.

그렇다면 '기지국가'의 '정상국가'화는 '휴전협정체제'의 '강화조약체제'로의 전환과 동시에 진행되는 역사 과정일 것이다. 따라서 '휴전협정체제'의 온존 속에서 진행되는 '정상국가'화는 '기지국가'의 모순을 해소하는 것이 아니라 오히려 모순을 격화시키는 과정이 될 것이다. 다른 한편 전후 '평화국가'로의 재기를 시도했던 일본이 다시 '전쟁국가'로 전락하지 않고 '기지국가'의 역할을 감수하며 멈추어 섰던 것은 '휴전협정체제'의 제도화를 통해 '전쟁의 재발'을 방지하는 감추어진 제동장치였다고도 할 수 있다.

일본의 전사 연구자 사사키 류지(佐々木隆爾)는 1951년 미극동군 사령부가 경찰예비대를 '한국전쟁의 필요성에 대응하여' 미 지상군과 같은 수준으로 육성하여, 새로 6개 사단을 추가함과 동시에 이를 한국의 전선에 투입할 것을 고려하고 있었다는 사실을 들어, 일본이 후방지원에서 나아가 '전방지원'의 역할을 담당하고 제17의 참전국이 되었을 가능성이 있었다고 지적하고 있다.[26] 일본 국내에서는 정계에 복귀한 우익들은 물론 구군인들과 보수적 정치인들, 그리고 사회주의자들까지도 재군비의 정당성을 주장하고 구체적인 제안을 하고 있었다. 한국전쟁이 장기화하면서는 국민의 의식도 서서히 재군비 우세로 돌아서는 듯했다. 일본 내외의 압력 속에 일본은 다시 '전쟁국가'의 입구에 서 있었던 것이다.

물론 1951년 3월 1일 미국무성이 미극동군 사령부의 제안을 거부하여 이러한 일은 일어나지 않았지만, 일본이 스스로 재군비를 하고 이른바 보통의 국가가 되었다면 한국전쟁에 참전했을 가능성이 있으며, 전쟁은 더 오랫동안 이어졌을 것이다. 그리고 일본의 참전으로 한미일이 주도하는 통일이 이뤄질 수도 있었을 것이다. 하지만 일본의 한반도에 대한 발언력은 더욱 커졌을 것이며, 그것도 구 우익과 군인들이 주도하는 것

26 佐々木隆爾, 「前方支援の立場もあり得た日本の後方支援」, 『(歴史群像シリーズ, 61号) 朝鮮戦争(下)—中国軍参戦と不毛の対峙戦』, Gakken, 1999年, 139頁.

일 수 있다. 그러나 한미일의 주도로 통일이 될 수 있었다는 것도 낙관론이라 할 수밖에 없는 것이, 전쟁 발발 이전부터 동아시아에서 부활하고 있던 중일전쟁의 양상으로 보아 길고 긴 중일전쟁의 지속처럼 될 가능성이 있고, 소일전쟁의 양상까지 겹치면 동북아시아를 무대로 한 세계전쟁의 발발 가능성 또한 부인할 수 없기 때문이다.[27] 그것은 한반도의 초토화를 의미했을 것이다. 따라서 일본이 '평화국가'로부터 '전쟁국가'로 전락하는 길목에서 '기지국가'로 멈추어 섰던 것은 한국전쟁을 휴전으로 종식시키는 숨은 요인이 되었다고 보아야 할 것이다.

그런 의미에서 군사적 '정상국가'화의 거친 발걸음을 재촉하는 아베 수상의 시도는 '적극적 평화주의'의 요란한 구령하에 '휴전이라는 이름의 평화'를 종식시키고 전쟁 재발의 가능성을 높이는 방아쇠가 될 수 있다. 그 결과를 상상하는 것은 어렵지 않다. 아베 수상의 성공은 일본의 실패이자 동아시아의 실패가 될 수 있다.

27 초기 전투는 소련과 일본의 전쟁 재현이었다고 할 수 있다. 북한군의 전술 전법은 소련군이 노몬한 제2차 공세, 폴란드 침공작전 및 만주 침공작전 등에서 취했던 것과 거의 같은 것이었으며, 한국군의 지도부는 일본군 육군사관학교, 만주 군관학교 출신 등이 장악하고 있었던 것을 배경으로 일본군의 전술 전법이 기본이 되어 있었다. 葛原和三, 「北朝鮮軍の侵攻計画」, 『朝鮮戦争』 上, 学研, 1999年, 71頁.

참고문헌

1. GHQ/SCAP 자료

Anti-American Activities, GS, GHQ/SCAP Records, Box no. 2275 HH, GS(B)−04254.

CHOREN: CHOSENJIN RENMEI (Korean League) Book 1 (1949), GS, GHQ/SCAP Records, Box no. 2275 HH, GS(B)−04261−04270.

CHOREN: CHOSENJIN RENMEI (Korean League) Book 2 (1950), GS, GHQ/SCAP Records, Box no. 2275 HH, GS(B)−04270−04272.

Communism in Japan, GS, GHQ/SCAP Records, Box no. 2146, GS(B)−01264−01302.

Communism in Japan, II, GS, GHQ/SCAP Records, Box no. 2146, GS(B)−01294.

Communist Party Book I, GS, GHQ/SCAP Records, Box no. 2241, GS(A)−02462.

'G' Bureau, A-100.23, GS, GHQ/SCAP Records, Box no. 2275 BB, GS(B)−03980.

Illegal Activities, GS, GHQ/SCAP Records, Box no. 2275 HH, GS(B)−04258.

Immigration Law, GS, GHQ/SCAP Records, Box no. 2275 HH, GS(B)−04258.

Impact of Korean War on Japan's Economy, ESS, GHQ/SCAP Records, Box no. 7589, ESS(C)−09950−51.

Japan Communist Party: General, A-100, GS, GHQ/SCAP Records, Box no. 2275 AA, GS(B)−03906.

Japan Communist Party Underground Activities, GS, GHQ/SCAP Records, Box no. 2275 BB, GS(B)−04000−04004.

Japanese Korean Military Activities, GS, GHQ/SCAP Records, Box no. 2275 HH, GS(B)−04258.

Korean Deportation, GS, GHQ/SCAP Records, Box no. 2275 HH, GS(B)−04254−04255.

Korean Intelligence and Smuggling, GS, GHQ/SCAP Records, Box no. 2275 HH, GS(B)-04255-04257.

Korean Organizations: General, GS, GHQ/SCAP Records, Box no. 2275 HH, GS(B)-04258-04261.

Korean War and Peace, GS, GHQ/SCAP Records, Box no. 2275 BB, GS(B)-04251-04254.

Meetings and Demonstrations, GS, GHQ/SCAP Records, Box no. 2275 HH, GS(B)-04258.

Organizers, GS, GHQ/SCAP Records, Box no. 2275 HH, GS(B)-04258.

Repatriation, GS, GHQ/SCAP Records, Box no. 2275 HH, GS(B)-04258.

Sabotage, GS, GHQ/SCAP Records, Box no. 2275 HH, GS(B)-04258.

The Japan Communist Party and the Cominform, CIS Periodical Summary, GHQ/SCAP Records, Box no. 306, GII-03009.

2. 일본 외무성 자료

− 일본 외무성 외교기록 제10회 공개분, 마이크로필름 A'7.1.0.5−2

「外務省情報部, 朝鮮の動乱とわれらの立場」, A'−0129.

「朝鮮動乱, 休戦交渉関係, 各国の態度及び世論」, A'−0131.

「朝鮮動乱, 休戦交渉関係, 政治会議関係」, A'−0131.

「朝鮮動乱, 休戦交渉関係, 朝鮮休戦交渉経緯」, A'−0131.

「朝鮮動乱, 休戦交渉関係, 朝鮮休戦の日本への影響」, A'−0131.

「朝鮮動乱, 休戦交渉関係, 捕虜問題」, A'−0131.

「朝鮮動乱, 休戦交渉関係, 国連審議及び態度」, A'−0132.

「朝鮮動乱, 休戦交渉関係, 同日本の協力関係」, A'−0132.

「朝鮮動乱, 休戦交渉関係, 韓国復興関係」, A'−0132.

− 일본 외무성 외교기록 제10회 공개분, 마이크로필름 A'7.1.0.5−3

「朝鮮動乱, 韓国復興関係, 国連の態度」, A'−0132.

「朝鮮動乱, 韓国復興関係, 日本の協力関係」, A'−0132.

− 일본 외무성 외교기록 제10회 공개분, 마이크로필름 A'7.1.0.5−4
「朝鮮動乱, 国連審議及び態度, 細菌戦調査関係」, A'−0132.

3. 대한민국 외교부 자료

한국 외무부, 『한국전 문서요약 1949. 1~1953. 8』(러시아 정부 제공, 대한민국 대통령 문서관 자료, 1994).

4. 러시아 대통령 문서관/외무성 문서관 자료

Cold War International History Project Bulletin, Issue 3, Fall 1993; Issue 5, Spring 1995; Issue 6-7, Winter 1995/1996; Issue 8-9 (Woodrow Wilson International Center for Scholars, Washington D. C.)

5. 신문, 잡지, 기관지, 방송 등

『로동신문』, *The Nippon Times*, *The Washington Post*, 『This is 読売』, 『改造』, 『国民評論』, 『金融経済』, 『党建設者』, 『読売新聞』, 『東京新聞』, 『東洋経済新報』, 『東亜連盟』, 『毎日新聞』, 『文芸春秋』, 『北極星』, 『北海道新聞』, 『思想の科学』, 『社会新報』, 『産経新聞』, 『西日本新聞』, 『先鋒』, 『世界』, 『市民の意見30の会·東京ニュース』, 『岩国タイムス』, 『月刊世論調査』, 『日本週報』, 『日赤新聞』, 『再建』, 『赤旗』, 『諸君!』, 『朝日新聞』, 『週間朝日』, 『中央公論』, 『沖縄タイムス』, 『平和と独立のために』, ダイヤモンド』, 『ニュース·ステーション世論調査』
NHK(日本放送協会), 『ドキュメンタリー, 「船跡」—あるLST 乗組員の記録』, 1978. 3. 4.
NHK(日本放送協会), 『NHK月曜特集, 日本特別掃海隊—朝鮮戦争秘史』, 1978. 9. 11.
NHK(日本放送協会), 『NHKプライム10, 秘密機関「白団」—台湾に渡った旧日本軍人達』, 1992. 11. 16.

MBC 프로덕션, 「6.25 일본 참전의 비밀」(비디오 녹화 자료), 2001.

6. 자료집 및 연표

동아시아연구원, 「제1~3회 한일국민상호인식조사, 한일비교분석결과 보고서」, 2015. 7. 10.
経済審議庁調査部統計課, 『特需契約五カ年の実績』, 1955.
経済審議庁調査部統計課, 『特需に関する統計』, 1954/1956.
公安調査庁, 『日本共産党—在日本朝鮮祖国防衛委員会関係等基本資料集』, 1953.
公安調査庁, 『日本共産党を中心とした内外動向年表—昭和20年8月15日~昭和29年6月30日』, 1954.
公正取引委員会事務局経済部調査課, 『兵器特需の現況』, 1953.
国立国会図書館調査立法考査局, 『再軍備問題に関する国内論調』, 1951. 5.
『農民運動資料』41, 1953. 1.
大嶽秀夫(編·解説), 『戦後日本防衛問題資料集』全3巻, 三一書房, 1991.
『琉球政府史料, 第二号, 政治編』, 那覇出版社, 1988.
朴慶植(編), 『朝鮮問題資料叢書』10, 15, アジア問題研究所, 1991.
法務府, 『法務年鑑』, 1950.
法務府特別審査局, 『日本共産党の動向(自昭和24年8月至昭和25年8月)』, 1951. 3.
法務府特別審査局, 『特審資料』, 1951.
法務府特別審査局, 『特審月報』, 不二出版, 2008.
思想の科学研究会(編), 『共同研究—日本占領研究事典』, 1978.
『石油便覧』, 石油経済研究会, 1959.
『世界』(戦後平和論の源流), 創刊40周年記念臨時増刊, 1985. 7.
粟屋憲太郎(編集·解説), 『資料日本現代史3—敗戦直後の政治と社会2』, 大月書店, 1981.
神谷不二(編), 『朝鮮問題戦後資料』全3巻, 1976.
有沢広巳·稲葉秀三, 『資料, 戦後20年史』, 日本評論社, 1966.
『日本共産党党性高揚文献』, 駿台社, 1952.
「日本国とアメリカ合衆国との間の安全保障条約第3条に基づく行政協定の協議のための合同会議の公式議事録」, 1952. 2. 26.

『日本国有鉄道の軍事的性格と駐留軍輸送協定の全貌』, 1953. 4.
調達庁, 『占領軍調達史 — 占領軍調達の基調』, 1956.
調達庁, 『占領軍調達史, 部門編 — 役務(サービス)』, 1958.
総務庁統計局(監修)·東洋経済新報社(編集), 『国勢調査集大成 — 人口統計総覧(昭和60年)』, 1985.
『協会の実施して来た事業概要』, 1958. 4. 1.

7. 일본 지방자치체 자료

九州経済調査協会, 『板付基地の経済』, 1961.
東京百年史編集委員会, 『東京百年史』 6, 1972.
福岡県警察史編さん委員会(編), 『福岡県警察史, 昭和前編』, 福岡県警察本部, 1980.
府中市史編纂委員会(編), 『府中市史』 下, 1974.
神奈川県県民部県史編集室(編), 「近代·現代(4), 産業経済2」, 『神奈川県史, 通史編7』, 1982.
神戸市開港百年史編集委員会(編), 『神戸開港百年史, 港勢編』, 1972.
呉市史編纂委員会, 『呉市史』 8, 呉市役所, 1995.
伊丹市, 『伊丹市史』, 1972.
入間市史編纂室(編), 『入間市史, 通史編』, 1994.
調達庁, 『調査時報』 21.
朝霞市教育委員会市史編纂室(編), 『朝霞市史, 通史編』, 1989.
佐世保市総務部庶務課(編), 『佐世保市史, 産業経済編』, 佐世保市, 1956.
千歳市, 『増補, 千歳市史』, 1983.
『沖縄大百科辞典』 上·中, 沖縄タイムス, 1983.
横浜港振興協会·横浜港史刊行委員会(編), 『横浜港史, 総論編』, 横浜市港湾局企画課, 1989.

8. 일본 사회단체 자료

経済問題調査会,『日米経済協力』, 1951.
大阪商船三井船舶,『風涛の日, 商船三井の百年』, 1984.
東燃15年史編纂委員会,『東燃15年史』, 1956.
防衛生産委員会,『防衛生産委員会十年史』, 1964.
石油経済研究会(編),『1950年版, 石油業界の推移』, 1950.
日本国有鉄道(編),『鉄道終戦処理史』, 大正出版, 1981.
日本兵器工業会,『日本の防衛産業』, 1961.
日本船主協会,『十年史』, 1959.
日本郵船,『七十年史』, 1956.
日本赤十字社兵庫県支部,『ひょうごの赤十字百年』, 1991.
日本赤十字社福岡県支部,『赤十字福岡九十年史』, 1980.
日本赤十字社熊本支部(編),『日本赤十字社熊本県支部史』, 1991.
日本赤十字社佐賀県支部(編),『百年のあゆみ』, 1991.
『自衛隊年鑑』, 1967.
自治大学校,『戦後自治史』8(内務省の解体), 1966.
在日本大韓民国居留民団大阪府地方支部,『民団大阪30年史』, 1980.
全日本海員組合,『全日本海員組合活動方針集』, 1964.
全日本海員組合,『全日本海員組合活動資料集』下, 1986.
海事産業研究所(編),『日本海運戦後助成史』, 運輸省, 1967.
海上保安庁総務部政務課(編),『十年史』, 平和の海協会, 1961.
海上保安協会,『海上保安庁30年史』, 1979.

9. 단행본

●국문

국토통일원 연구조사실 편,『한국전쟁과 휴전체제』, 국토통일원, 1989.
김철범 편,『한국전쟁 : 강대국 정치와 남북한 갈등』, 평민사, 1989.
김태우,『폭격 : 미공군의 공중폭격 기록으로 읽는 한국전쟁』, 창비, 2013.

박명림, 『한국전쟁의 발발과 기원』 1·2, 나남출판, 1996.
션즈화(沈志華)(최만원 역), 『마오쩌둥 스탈린과 조선전쟁』, 선인, 2010.
션즈화(沈志華)(김동길 역), 『조선전쟁의 재탐구: 중국·소련·조선의 협력과 갈등』, 선인, 2014.
소진철, 『한국전쟁의 기원: 국제공산주의자의 음모』, 원광대학교출판국, 1996.
송건호 외 편, 『해방 40년의 재인식』 1, 돌베개, 1985.
아카기 간지 외(이종판 역), 『일본의 6.25전쟁연구』, 국방부군사편찬위원회, 2009.
안용현, 『한국전쟁비사』 제5권(부록, 전사 자료), 경인문화사, 1992.
양영조, 『한국전쟁과 동북아 국가정책』, 선인, 2007.
예브게니 바자노프·나탈리아 바자노바(김광린 역), 『소련의 자료로 본 한국전쟁의 전말』, 도서출판 열림, 1998.
와다 하루끼(서동만 옮김), 『한국전쟁』, 창작과비평사, 1999.
윌리엄 T. 와이블러드 엮음(문관현 · 손석주 · 김택 · 오충원 옮김), 『극동공군 사령관 조지 E. 스트레이트마이어 장군의 한국전쟁 일기』, 플래닛미디어, 2011.
재일학도의용군 동지회, 『재일동포 6.25전쟁 참전사』, 2002.
한국전쟁연구회 편, 『한국전쟁 전후 민족격동기의 재조명』(한국전쟁연구 국제학술회의 의사록, 1987년 6월 15, 16일, 서울, 한국), 한국전쟁연구회, 1987.
한국홍보협회 편, 『한국동란』, 한국홍보협회, 1973.
한용원, 『창군』, 박영사, 1984.
6.25 40주년 특별제작반, 『다큐멘터리 한국전쟁』 하, KBS문화사업부, 1996.

● 영문

Allison, John M., *Ambassador from the Prairie*, Boston: Houghton Miffilin Company, 1973.
Arendt, Hannah, *Crises of the Republic: Lying in Politics, Civil Disobedience, on Violence, Thought on Politics and Revolution*, New York: Harcourt Brace Jovanovich, 1972.
Benda, Julien (trans. Richard Aldington), *The Treason of the Intellectuals*, London: Norton, 1980 (1928; rprt. New York: Norton, 1969).
Clark, Mark W., *From the Danube to the Yalu*, Harper and Brothers, 1954.

Cloudin, Fernando (translated by MacDonagh Francis), *The Communist Movement: From Comintern to Cominform, Part Two: The Zenith of Stalinism*, Monthly Review Press, 1975.

Cumings, Bruce, *The Origins of the Korean War, Vol. II: The Roaring of the Cataract 1947-1950*, Princeton Univ. Press, 1990.

Drifte, Reinhard, "Japan's Involvement in the Korean War," James Cotton and Ian Neary (eds.), *The Korean War in History*, Manchester Univ. Press, 1989.

Duke, Simon W. and Wolfgang Krieger (eds.), *U. S. Military Forces in Europe: The Early Years, 1945-1970*, Boulder, Colorado: Westview Press, 1993.

Dupuy, Trevor N. (editor in chief), *International Military and Defense Encyclopedia*, Brassey's (US) Inc., A Division of Maxwell Macmillan, Inc., Washington, New York, 1993.

Emmerson, John K., *The Japanese Thread*, New York, 1978.

Field Jr., James A., *History of United States Naval Operations in Korea*, Washington D. C.: U. S. Government Printing Office, 1962.

Futrell, Robert Frank (ed.), *The United States Air Force in Korea, 1950-1953*, New York: Duell, 1961. (강승기 역, 『한국전에서의 미공군전략』, 행림출판, 1982)

Gough, Terrence J., *U. S. Army Mobilization and Logistics in the Korean War: A Research Approach*, Washington D. C.: Center of Military History United States Army, 1987.

Hallion, Richard B., *The Naval Air War in Korea*, Baltimore, Maryland: The Nautical & Aviation Publishing Company of America, 1986.

Hastings, Max, *The Korean War*, New York: Simon & Schuster, 1987.

Hook, Glenn D., *Militarization and Demilitarization in Contemporary Japan*, London: Routledge, 1996.

Huston, James A., *Guns and Butter, Powder and Rice: U. S. Army Logistics in the Korean War*, Selinsgrove: Susquehanna Univ. Press, 1989.

Johnson, Chalmers, *Conspiracy at Matsukawa*, Berkeley: Univ. of California Press, 1973.

Katzenstein, Peter J., *Cultural Norms and National Security: Police and Military in Postwar Japan*, New York: Cornell Univ. Press, 1996.

Katzenstein, Peter J., *Policy and Politics in West Germany: The Growth of a*

Semisovereign State, Philadelphia: Temple Univ. Press, 1987.

Keegan, John, *A History of Warfare*, London: Marsh & Sheil Ltd., 1993. (유병진 옮김, 『세계전쟁사』, 까치, 1996)

Kersten, Rikki, *Democracy in Postwar Japan: Maruyama Masao and the Search for Autonomy*, London: Routledge, 1996.

Kim, Nam G., *From Enimies to Allies: The Impact of the Korean War on U. S.-Japan Relations*, Bethesda: ISP, 1997.

Knox, Donald, *The Korean War: Pusan to Chosin, An Oral History*, Harvest Book Company, 1985.

Koike, Yoshio (editor in chief), *Kenkyusha's New English-Japanese Dictionary*, (fifth edition), Tokyo: Kenkyusha, 1980.

Langer, Paul F., *Communism in Japan: A Case of Political Naturalization*, Hoover Institution Press, 1972.

Lee, Steven Hugh, *Out Post of Empire: Korea, Vetenam, and the Origins of the Cold War in Asia, 1949-1954*, McGill-Queen's Univ. Press, 1995.

Marolda, Edward J. (ed.), *The United States Navy in the Korea War*, Annapolis, Maryland: National Institute Press, 2007. (김주식·정삼만·조덕현 공역, 『한국전쟁과 미국 해군』, 한국해양전략연구소, 2010)

Masuda, Hiroshi, *MacArthur in Asia: The General and His Staff in the Philippines, Japan, and Korea*, Ithaka and London: Cornell Univ. Press, 2009.

Mitchell, Richard Banks, *The Korean Minority in Japan*, Berkeley, 1967.

Murphy, Robert, *Diplomat Among Warriors*, New York: Doubleday & Company, Inc., 1964.

Nimmo, William F. (ed.), *The Occupation of Japan: The Impact of the Korean War*, The Proceedings of Symposium, 16-17 Oct. 1986.

O'Neill, R., *Australia in the Korean War 1950-53: Vol. 1, Strategy and Diplomacy*, Canberra: The Australian War Memorial and the Australian Government Publishing Service, 1981.

Pearlman Michael D., *Truman and MacArthur: Policy, Politics, and the Hunger for Honor and Renown*, Bloomington and Indianapolis: Indiana Univ. Press, 2008.

Schnabel, James F., *The US Army in the Korean War*, Washinton, 1972.

Stueck, William, *The Korean War: An International History*, Princeton Univ. Press, 1995.

Swenson-Wright, John, "The Limits to "Normalcy": Japanese-Korean Post Cold War Interactions," Yoshihide Soeya, Masayuki Tadokoro, and David A. Welch (eds.), *Japan as a 'Normal Country'?: A Nation in Search of Its Place in the World*, Toronto: Univ. of Toronto Press, 2011.

Takemae, Eiji, *The Allied Accupation of Japan*, New York: Contiuum, 2003.

Wada, Haruki, *The Korean War: An International History*, Lanham: Rowman & Littlefield, 2014.

Wavell, Archibald P., *Speaking Generally: Broadcasts, Orders and Addresses in Time of War(1939-43)*, London: Macmillan, 1947.

Weinstein, Martin E., *Japan's Postwar Defense Policy 1947-1968*, New York: Columbia Univ. Press, 1971.

Whiting, Allen S., *China Crosses the Yalu: The Decision to Enter the Korean War*, New York: The Macmillan Company, 1960.

● 일문

高見順(編),『目撃者の証言』, 青銅社, 1952.

鳩山一郎,『代議士の生活と意見』, 東京出版, 1952.

久野収,『平和の論理と戦争の論理』, 岩波書店, 1972.

久野収,『市民として哲学者として』, 朝日新聞社, 1995.

堀幸雄,『増補, 戦後の右翼勢力』, 勁草書房, 1997.

宮沢喜一,『東京ーワシントンの密談』, 実業之日本社, 1956.

近藤完一·小山内宏監修,『戦後産業史への証言』3, 毎日新聞社, 1978.

基地問題調査委員会,『軍事基地の実態と分析』, 三一書房, 1954.

吉野源三郎,『平和への意志』(『世界』, 編集後記, 1946~1955年), 岩波書店, 1995.

吉原公一郎,『日本の兵器産業』, ダイヤモンド社, 1982.

吉田茂,『回想十年』4, 中央公論社, 1998.

吉田茂記念事業財団(編),『吉田茂書翰』, 中央公論社, 1994.

金英達,『GHQ文書研究ガイドー在日朝鮮人教育問題』, むくげの会, 1989.

金太基,『戦後日本政治と在日朝鮮人問題―SCAPの対在日朝鮮人政策, 1945~1952年』, 勁草書房, 1997.
能勢省吾,『朝鮮動乱特別掃海史』, 私家版(防衛大学校蔵), 1961.
多木浩二,『戦争論』, 岩波書店, 1999.
大久保武雄,『海鳴りの日々―かくされた戦後史の断層』, 海洋問題研究会, 1978.
大嶽秀夫,『再軍備とナショナリズム―保守, リベラル, 社会民主主義者の防衛観』, 中央公論社, 1988.
大嶽秀夫,『戦後日本防衛問題資料集 第一巻』, 三一書房, 1991.
大嶽秀夫,『二つの戦後―ドイツと日本』, 日本放送出版協会, 1993.
大澤真幸,『戦後の思想空間』, 筑摩書房, 1998.
大阪商船三井船舶,『風涛の日々, 商船三井の百年』, 1984.
渡辺富哉,『偽りの烙印―伊藤律スパイ説の崩壊』, 五月書房, 1993.
都築勉,『戦後日本の知識人―丸山真男とその時代』, 世織書房, 1995.
読売新聞戦後史班(編),『「再軍備」の軌跡』, 読売新聞社, 1981.
東京大学社会科学研究所(編),『20世紀システム』1(構想と形成), 1998.
東久邇稔彦,『一皇族の戦争日記』, 日本週報社, 1957.
同時代史学会(編),『朝鮮半島と日本の同時代史―東アジア地域共生を展望して』, 日本経済評論社, 2005.
藤原彰,『日本軍事史』下(戦後編), 日本評論社, 1987.
芦田均,『芦田均日記』3, 岩波書店, 1986.
明田川融,『日米行政協定の政治史―日米地位協定研究序説』, 法政大学出版局, 1999.
明田川融,『沖縄基地問題の歴史―非武の島, 戦の島』, みすず書房, 2008.
木村禧八郎,『基地経済』, 労働経済社, 1953.
木村禧八郎·神野璋一郎·堀江忠男·久川喜久雄,『日本資本主義講座―戦後日本の政治と経済』(第2巻, 講和からMSAへ), 岩波書店, 1953.
木下半治,『日本右翼の研究』, 現代評論社, 1977.
梶谷善久,『レッド·パージ』, 国書出版社, 1980.
米原謙,『日本的「近代」への問い―思想史としての戦後政治』, 新評論, 1995.
朴慶植,『解放後在日朝鮮人運動史』, 三一書房, 1989.
朴在一,『在日朝鮮人に関する総合調査研究』, 新紀元社, 1979.
保科善四郎先生の白寿を祝う会(編),『至誠動天』, 日本国防協会, 1988.

福岡県警察史編さん委員会(編),『福岡県警察史, 昭和前編』, 福岡県警察本部, 1980.
服部一馬·斉藤秀夫,『占領の傷跡』, 有隣堂, 1983.
富山和夫,『日本の防衛産業』, 東洋経済新報社, 1979.
不破哲三,『日本共産党史を語る』上, 新日本出版社, 2006.
山崎静雄,『史実で語る朝鮮戦争協力の全容』, 本の泉社, 1998.
山室英男,『昭和の戦争―ジャーナリストの証言』10(朝鮮戦争·ベトナム戦争), 講談社, 1985.
三宅明正,『レッド·パージとは何か―日本占領の影』, 大月書店, 1994.
三浦陽一,『吉田茂とサンフランシスコ講和』上·下, 大月書店, 1996.
三和良一,『占領期の日本海運―再建への道』, 日本経済評論社, 1992.
西村秀樹,『大阪で闘った朝鮮戦争―吹田平方事件の青春群像』, 岩波書店, 2004.
石井明,『中ソ関係史の研究, 1945~1950』, 東京大学出版会, 1990.
『世界』(新ガイドラインって何だ?), 別冊ハンドブック, 1997. 10.
小堀甚二,『再軍備論―再軍備の必要とありかた』, 国民教育社, 1951.
小島亮,『ハンガリー事件と日本―1956年·思想史的考察』, 中央公論社(中公新書), 1987.
小椋広勝·島恭彦,『戦争と経済』, 雄渾社, 1968.
小林峻一·加藤昭,『闇の男―野坂参三の百年』, 文芸春秋, 1993.
小山弘健,『日本軍事工業の史的分析―日本資本主義の発展構造との関係において』, お茶の水書房, 1972.
小倉和夫,『吉田茂の自問―敗戦, そして報告書「日本外交の過誤」』, 藤原書店, 2003.
小川利夫·新海英行(編),『GHQの社会教育政策―成立と展開』, 1990.
小沢一郎,『日本改造計画』, 講談社, 1993.
松竹伸幸,『「基地国家·日本」の形成と展開』, 新日本出版社, 2000.
松村劭,『戦争学』(文春新書, 019), 文芸春秋, 1998.
水野浩,『日本の貞操―外国兵に犯された女性たちの手記』, 蒼樹社, 1953.
手塚正巳,『凌ぐ波頭―海上自衛隊をつくった男たち』, 太田出版, 2010.
植村秀樹,『再軍備と55年体制』, 木鐸社, 1995.
新里恵二·金城正篤,『沖縄県の歴史』, 山川出版, 1972.
新津新生,『朝鮮戦争と長野県民』, 信州現代史研究所, 2003.
神戸市開港百年史編集委員会(編),『神戸開港百年史, 港勢編』, 1972.
岩波書店編集部,『岩波書店五十年』, 岩波書店, 1963.

梁永厚,『戦後·大阪の朝鮮人運動, 1945~1965』, 未来社, 1994.
鈴木健二,『戦争と新聞』, 毎日新聞社, 1995.
五島勉,『続·日本の貞操』, 蒼樹社, 1953.
五十嵐武士,『対日講和と冷戦―戦後日米関係の形成』, 東京大学出版会, 1986.
五十嵐武士,『占領体制の形成』, 大月書店, 1988.
五十嵐武士,『戦後日米関係の形成―講和·安保と冷戦後の視点に立って』, 講談社(学術文庫), 1995.
五十嵐武士,『日米関係と東アジア―歴史的文脈と未来の構想』, 東京大学出版会, 1999.
有吉義弥,『占領下の日本海運―終戦から講和発効までの海運側面史』, 国際海運新聞社, 1961.
有馬哲夫,『1949年の大東亜共栄圏―自主防衛への終わらざる戦い』, 新潮新書, 2014.
有沢広巳·稲葉秀三,『資料―戦後20年史』, 日本評論社, 1966.
伊藤律,『伊藤律回想録―北京幽閉二十七年』, 文芸春秋, 1993.
李進熙(編),『「在日」はいま―在日韓国·朝鮮人の戦後50年』, 青丘文化社, 1996.
林茂夫·畑穣,『1970年と日本の軍事基地』, 新日本出版社, 1969.
日本現代史研究会(編),『戦後体制の形成』, 大月書店, 1988.
入江啓四郎,『領土·基地』, 三一書房, 1959.
猪俣浩三·木村禧八郎·清水幾太郎,『基地日本―うしなわれていく祖国のすがた』, 和光社, 1953.
赤木正一,『日本の防衛産業』, 三一書房, 1969.
荻野富士夫,『戦後治安体制の確立』, 岩波書店, 1999.
田畑忍(編),『近現代日本の平和主義―平和憲法の思想的源流と発展』, ミネルヴァ書房, 1993.
田中明彦,『安全保障』, 読売新聞社, 1998.
田中浩,『日本リベラリズムの系譜―福沢諭吉·長谷川如是閑·丸山真男』, 朝日新聞社, 2000.
朝日新聞西部本社(編),『戦後誌―光と影の記憶』, 石風社, 1995.
佐々木春隆,『朝鮮戦争―韓国編』中, 原書房, 1999.
佐々木隆爾,『(歴史群像シリーズ, 61) 朝鮮戦争―中国軍参戦と不毛の対峙戦』下, Gakken, 1999.

朱建栄,『毛沢東の朝鮮戦争ー中国が鴨緑江を渡るまで』, 岩波書店, 1992.
竹前栄治,『戦後労働改革』, 東京大学出版会, 1982.
竹前栄治,『GHQ』, 岩波書店, 1987.
竹前栄治,『日本占領ーGHQ高官の証言』, 中央公論社, 1988.
中江兆民(桑原武夫·島田虔次校注),『三酔人経綸問答』, 岩波書店, 1997.
中島信吾,『戦後日本の防衛政策ー「吉田路線」をめぐる政治·外交·軍事』, 慶応義塾大学出版会, 2006.
中本昭夫,『佐世保港の戦後史』, 芸文堂, 1984.
中野好夫·新崎盛輝,『沖縄問題二十年』, 岩波書店, 1965.
中野好夫·新崎盛輝,『沖縄戦後史』, 岩波書店, 1976.
中村祐悦,『白団ー台湾軍をつくった日本軍将校たち』, 芙蓉書房, 1995.
中村政則,『占領と戦後改革』(近代日本の軌跡, 6), 吉川弘文館, 1994.
秦郁彦(編),『日本陸軍総合辞典』, 東京大学出版会, 2005.
川西正鑑,『東亜地政学の構想』, 実業之日本社, 1942.
千田武志,『英連邦軍の日本進駐と展開』, お茶の水書房, 1997.
萩原遼,『朝鮮戦争ー金日成とマッカーサーの陰謀』, 文芸春秋, 1993.
坂本多加雄,『知識人ー大正·昭和精神史断章』, 読売新聞社, 1996.
坂本義和,『地球時代の国際政治』, 岩波書店, 1990.
坂本義和,『相対化の時代』, 岩波書店, 1997.
豊下楢彦,『安保条約の成立ー吉田外交と天皇外交』, 岩波新書, 1996.
海事産業研究所(編),『日本海運戦後助成史』, 運輸省, 1967.
海上保安庁総務部政務課(編),『十年史』, 平和の海協会, 1961.
饗庭孝典·NHK取材班,『朝鮮戦争ー分断38度線の真実を追う』, 日本放送出版協会, 1991.
脇田憲一,『朝鮮戦争と吹田·枚方事件ー戦後史の空白を埋める』, 明石書店, 2004.
和田進,『戦後日本の平和意識』, 青木書店, 1997.
和田春樹,『歴史としての社会主義』, 岩波書店, 1992.
和田春樹,『朝鮮戦争』, 岩波書店, 1995. (서동만 옮김,『한국전쟁』, 창작과비평사, 1999)
和田春樹,『歴史としての野坂参三』, 平凡社, 1996.
和田春樹,『北朝鮮ー遊撃隊国家の現在』, 岩波書店, 1998.
和田春樹,『朝鮮戦争全史』, 岩波書店, 2002.
丸山真男,『増補版, 現代政治の思想と行動』, 未来社, 1964.

丸山真男,『戦中と戦後の間』, みすず書房, 1976.
丸山真男,『後衛の位置から』, 未来社, 1982.
荒敬,『日本占領史研究序説』, 柏書房, 1994.
荒木義修,『占領期における共産主義運動』, 芦書房, 1993.
荒原朴水,『大右翼史』, 大日本国民党, 1966.
荒畑寒村,『荒畑寒村著作集』4, 平凡社, 1976.
アーレント・ハナ,『暴力について』, みすず書房, 1973.
アワー, ジェームス・E.,『よみがえる日本海軍』上, 時事通信社, 1972.
カッツェンスタイン ピーター・J.,『文化と国防―戦後日本の警察と軍隊』, 日本経済評論社, 2007.
コワルスキー・フランク(勝山金次郎[訳]),『日本再軍備』, サイマル出版会, 1984.
サイード・エドワード・W.(大橋洋一[訳]),『知識人とは何か』, 平凡社, 1995.
サルトル・ジャン・ポール(白井健三郎[訳]),『シチュアシオン―マルクス主義の問題, 1(サルトル全集, 22)』, 人文書院, 1973.
ダワー・ジョン(大窪愿二[訳]),『吉田茂とその時代』上・下, 1981.
ナジタ・テツオ・前田愛・神島二郎(編),『戦後日本の精神史―その再検討』, 岩波書店, 1989.
ナム・キジョン(南基正),「朝鮮,『解放三年史』, と日本占領」,『世界史のなかの1945年』(戦後日本―占領と戦後改革, 1), 岩波書店, 1995.
バンダ・ジュリアン(宇京賴三[訳]),『知識人の裏切り』(ポイエーシス叢書, 5), 未来社, 1990.
みすず編集部(編),『丸山真男の世界』, みすず書房, 1997.
モラスキー・マイク(鈴木直子[訳]),『占領の記憶・記憶の占領―戦後沖縄・日本とアメリカ』, 青土社, 2006.

●중문

徐焔,『第一次较量: 抗美援朝战争的历史回顾与反思』, 北京·中国广播电子出版社, 1990.

10. 논문 등

●국문

공보실, 「六·二五事變의 責任은 日本에 있다」, 『정보』, 1954. 10.

기미지마 아키히코, 「동아시아의 평화와 일본국헌법: 시행 60주년을 맞이한 재검토」, 『역사비평』 78, 2007(봄).

김남균, 「미국의 일본 안보정책에 끼친 한국전쟁의 영향」, 『미국사연구』 4, 1996. 12.

김남균, 「미국의 일본 경제정책에 끼친 한국전쟁의 영향」, 『미국사연구』 8, 1998. 11.

김준섭, 「전후 일본의 평화주의에 대한 고찰」, 『국제정치논총』 40(4), 2000.

김지연, 「전후 일본 국가이념의 변용: 국시논쟁과 평화주의를 중심으로」, 『동양정치사상사』 3(2), 2004.

남기정, 「일본인의 한국전쟁 연구: 와다 하루끼(서동만 옮김)의 『한국전쟁』」, 『동아시아비평』 4, 2000. 4.

남기정, 「한국전쟁과 일본: '기지국가'의 전쟁과 평화」, 『평화연구』 9, 2000. 12.

남기정, 「일본의 한국전쟁 협력정책과 외교목표」, 『전사』 3, 2001. 6.

남기정, 「동아시아 냉전체제하 냉전국가의 탄생과 변형」, 『세계정치』 26, 2005.

남기정, 「일본 '전후 평화주의'의 원류: 전후적 의의와 태생적 한계」, 『일본연구』 24, 2008. 2.

남기정, 「베트남 '반전탈주' 미군병사와 일본의 시민운동: 생활세계의 전쟁과 평화」, 『일본학연구』 36, 2012.

류상영, 「한국전쟁에 참전한 일본군」, 『말』 48, 1990. 6.

매슈 B. 리지웨이(허윤식 옮김), 「소련의 일본 공격 대비해 극동군 전투준비(한국전쟁)」, 『향군』 210, 1991. 2.

박명림, 「동북아 평화질서와 한일의 역사기억: 일본의 한국전쟁 인식을 중심으로」, 『인문과학』 86, 2004. 12.

박명림, 「한반도 정전체제: 등장, 구조, 특성, 변환」, 『한국과 국제정치』 22(1), 2006(봄).

박태균, 「일본이 바라보는 한국전쟁: 일본 역사교과서의 내용을 중심으로」, 『국제지역연구』 17(3), 2008. 9.

서승, 「현대 동아시아의 국가폭력과 일본평화주의의 회귀」, 『한국사회학회 2004년도 특별심포지엄』, 2004. 5.

소진철, 「한국전쟁과 일본공산당의 개조」, 『(원광대학교) 정치외교논총』 4, 1990. 11.
소진철, 「한국전쟁의 기원: 스탈린의 일본공산당 비판과 6.25전쟁」, 『외교』 24, 1992. 12.
시마다 코지, 『한국전쟁이 일본 자동차공업에 미친 영향에 대한 연구: 도요타자동차를 중심으로』, 서울대학교 국제대학원 석사학위논문, 2006.
심진섭, 「일본의 독립회복과 한국동란의 휴전성립, 1952~1953년: 아세아 전후사」, 『신태양』 8(4), 1959. 4.
양영조, 「한국전쟁과 일본의 역할」, 『군사』 27, 1993. 12.
양영조, 「일본해군 '원산만 소해작전' 도왔다: 한·일 한국전쟁 국제학술회의 성과와 전망」, 『국방저널』 29(12), 2002. 12.
오오무라 마스오(大村益夫), 「일본문학 속에 나타난 한국전쟁」, 『한국문학평론』 7(3/4), 2003(가을/겨울).
오진곤, 「전쟁과 과학자의 평화운동」, 『계간 과학사상』 15, 1995.
와다 하루끼(서동만 옮김), 「보설: 러시아 새 자료에 따른 검토」, 『한국전쟁』, 창작과비평사, 1999.
유지아, 「한국전쟁 전후, 대일강화조약 논의에 의한 아시아 내에서 일본의 안보와 위상: 한국과의 관계를 중심으로」, 『한일민족문제연구』 18, 2010. 6.
이기택, 「한국전쟁과 일본」, 『군사세계』 8, 1995. 11.
이삼성, 「한국전쟁이 냉전과 한미관계에 미친 영향: 전통적 시각과 비판적 시각의 비교」, 경남대학교 극동문제연구소 편, 『한국전쟁과 남북한 사회의 구조적 변화』, 경남대학교출판부, 1991.
이숙종, 「한국전쟁과 일본 전후경제의 회복」, 『순국』 30, 1993. 6.
이종판, 「한국전쟁시 일본의 소해대 활동」, 『합동군사연구』 11, 2001.
이종판, 「한국전쟁시 일본의 후방지원」, 『군사』 46, 2002. 8.
이종판, 「한국전쟁기 유엔에 대한 일본의 협력활동」, 『군사』 48, 2003. 4.
이종판, 「한국전쟁과 일본: 한국전쟁 당시 일본의 대응과 협력내용을 중심으로」, 『한일군사문화연구』 1, 2003. 4.
이종판, 「한국전쟁 당시 일본의 역할에 관한 연구: 일본의 대미협력활동을 중심으로」, 한양대학교 국제학대학원 박사학위논문, 2007.
정병욱, 「일본인이 겪은 한국전쟁: 참전에서 반전까지」, 『역사비평』 91, 2010(여름).
조학제, 「한국전쟁시의 일본 소해부대」, 『해양전략』 84, 1994. 9.
카렐반 월 페런, 「일본군, 6.25 참전했었다」(『아사히신문』 발굴 자료), 『옵서버』 20,

1991. 8.
한국은행(편), 「한국사변 특수와 일본경제」, 『세계경제』 6, 1954. 6.
한태호, 「미국의 대일점령정책과 더글러스 맥아더, 1/2/3」, 『일본학보』 14/16/18, 1985. 5/1986. 5/1987. 5.

●영문

Akagi, Kanji, "The Korean War and Japan," *Seoul Journal of Korean Studies*, Vol. 24, No. 1, June 2011.

Kawada, Tadashi, "Development of Peace Research in Japan," *Japan Quarterly*, Vol. XXIV, No. 3, July-September 1977.

Miyashita, Akitoshi, "Where do Norms Come From?: Foundations of Japan's Postwar Pacifism," *International Relations of the Asia-Pacific*, Vol. 7, 2008.

Morris-Suzuki, Tessa, "Japan and the Korean War: A Cross-Border Perspective," 『アジア研究』 Vol. 61, No. 2, June 2015.

Morris-Suzuki, Tessa, "Post-War Warriors: Japanese Combatants in the Korean War," *The Asia-Pacific Journal,* http://www.japanfocus.org/-Tessa-Morris_Suzuki/3803(최종 검색일: 2015. 7. 3)

Morris-Suzuki, Tessa, "Prisoner Number 600,001: Rethinking Japan, China, and the Korean War 1950-1953," *The Journal of Asian Studies*, Vol. 74, Issue 2, May 2015.

Nam, Kijeong, "The Reality of Military Base and the Evolution of Pacifism: Japan's Korean War and Peace," *The Review of Korean Studies,* Vol. 17, No. 2, December 2014.

Su Yu, "Liberation of Taiwan in Sight," *People's China*, Vol. I, No. 4, Feb 16, 1950 (A Speech made in Shanghai).

Wada, Haruki, "Stalin and the Japanese Communist Party, 1945-1953: In the Light of New Russian Archival Documents," Paper for the International Conference on New Historical Evidence on International Relations in East Asia after World War II, Univ. of Hong Kong, Hong Kong, January 9-12, 1996.

●일문

加藤昭,「イワン·コワレンコ証言—瀬島龍三, シベリアの真実」,『文芸春秋』, 1992. 2.

加藤哲郎,「現代日本社会における『平和』—情報戦時代の国境を越えた『非戦』」,『歴史学研究』769, 2002. 11.

加藤晴子,「在日朝鮮人の処遇政策確定過程に見られる若干の問題について—1945年から1952年」,『日本女子大学紀要(文学部)』, 1984. 3.

葛原和三,「北朝鮮軍の侵攻計画」,『朝鮮戦争』上, 学研, 1999.

葛原和三,「朝鮮戦争と警察予備隊—米極東軍が日本の防衛力形成に及ぼした影響について」,『防衛研究所紀要』8(3), 2006. 3.

高橋甫,「基地国家日本の検討—闘争の現状とその展望(座談会)」,『社会主義』69, 1957. 5.

古在由重·久野収·鶴見俊輔(討論),「日本のマルクス主義」,『中央公論』, 1956. 12.

菅沼不二男,「中国に生きた私の半生—朝鮮戦争のころ-6-」,『世界』199, 1962. 7.

国分一太郎,「平和運動—戦後日本の断面」,『日本読書新聞』, 1955. 10. 17/24.

堀毛一麿,「戦術的にみた諸問題」,『世界』, 1953. 6.

宮崎章,「占領初期における米国の在日朝鮮人政策—日本政府の対応とともに」,『思想』, 1985. 8.

宮里政玄,「行政協定の作成過程」, 日本国際政治学会(編),『日本占領の多角的研究』(国際政治, 85), 1987. 5.

宮沢俊義,「八月革命と国民主権主義」,『世界文化』, 1946. 5.

鬼嶋淳,「共同研究報告(第三会場, 近現代史部会) 朝鮮戦争期の地域社会における支配と対抗—埼玉県所沢地域の社会運動を中心に」,『日本史研究』553, 2008. 9.

鬼嶋淳,「近現代史部会共同研究報告, 朝鮮戦争期の地域社会における支配と対抗—埼玉県所沢地域の社会運動を中心に」,『日本史研究』558, 2009. 2.

近藤武雄,「人民義勇兵として—見てきた朝鮮戦争」,『潮』61, 1965. 7.

吉岡吉典,「朝鮮戦争と日本—日本の朝鮮戦争にたいする人的協力を中心に」, 藤島宇内·畑田重夫,『現代朝鮮論』, 剄草書房, 1966.

吉野源三郎,「『世界』創刊まで」,『世界』, 1966. 1. (『職業としての編集者』, 岩波書店, 1989)

吉野源三郎,「戦後の三十年と『世界』の三十年—平和の問題を中心に」,『世界』, 1976. 1.

吉原公一郎,「日本資本主義と防衛産業」,『現代と思想』, 1972. 3.

吉積·香川·上原(座談会),「延安報告」,『日本週報』9/10(合併号), 1946. 2. 3/10.
吉積·香川·上原(座談会),「日本人解放連盟は何をしたか」,『日本週報』9/10(合併号), 1946. 2. 3/10.
吉川幸次郎,「非署名者의の所感」,『世界』, 1951. 1.
金東椿·中野敏男·和田春樹,「朝鮮戦争という経験—韓国, 在日, 日本(上·下)」(金東椿[著],『朝鮮戦争の社会史』刊行記念シンポジウム),『情況』第三期 11(13/14), 2011. 6/8.
金英達,「資料(1), 解放直後の人口調査による都道府県別の在日朝鮮人数」, 在日朝鮮人運動史研究会,『在日朝鮮人史研究』25, 1995. 9.
金振一,「半日本人が見た朝鮮戦争(1~5), 父祖の地は戦場となった」,『丸』56(9)~57(1), 2003. 9~2004. 1.
内田義彦·塩田庄兵衛,「知的青年の諸類型」,『知識人の生成と役割』(近代日本思想史講座, 4) 筑摩書房, 1959.
内海愛子,「朝鮮戦争とスガモプリズン—BC級戦犯の平和運動」,『思想』, 1985. 8.
大沼久夫,「東京歴史科学研究会歴史科学講座, 朝鮮戦争と日本人」,『人民の歴史学』148, 2001. 6.
大沼久夫,「朝鮮戦争における日本人の参戦問題」,『戦争責任研究』31, 2001.
大沼久夫,「日本の協力の秘められた実態(この国のゆくえ[第17回]朝鮮戦争勃発)」,『金曜日』14(24), 2006. 6.
大野達三,「朝鮮戦争前夜の『謀略』と日本の労働運動·民主運動」,『労働運動史研究』43, 1966. 4.
大下英治,「安倍晋三, スペシャルインタビュー, 安倍晋三が語る日本の課題と将来, 真の保守とは」,『安倍晋三と岸信介』, 角川新書, 2013.
渡辺健,「機雷戦からみた朝鮮戦争の一断面(上)」,『軍事史学』18(1), 1982. 6.
渡邊誠毅,「統計からみた朝鮮動乱」,『世界』, 1953. 6.
渡辺一民,「戦後思想の見取り図」, ナジタ·テツオ, 前田愛·神島二郎(編),『戦後日本の精神史—その再検討』, 岩波書店, 1989.
東大学生救援会,「(再録)吾が友に告げん, 軍裁に問われた東大一六学生の記録—朝鮮戦争下, 平和を求めて闘った学生たち」(特集=戦争を拒絶する根源的思想),『社会評論』146, 2006.
東田隆,「朝鮮戦争の遺産」,『中央公論』69(10), 1954. 10.
藤目ゆき,「朝鮮戦争と基地の街—岩国の女性史(特集, 朝鮮戦争と女性)」,『アジア現代女性史』4, 2008.
藤井久,「朝鮮戦争で湧いた後方基地―『日本』狂騒録」,『丸』56(7), 2003. 7.
藤井久,「日本占領から朝鮮へ, 第1軍団の朝鮮戦争史」,『軍事研究』45(1), 2010. 1.
藤井彰,「特別審査局を衝く」,『中央公論』, 1950. 9.
滝沢秀樹,「歴史研究に名をかりた排外主義の台頭について―加藤晴子氏の『朝鮮人＝暴動』論を批評する」,『記録』67, 1984. 10.
芦田均,「永世中立不可論」,『文芸春秋』増刊号, 1950. 7.
木宮正史,「日本にとって朝鮮戦争とは―歴史の再解釈と, その現在的含意」,『アジア研究』Vol. 61, No. 2, June 2015.
木村禧八郎·神野璋一郎·堀江忠男·久川喜久雄,「朝鮮戦争と日本経済の軍事化」,『講話からMSAへ』(第2巻, 日本資本主義講座―戦後日本の政治と経済), 岩波書店, 1953.
木下半治,「再軍備論を挟む両陣営」,『中央公論』, 1952. 11.
米谷匡史,「丸山真男と戦後日本―戦後民主主義の『始まり』をめぐって」,『情況』, 1997. 1/2.
梶村秀樹,「書評―加藤晴子論文の内在的批判」,『在日朝鮮人史研究』, 1985. 10.
米澤義衛,「朝鮮特需の産業連関分析」,『青山経済論集』45(4), 1994. 3.
朴慶植,「在日民戦の活動と運動方針問題」,『在日朝鮮人史研究』, 1981. 12.
朴慶植,「解放後における在日朝鮮人の民族的統一運動の再検討」,『在日朝鮮人史研究』, 1985. 10.
朴慶植,「在日朝鮮人史研究の現代的意義」,『在日朝鮮人史研究』, 1991. 9.
白井洋子,「日本のなかのベトナム戦争―月刊紙『世界』からの概観」,『応用社会学研究』17, 2007. 2.
白宗元,「朝鮮戦争―その政治, 軍事的背景を論じる―日本はどうかかわったのか」,『統一評論』490, 2006. 8.
福田和也,「悪と, 徳と―岸信介と未完の日本(第25回), 朝鮮戦争」,『正論』398, 2005. 7.
福好昌治,「天の恵み『朝鮮特需』―バランス·シート」,『丸』53(8), 2000. 8.
鳳泰信,「誘導弾の舞台裏」,『世界』, 1953. 6.
北沢恒彦·安田常雄[構成],「セブンティーンの〈武装〉―朝鮮戦争下の高校生活(占領期の思想の記録2, 〈民主化〉の光と影〈特集〉)」,『思想の科学』第7次 131, 1990. 8.
寺沢一,「安全保障に関する雑誌論調」,『国際法外交雑誌』51(1), 1952. 3.
寺沢一,「再軍備論賛成論反対論の展望」,『中央公論』, 1952. 11.

山根隆志,「『基地国家·日本』と安保の構造」,『前衛』873, 2011. 8.
山崎三雄,「朝鮮戦争と日本経済」,『朝鮮研究』62, 1967. 6.
山崎静雄,「朝鮮戦争協力動員が生んだ国民犠牲」,『歴史地理教育』597, 1999. 8.
山崎静雄,「自治体と民間の朝鮮戦争協力動員」,『戦争責任研究』31, 2001.
山辺健太郎,「日本のマルクス主義―その発展の歴史と文献」,『思想』385, 1956. 7.
山本満,「冷戦と『日米経済協力』」,『国際問題』182, 1975. 5.
森岡七郎,「プレス·コードと朝鮮戦争(戦後の言論統制―体験者の証言)」,『文化評論』95, 1969. 8.
三宮克己,「一船乗りの朝鮮戦争体験記―日本は朝鮮戦争で何をしたのか(特集 1, 朝鮮半島の危機とは何か)」,『社会評論』29(4), 2003(秋).
三輪泰史,「朝鮮戦争期における下伊那地方紙の平和·安全保障論」,『長野大学紀要』19(2/3), 1997. 12.
三木秀雄,「『支援』という名の防衛戦略―朝鮮戦争において果たした日本の役割」,『防衛大学校紀要』, 1985.
三木秀雄,「韓国の放棄と日本の防衛―朝鮮戦争開始前における米国の極東戦略に関する史的考察」,『防衛大学校紀要』, 1986. 3.
杉山茂雄,「日本における中立論」,『中立主義の研究』下, 日本国際問題研究所, 1961.
上野裕久,「朝鮮戦争と言論集会の弾圧―法社会学的考察」,『法経論集』8(2), 1960.
上田進朗,「時は過ぎゆく, 第二の学徒出陣―朝鮮戦争義勇兵の韓国人塾生」,『三田評論』1009, 1999. 1.
西尾幹二,「わたしの昭和史(第26回), 朝鮮戦争勃発」,『正論』303, 1997. 11.
石本泰雄,「安全保障に関する新聞論調」,『国際法外交雑誌』51(1), 1952. 3.
石田京吾,「朝鮮戦争期(1950～51年)における日本の海上防衛力再建構想―日本の海上防衛力再建の模索とアメリカの対日期待」,『波涛』35(4), 2009, 11.
石井弥二郎·坂田和恒,「一九四九年夏」,『労働運動史研究』43, 1966. 4.
石丸安蔵,「朝鮮戦争と日本の港湾―国連軍への支援とその影響」,『防衛研究所紀要』9(3), 2007. 2.
石丸安蔵,「朝鮮戦争と日本の関わり―忘れ去られた海上輸送」,『戦史研究年報』11, 2008. 3.
石丸安蔵,「朝鮮戦争と日本の関わり―忘れ去られた海上輸送」,『波涛』34(2), 2008. 7.
笹本征男,「朝鮮戦争と沖縄―『沖縄タイムス』を読んで(1–7)」,『人民の力』840~846, 2006. 10~2007. 1.

小堀甚二, 「社会党の再軍備実践」, 『自由の旗のもとに』, 1952. 10.
小堀甚二, 「再軍備問題の結論」, 『自由の旗のもとに』, 1953. 11.
小林知子, 「8·15直後における在日朝鮮人と新朝鮮建設の課題—在日本朝鮮人連盟の活動を中心に」, 在日朝鮮人運動史研究会, 『在日朝鮮人史研究』, 1991. 9.
小林知子, 「GHQによる在日朝鮮人刊行雑誌の検閲」, 在日朝鮮人運動史研究会, 『在日朝鮮人史研究』 22, 1992. 9.
小林知子, 「GHQ文書の在日朝鮮人関連資料『民政局·ボックス2275HH』について(1)」, 在日朝鮮人運動史研究会, 『在日朝鮮人史研究』 25, 1995. 9.
小林知子, 「戦後における在日朝鮮人と『祖国』—朝鮮戦争期を中心に」, 朝鮮史研究会, 『朝鮮史研究会論文集』 34, 緑蔭書房, 1996. 10.
小林聡明, 「冷戦期アジアの『電波戦争』研究序説—朝鮮戦争休戦後のVUNC(国連軍総司令部放送)に注目して」, 『応用社会学研究』 52, 2010. 3.
小山弘健, 「科学運動—戦後日本の断面」, 『日本読書新聞』, 1955. 10. 31/11. 7.
小野俊彦, 「北九州門司港の港湾労働者とその朝鮮戦争体験」, 『社会分析』 32, 2005.
小原敬士, 「朝鮮動乱とアメリカ資本主義」, 『世界』, 1953. 6.
宋連玉, 「朝鮮戦争時期の在日朝鮮人女性の闘い(ミリアム·シルバーバーグ追悼記念号に寄せる諸論文)」, 『アジア現代女性史』 5, 2009.
松本礼二, 「知識人の時代と日本」, 『思想』, 1997. 2.
松沢哲成, 「朝鮮戦争と日本—〈ロームシャ〉の立場から視た」(特集 場所なき者たちの領域), 『寄せ場』 23, 2010. 5.
水野均, 「日米安保条約の締結と朝日新聞—社説にみる日本防衛論」, 『千葉商大論叢』 41(3)(通号 142), 2003. 12.
狩野信行, 「日本掃海隊の朝鮮戦争参加」, 『軍事史学』 34(1), 1998. 6.
狩野信行, 「戦史史話—日本掃海隊の朝鮮戦争参加」, 『軍事史学』 34(1), 1998. 6.
勝本清一郎, 「日本平和主義運動の黎明」, 『日本評論』, 1948. 2.
柴山太, 「朝鮮戦争の文脈における米英にとっての日本再軍備の意味変化, 1950年6月~1952年 8月」, 『同志社アメリカ研究』 37, 2001. 3.
柴田茂紀, 「朝鮮戦争後のアメリカの対外援助(MSA)と日本の航空機工業」, 『社会経済史学』 67(2), 2001. 7.
矢沢寛, 「'独断と偏見'の流行歌50年私史(4), 朝鮮戦争と〈逆コース〉の時代」, 『あすの農村』 185, 1990. 4.
神谷不二, 「朝鮮戦争は日本人に何を遺したのか」, 『諸君』 22(9), 1990. 9.

新津新生,「朝鮮戦争と長野県民」,『信州自治研』145, 2004. 3.
新津新生,「朝鮮戦争と長野県下の自治体·住民運動(1~4), 二つの硫黄鉱害反対運動」,『信州自治研』146~149, 2004. 4~7.
安藤真,「北鮮帰還者と日本外交(5), 朝鮮戦争と日本の復興」,『自由』45(5), 2003. 5.
櫻井浩,「日本における朝鮮戦争の研究(1953~1997)」,『産業経済研究』40(3), 1999. 12.
梁相鎮,「朝鮮戦争〈南侵説〉への反証(2)—〈6·25文書〉と〈朝鮮戦争全史〉を中心に」,『統一評論』483, 2006. 1.
梁厚,「『祖国新聞』のころ(われわれにとっての朝鮮)」,『思想の科学』第5次 88, 1969. 6.
歴研平和委員会,「平和運動の歴史」,『歴史学研究』181, 1955. 3.
塩田庄兵衛,「朝鮮戦争下の労働運動」,『朝鮮研究』30, 1964. 6.
鈴木英隆,「朝鮮海域に出撃した日本特別掃海隊—その光と影」,『戦史研究年報』8, 2005. 3.
五味洋治,「日本人も参戦した朝鮮戦争」,『光射せ!』6, 2010. 12.
呉林俊,「在日朝鮮人にとっての朝鮮戦争—亀裂なき占領の継続(日本人にとって占領体験とは何か)」,『潮』170, 1973. 8.
五十嵐武士,「日米安全保障条約の締結と朝鮮戦争の影」, 国家学会(編),『国家と市民』(国家学会百年記念論文集, 2), 有斐閣, 1987. 11.
牛田久美(訳),「マッカーサー米議会証言録(19), ソ連は朝鮮戦争に参戦しない」,『正論』397, 2005. 6.
牛田久美(訳),「マッカーサー米議会証言録(23), 朝鮮戦争開戦で日本の労組闘争は一瞬でやんだ」,『正論』402, 2005. 10.
遠藤浩一,「幻像の〈戦後政治〉史(1/2/3), 朝鮮戦争ー覚醒の場(上/中/下)」,『新日本学』2/3/4, 2006/2007.
原牧夫,「日本反戦文学の革命的系譜」,『学生評論』7, 1950. 10.
有吉武夫,「私の南鮮従軍記—見てきた朝鮮戦争」,『潮』61, 1965. 7.
有吉義弥,「商船管理委員会に残された仕事」,『海事研究』, 1950. 12. 25.
栗野鳳,「戦後日本外交の思想」, 日本国際政治学会(編),『日本外交の思想』(国際政治, 71), 1982. 8.
李景眠,「朝鮮総督府終焉期の政策」,『思想』, 1985. 8.
李景眠,「朝鮮戦争—内在的アプローチ」,『比較文化論叢(札幌大学文化学部紀要)』24, 2010. 3.
李虎栄,「日本のメディアにおける朝鮮戦争の報道に関する研究」, 上智大学博士論文,

1998.
李フンノ,「朝鮮戦争時のアメリカ軍による細菌戦―アルジャジーラTVがドキュメント放映」,『統一評論』535, 2010. 5.
日本赤十字労働組合連合会,「『三矢作戦』下の日赤―献血, 医療班の真相」,『朝鮮研究』51, 1966. 6.
日本海員組合常任中央執行委員会,「朝鮮事変に関する本組合の態度」(1950. 8. 18), 全日本海員組合,『全日本海員組合活動資料集』下, 1986.
林吉永,「朝鮮戦争と日本―日韓関係史の視点から」,『戦史研究年報』9, 2006. 3.
入江啓四郎,「国際連合の果たした役割」,『世界』, 1953. 6.
立田精一,「朝鮮戦争とわが石油産業」,『朝鮮研究』30, 1964. 6.
庄司潤一郎,「朝鮮戦争と日本の対応―山口県を事例として」,『防衛研究所紀要』8(3), 2006. 3.
庄司潤一郎,「朝鮮戦争と日本の対応(本/続)―山口県を事例として」,『防衛研究所紀要』10(1/2), 2007. 6/12.
長坂邦宏,「朝鮮戦争, 日本はその時―東西冷戦の"代理戦争"での影響は」,『ナショナルジ·オグラフィック』9(7), 2003. 7.
在日朝鮮人運動史研究会,「資料―『民戦』時期のペク·スボン論文とそれへの反駁文」,『在日朝鮮人史研究』, 1982. 7.
赤木完爾,「朝鮮戦争史研究の一〇年(特集 戦争史研究と日本近現代史研究をふりかえって, 戦争史研究をふりかえって)」,『軍事史学』46(1), 2010. 6.
赤木完爾,「朝鮮戦争関係文献目録」,『軍事史学』36(1), 2000. 6.
畑田重夫,「朝鮮戦争と日本の労働運動」, 労働運動史運動会,『労働運動史研究』43, 1966. 4.
畑田重夫,「朝鮮戦争史論―開戦16周年記念日を迎えて」,『朝鮮研究』51, 1966. 6.
畑田重夫,「朝鮮戦争停戦をめぐる諸問題―戦争終結の条件」,『国際政治』45, 1972.
田中はるみ,「奈良R·Rセンターと地域住民―朝鮮戦争下の在日国連基地をめぐって」,『戦争と平和』(大阪国際平和研究所紀要) 10, 2011. 3.
田中宏,「戦後日本とポスト植民地問題」,『思想』, 1985. 8.
田中恒夫,「朝鮮戦争における日本の国連軍への協力―その基本姿勢と役割」,『防衛大学校紀要』, 社会科学分冊 88, 2004. 3.
鄭敬娥,「1950年初頭における『日米経済協力』と東南アジア開発」,『法政研究 』70(4), 2004. 3.

「証言·朝鮮戦争に'参戦'した日本人(建国200年, アメリカの光と影〈特別企画〉)」, 『潮』 205, 1976. 7.
井沢元彦, 「〈逆説のニッポン歴史観〉こんなことを書いていた!, 朝日の〈朝鮮戦争〉報道」, 『サピオ』 9(18), 1997. 10.
趙博, 「『左翼』ナショナリズムと在日朝鮮人—『在日』の総括のための一視点」, 『思想』, 1989. 12.
鳥山淳, 「地上戦の島の『戦後』ー沖縄の米軍基地の成り立ちをめぐる断章(戦後東アジアとアメリカの存在—〈ポストコロニアル状況〉を東アジアで考える)」(東アジアとアメリカの存在), 『現代思想』 29(9), 2001. 7.
鳥山淳, 「1950年代初頭の沖縄における米軍基地建設のインパクト」, 『沖縄大学地域研究所所報』 31, 2004. 3.
鳥山淳, 「1950年代沖縄の軍用地接収—伊江島と伊佐浜そして辺野古」(特集·基地問題·平和運動の歴史と現在), 『歴史評論』 712, 2009. 8.
「朝鮮戦争5カ年小史」, 『国民』 666, 1955. 7.
「朝鮮戦争下の自治体·民間動員の全貌」, 『前衛』 711, 1999. 4.
佐藤裕二, 「湾岸戦争と在日米軍基地—日米安保体制の変容」, 『日本の科学者』 26(8), 1991.
佐伯彰一, 「朝鮮戦争から40年—まだ治らない日本の痴的不感症」, 『諸君』 22(8), 1990. 8.
佐々木隆爾, 「前方支援の立場もあり得た日本の後方支援」, 『(歴史群像シリーズ, 61) 朝鮮戦争(下)—中国軍参戦と不毛の対峙戦』, Gakken, 1999.
佐々淳行, 「朝鮮戦争で暗転した本郷キャンパス」, 『正論』 410, 2006. 5.
酒井直樹, 「丸山真男と戦後日本」, 『世界』, 1995. 11.
酒井哲哉, 「戦後外交論における理想主義と現実主義」, 日本国際問題研究所, 『国際関係』, 1996. 3.
酒井哲哉, 「戦後思想と国際政治論の交錯—講和論争期を中心に」, 日本国際政治学会, 『安全保障の理論と政策』(国際政治, 117), 1998. 3.
竹前栄治·尾崎毅·田中香織, 「証言, 戦後初期海運秘史—朝鮮戦争と北村正則」, 『東京経済大学人文自然科学論集』 105, 1998. 2.
竹前栄治·笹本征男, 「朝鮮戦争と『国連軍』地位協定—日本の位置」, 『東京経大学会誌, 経済学』 217, 2000. 3.
中逵啓示, 「『新冷戦』と1950年代前半の東アジア国際政治」, 『思想』, 1986. 6.

中逵啓示,「朝鮮停戦と米韓関係―冷戦に隠れた別なる闘争」,『思想』, 1990. 5.
中嶋啓明,「朝鮮戦争における米軍の細菌戦被害の実態―現地調査報告」,『大阪経済法科大学アジア太平洋研究センター年報』1, 2003.
中嶋啓明,「朝鮮戦争下, アメリカ軍が行った細菌戦―細菌戦史実調査団第四回調査報告」,『統一評論』481, 2005. 11.
中原刀禰,「特需の三年間―つながれる日本経済」,『世界』, 1953. 6.
中村貢,「板門店再開風景」,『世界』, 1953. 6.
中村隆英,「日米『経済協力』関係の形成」, 近代日本研究会,『太平洋戦争―開戦から講和まで』(年報·近代日本研究, 4), 山川出版社, 1982.
中村悌次,「朝鮮戦争の教訓―主として海軍の立場から」,『波涛』, 171, 2004. 3.
中村哲·辻清明·井上清,「政治機構の動態と本質」,『統治機構と政治運動』(日本資本主義講座―戦後日本の政治と経済, 3), 岩波書店, 1953.
増田弘,「朝鮮戦争以前におけるアメリカの日本再軍備構想(一)/(二·完)」,『法學研究』72(4/5), 1999. 4/5.
秦郁彦,「昭和史の謎を追う―第31/32回」,『正論』199, 11/12.
陳平原,「『楽譜』, としての丸山真男」,『世界』, 1995. 11.
倉谷昌伺,「韓国哨戒艦沈没事案と朝鮮戦争休戦協定―朝鮮国連軍創設から休戦協定を中心に」,『波涛』36(2), 2010. 7.
倉田秀也,「米中接近と朝鮮戦争軍事停戦体制―国連軍司令部の温存と米朝直接協議提案の起源」,『法学研究』83(12), 2010. 12.
川口啓子,「従軍看護婦派遣への道程に関する研究ノート(4), 第二次世界大戦とその後」,『創発(大阪健康福祉短期大学紀要)』5, 2007. 3.
川崎一郎,「朝鮮問題文献彙編書評」,『アジア研究』7(3), 1961.
浅井良夫,「1950年代の特需について, 1/2/3」,『成城大学経済研究』158~160, 2002. 11/2003. 1/2003. 3.
青木保·佐伯啓思,「幻想としての戦後民主主義」,『大航海』18, 1997.
「体験のなかの朝鮮戦争(われわれにとっての朝鮮)」,『思想の科学』第5次 88, 1969. 6.
草刈正雄,「新·家の履歴書(243), アメリカ人の父は朝鮮戦争で戦死―母と暮らした九州·小倉の四畳半」,『週刊文春』53(22), 2011. 6.
崔徳孝,「朝鮮戦争と在日朝鮮人―義勇兵派遣の問題を中心に」, 同時代史学会(編),『朝鮮半島と日本の同時代史―東アジア地域共生を展望して』, 日本経済評論社, 2005.

鷲見友好,「戦後日本軍需産業の歴史と現状」,『経済』, 1964. 12.
湯浅一郎,「軍港·呉—朝鮮戦争と現在(特集, 激動する韓国労働運動)」,『飛礫』40, 2003.
土佐弘之,「脱領土的テロリズム, ポストモダン帝国体系と世界内戦」,『現代思想』29(13), 2001. 10.
桶谷秀昭,「コミンフォルム·日本共産党·朝鮮戦争—昭和精神史·戦後篇(9)」,『文学界』52(7), 1998. 7.
坂野徹,「『寄りあい』と朝鮮戦争」,『図書』730, 2009. 12.
平間洋一,「掃海艇派遣—朝鮮戦争時の教訓」,『中央公論』106(6), 1991. 6.
平間洋一,「朝鮮戦争時の特別掃海隊海外派兵と政府·野党の対応」,『外交時報』, 1284, 1992. 1.
平間洋一,「隠れた参戦国『日本特別掃海隊』の戦い」,『丸』53(8), 2000. 8.
平林久枝,「朝鮮戦争期間中の神奈川県下の反戦活動について」,『在日朝鮮人史研究』, 1984. 11.
平山朝治,「丸山真男の脱冷戦思考—その批判的再評価」,『情況』, 1994. 3/4.
平野義太郎,「平和擁護運動の歴史」,『歴史評論』41, 1953.
平野義太郎·岡倉古志郎·種村孝,「平和運動」,『日本資本主義講座』9, 1954.
平和問題談話会,「三たび平和について—平和問題談話会研究報告」,『世界』, 1950. 12.
鶴田久雄,「占領下日本での朝鮮戦争後方支援(第29回防衛学研究発表会特集号)」,『防衛学研究』27, 2002. 6.
「海の貴婦人,『日本丸』も朝鮮戦争に参加していた」,『新地平』, 1985. 7.
香西泰,「日本経済の軌跡(4), 特需景気—朝鮮戦争の経済的帰結」,『経済セミナー』282, 1978. 7.
「脇田憲一著『朝鮮戦争と吹田·枚方事件』に寄せて—日本共産党の極左冒険主義に直面した日朝人民の大衆闘争」,『労働運動研究』392, 2004. 8.
戸川芳郎·長谷川健治·秦玲子,「戸川芳郎氏オーラル·ヒストリー, 山村工作隊参加経験を中心に(1)」,『横浜国立大学留学生センター教育研究論集』14, 2007.
戸川芳郎·長谷川健治·秦玲子,「戸川芳郎氏聞き書き—戦後·山村工作隊·中国学(2)」,『横浜国立大学留学生センター教育研究論集』15, 2008.
和田洋一,「日本における思想の自由—朝鮮戦争前夜以降の系譜」,『思想』465, 1963. 3.
和田春樹,「『朝鮮有事』を防ぐ道」,『世界』, 1999. 4.

椛澤陽二,「朝鮮戦争と日本人船員(其の1/2/3)」,『海員』59(8/9/10), 2007. 8/9/10.
丸山真男,「超国家主義の論理と心理」,『世界』, 1946. 5.
丸山真男,「軍国支配者の精神形態」,『潮流』, 1949. 5.
丸山真男,「ある自由主義者への手紙」,『世界』, 1950. 9.
丸山真男,「サンフランシスコ講和·朝鮮戦争·60年安保」,『世界』, 1995. 11.
丸山真男·安藤英治,「ウェーバー研究の夜明け」,『マックス·ウェーバー(人類の知的遺産)』62, 講談社, 1979.
丸山真男·鶴見俊輔,「普遍的原理の立場」鶴見俊輔対談編集,『語りつぐ戦後史』上, 講談社文庫, 1975.
荒敬,「再軍備と在日米軍」,『日本通史ー現代1』20, 岩波書店, 1995.
荒敬,「朝鮮戦争前後の在日米極東軍」,『年報·日本現代史, アジアの激変と戦後日本』4, 現代史料出版, 1998.
荒畑寒村,「山川·向坂両君の誨えに請う」,『自由の旗のもとに』, 1952. 11.
黒瀬直宏,「戦後復興期の中小企業問題」,『嘉悦大学研究論集』53(2), 2011. 3.
ディスカッション(テッサ·モーリス=スズキ·朴一·木宮正史)」,『アジア研究』Vol. 61, No. 2, June 2015.
デュラナ·ペテル,「朝鮮戦争に対する日本社会党の同時代的対応」,『アジア地域文化研究』5, 2008.
ナム·キジョン(南基正),「朝鮮,『解放三年史』, と日本占領」,『世界史のなかの1945年』(戦後日本ー占領と戦後改革, 1), 岩波書店, 1995.
フック, グレン·D.,「戦後日本の平和の思想の源流ー平和問題談話会を中心に」, 日本国際政治学会(編),『国際関係思想』(国際政治, 69), 1981. 10.

11. 학위논문

崔永鎬,「戦後の在日朝鮮人コミュニティにおける民族主義運動研究ー終戦直後南朝鮮の建国運動との連動を中心に」, 東京大学大学院 博士学位論文, 1994. 6.

12. 인터넷 자료

http://www.zennisseki.or.jp/syokai/nenpyou/nenpyou1945.html(최종 검색일: 2011. 9. 5)

http://www.asahi.com/politics/update/0825/TKY201308250232.html(최종 검색일: 2013. 12. 12)

https://www.nhk.or.jp/bunken/summary/yoron/social/pdf/020501.pdf(최종 검색일: 2013. 12. 12)

https://www.nhk.or.jp/bunken/summary/yoron/social/pdf/130503.pdf(최종 검색일: 2013. 12. 12)

http://www.tv-asahi.co.jp/nstation/research/researchs.html(최종 검색일: 2013. 12. 12)

http://www.japanfocus.org/-Tessa-Morris_Suzuki/3803(최종 검색일: 2015. 7. 3)

http://kokkai.ndl.go.jp/SENTAKU/syugiin/019/0082/01903240082024a.html(최종 검색일: 2015. 7. 6)

http://kokkai.ndl.go.jp/SENTAKU/syugiin/015/0514/01512040514007a.html(최종 검색일: 2015. 7. 6)

http://rekiken.jp/appeals/appea l20150523.html(최종 검색일: 2015. 7. 10)

http://www.eai.or.kr/data/bbs/kor_report/201306251911157.pdf(최종 검색일: 2015. 7. 10)

http://www.eai.or.kr/data/bbs/kor_report/2014071614504448.pdf(최종 검색일: 2015. 7. 10)

http://www.eai.or.kr/data/bbs/kor_report/201506151483473.pdf(최종 검색일: 2015. 7. 10)

http://www.mofa.go.jp/mofaj/a_o/c_m1/cn/page4_001136.html(최종 검색일: 2015. 7. 10)

http://www.mofa.go.jp/mofaj/p_pd/pds/page22_002004.html(최종 검색일: 2015. 7. 10)

http://sakurataro.org/db/メインページ(최종 검색일: 2015. 7. 11)

찾아보기

ㄴ

ㄷ

ㄹ

ㅂ

ㅅ

ㅇ

ㅈ

ㅊ

ㅋ

ㅌ

ㅍ

ㅎ

Abstract

The Birth of a Base-State: Japan's Korean War

Kijeong, Nam

This study examines the process of postwar Japan's development as a 'base-state (kichi-kokka)', through its experience of the Korean War. The Korean War occurred as the confrontation, between the United States and Soviet Russia within Northeast Asia, expanded to Japan. Prior to the Korean War, Stalin criticized the US for assigning Japan as its industrial and military base in Far East for military experiments, not to mention making the Japanese people a human shield for 'American imperialism'. To Stalin, such an effort appeared to be an American transformation of Japan into a 'base-state'. Thus, Stalin expected the Japanese Communist Party (JCP) to play the resistant role. In response to the division of Korea and the Revolution in China, the US occupation policy in Japan took the 'reverse course', contributing to the time's changes. As a 'revolutionary state', China was alert of the American intrusion from the 'base-state' Japan. At the same time, the US was expecting the 'base-state' Japan to deter the revolutionary wave from China. Prior to the Korean War spiraling into the Sino-US War, the confrontation of Sino-Japanese War was reemerging in Northeast Asia.

When the Korean War occurred, Japan became a rear base for the

American war strategy. Consequently, there were 733 US bases in Japan on January 31, 1953. Moreover, with Japan's independence and return to international society after the San Francisco Peace Treaty, the number of US military bases with the direct ownership increased even more. From the US military's strategic perspective, Japan during the War served not only as a logistic base that supplied munitions but also as a frontline base that dispatched fighters, bombers, and warships. The Korean War was thoroughly a war of logistics. The official US military history book highly appraised Japan's role as a 'logistic fortress' during the Korean War.

In addition, Japan became a 'base for production' as well. Upon the Korean War, Japan's industry not only reduced much of the accumulated stocks that had amassed during the critical deflation, but also created the 'wartime boom' with both the production and price simultaneously skyrocketing. Furthermore, the most important influence of Korean War on Japan was the revival of arms industry and the subsequent reinforcement of economic relations between Japan and the US. Given such a role of both the 'combat base' and 'production base', Japan was reinforced as a 'base-state'. A 'base-state' could be defined as a 'state that does not have its own national armed forces, but obtains national security by providing military bases to its allies'.

The specific cases of Japan's reactions during the Korean War demonstrate both the possibility and limitation of a base-state's cooperation with the UN, and furthermore set the historical precedents for a military cooperation without combats. Except for direct combat actions, Japan was fully supporting the American war, in every way possible as a rear base. The Japanese government's short-term policy of cooperation with the UN aimed for an early conclusion of peace treaty, but ultimately aspired for earning a voice in international affairs after the ceasefire in Korea. Japan not only intended to participate in the political negotiations that would be held after the armistice for dealing with the problems with Korea, but also attempted to gain an independent voice in such arenas.

With the occurrence of the Korean War, the former right-wings and soldiers organized rearmament efforts. These groups sought an opportunity for the imperial Japan's revival in the war's occurrence. They started to form political powers for disbanding the 'base-state' and claiming a 'militarily normal state', manipulating the media for the purpose. Their remarks and actions confirm the fact that the organized forces that believe in the traditional military state's banner, 'a country's safety in the country's army', persist—even when four years had passed since the declaration of postwar constitution that renounced its military power and right of belligerency.

On the other hand, the JCP was proceeding with the resistance against Japan's transformation into a 'base-state' and prepared for a hopeless armed struggle against the US. With the Korean War's occurrence, the leaders of the JCP, under the Chinese Communist Party's guidance, remotely operated Japan's anti-US and anti-base struggles. In February 1951, the JCP illegally hosted the fourth National Council (zenkoku kyogikai) and officially declared the 'military policy' that claims to proceed with the guerrilla battles and uniting it with the labor movement. In October 1951, the JCP passed the so-called the '1951 Thesis (New Thesis)'. The thesis asserted to overthrow Yoshida Shigeru's cabinet and to ultimately aim for the 'democratic revolution for national liberation' and affirmed 'violent revolution' as the means. After the dissolution of Federation of Korean Residents in Japan (Choren), Korean communists in Japan, who did not have much opportunity besides from the illegal means, accepted such JCP's reorientation and military policy and acted at the forefront.

The 'postwar' period in Japan was a time of ideology and intellectuals. The pivot of postwar intellectuals was the Peace Issues Discussion Group ("Discussion Group" from below). Having established their pacifist theoretical foundation in the first two statements, the Discussion Group announced the third statement as a pacifist correspondence to the reality of war. The 'Third Statement" is thus significant for providing the 'postwar period's pacifism' with an ideological and theoretical foundation. However, the statement, which poses a problem against the reality of war and calls for the necessity of new way of thinking, was criticized and degraded as a 'utopianism' that flees from reality of war.

Reflecting such perspective, the Japanese newspapers' editorials on the Korean War's occurrence presented the logic of 'keeping war at distance', the attitude that 'Japanese not only could not participate in a war, but also should not be involved at all.' Meanwhile, Japan returned to international society after the peace treaty and dispatched its own correspondents to Korea, first-handedly experiencing the war for the first time. In the Japanese eyes, the Korean War was a 'Japanese War', with Japanese people sensitively accepting the reality of the Korean War. According to the surveys of the time, the Japanese people in general supported Yoshida government's realistic security policy, which could be summarized as 'light armament, with US military bases'. The majority of people rejected neither the 'militarily normal state' nor the 'armed engagement', but approved of Japan's reality as a 'base-state'.

Under the postwar period's peace constitution, Japan pledged to become a 'peace-state (heiwa-kokka)', but instead returned to international society as a 'base-state' when the Korean War occurred. So, the reality of a 'peace-state' was actually a 'base-state'. The 1990s was the period during which the desire for a 'normal state (futsu-no kuni)' emerged in Japan; it was also the period when the 'Cold War System' was dissolved globally and the 'Armistice System' symbolized as Korea's military emergency fully reemerged in Northeast Asia. Concurrently, Japan's characteristic as a 'base-state,' in relation to 'Korea's military emergency' also emerged. Japan's constitutional debate and its controversial middle step surrounding the right of collective self-defense are significant as the confrontation of such an 'uncomfortable truth'.

저자 소개

남기정

서울대학교 일본연구소 교수로 재직 중이다. 서울대학교 외교학과를 졸업했고, 도쿄대학 종합문화연구과에서 박사학위를 취득했다. 일본 도호쿠대학 법학부 조교수 및 교수, 국민대학교 국제학부 부교수, 서울대학교 일본연구소 부교수를 거쳐 현직에 있다. 국제관계론을 전공했고, 관심 주제는 미일동맹의 전개와 이에 대한 일본 평화운동 진영의 대응이다. 최근의 연구업적으로는 『전후 일본의 생활평화주의』(편저, 2014), 「일본의 베트남전쟁: '기지국가'의 '평화운동'과 '평화외교'」(2015), "The Reality of Military Base State and the Evolution of Pacifism: Japan's Korean War and Peace"(2014) 등이 있다.
profnam@snu.ac.kr